浙江省高职院校"十四五"重点立项建设教材

浙江省普通高校"十三五"新形态教材

高等职业教育
数智化财经
— 系列教材 —

大数据财务管理

朱宏涛　刘小海　主　编
王　彩　赵　凯　副主编

清华大学出版社
北　京

内容简介

本书是浙江省高职院校"十四五"重点立项建设教材,浙江省普通高校"十三五"新形态教材,浙江省职业教育一流核心课程、浙江省职业教育在线精品课程、浙江省第一批课程思政示范课程财务管理配套教材。本书以党的二十大精神为指引,以企业财务活动为主线,以大数据技术为依托,系统阐述了企业财务管理基本理论、内容、方法与技能。全书包括财务管理基本认知、财务管理基本观念、筹资管理、项目投资管理、证券投资管理、营运资本管理、收益分配管理、预算管理、财务控制和财务分析十个学习情境。本书强调财务管理知识的应用性、针对性和可操作性,配有微课、视频、动画、图片、案例、测试等丰富的数字教学资源,并精选其中的优质资源做成二维码在书中进行关联标注,方便教师教学与学生学习,以提高教学效果。

本书既可作为高等职业院校财经商贸大类专业学生教材,也可作为在职人员培训教材和职称考试参考用书。

本书封面贴有清华大学出版社防伪标签,无标签者不得销售。
版权所有,侵权必究。举报: 010-62782989,beiqinquan@tup.tsinghua.edu.cn。

图书在版编目(CIP)数据

大数据财务管理 / 朱宏涛,刘小海主编. -- 北京: 清华大学出版社,2024.8. -- (高等职业教育数智化财经系列教材). -- ISBN 978-7-302-66759-9

Ⅰ. F275-39

中国国家版本馆 CIP 数据核字第 20244BA120 号

责任编辑:左卫霞
封面设计:傅瑞学
责任校对:李　梅
责任印制:宋　林

出版发行:清华大学出版社
　　　　网　　址:https://www.tup.com.cn,https://www.wqxuetang.com
　　　　地　　址:北京清华大学学研大厦 A 座　　邮　编:100084
　　　　社 总 机:010-83470000　　邮　购:010-62786544
　　　　投稿与读者服务:010-62776969,c-service@tup.tsinghua.edu.cn
　　　　质量反馈:010-62772015,zhiliang@tup.tsinghua.edu.cn
　　　　课件下载:https://www.tup.com.cn,010-83470410
印 装 者:三河市君旺印务有限公司
经　　销:全国新华书店
开　　本:185mm×260mm　　印　张:18.25　　字　数:464 千字
版　　次:2024 年 9 月第 1 版　　印　次:2024 年 9 月第 1 次印刷
定　　价:59.00 元

产品编号:105318-01

前　言

本书是浙江省高职院校"十四五"重点立项建设教材,浙江省普通高校"十三五"新形态教材,浙江省职业教育一流核心课程、浙江省职业教育在线精品课程、浙江省第一批课程思政示范课程财务管理配套教材。本书以党的二十大精神为指引,以企业财务活动为主线,以大数据技术为依托,采取"能力导向、任务驱动"的编写模式,参考当前财务管理岗位的职业资格标准,围绕财务管理活动分为十个学习情境,具体包括财务管理基本认知、财务管理基本观念、筹资管理、项目投资管理、证券投资管理、营运资本管理、收益分配管理、预算管理、财务控制和财务分析。每个学习情境有明确的知识目标和技能目标,每个学习情境开始有相应的案例导入,使学生更容易理解所学内容。

本书主要具有以下特点。

1. 潜移默化的思想浸润

在财务管理领域,从业人员除了要具备扎实的专业知识和技能外,更需具备良好的职业道德和社会责任感。为实现这一目标,本书以党的二十大报告和《高等学校课程思政建设指导纲要》为指导,在每个学习情境后增设"财管德育课堂"专栏。该专栏将党的二十大精神与经典案例、新闻事实、热点话题和财务管理相关知识进行融合,通过深入分析,激发学生的浓厚兴趣和深度思考,引导学生思考如何在财务管理中践行社会主义核心价值观,从而实现对学生的道德观念、社会责任感以及遵纪守法和合规意识的培养,在潜移默化中实现培根铸魂、启智增慧,提升学生的职业素养和综合能力,为培养德智体美劳全面发展的高素质财务管理人才提供有力的德育支持。

2. 完善科学的体系构建

本书以"能力导向、任务驱动"为设计理念,以职业标准、岗位工作能力培养为基本要求,以项目教学、工学结合实训为主要手段,通过精心选择和设计项目,将知识与技能训练有机结合,构建了一个理论与实践相辅相成、以技能训练为主线的体系架构,既保证了知识的系统性和完整性,又突出了职业能力的核心地位。

3. 前沿先进的技术引入

本书紧密结合《关于深化现代职业教育体系建设改革的意见》的指导思想,积极推进教育教学的改革与创新,及时将新方法、新技术、新标准引入教育实践。本书将大数据技术与财务管理紧密结合,详细介绍了大数据在财务预测、全面预算管理、成本管控、财务分析、投融资管理等方面的应用,帮助学生深入了解大数据技术在财务管理中的实际应用场景和方法,提升学生运用大数据进行财务管理的实际能力,使其更好地把握财务管理领域的最新动态和发展趋势。

4. 多元立体的资源配置

本书每个学习情境均配有教学视频、实操视频、教学案例、教学课件和课后习题等资源,学生可通过扫描书中二维码进行学习。同时,本书的对应课程财务管理为浙江省职业教育在线精品课程,在浙江省高等学校在线开放课程共享平台上线,学生可登录该平台进行系统学习。如学习中遇到问题,可通过课程论坛进行提问,课程团队会及时答疑,扫描本页下方二维码即可在线学习该课程。这些教学资源将为学生提供全方位的学习支持,帮助学生更好地理解和应用教材知识。同时为了满足学生不同层次的需要,本书将课后练习分为同步测试和拓展训练,同步测试直接配套于每个学习情境之后,主要提供基础练习和进阶练习;拓展训练以二维码形式呈现,主要提供高阶挑战,此部分练习可供学有余力的学生使用。

本书由朱宏涛担任第一主编,负责总纂与定稿。具体编写分工如下:学习情境一、学习情境十由绍兴职业技术学院朱宏涛编写;学习情境二、学习情境九由绍兴职业技术学院王彩编写;学习情境三由绍兴职业技术学院吴雪青编写;学习情境四由绍兴职业技术学院王玑莹编写;学习情境五、学习情境六由绍兴职业技术学院付志强编写;学习情境七由郴州职业技术学院刘小海编写;学习情境八由绍兴职业技术学院赵凯编写。同时在编审过程中,邀请振德医疗用品有限公司财务总监金海萍为行业专家,负责本书内容审核,并提供相关案例资源。

本书在编写过程中,参考了大量中外文献,得到了有关专家和领导的大力支持,在此一并表示衷心的感谢!由于编者水平和实践经验有限,书中难免有不足之处,敬请专家、学者和广大读者不吝赐教!

编　者

2024 年 3 月

浙江省职业教育在线精品课程
财务管理

财务管理
课程概述

目 录

学习情境一　财务管理基本认知 ·· 1
　　任务一　财务管理概述 ·· 2
　　任务二　财务管理目标 ·· 6
　　任务三　企业组织的形式与财务管理机构 ·································· 11
　　任务四　财务管理环节 ··· 13
　　任务五　财务管理环境 ··· 14
　　任务六　大数据与财务管理 ··· 21
　　财管德育课堂 ··· 24
　　同步测试 ··· 25

学习情境二　财务管理基本观念 ·· 29
　　任务一　资金时间价值认知 ··· 30
　　任务二　单利终值和现值的计算 ·· 30
　　任务三　复利终值和现值的计算 ·· 31
　　任务四　年金终值和现值的计算 ·· 32
　　任务五　风险衡量 ··· 39
　　任务六　资产的收益与风险 ··· 42
　　任务七　大数据与企业风险 ··· 43
　　财管德育课堂 ··· 45
　　同步测试 ··· 46

学习情境三　筹资管理 ·· 50
　　任务一　筹资管理概述 ··· 52
　　任务二　权益资金筹资 ··· 54
　　任务三　负债资金筹资 ··· 60
　　任务四　融资租赁 ··· 66
　　任务五　混合筹资 ··· 68
　　任务六　资金规模预测 ··· 72
　　任务七　资本成本 ··· 74
　　任务八　杠杆原理的应用 ·· 77

  任务九 资本结构 ·· 80
  任务十 大数据与筹资管理 ······································· 84
  财管德育课堂 ·· 86
  同步测试 ·· 87

学习情境四 项目投资管理 ·· 92

  任务一 项目投资管理概述 ··· 92
  任务二 投资现金流量分析 ··· 95
  任务三 决策评价指标计算分析 ····································· 98
  任务四 决策评价指标的应用 ······································ 104
  任务五 大数据与项目投资管理 ···································· 107
  财管德育课堂 ··· 109
  同步测试 ··· 111

学习情境五 证券投资管理 ··· 115

  任务一 证券投资管理概述 ·· 116
  任务二 债券投资 ·· 120
  任务三 股票投资 ·· 124
  任务四 基金投资及证券投资组合 ·································· 128
  任务五 大数据与证券投资分析 ···································· 132
  财管德育课堂 ··· 134
  同步测试 ··· 136

学习情境六 营运资本管理 ··· 140

  任务一 营运资本管理概述 ·· 141
  任务二 现金管理 ·· 144
  任务三 应收账款管理 ·· 150
  任务四 存货管理 ·· 156
  任务五 大数据与应收账款及存货管理 ······························ 162
  财管德育课堂 ··· 164
  同步测试 ··· 166

学习情境七 收益分配管理 ··· 170

  任务一 利润分配概述 ·· 171
  任务二 利润分配程序 ·· 173
  任务三 股利理论 ·· 175
  任务四 股利政策及选择 ·· 176
  任务五 股票分割与股票回购 ······································ 179
  财管德育课堂 ··· 180

同步测试 ·· 182

学习情境八　预算管理 ·· 186
　　任务一　预算管理概述 ·· 187
　　任务二　预算编制方法 ·· 190
　　任务三　全面预算编制 ·· 196
　　任务四　大数据与预算管理 ·· 205
　　财管德育课堂 ·· 210
　　同步测试 ··· 211

学习情境九　财务控制 ·· 217
　　任务一　财务控制概述 ·· 218
　　任务二　责任中心划分 ·· 219
　　任务三　内部转移价格 ·· 226
　　任务四　大数据与财务控制 ·· 228
　　财管德育课堂 ·· 230
　　同步测试 ··· 231

学习情境十　财务分析 ·· 234
　　任务一　财务分析认知 ·· 235
　　任务二　偿债能力分析 ·· 241
　　任务三　营运能力分析 ·· 248
　　任务四　盈利能力分析 ·· 252
　　任务五　发展能力分析 ·· 255
　　任务六　上市公司比率分析 ·· 256
　　任务七　财务综合分析 ·· 259
　　任务八　大数据与财务分析 ·· 265
　　财管德育课堂 ·· 269
　　同步测试 ··· 270

附　录 ·· 276

参考文献 ·· 284

财务管理基本认知

学习情境一

知识目标

1. 明确财务活动、财务关系和财务管理的内容。
2. 理解企业财务目标的含义,把握各财务目标的优缺点,会分析与选择财务目标,对实现财务目标的利益冲突有初步的协调方法。
3. 理解财务管理环境的含义,能够就财务管理环境对企业的影响进行简单分析。
4. 了解财务管理工作环节和财务岗位的机构设置。

技能目标

1. 具备一定的沟通协调能力,能处理好与企业内外部相关部门的关系。
2. 能比较敏锐地判断内外部环境变化对财务管理产生的影响。
3. 了解实际企业的财务管理概况,会通过现代媒体等手段收集企业财务管理所需资料。

案例导入

格林柯尔系资本运作及并购重组的路径反思

2005年8月1日,新华社记者从有关部门证实,科龙电器董事长顾雏军因涉嫌经济问题被依法审查。

顾雏军是内地A股市场和香港股市上赫赫有名的资本运作"高手",他在2001年因通过香港上市公司格林柯尔进入广东科龙电器公司而为人们所广知,进而相继控制了国内4家上市公司,在市场上号称"格林柯尔系"。

数年间,顾雏军动用据称有40余亿元的资金,相继参与收购了吉诺尔、美菱电器、亚星客车、襄阳轴承等公司,涉及众多国有企业,麾下掌控制冷剂、冰箱和客车三大产业。

格林柯尔的大肆收购兼并可以从两个层面来理解:第一个层面,通过控制下游产业扩大其上游原材料市场;第二个层面,通过制冷剂整合冰箱制造业形成完整的产业链。

但是,仅凭5.45亿港元(当时1港元=0.8308元人民币)和一项核心原材料,尚不足以令格林柯尔进入风险极大的游戏。它的另一个主要动力源自当时国际市场重大兼并重组、中国经济转型时期的巨大机遇和空间、无数中国民营企业产业扩张案例的启发。除此之外,顾雏军目睹国际大重组、大并购,而这些并购重组的难度都远远大于中国企业间重组并购,诸如时代华纳、通用电气等。这些巨头的成长经历也是通过并购重组,使资产成倍增长,取得了所在领域举足轻重的地位。

这是一扇令人向往的欲望之门——利用资本的杠杆,利用很小的力量去撬动一个庞大的物体,而且成功者不少。

然而事与愿违,结局与初衷大相径庭。重病缠身的"格林柯尔系"大病之时,与"德隆系"坍塌十分相似——金融机构联袂断粮,脆弱的资金链迅速崩溃,"诸侯"分崩离析、各自为政。一个被经营和积累多年的庞大体系,仅两个多月便土崩瓦解。

思考分析:格林柯尔为什么走上不归路?它的财务状况为何恶化?格林柯尔资本运作最终失败的原因是什么?

任务一　财务管理概述

一、财务管理的概念

财务管理(financial management)是组织企业财务活动、处理财务关系的一项经济管理工作。因此,要了解什么是财务管理,必须先分析企业的财务活动和财务关系。

二、企业的财务活动

企业的财务活动是以现金收支为主的企业资金收支活动的总称。在市场经济条件下,一切物资都具有一定的价值,它体现了耗费于物资中的社会必要劳动量,社会再生产过程中物资价值的货币表现就是资金。在市场经济条件下,资金是进行生产经营活动的必要条件。企业的生产经营过程,一方面表现为物资的不断购进和售出;另一方面则表现为资金的支出和收回。企业的经营活动不断进行,也就会不断产生资金的收支。企业资金的收支,构成了企业经济活动的一个独立方面,这便是企业的财务活动。

企业的财务活动可分为以下4个方面。

1. 筹资管理

企业从事经营活动,首先必须解决的是通过什么方式、在什么时间筹集多少资金等问题。在筹资过程中,企业通过发行股票、发行债券、吸收直接投资等方式筹集资金,表现为企业资金的收入;而企业偿还借款、支付利息和股利以及付出各种筹资费用等,则表现为企业资金的支出。这种因为资金筹集而产生的资金收支,便是由企业筹资引起的财务活动。

在进行筹资活动时,财务人员首先要解决的是预测企业需要多少资金,是通过发行股票取得资金还是向债权人借入资金,两种方式筹集的资金占总资金的比重应各为多少等问题。假设公司决定借入资金,那么是发行债券好,还是从银行借入资金好呢?资金应该是长期的还是短期的?资金的偿付是固定的还是可变的?财务人员面对这些问题时,一方面要保证筹集的资金能满足企业经营与投资的需要;另一方面还要使筹资风险在企业的掌控之中,一旦外部环境发生变化,企业不至于因为无法偿还债务而陷入破产。

2. 投资管理

企业筹集资金的目的是把资金用于生产经营活动以取得盈利,不断增加企业价值。企业把筹集到的资金用于购置自身经营所需的固定资产、无形资产等,便形成企业的对内投资;企业把筹集到的资金投资于其他企业的股票、债券,与其他企业联营进行投资以及收购另一个企业等,便形成企业的对外投资。企业无论是购买内部所需的各种资产,还是购买各种证券,都需要支出资金。当企业变卖其对内投资的各种资产或收回其对外投资时,会产生资金的收入。这种因企业投资而产生的资金的收支,便是由投资引起的财务活动。

在进行投资活动时,由于企业的资金是有限的,因此应尽可能将资金投放在能带给企业最大报酬的项目上。由于投资通常在未来才能获得回报,因此,财务人员在分析投资方案时,不仅要分析投资方案的资金流入与资金流出,而且要分析公司为获得相应的报酬还需要等待多久。当然,获得回报越早的投资项目越好。另外,投资项目几乎都是有风险的,一个新的投资项目可能成功,也可能失败,因此,财务人员需要找到一种方法对这种风险因素加以计量,从而判断选择哪个方案,放弃哪个方案,或者将哪些方案进行组合。

3. 营运资金管理

企业在正常的经营过程中,会发生一系列的资金收支。首先,企业要采购材料或商品,以便从事生产和销售活动,同时,还要支付工资和其他营业费用;其次,当企业将产品或商品售出后,便可取得收入,收回资金;最后,如果企业现有资金不能满足企业经营的需要,还要采取短期借款方式来筹集所需资金。上述各方面都会产生资金的收支,属于企业经营引起的财务活动。

在企业经营引起的财务活动中,主要涉及的是流动资产与流动负债的管理问题,其中的关键是加速资金的周转。流动资金的周转与生产经营周期具有一致性,在一定时期内,资金周转快,就可以利用相同数量的资金生产出更多的产品,取得更多的收入,获得更多的报酬。因此,如何加速资金的周转、提高资金的利用效率,是财务人员在这类财务活动中需要考虑的主要问题。

4. 收入与分配管理

收入与分配管理是对企业收入与分配活动及其形成的财务关系的组织与调节,是企业进行销售预测和定价管理,并将在一定时期内所创造的经营成果合理地在企业内、外部利益相关者之间进行有效分配的过程。收入反映的是企业经济利益的来源,而分配反映的是企业经济利益的去向,两者共同构成企业经济利益流动的完整链条。收入的初次分配是对成本费用的弥补,这一过程随着再生产的进行而自然完成,而利润分配则是对收入初次分配的结果进行再分配。根据投资者的意愿和企业生产经营的需要,企业实现的净利润可以作为投资收益分配给投资者,也可以暂时留存企业形成未分配利润,或者作为投资者的追加投资。企业的财务人员要合理确定分配的规模和结构,确保企业取得最大的长期利益。

在分配活动中,财务人员需要确定股利支付率的高低,即将多大比例的税后利润用来支付给投资人。过高的股利支付率,会使较多的资金流出企业,从而影响企业再投资的能力,一旦企业遇到较好的投资项目,将有可能因为缺少资金而错失良机;而过低的股利支付率,又有可能引起投资人的不满,对于上市公司而言,这种情况可能导致股价的下跌,从而使公司价值下降。因此,财务人员要根据公司自身的具体情况确定最佳的分配政策。

上述企业财务管理的四部分内容是相互联系、相互制约的。筹资是基础,离开企业生产经营所需的资金筹措,企业就不能生存与发展;而且公司筹资数量还制约着公司投资的规模。企业所筹措的资金只有有效地投放出去,才能实现筹资的目的,并不断增值发展;而且投资反过来又决定了企业需要筹资的规模和时间。投资和筹资的成果都需要依赖资金的营运才能实现,筹资和投资在一定程度上决定了公司日常经营活动的特点和方式;但企业日常活动还需要对营运资金进行合理的管理与控制,努力提高营运资金的使用效率与效果。收入与分配影响着筹资、投资、营运资金和成本管理的各个方面,收入与分配的来源是企业上述各方面共同作用的结果,同时又会对上述各方面产生反作用。因此,投资管理、筹资管理、营运资金管理、收入与分配管理都是企业价值创造的必要环节,是保障企业健康发展、实现可持续发展的重要内容。

以上内容可归纳为表1-1。

表1-1 财务活动的类型

内 容	说 明
筹资管理	筹资是基础,而且公司筹资数量制约着公司投资的规模
投资管理	投资反过来又决定了企业需要筹资的规模和时间,并且企业所筹措的资金只有有效地投放出去,才能实现筹资的目的
营运资金管理	投资和筹资的成果都需要依赖资金的营运才能实现
收入与分配管理	影响筹资、投资、营运资金和成本管理的各个方面

三、企业的财务关系

财务管理基本认知

企业的财务关系是指企业在组织财务活动过程中与各有关方发生的经济关系。企业的筹资活动、投资活动、经营活动、收入及分配活动与企业内部和外部的方方面面有着广泛的联系。企业的财务关系可概括为以下几个方面。

1. 企业同其所有者之间的财务关系

企业同其所有者之间的财务关系是指企业的所有者向企业投入资金,企业向其所有者支付投资报酬所形成的经济关系。企业所有者主要有国家、法人单位、个人、外商四类。企业的所有者要按照投资合同、协议、章程的约定履行出资义务,以便及时形成企业的资本金。企业利用资本金进行经营,实现利润后,应按出资比例或合同、章程的规定,向其所有者分配利润。企业同其所有者之间的财务关系体现的是所有权的性质,反映经营权和所有权的关系。

2. 企业同其债权人之间的财务关系

企业同其债权人之间的财务关系是指企业向债权人借入资金,并按借款合同的规定按时支付利息和归还本金所形成的经济关系。企业除利用资本金进行经营活动外,还要借入一定数量的资金,以降低企业资本成本,扩大企业经营规模。企业的债权人主要有债券持有人、贷款机构、商业信用提供者、其他出借资金给企业的单位或个人。企业利用债权人的资金后,要按约定的利息率及时向债权人支付利息。债务到期时,要合理调度资金,按时向债权人归还本金。企业同其债权人之间的财务关系体现的是债务与债权关系。

3. 企业同其被投资单位之间的财务关系

企业同其被投资单位之间的财务关系是指企业将闲置资金以购买股票或直接投资的形式向其他企业投资所形成的经济关系。企业向其他单位投资,应按约定履行出资义务,参与被投资单位的利润分配。企业同其被投资单位之间的财务关系体现的是所有权性质的投资与受资的关系。

4. 企业同其债务人之间的财务关系

企业同其债务人之间的财务关系是指企业将其资金以购买债券、提供借款或商业信用等形式出借给其他单位所形成的经济关系。企业将资金借出后,有权要求其债务人按约定的条件支付利息和归还本金。企业同其债务人之间的财务关系体现的是债权与债务的关系。

5. 企业内部各单位之间的财务关系

企业内部各单位之间的财务关系是指企业内部各单位之间在生产经营各环节相互提供产品或劳务所形成的经济关系。在实行内部经济核算制度的条件下，企业供、产、销各部门以及各生产单位之间，相互提供产品和劳务要进行计价结算。这种在企业内部形成的资金结算关系，体现了企业内部各单位之间的利益关系。

6. 企业与职工之间的财务关系

企业与职工之间的财务关系是指企业在向职工支付劳动报酬的过程中形成的经济关系。企业要用自身产品销售收入，向职工支付工资、津贴、奖金等，按照提供的劳动数量和质量支付职工的劳动报酬。这种企业与职工之间的财务关系体现的是企业和职工在劳动成果上的分配关系。

7. 企业与税务机关之间的财务关系

企业与税务机关之间的财务关系是指企业要按税法的规定依法纳税而与国家税务机关之间形成的经济关系。任何企业都要按照国家税法的规定缴纳各种税款，以保证国家财政收入的实现，满足社会各方面的需要。及时、足额地纳税是企业对国家的贡献，也是对社会应尽的义务。因此，企业与税务机关之间的关系反映的是依法纳税和依法征税的权利义务关系。

四、企业财务管理的特点

企业生产经营活动的复杂性，决定了企业管理必须包括多方面的内容，如生产管理、技术管理、劳动人事管理、设备管理、销售管理、财务管理等。上述各项管理是互相联系、紧密配合的，同时又有科学的分工，具有各自的特点，其中财务管理的特点如下。

1. 财务管理是一项综合性管理工作

企业在实行分工、分权的过程中形成了一系列专业管理，有的侧重于使用价值的管理，有的侧重于价值的管理，有的侧重于劳动要素的管理，有的侧重于信息的管理。社会经济的发展，要求财务管理主要运用价值形式对经营活动实施管理。通过价值形式，把企业的一切物质条件、经营过程和经营结果都合理地加以规划和控制，达到企业效益不断提高、财富不断增加的目的。因此，财务管理既是企业管理的一个独立方面，又是一项综合性的管理工作。

2. 财务管理与企业各方面有着广泛联系

在企业的日常经营活动中，一切涉及资金的收支活动，都与财务管理有关。事实上，企业内部各部门与资金不发生联系的情况是很少见的。因此，财务管理的触角常常伸向企业经营的各个角落。每一个部门都会通过资金的使用与财务部门发生联系，每一个部门也都要在合理使用资金、节约资金支出等方面接受财务部门的指导，受到财务制度的约束，以此来保证企业经济效益的提高。

3. 财务管理能迅速反映企业生产经营状况

在企业管理中，决策是否恰当、经营是否合理、技术是否先进、产销是否顺畅，都可迅速地在企业财务指标中得到反映。例如，如果企业生产的产品适销对路，质量优良可靠，则可带动生产发展，实现产销两旺，资金周转加快，盈利能力增强，这一切都可以通过各种财务指标迅速地反映出来。这也说明，财务管理工作既有其独立性，又受整个企业管理工作的制约。财务部门应通过自己的工作，向企业领导及时通报有关财务指标的变化情况，以便把各部门的工作都纳入提高经济效益的轨道，努力实现财务管理的目标。

综上所述，财务管理的概念可以概括为以下内容：企业财务管理是企业管理的一个组成部分,它是根据财经法规制度,按照财务管理的原则,组织企业财务活动,处理财务关系的一项经济管理工作。

任务二 财务管理目标

一、财务管理目标概述

由系统论可知,正确的目标是系统良性循环的前提,企业财务管理的目标对企业财务管理系统的运行也具有同样的意义。因此,应首先明确财务管理的目标。

财务管理目标

目标是系统希望实现的结果,根据不同的系统所研究和解决的问题,可以确定不同的目标。财务管理目标(financial management objective)是企业理财活动希望实现的结果,是评价企业理财活动是否合理的基本标准。为了完善财务管理理论,有效指导财务管理实践,必须对财务管理目标进行认真研究。财务管理目标直接反映理财环境的变化,并根据环境的变化做适当调整,是财务管理理论体系中的基本要素和行为导向,是在财务管理实践中进行财务决策的出发点和归宿。财务管理目标制约着财务运行的基本特征和发展方向,是财务运行的一种驱动力。不同的财务管理目标会产生不同的财务管理运行机制,科学地设置财务管理目标,对优化理财行为、实现财务管理的良性循环具有重要意义。财务管理目标作为企业财务运行的导向力量,其设置若有偏差,财务管理的运行机制就很难合理。因此,研究财务管理目标问题,既是建立科学的财务管理理论结构的需要,也是优化我国财务管理行为的需要,在理论和实践上都具有重要意义。

明确财务管理的目标是搞好财务工作的前提。企业财务管理是企业管理的一个组成部分,企业财务管理的整体目标应该和企业的总体目标保持一致。从根本上讲,企业的目标是通过生产经营活动创造更多的财富,不断增加企业价值。但是,不同国家的企业面临的财务管理环境不同,同一国家的企业治理结构不同,发展战略不同,财务管理目标在体现上述根本目标的同时又有不同的表现形式,主要有利润最大化、每股收益最大化、股东财富最大化和企业价值最大化四种。

1. 以利润最大化为目标

利润最大化是西方微观经济学的理论基础。西方经济学家以往都是以利润最大化这一标准来分析和评价企业的行为和业绩的。持利润最大化观点的学者认为:利润代表了企业新创造的财富,利润越多,则企业的财富增加得越多,越接近企业的目标。其观点可表述为利润额是企业在一定期间经营收入和经营费用的差额,是按照收入费用配比原则加以计算的,反映了当期正常经营活动中投入与产出的对比结果。股东权益是股东对企业净资产的所有权,包括股本、资本公积、盈余公积和未分配利润4个方面。其中股本是投资人已经投入企业的资本,如果不增发,它不可能再增大;资本公积则来自股本溢价、资产重估增值等,一般来说,它数额再大也不是由企业当期自身的经营业绩所致;只有盈余公积和未分配利润的增加,才是当期企业经营效益的体现,而这两部分又来源于利润最大化的实现,是企业从净利润中扣除股利分配后的剩余。因此,从会计的角度看,利润是股东价值的来源,也是企业财富增长的来源。

目前,我国在许多情况下评判企业的业绩还是以利润为基础。如在企业增资扩股时,要考察企业最近3年的盈利情况;在考核国有企业经理人员的业绩时,也以利润为主。但是,在长期的实践中,利润最大化目标暴露出许多缺点。

(1) 利润最大化没有考虑利润实现的时间,没有考虑项目报酬的时间价值。例如,A、B两个投资项目,其利润都是100万元,如果不考虑资金的时间价值,则无法判断哪一个更符合企业的目标。但如果说A项目的100万元是去年已赚取的,而B项目的100万元是今年赚取的,显然,对于相同的现金流入来说,A项目的获利时间较早,更具有价值。

(2) 利润最大化没能有效地考虑风险问题。高利润往往伴随着高风险,如果为了利润最大化而选择高风险的投资项目,或进行过度的借贷,企业的经营风险和财务风险就会大大提高。仍以上面两个项目为例,假设A、B两个投资项目今年都赚取了100万元利润,但A项目的利润全部为现金收入,而B项目的利润全部是应收账款,显然,B项目的应收账款存在不能收回的风险,因此,A项目的目标实现得更好一些。再如,由于不同行业具有不同的风险,投资风险较高的高科技企业和投资风险相对较小的制造业虽然获取同等利润,但也无法进行简单比较。

(3) 利润最大化没有考虑利润和投入资本的关系。假设A、B两个项目都于今年获得100万元利润,并且取得的都是现金收入。但是,如果A项目只需投资100万元,而B项目需要投资300万元,显然A项目更好一些,而如果单看利润指标却反映不出这样的问题。

(4) 利润最大化往往会使企业财务决策带有短期行为的倾向。由于利润指标通常按年计算,因此,企业决策也往往会服务于年度指标的完成或实现。利润最大化往往会使企业只顾实现目前的最大利润,而不顾企业的长远发展。例如,企业可能通过减少新产品开发、人员培训、技术装备水平方面的支出来提高当年的利润,但这显然对企业的长期发展不利。

利润是企业经营成果的会计度量,而对同一经济问题的会计处理方法的多样性和灵活性可以使利润并不反映企业的真实情况。例如,有些企业通过出售资产增加现金收入,表面上利润增加了,但实际上企业财富并没有增加。其他会计政策的选择也可能影响企业的利润。

可见,利润最大化目标只是对经济效益浅层次的认识,存在一定的片面性。所以,现代财务管理理论认为,利润最大化并不是财务管理的最优目标。

2. 以每股收益最大化为目标

每股收益最大化的观点认为,应当把公司的利润和股东投入的资本联系起来考察,用每股收益(或权益净利率)来概括公司的财务管理目标,以克服"利润最大化"目标的局限。

每股收益最大化观点仍然存在以下局限:①没有考虑每股收益取得的时间;②没有考虑每股收益取得的风险;③没有考虑可能出现的短期行为倾向。

如果风险相同、每股收益的时间相同,则每股收益最大化也是一种可以接受的观点。事实上,许多投资人都把每股收益作为评价公司业绩的关键指标。

3. 以股东财富最大化为目标

股东财富最大化是指企业财务管理以实现股东财富最大化为目标。在上市公司,股东财富是由其所拥有的股票数量和股票市场价格两方面决定的。在股票数量一定时,股票价格达到最高,股东财富也就达到最大。

与利润最大化目标相比,股东财富最大化目标体现出以下优点。

(1) 股东财富最大化目标考虑了利润的时间价值和风险因素,因为利润获得时间的早晚和风险的高低会对股票价格产生重要影响。

(2) 股东财富最大化在一定程度上能够克服企业在追求利润方面的短期行为,因为股票的价格很大程度上取决于企业未来获取利润的能力。

(3) 股东财富最大化反映了资本与报酬之间的关系，因为股票价格是对每股股份的一个标价，反映的是单位投入资本的市场价格。

以股东财富最大化作为财务管理目标也存在以下缺点。

(1) 通常只适用于上市公司，非上市公司难以应用，因为非上市公司无法像上市公司一样随时准确获知公司股价。

(2) 股价受众多因素影响，特别是企业外部的因素，有些还可能是非正常因素。股价不能完全准确反映企业财务管理状况，如有的上市公司处于破产的边缘，但由于可能存在某些机会，其股票市价可能还在走高。

(3) 它强调得更多的是股东利益，而对其他相关者的利益重视不够。

【业务1-1】对上市公司来说，决定股东财富的因素包括（   ）。
A. 股票数量   B. 股票市场价格
C. 股票价值   D. 每股收益

解析：选AB。在已上市的股份公司中，股东财富是由其所拥有的股票数量和股票市场价格两方面决定的。

4. 以企业价值最大化为目标

企业价值最大化是指企业财务管理行为以实现企业的价值最大化为目标。企业价值可以理解为企业所有者权益和债权人权益的市场价值，或者是企业所能创造的预计未来现金流量的现值。未来现金流量这一概念，包含了资金的时间价值和风险价值两个方面的因素。因为未来现金流量的预测包含了不确定性和风险因素，而现金流量的现值是以资金的时间价值为基础对现金流量进行折现计算得出的。

企业价值最大化目标要求企业通过采用最优的财务政策，充分考虑资金的时间价值和风险与报酬的关系，在保证企业长期稳定发展的基础上使企业总价值达到最大。以企业价值最大化作为财务管理目标，具有以下优点。

(1) 考虑了取得报酬的时间，并用时间价值的原理进行了计量。

(2) 考虑了风险与报酬的关系。

(3) 将企业长期、稳定的发展和持续的获利能力放在首位，能克服企业在追求利润上的短期行为，因为不仅目前利润会影响企业的价值，预期未来的利润对企业价值增加也会产生重大影响。

(4) 用价值代替价格，避免了过多外界市场因素的干扰，有效地规避了企业的短期行为。

当然，以企业价值最大化作为财务管理目标也有一些不足之处。例如，股价会受到多种因素的影响，即期市场上股票的价格并不是完全由企业未来的获利能力所决定的；对非上市公司来说，只有对企业进行专门的评估才能确定其价值，而在评估企业的资产时，由于受评估标准和评估方式的影响，很难做到客观和准确；企业的相关利益者并不完全认同企业价值最大化就会满足其利益等。但是，主流财务理论还是以企业价值最大化作为财务管理的最优目标。

二、财务管理目标和利益冲突与协调

协调相关者的利益冲突，要把握的原则是尽可能使企业相关者的利益分配在数量上和时间上达到动态的协调平衡。而在所有的利益冲突与协调中，所有者和经营者、所有者和债权人的利益冲突与协调至关重要。

（一）所有者和经营者的利益冲突与协调

在现代企业中,经营者一般不拥有占支配地位的股权,他们只是所有者的代理人。所有者期望经营者代表他们的利益工作,实现所有者财富最大化,而经营者则有其自身的利益考虑,两者的目标经常会不一致。通常而言,所有者支付给经营者报酬的多少,取决于经营者能够为所有者创造多少财富。经营者和所有者的主要利益冲突是经营者希望在创造财富的同时,能够获取更多的报酬、更多的享受,并避免各种风险;而所有者则希望以较小的代价(支付较少报酬)实现更多的财富。

为了协调这一利益冲突,通常可采取以下方式。

1. 解聘

解聘是一种通过所有者约束经营者的办法。所有者对经营者予以监督,如果经营者绩效不佳,就解聘经营者;经营者为了不被解聘,就需要努力工作,为实现财务管理的目标而服务。

2. 接收

接收是一种通过市场约束经营者的办法。如果经营者决策失误、经营不力、绩效不佳,该企业就可能被其他企业强行接收或吞并,相应地,经营者也会被解聘。经营者为了避免这种接收,就必须努力实现财务管理的目标。

3. 激励

激励就是将经营者的报酬与其绩效直接挂钩,以使经营者自觉采取能提高所有者财富的措施。激励通常有以下两种方式。

（1）股票期权。股票期权是允许经营者以约定的价格购买一定数量的本企业股票,股票的市场价格高于约定价格的部分就是经营者所得的报酬。经营者为了获得更大的股票涨价益处,就必然主动采取能够提高股价的行动,从而增加所有者财富。

（2）绩效股。绩效股是企业运用每股收益、资产收益率等指标来评价经营者绩效,并视其绩效大小给予经营者数量不等的股票作为报酬。如果经营者绩效未能达到规定目标,经营者将丧失原先持有的部分绩效股。这种方式使经营者不仅为了多得绩效股而不断采取措施提高经营绩效,而且为了使每股市价最大化,也会采取各种措施使股票市价稳定上升,从而增加所有者财富。即使由于客观原因,股价并未提高,经营者也会因为获取绩效股而获利。

（二）所有者和债权人的利益冲突与协调

所有者的目标可能与债权人期望实现的目标发生矛盾。首先,所有者可能要求经营者改变举债资金的原定用途,将其用于风险更高的项目,这会增大偿债风险,债权人的负债价值也必然会降低,造成债权人风险与收益的不对称。因为高风险的项目一旦成功,额外的利润就会被所有者独享;但若失败,债权人却要与所有者共同负担由此而造成的损失。其次,所有者可能在未征得现有债权人同意的情况下,要求经营者举借新债,因为偿债风险相应增大,从而致使原有债权的价值降低。

所有者和债权人的上述利益冲突,可以通过以下方式解决。

1. 限制性借债

债权人通过事先规定借债用途限制、借债担保条款和借债信用条件,使所有者不能通过以上两种方式削弱债权人的债权价值。

2. 收回借款或停止借款

当债权人发现企业有侵蚀其债权价值的意图时,采取收回债权或不再给予新的借款的措施,从而保护自身权益。

三、企业的社会责任

企业的社会责任是指企业在谋求所有者或股东权益最大化之外所负有的维护和增进社会利益的义务。具体来说,企业社会责任主要包括以下内容。

1. 对员工的责任

企业除了向员工支付报酬的法律责任外,还负有为员工提供安全工作环境、职业教育等保障员工利益的责任。按照《中华人民共和国公司法》(简称《公司法》)的规定,企业对员工承担的社会责任包括:①按时足额发放劳动报酬,并根据社会发展逐步提高工资水平;②提供安全健康的工作环境,加强劳动保护,实现安全生产,积极预防职业病;③建立企业职工的职业教育和岗位培训制度,不断提高职工的素质和能力;④完善工会、职工董事和职工监事制度,培育良好的企业文化。

2. 对债权人的责任

债权人是企业的重要利益相关者,企业应依据合同的约定以及法律的规定对债权人承担相应的义务,保障债权人合法权益。这种义务既是企业的民事义务,也可视为企业应承担的社会责任。企业对债权人承担的社会责任主要包括:①按照法律、法规和公司章程的规定,真实、准确、完整、及时地披露企业信息;②诚实守信,不滥用企业人格;③主动偿债,不无故拖欠;④确保交易安全,切实履行合法订立的合同。

3. 对消费者的责任

企业的价值实现,很大程度上取决于消费者的选择,企业理应重视对消费者承担的社会责任。企业对消费者承担的社会责任主要包括:①确保产品质量,保障消费安全;②诚实守信,确保消费者的知情权;③提供完善的售后服务,及时为消费者排忧解难。

4. 对社会公益的责任

企业对社会公益的责任主要涉及慈善、社区等。企业对慈善事业的社会责任是指承担扶贫济困和发展慈善事业的责任,表现为企业对不确定的社会群体(尤指弱势群体)进行帮助。捐赠是其最主要的表现形式,受捐赠的对象主要有社会福利院、医疗服务机构、教育事业、贫困地区、特殊困难人群等。此外,还包括招聘残疾人、生活困难的人、缺乏就业竞争力的人到企业工作,以及举办与企业营业范围有关的各种公益性的社会教育宣传活动等。

5. 对环境和资源的责任

企业对环境和资源的社会责任可以概括为两大方面:一是承担可持续发展与节约资源的责任;二是承担保护环境和维护自然和谐的责任。

此外,企业还有义务和责任遵从政府的管理、接受政府的监督。企业要在政府的指引下合法经营、自觉履行法律规定的义务,同时尽可能地为政府献计献策、分担社会压力、支持政府的各项事业。

一般而言,对一个利润或投资报酬率处于较低水平的企业,在激烈竞争的环境下,是难以承担额外增加其成本的社会责任的。而对于那些利润超常的企业,它们可以适当承担而且有的也确已承担一定的社会责任。因为对利润超常的企业来说,适当地从事一些社会公益活动,有助于提高企业的知名度,促进其业务活动的开展,进而使股价升高。但不管怎样,任何企业都无法长期单独地负担因承担社会责任而增加的成本。过分地强调社会责任而使企业价值减少,就可能导致整个社会资金运用的次优化,从而使社会经济发展步伐减缓。事实上,大多数社会责任都必须通过立法以强制的方式让每一个企业平均负担。然而,企业作为社会的经济细胞,理应关注并自觉改善自身的生态环境,重视履行对员工、消费者、环境、社区等利益相关方的责任,重视其生产行为可能对未来环境的影响,特别是在员工健康与安全、废弃物处理、污染等方面应尽早采取相应措施,减少企业在这些方面可能会遭遇的各种困扰,从而有助于企业的可持续发展。

任务三 企业组织的形式与财务管理机构

一、企业组织的形式

企业组织的形式有很多,按照不同标准可以进行不同的分类。这里主要介绍按照国际惯例划分的3种企业组织的形式。

(一) 个人独资企业

个人独资企业是指由一个自然人投资兴办的企业,企业主享有全部的经营所得,同时对债务负完全责任。个人独资企业的优点是:①企业开办、转让、关闭的手续简便;②企业主自负盈亏,对企业的债务承担无限责任,因此企业主会竭力把企业经营好;③企业税负较轻,只需要缴纳个人所得税;④企业在经营管理上制约因素较少,经营方式灵活,决策效率高;⑤没有信息披露的限制,企业的技术和财务信息容易保密。

个人独资企业也存在以下无法克服的缺点:①风险巨大。企业主对企业承担无限责任,在硬化企业预算约束的同时,也带来了企业主承担风险过大的问题,从而限制了企业主向风险较大的部门或领域进行投资,这对新兴产业的形成和发展极为不利。②筹资困难。因为个人资金有限,在借款时往往会因信用不足而遭到拒绝,因此,限制了企业的发展和大规模经营。③企业寿命有限。企业所有权和经营权高度统一的产权结构意味着企业主的死亡、破产、犯罪都有可能导致企业不复存在。

基于以上特点,个人独资企业的理财活动相对来说比较简单。

(二) 合伙企业

合伙企业是指由两个以上的自然人订立合伙协议,共同出资、合伙经营、共享收益、共担风险,并对合伙企业债务承担无限连带责任的企业。为了避免经济纠纷,在合伙企业成立时,合伙人须订立合伙协议,明确每个合伙人的权利和义务。与个人独资企业相比,合伙企业资信条件较好,容易筹措资金和扩大规模,经营管理能力也较强。

按照合伙人的责任不同,合伙企业可分为普通合伙企业和有限合伙企业。普通合伙企业的合伙人均为普通合伙人,对合伙企业的债务承担无限连带责任。有限合伙企业由普通合伙人和有限合伙人组成,有限合伙人以其出资额为限对债务承担有限责任。但是,有限合伙制要求至少有一人是普通合伙人,而且有限合伙人不直接参与企业经营管理活动。

合伙企业具有设立程序简单、设立费用低等优点,但也存在责任无限、权力分散、产权转让困难等缺点。

由于合伙企业的资金来源和信用能力比独资企业有所增加,盈余分配也更加复杂,因此合伙企业的财务管理比独资企业要复杂得多。

(三) 公司制企业

公司制企业是指依照国家相关法律集资创建的,实行自主经营、自负盈亏,由法定出资人(股东)组成的,具有法人资格的独立经济组织。公司制企业的主要特点如下。

(1) 独立的法人实体。公司一经宣告成立,法律即赋予其独立的法人地位,具有法人资格,能够以公司的名义从事经营活动,享有权利,承担义务,从而使公司在市场上成为竞争主体。

(2) 具有无限的存续期。股东投入的资本长期归公司支配,股东无权从公司财产中抽回投资,只能通过转让其拥有的股份收回投资。这种资本的长期稳定性决定了公司只要不解散、不破产,就能够独立于股东而持续、无限期地存在下去,这种情况有利于企业实行战略管理。

(3) 股东承担有限责任。股东承担有限责任是指公司一旦出现债务,这种债务仅是公司的债务,股东仅以其出资额为限对公司债务承担有限责任。这就为股东分散了投资风险,从而有利于吸引社会游资,扩大企业规模。

(4) 所有权和经营权分离。公司的所有权属于全体股东,经营权委托专业的经营者负责管理,管理的专门化有利于提高公司的经营能力。

(5) 筹资渠道多元化。股份公司可以通过资本市场发行股票或发行债券募集资金,有利于企业的资本扩张和规模扩大。

一般来说,公司分为有限责任公司与股份有限公司。有限责任公司与股份有限公司的不同点在于:①股东的数量不同。有限责任公司的股东人数有最高和最低的要求,而股份有限公司的股东人数有最低要求,没有最高限制。②成立条件和募集资金的方式不同。有限责任公司的成立条件相对来说比较宽松;股份有限公司的成立条件比较严格。有限责任公司只能由发起人集资,不能向社会公开募集资金;股份有限公司可以向社会公开募集资金。③股权转让的条件限制不同。有限责任公司的股东转让自己的出资要经股东会讨论通过;股份有限公司的股票可以自由转让,具有充分的流动性。

在上述三种企业组织的形式中,公司制企业最具优势,成为企业普遍采取的组织形式,因此,现代财务管理学的分析与研究以公司制企业这种组织形式为基本研究对象。本书所讲的财务管理也主要是指公司的财务管理。

二、财务管理机构的设置

财务管理机构是指在企业中组织、领导、管理和控制财务活动的机构,是财务管理的主体。目前,较小的企业往往不单独设置财务管理机构,但在一些大型企业中,财务管理非常重要,独立的财务管理机构能够帮助企业完成资金筹集、投资决策等方面的工作。

1. 不独立的财务管理机构

不独立的财务管理机构是指企业设有一个财务与会计机构,这个机构集财务管理职能和会计职能于一身,但往往以会计职能为主、财务管理职能为辅。在这种组织形式下,企业一般在厂长或总经理的领导下,由总会计师或财务副总经理分管财务或会计部门。会计核算人员直接负担财务管理工作,财务管理的过程直接融入会计核算过程,这样企业就能够掌握和控制企业的财务活动。这种设置的优点是能够充分利用会计信息,及时根据会计信息实施可行的财务管理措施,减少财务人员与会计人员之间的摩擦,提高管理效率。不利之处是企业容易忽视财务管理工作,将财务管理简化为费用开支标准的管理。

2. 半独立的财务管理机构

半独立的财务管理机构是指企业将财务管理部门从单一的财务与会计机构中分离出来，财务管理工作不再由会计机构负责，而是独立出一个专业的部门来负责。企业的财务部门与会计部门同等重要，均由 CFO(chief financial officer)或总会计师、财务副总经理、财务总监分管。财务管理机构由财务经理或财务长、财务主管领导。会计机构由会计经理或会计长、会计主管领导。由于企业所处的行业特点以及企业本身对财务管理的需求各不相同，因此，企业在决定财务管理机构的工作职能和人员的设置时也会有所不同。但总的来说，一般企业财务管理部门的职能不外乎财务活动的四个方面，即筹资活动、投资活动、营运资金管理活动以及股利分配活动。

应该指出，由于涉及企业的财权安排和财务治理结构，企业在设置财务管理机构和决定财务管理机构的职能、人员设置时，必须服从于企业治理结构的要求，由企业组织体制所决定。

任务四　财务管理环节

财务管理环节是企业财务管理的工作步骤与一般工作程序。一般而言，企业财务管理包括以下几个环节。

一、财务预测

财务预测是根据企业财务活动的历史资料，考虑现实的要求和条件，对企业未来的财务活动做出较为具体的预计和测算的过程。财务预测可以测算各项生产经营方案的经济效益，为决策提供可靠的依据；可以预计财务收支的发展变化情况，以确定经营目标；可以测算各项定额和标准，为编制计划、分解计划指标服务。

预测的方法主要有定性预测和定量预测两类：定性预测法主要是利用直观材料，依靠个人的主观判断和综合分析能力，对事物未来的状况和趋势做出预测；定量预测法主要是根据变量之间存在的数量关系建立数学模型来进行预测。

二、财务决策

财务决策是指按照财务战略目标的总体要求，利用专门的方法对各种备选方案进行比较和分析，从中选出最佳方案的过程。财务决策是财务管理的核心，决策的成功与否直接关系到企业的兴衰成败。

财务决策的方法主要有两类：一类是经验判断法，是根据决策者的经验来判断选择，常用的方法有淘汰法、排队法、归类法等；另一类是定量分析方法，常用的方法有优选对比法、数学微分法、线性规划法、概率决策法等。

三、财务计划

财务计划是根据企业整体战略目标和规划，结合财务决策的结果，对财务活动进行规划，并以指标形式落实到每一计划期间的过程。财务计划主要通过指标和表格，以货币形式反映在一定的计划期内企业生产经营活动所需要的资金及其来源、财务收入和支出、财务成果及其分配的情况。

确定财务计划指标的方法一般有平衡法、因素法、比例法和定额法等。

四、财务预算

财务预算是根据财务战略、财务计划和各种预测信息，确定预算期内各种预算指标的过程。它是财务战略的具体化，是财务计划的分解和落实。

财务预算的编制方法通常包括固定预算与弹性预算、增量预算与零基预算、定期预算与滚动预算等。

五、财务控制

财务控制是指利用有关信息和特定手段，对企业的财务活动施加影响或调节，以便实现计划所规定的财务目标的过程。

财务控制通常有前馈控制、过程控制、反馈控制等几种方法。财务控制措施一般包括预算控制、运营分析控制和绩效考评控制等。

六、财务分析

财务分析是指根据企业财务报表等信息资料，采用专门方法，系统分析和评价企业财务状况、经营成果以及未来趋势的过程。

财务分析的方法通常有比较分析法、比率分析法和因素分析法等。

七、财务考核

财务考核是指将报告期实际完成数与规定的考核指标进行对比，确定有关责任单位个人完成任务的过程。财务考核与奖惩紧密联系，既是贯彻责任制原则的要求，也是构建激励与约束机制的关键环节。

财务考核的形式多种多样，可以用绝对指标、相对指标、完成百分比考核，也可采用多种财务指标进行综合评价考核。

任务五　财务管理环境

企业的财务管理环境又称理财环境，是指对企业财务活动产生影响作用的企业内外部条件。财务管理的环境是企业财务决策难以改变的外部约束条件，企业财务决策更多的是适应它们的要求和变化。财务管理的环境涉及的范围很广，其中最重要的是经济环境、法律环境、金融市场环境和技术环境。

财务管理环境

一、经济环境

财务管理的经济环境是指影响企业财务管理的各种经济因素，如经济周期、经济发展水平、通货膨胀状况、经济政策等。

1. 经济周期

在市场经济条件下，经济发展通常带有一定的波动性，大体上经历复苏、繁荣、衰退、萧条几个阶段的循环，这种循环叫经济周期。

我国的经济发展与运行也呈现出特有的周期特征,存在一定的经济波动。过去曾多次出现经济超高速增长,发展过快,而不得不进行治理整顿或宏观调控的情况。鉴于经济周期影响的严重性,财务学者探讨了企业在经济周期中不同阶段的财务管理战略,如表1-2所示。

表1-2 经济周期中不同阶段的财务管理战略

序号	复　苏	繁　荣	衰　退	萧　条
1	增加厂房设备	扩充厂房设备	停止扩张	建立投资标准
2	实行长期租赁	继续建立存货	出售多余设备	保持市场份额
3	建立存货储备	提高产品价格	停产不利产品	压缩管理费用
4	开发新产品	开展营销规划	停止长期采购	放弃次要利益
5	增加劳动力	增加劳动力	削减存货	削减存货
6			停止扩招雇员	裁减雇员

一般而言,在经济复苏阶段,社会购买力逐步提高,企业应及时确定合适的投资机会,开发新产品,采取增加存货和放宽信用条件的应收账款管理政策等理财策略,为企业今后的发展奠定基础。在经济繁荣阶段,市场需求旺盛,企业应采取扩张的策略,如扩大生产规模,增加投资,增添机器设备、存货和劳动力,这就要求财务人员迅速筹集所需要的资金。在衰退阶段,企业应收缩规模,减少风险投资,投资无风险资产,以获得稳定的报酬。在萧条阶段,企业应维持现有的规模,并设置新的投资标准,适当考虑一些低风险的投资机会。总之,面对周期性的经济波动,财务人员必须预测经济变化情况,适当调整财务政策。

【业务1-2】处于衰退期的企业在制定收益分配政策时,应当优先考虑企业积累。(　　)

解析：×。根据经济周期中的财务管理战略可知,衰退期的财务战略包括：①停止扩张;②出售多余设备;③停止不利产品;④停止长期采购;⑤削减存货;⑥停止扩招雇员。从上述财务战略可以看出,衰退期的企业不再需要大量的资金,应该以多分配股利为主,所以本题的说法不正确。

2. 经济发展水平

经济发展水平是一个相对的概念,在世界范围内说明各个国家所处的经济发展阶段及其目前的经济发展水平是一件困难的事情。所以只能按照通常的标准把不同的国家划分为发达国家、发展中国家和不发达国家三大群组,并以此来说明经济发展水平对财务管理的影响。

发达国家经历了较长时间的经济发展历程,资本的集中和垄断已达到了相当大的程度,经济发展水平在世界上处于领先地位,这些国家的财务管理水平比较高。其原因在于以下几点：①高度发达的经济水平必然要求进行完善的、科学的财务管理,这就决定了随着经济发展水平的提高,必然要创造出越来越先进的理财方法;②经济生活中许多新的内容、更复杂的经济关系以及更完善的生产方式,也往往首先出现于这些国家,这就决定了发达国家的财务管理内容要不断创新;③随着经济的发展,更新的计算机、通信设备的不断涌现,为财务管理采用更复杂的数学方法创造了条件。

发展中国家的经济发展水平不高,其经济状况一般呈现以下特点：经济基础较薄弱,但发展速度比较快,经济政策变更频繁,国际交往日益增多。这些特点决定了发展中国家的财务管理具有以下特征：①财务管理的总体发展水平在世界上处于中间地位,但发展比较快;②与财务管理有关的法规政策频繁变更,给企业理财造成了许多困难;③在财务管理实践中,还存在财务目标不明确、财务管理方法过于简单等不尽如人意之处。

不发达国家的经济发展水平很低,这些国家的共同特征一般表现在以农业为主要经济部门,工业特别是加工工业不发达,企业规模小,组织结构简单,这就决定了这些国家的财务管理呈现水平低、发展慢等特征。

3. 通货膨胀状况

通货膨胀不仅降低了消费者的购买力,也给企业理财带来了很大困难。通货膨胀对企业财务活动的影响通常表现在以下几个方面:①引起资金占用的大量增加,从而增加企业的资金需求;②引起企业的利润虚增;③引起利率上升,加大企业的资本成本;④引起有价证券价格下降;⑤引起资金供应紧张,增加企业的筹资难度。

为了减轻通货膨胀对企业造成的不利影响,企业应当采取措施予以防范。在通货膨胀初期,货币面临着贬值的风险,这时企业进行投资可以避免风险,实现资本保值;与客户应签订长期购货合同,以减少物价上涨造成的损失;取得长期负债,保持资本成本的稳定。在通货膨胀持续期,企业可以采用比较严格的信用条件,减少企业债权;调整财务政策,防止和减少企业资本流失等。

【业务1-3】 下列各项措施中,无助于企业应对通货膨胀的是( )。

A. 发行固定利率债券　　　　　B. 以固定租金融资租入设备
C. 签订固定价格长期购货合同　D. 签订固定价格长期销货合同

解析: 选D。发行固定利率债券,可以保持资本成本的稳定,所以选项A不是正确答案;选项B与选项A道理相同,也可以应对通货膨胀;应与客户签订长期购货合同,以减少物价上涨造成的损失,所以选项C不是正确答案;签订固定价格的长期销货合同,会减少在通货膨胀时期的现金流入,所以选项D是正确答案。

4. 经济政策

一个国家的经济政策,如经济的发展计划、国家的产业政策、财税政策、金融政策、外汇政策、外贸政策、货币政策以及政府的行政法规等,对企业的财务活动都有重大影响。顺应经济政策的导向,会给企业带来一些经济利益,因此财务人员应该认真研究政府的经济政策,按照政策导向行事,这样就能趋利除弊。当然,由于政府的经济政策可能会因经济状况的变化而变化,因此企业在进行财务决策时,也要为这种变化留有余地,甚至预见到政策的变化趋势,这样会更好地实现企业的理财目标。

二、法律环境

财务管理的法律环境是指影响企业财务活动的各种法律、法规和规章。

前面讨论企业的理财目标时,曾经提到企业的目标有时与其利益相关者的目标存在矛盾,这时政府将通过法律手段来规范企业的行为,如政府通过制定环境保护法与税法来约束企业由于生产而污染环境的行为。当然,企业财务活动作为一种社会行为,即使不是由于上述原因,也会在很多方面受到法律规范的约束和保护。影响企业财务管理的法律环境主要有企业组织法规、财务会计法规以及税法等。

1. 企业组织法规

企业组织必须依法成立,不同类型的企业在组建过程中适用不同的法律。在我国,这些法律包括《公司法》《中华人民共和国个人独资企业法》《中华人民共和国合伙企业法》《中华人民共和国中外合资经营企业法》《中华人民共和国中外合作经营企业法》《中华人民共和国外资企业法》等。这些法规详细规定了不同类型的企业组织设立的条件、设立的程序、组织机构、组织变更及终止的条件和程序等。例如,公司的组建要遵循《公司法》中规定的条件和程序,公司成立后,其经营活动包括财务活动,都要按照《公司法》的规定来进行。因此,《公司法》是约束公司财务管理重要的法规,公司的财务活动不能违反该法律。

从财务管理的角度来看,非公司制企业与公司制企业有很大的不同。例如,个人独资企业和合伙企业都属于非公司制的企业,企业主承担的是无限责任,也就是说,一旦企业经营失败,其个人的财产也将纳入偿债范围。而公司制企业的股东承担的则是有限责任,公司经营失败时,仅以股东的出资额为限来偿债。

2. 财务会计法规

财务会计法规主要包括《中华人民共和国会计法》《企业会计准则》《企业财务通则》和《企业会计制度》。《企业财务通则》是各类企业进行财务活动、实施财务管理的基本规范。《企业财务通则》主要围绕企业财务管理环节,明确了资金筹集、资产营运、成本控制、收益分配、信息管理、财务监督六大财务管理要素,并结合不同财务管理要素,对财务管理方法和政策要求做出了规范。

除上述法规之外,与企业财务管理有关的经济法规还包括证券法规、结算法规等。财务人员要在守法的前提下完成财务管理的职能,实现企业的理财目标。

3. 税法

税法是国家制定的用以调整国家与纳税人之间在征纳税方面权利与义务的法律规范的总称。税法是国家法律的重要组成部分,是保障国家和纳税人合法权益的法律规范。税法按征收对象的不同可有不同的分类:①对流转额课税的税法,以企业的销售所得为征税对象。主要包括增值税、消费税和进出口关税。②对所得额课税的税法,包括企业所得税、个人所得税。其中,企业所得税适用于在中华人民共和国境内的企业和其他取得收入的组织(不包括个人独资企业和合伙企业),上述企业在我国境内和境外的生产、经营所得和其他所得为应纳税所得额。③对自然资源课税的税法,目前主要以矿产资源和土地资源为征税对象,包括资源税、城镇土地使用税等。④对财产课税的税法,以纳税人所有的财产为征税对象,主要有房产税。⑤对行为课税的税法,以纳税人的某种特定行为为征税对象,主要有印花税、城市维护建设税等。

企业在经营过程中有依法纳税的义务。税负是企业的一种支出,因此企业都希望在不违反税法的前提下减少税负。税负的减少只能靠财务人员在财务活动中精心安排、仔细筹划,而不能通过逃避缴纳税款的方式来实现,这就要求财务人员熟悉并精通税法,为财务管理目标服务。

三、金融市场环境

金融市场是资金融通的场所。企业资金的取得与投放都与金融市场密不可分,金融市场发挥着金融中介、调节资金余缺的功能。熟悉金融市场的各种类型以及管理规则,可以让企业财务人员有效地组织资金的筹措和资本投资活动。

1. 金融市场与公司理财

金融市场对公司财务活动的影响主要体现在以下几个方面:①为公司筹资和投资提供场所。金融市场上存在多种多样方便灵活的筹资方式,当公司需要资金时,可以到金融市场上选择合适的筹资方式筹集所需资金,以保证生产经营的顺利进行;当公司有多余的资金时,又可以到金融市场选择灵活多样的投资方式,为资金的用途寻找出路。②公司可通过金融市场实现长短期资金的互相转化。当公司持有的是长期债券和股票等长期资产时,可以在金融市场转手变现,成为短期资金,而远期票据也可以通过贴现变为现金;与此相反,短期资金也可以在金融市场上转变为股票和长期债券等长期资产。③金融市场为公司理财提供相关信息。金融市场的利率变动和各种金融资产的价格变动,都反映了资金的供求状况、宏观经济状况甚至发行股票及债券公司的经营状况和盈利水平。这些信息是公司进行财务管理的重要依据,财务人员应随时关注。

2. 金融市场的构成

金融市场由主体、客体和参加人组成。主体是指银行和非银行金融机构,它们是连接投资人和筹资人的桥梁。客体是指金融市场上的交易对象,如股票、债券、商业票据等。参加人是指客体的供应者和需求者,如企业、政府部门和个人等。

金融机构主要包括商业银行、投资银行、证券公司、保险公司和各类基金管理公司。

商业银行的主要作用是资金的存贷,它们从广大居民手中吸收存款,再以借款的形式将这些资金提供给企业等资金需要者。

投资银行在现代公司筹资活动中处于非常重要的地位,任何公司发行债券或股票,都要借助投资银行的帮助。目前在我国,投资银行的业务主要由各类证券公司来承担。

证券公司是指依照《公司法》和《证券法》的规定设立的,专门经营证券业务的、具有独立法人地位的有限责任公司或者股份有限公司。证券公司的设立必须经国务院证券监督管理机构审查批准。

保险公司和各类基金管理公司是金融市场上主要的机构投资者,它们从广大投保人和基金投资者手中聚集了大量资金,同时,又投资于证券市场,成为公司资金的一项重要来源。目前,我国已经存在多家保险公司和基金管理公司,这些机构投资者在金融市场上的作用将越来越重要。

3. 金融市场的分类

金融市场可以按照不同的标准进行分类。

(1) 货币市场和资本市场。以期限为标准,金融市场可分为货币市场和资本市场。货币市场又称短期金融市场,是指以期限在1年以内的金融工具为媒介,进行短期资金融通的市场,包括同业拆借市场、票据市场、大额定期存单市场和短期债券市场等。资本市场又称长期金融市场,是指以期限在1年以上的金融工具为媒介,进行长期资金交易活动的市场,包括股票市场、债券市场和融资租赁市场等。

(2) 发行市场和流通市场。以功能为标准,金融市场可分为发行市场和流通市场。发行市场又称为一级市场,它主要处理金融工具的发行与最初购买者之间的交易;流通市场又称为二级市场,它主要处理现有金融工具转让和变现的交易。

(3) 资本市场、外汇市场和黄金市场。以融资对象为标准,金融市场可分为资本市场、外汇市场和黄金市场。资本市场以货币和资本为交易对象;外汇市场以各种外汇金融工具为交易对象;黄金市场则是集中进行黄金买卖和金币兑换的交易市场。

(4) 基础性金融市场和金融衍生品市场。按所交易金融工具的属性,金融市场可分为基础性金融市场与金融衍生品市场。基础性金融市场是指以基础性金融产品为交易对象的金融市场,如商业票据、企业债券、企业股票的交易市场;金融衍生品市场是指以金融衍生产品为交易对象的金融市场,如远期、期货、掉期(互换)、期权的交易市场,以及具有远期、期货、掉期(互换)、期权中一种或多种特征的结构化金融工具的交易市场。

(5) 地方性金融市场、全国性金融市场和国际性金融市场。以地理范围为标准，金融市场可分为地方性金融市场、全国性金融市场和国际性金融市场。

4. 金融工具

财务管理人员了解金融市场，必须熟悉各种金融工具。金融工具按发行和流通的场所，划分为货币市场证券和资本市场证券。

(1) 货币市场证券。货币市场证券属于短期债务，到期日通常为一年或更短的时间，主要是政府、银行及工商业企业发行的短期信用工具，具有期限短、流动性强和风险小的特点。货币市场证券包括商业本票、银行承兑汇票、国库券、银行同业拆借、短期债券等。

(2) 资本市场证券。资本市场证券是公司或政府发行的长期证券。其到期期限超过1年，实质上是1年期以上的中长期资本市场证券。资本市场证券包括普通股、优先股、长期公司债券、国债、衍生金融工具等。

5. 利息率及其测算

企业的财务活动均与利息率有一定的联系，离开了利息率这一因素，就无法正确做出筹资决策和投资决策。因此，利息率是进行财务决策的基本依据，利息率原理是财务管理中的一项基本原理。

利息率简称利率，是衡量资金增值量的基本单位，即资金的增值同投入资金的价值之比。从资金流通的借贷关系来看，利率是特定时期运用资金这一资源的交易价格。也就是说，资金作为一种特殊商品，其在资金市场上的买卖，是以利率作为价格标准的，资金的融通实质上是资金资源通过利率这个价格体系在市场机制作用下进行再分配。因此，利率在资金的分配及个人和企业做出财务决策的过程中起着重要作用。例如，一个企业拥有投资利润率很高的投资机会，就可以发行较高利率的证券以吸引资金，投资者把过去投资的利率较低的证券卖掉，来购买这种利率较高的证券，这样，资金将从低利率的投资项目不断向高利率的投资项目转移。因此，在发达的市场经济条件下，资金从高报酬项目到低报酬项目的依次分配，是由市场机制通过资金的价格——利率的差异来决定的。

综上所述，利率在企业财务决策和资金分配方面非常重要。那么，究竟应该怎样测算特定条件下未来的利率水平呢？这就必须分析利率的构成。一般而言，资金的利率由纯利率、通货膨胀补偿（或称通货膨胀贴水）、风险报酬3部分构成。其中，风险报酬又分为违约风险报酬、流动性风险报酬和期限风险报酬三种。这样，利率的一般计算公式就变为

$$K = K_0 + IP + DP + LP + MP$$

式中，K 为利率；K_0 为纯利率；IP 为通货膨胀补偿；DP 为违约风险报酬；LP 为流动性风险报酬；MP 为期限风险报酬。

(1) 纯利率。纯利率是指没有风险和没有通货膨胀情况下的均衡利率。影响纯利率的基本因素是资金供应量和需求量，因而纯利率不是一成不变的，它随资金供求的变化而不断变化。精确测定纯利率是非常困难的，在实际工作中，通常以无通货膨胀情况下的无风险证券的利率来代表纯利率。

(2) 通货膨胀补偿。通货膨胀已成为世界上大多数国家经济发展过程中难以医治的"病症"。持续的通货膨胀会不断降低货币的实际购买力，对投资项目的投资报酬率也会产生影响。资金的供应者在通货膨胀的情况下，必然要求提高利率水平以补偿其购买力损失，所以，无风险证券的利率，除纯利率之外，还应加上通货膨胀因素，以补偿通货膨胀所遭受的损失。例如，政府发行的短期无风险证券（如国库券）的利率就是由这两部分内容组成的。其表达

式为

$$短期无风险证券利率 = 纯利率 + 通货膨胀补偿$$

即

$$R_F = K_0 + IP$$

例如,假设纯利率 K_0 为 3%,预计下一年度的通货膨胀率是 7%,则 1 年期无风险证券的利率应为 10%。计入利率的通货膨胀率不是过去实际达到的通货膨胀水平,而是对未来通货膨胀的预期,当然,这是未来时期内的平均数。

(3) 风险报酬。具体包括以下几点。

① 违约风险报酬。违约风险是指借款人无法按时支付利息或偿还本金而给投资人带来的风险。违约风险反映了借款人按期支付本金、利息的信用程度。借款人如经常不能按期支付本息,则说明该借款人的违约风险高。为了弥补违约风险,必须提高利率,否则,借款人就无法借到资金,投资人也不会进行投资。国库券等证券由政府发行,可以视为没有违约风险,其利率一般较低。企业债券的违约风险则要根据企业的信用程度来定,企业的信用程度可分若干等级。等级越高,信用越好,违约风险越小,利率水平也越低;信誉不好,违约风险大,利率水平自然也高。在到期日和流动性等条件相同的情况下,各信用等级债券的利率水平同国库券利率之间的差额,便是违约风险报酬率。

② 流动性风险报酬。流动性是指某项资产迅速转化为现金的可能性。如果一项资产能迅速转化为现金,则说明其变现能力强,流动性好,流动性风险小;反之,则说明其变现能力弱,流动性不好,流动性风险大。政府债券、大公司的股票与债券,由于信用好、变现能力强,因此流动性风险小,而一些不知名的中小企业发行的证券,则流动性风险较大。一般而言,在其他因素均相同的情况下,流动性风险小和流动性风险大的证券利率差距介于 1%~2%,这就是所说的流动性风险报酬。

③ 期限风险报酬。一项负债到期日越长,债权人承受的不确定因素就越多,承担的风险也越大。为弥补这种风险而增加的利率水平就叫期限风险报酬。例如,同时发行的国库券,5 年期的利率就比 3 年期的利率高,银行存贷款利率也一样。因此,长期利率一般要高于短期利率,这便是期限风险报酬。当然,在利率剧烈波动的情况下,也会出现短期利率高于长期利率的情况,但这种偶然情况并不影响上述结论。

综上所述,可以看到,影响某一特定借款或投资的利率主要有以上三大因素,只要能合理预测上述因素,便能比较合理地测定利率水平。

四、技术环境

财务管理的技术环境是指财务管理得以实现的技术手段和技术条件,它决定着财务管理的效率和效果。会计信息系统是财务管理技术环境中的一项重要内容。在企业内部,会计信息主要是提供给管理层决策使用,而在企业外部,会计信息则主要是为企业的投资者、债权人等提供服务。随着数据科学、机器人流程自动化等机器智能技术不断应用到财务管理领域(如财务共享),财务管理的技术环境更容易实现数出一门、资源共享,便于不同信息使用者获取、分析和利用,进行投资和相关决策。

大数据、人工智能等新一代现代信息技术,推动财务共享模式下财务管理体系不断变化。财务共享模式下基于大数据、智能化的企业财务管理融入大数据、智能化理念,创建并优化了高效而智能的业务流程,使企业的各项管理活动和经济业务更加灵活、有效,并在加强风险管控、提高会计服务效率、提供经营决策等方面提供重要支撑。

任务六 大数据与财务管理

一、大数据的定义和特征

(一)大数据的定义

大数据(big data)的概念最早在 2008 年 8 月由数据科学家维克托·迈尔·舍恩伯格编写的《大数据时代》中提出。大数据目前还没有一个权威的定义,不同的组织给出了不同的定义。

大数据与财务管理

麦肯锡全球研究所基于数据特征的视角将大数据定义为:大数据是一种规模大到在获取、存储、管理、分析方面大大超出了传统数据库软件工具能力范围的数据集合,具有海量(volume)的数据规模、快速(velocity)的数据流转、多样(variety)的数据类型和价值(value)密度低四大特征。

专业研究机构高德纳咨询公司(Gartner)则从描述数据的系统过程出发将大数据定义为:大数据是指需要新处理模式才能具有更强的决策力、洞察力和流程优化能力的海量、高增长率和多样化的信息资产。

尽管大数据的概念尚未统一,但从上述定义中不难发现,①大数据中的"大"不仅指数据量的积累,其意义是要实现由量的积累到"大"的质的变化。②大数据中的数据不是传统意义上的数据,这些数据因集合而产生意义价值,具有可观的利用前景。③要基于大数据产生价值和效能,那么就必然要求这些数据存在意义和结构上的关联,使其具有分析价值。

(二)大数据的特征

1. 海量的数据规模

大数据的第一个特点就是"数量大"。大数据通常是指 10TB(1TB=1 024GB)规模以上的数据量。之所以产生如此巨大的数据量,一是由于各种仪器的使用,使人们能够感知到更多的事物,这些事物的部分甚至全部数据可以被存储;二是由于通信工具的使用,使人们能够全时段的联系,M2M(machine to machine,机器—机器)方式的出现,使交流的数据量成倍增长;三是由于集成电路价格降低,很多东西都有了智能的成分。如此庞大的数据量,是无法通过人工处理的,需要智能的算法、强大的数据处理平台和新的数据处理技术来处理这些大数据。

2. 多样的数据类型

大数据广泛的数据来源,决定了大数据形式的多样性。大数据大体上可以分为三类,分别是结构化数据、半结构化数据和非结构化数据。结构化数据的特点是数据间因果关系强,比如信息管理系统数据、医疗系统数据等。半结构化数据的特点是数据间的因果关系弱,比如网页数据、邮件记录等。非结构化数据的特点是数据间没有因果关系,比如音频、图片、视频等。

3. 快速的数据流转

大数据的交换和传播是通过互联网、云计算等方式实现的,远比传统媒介的信息交换和传播速度快捷。大数据除了数据规模大以外,对处理数据的响应速度有更严格的要求。实时分析而非批量分析,数据输入、处理与丢弃立刻见效,几乎无延迟。数据的增长速度和处理速度是大数据高速性的重要体现。

4. 巨大的应用价值

现实中大量的数据是无效或者低价值的,大数据最大的价值在于通过多渠道来源数据的参照、关联、对比分析,挖掘出对未来趋势预测分析有价值的数据。挖掘大数据的价值就类似于沙里淘金,大数据的巨大价值来自其超前预测能力和真实性。

二、大数据的应用价值

大数据的价值在于其能够从庞杂的数据中发现规律和趋势、做出预测和决策。大数据技术已经在金融、健康医疗、零售、交通、公共安全等领域得到广泛应用,为各行各业提供了全新的发展机遇。在金融领域,银行、证券、保险等金融机构可以通过大数据技术实现精准风险管理、反欺诈分析、客户关系管理等;在健康医疗领域,医疗机构可以通过大数据技术实现个性化医疗、医疗资源优化、疾病预测和监控等;在零售领域,大数据技术可以帮助零售商实现库存管理、销售预测、顾客行为分析等,进而提高市场竞争力;在交通领域,大数据技术可以帮助交通管理部门实现交通拥堵预测、交通事故预测和处理等;在公共安全领域,大数据技术可以帮助公安部门实现视频监控、人脸识别、社交网络分析等,以加强社会治安管理。

三、大数据在企业财务管理中的应用

1. 成本管理

大数据技术的发展为企业做出正确的成本决策,提高成本的智能化管理水平提供了所需的数据支持,实现了有效的成本管理,优化了企业成本管理模式。

首先,大数据技术为生产制造企业原材料采购提供决策支持。对制造企业来说,原材料的采购至关重要。近年来,国内市场和国际市场原材料的供给和价格出现较大波动,企业可以利用大数据技术对原材料成本走势进行科学预测,为企业在采购市场中合理选择原材料供应商等经营决策提供依据。同时,原材料的采购价格会影响企业采购时机的决策。企业可以利用大数据系统进行科学验算,根据实际市场情况及时估算合理的进货时间,平衡采购成本、储存成本和缺货成本,在兼顾满足企业原材料需求的同时,降低原材料采购的总成本。

其次,大数据技术的运用可以有效减少企业各项成本支出。通过对大数据的收集、分析,企业可以对消费者行为做出预判。企业可利用大数据对用户历史购买行为和其浏览商品频率等进行分析,预计其购买商品的可能性,将商品提前进行配货,减少商品的储存费用,同时缩短用户从下订单到收到货的时长,提升用户的满意度,有利于企业在提供同类产品、服务的市场中扩大市场占用率。大数据技术还可以为企业提供精准营销,聚焦核心用户群体,降低营销成本。

再次,大数据技术可以帮助企业选择合适的供应商。企业利用大数据技术取得大量同行业数据,便于对各类合作业务的供应商(如供货商、配送商、售后服务商、仓储服务商等)从价格、效率、规模、信用等方面进行对比,选择最适合企业发展的合作商,最大限度地降低企业相应成本和风险。

最后,大数据技术可提升企业成本全流程管理效率。大数据技术和成本管理模式相结合,对成本管理结合全价值链分析进行作业成本分析管理。企业可以从进货、生产、出货、市场营销、售后服务等价值链各环节进行数据收集,综合分析同行业竞争企业的相关数据,找出自身企业的不足,调整各环节的操作流程,优化成本结构,提高企业整体效率。企业从传统单纯的事中成本控制,延伸到事前、事中、事后全流程业务成本控制,促进成本全流程管理模式的建立。

2. 全面预算管理

大数据技术加强了企业预算数据预测的准确性。大数据技术为企业归集了大量消费者的消费习惯，互联网大数据技术的应用可以进行多维度的消费者画像，从中得到各角度的消费者统计特征。消费者画像数据为企业的经营方向提供精准定位，为企业获得高收益奠定基础。财务管理人员可通过消费用户群体历史消费数据以及消费偏好，合理预估企业的销售收入，使企业财务销售预算数据的预测更加精准。依托于精准的销售预测，后续生产预算、成本预算、费用预算和财务预算才能更贴合实际，充分保证企业预算编制的准确性，更科学地进行经营决策，提高企业各项资源的利用率。

大数据技术为企业提供方便的预算数据处理工具。随着企业规模的扩大和业务复杂程度的增加，企业经营产生的业务数据越来越多，预算编报所需的数据也会越来越多。为了企业经营需要，企业可能需要进行多场景、多角度、多模式的测算，这些都增加了企业全面预算管理的难度。大数据技术的发展为企业全面预算管理提供全样本数据支持的同时，也提供了更方便、更快捷处理数据信息的手段和工具，弥补了传统预算管理体系下缺乏足够、有效、实时的数据缺陷，提高企业预算管理的效率。

3. 资金管理

资金管理是企业财务管理的核心内容，对企业战略发展和风险控制有重要的影响。大数据的出现也影响着资金管理的工作方式，原有的流程也随之改变。比如一笔资金支付业务，原先的流程可能是业务部门提出资金需求，财务部门进行账务处理，然后流转到出纳，出纳制单后，再通过企业内部的审核流程完成审核，最终由银行付款。财务分析人员可能在每周或月度结束后，从财务系统中取得数据，然后对本公司资金用途进行统计分析。

在大数据时代，业务部门和财务部门几乎能同时进行处理，而事后的统计分析工作也可以在支付的同时就得以统计，使流程简化，时间缩短。大数据时代的来临打破了原有的工作边界，资金管理不再只关注资金的信息，而是要扩大范围，将企业内部各个职能部门都考虑在内，甚至包含企业上下游企业、企业的竞争者等，打造全流程、信息一体化的工作平台。

4. 投资管理

财务大数据的应用给企业的投资决策者提供了海量的支持数据，从而提升了企业投资决策效率和效果。首先，企业建立专门的大数据收集平台，针对决策相关的数据进行收集、处理与提取，以提升数据的准确性、相关性与及时性；其次，构建大数据的云计算平台，实时对大数据进行分析；再次，利用数据挖掘功能对信息与结果之间的相关性进行分析；最后，根据分析结果对能获得更多收益的项目进行投资。

企业可以通过建立量化投资模型帮助决策者处理海量数据，使决策者能够在短时间对影响投资结果的因素进行多角度的分析，包括经济周期、市场、未来预期、盈利能力、心理因素等，进而根据模型分析结果做出投资决策，大大提高投资效率。还可以通过大数据构建数学模型以对不同的风险因素进行组合分析，使企业能在较短时间内迅速识别潜在的对手进行精确地量化分析，进而实现对投资项目的风险控制。

5. 财务分析

大数据技术便于财务人员进行全面的财务分析。企业利用大数据技术将业务各环节各流程的数据收集、归类、整理，使财务管理人员对业务有更高层次的了解。财务人员以各类实际业务数据进行的财务分析，更贴合实际情况，对企业业务发展从专业角度提出更符合企业实际的建议。现有大数据不止局限于财务数据，还有很多业务数据，同时财务管理人员不止需要进行定量分析,还可以利用大数据技术进行定性分析以及前景分析。财务分析从企业内部转向内外结合,使财务分析更全面地展现自身在市场发展中所处的位置,便于决策者根据总体局势,做出更有利的决策。

财管德育课堂

【德智要点】

　　控制权实质上是一种具有高溢价的商品,控制权的争夺是利益相关方进行利益重新分配的重要活动之一。本案例将财务管理的目标——股东财富最大化与国美控制权之争联系在一起,从公司治理、保护中小投资者的利益的角度理清事件发生的因果关系,使大家认识到客观公正、合作共赢在公司治理中的重要作用。

【案例描述】

　　黄光裕于1987年创立国美,2006年国美合并永乐电器,永乐董事长陈晓出任国美CEO,从而为这一场中国商界少有的大股东和管理层的博弈埋下了伏笔。

　　2008年,黄光裕被北京公安局逮捕,原因是他设计股权回购计划,以私人名义将股权出售给国美,套取资金,偿还其对一家财务机构24亿元的债务,该行为给国美带来16亿港元的损失。黄光裕被判处14年徒刑。陈晓成为董事局主席,后黄光裕辞职,陈晓正式成为董事局主席。

　　黄光裕服刑期间,美国私募贝恩公司宣布通过债转股增持国美的股权,债转股后,贝恩持国美的股份达到10%,黄光裕家族的股份被摊薄到32%。贝恩投资入股国美后的第八个月,因担心股权被稀释,大股东黄光裕在2011年的股东大会上发难,否决了贝恩提名的三名非执行董事。如果贝恩提名的三名成员不能进入董事局,会造成违约,国美须向贝恩赔偿24亿元。事件发生后,董事局召开紧急会议,否决了股东大会的决议,强行委任贝恩的三名高管进入董事局,并首次公开指责黄光裕、杜鹃夫妇将国美陷于重大危机之中。

　　2010年9月28日国美召开特别股东大会,通过投票表决,黄光裕的五项提案,除撤销增发、发行、买卖股份的其他提案均被否决。陈晓初步胜出,得以连任,黄光裕家族的收益在于不必再担心股份被稀释。

　　2010年12月27日,国美特别股东大会通过决议,同意任命黄光裕方的邹晓春、黄燕虹为非执行董事。

　　2011年3月9日,国美电器宣布,张大中将接替陈晓,成为国美电器第三任董事会主席。不过,这一次黄光裕家族对新任董事会主席有了权力制衡,张大中此次仅为非执行董事。国美的"陈晓时代"终结,喧嚣的国美控制权之争落幕。

　　资料来源:邵军.财务管理案例分析[M].上海:立信会计出版社,2021.

【案例启示】

　　1. 不断完善公司治理结构,强化合作共赢

　　党的二十大报告指出"和睦相处、合作共赢,繁荣才能持久",在公司控制权的分配问题上,管理层应秉承合作共赢的精神,坚持与财务战略契合原则和责权利对等原则,不断完善公司治理机制,提高公司治理水平,如果企业过度追求控制权的高度统一,虽然可能会有助于公司治理,但付出的代价可能令人难以承受。本案例反映的便是公司由大股东绝对控制,获取私人收

益转变为可能由管理层联合贝恩资本完全控制董事会形成代理人内部人控制。从中得到的启发是,上市公司应该提高公司治理水平,避免控制权之争给企业带来的伤害。

董事会与管理层权责应该对等,需要有足够的监督。国美电器的董事会拥有超乎寻常的权力,缺乏必要的监督,这是造成国美事件愈演愈烈的一个重要原因。企业可以放权给职业经理人,但是放权的同时必须建立相应的监督机制。企业发展到一定程度时,引入职业经理人有助于企业做大、做强。职业经理人为企业的发展作出了贡献,必然有物质上的要求,比如股票期权。企业所有者需要有一颗更加广阔的心,要学会分享企业经营成果,这样才能团结职业经理人,为企业长远发展和股东财富最大化努力,实现共赢。

2. 采用立法方式保护中小股东利益,力求客观公正

在上市公司控制权争夺中,中小股东往往是被迫卷入斗争中的,斗争的双方往往只考虑自身的利益,全然不顾他人的利益,而当股权争夺需要时,又口口声声要求中小股东支持他们以获取斗争的胜利,那些冠冕堂皇的理由是很可笑的。只有加大对大股东和管理层违法侵占上市公司资源的处罚力度,提高违法侵占成本,才能对他们起到威慑作用,保护中小投资者的利益。为此,制定一系列的法律、法规条款约束管理层、大股东等相关方的行为以避免中小股东的损失势在必行。

同步测试

一、单项选择题

1. 企业支付利息属于由(　　)引起的财务活动。
   A. 投资　　　　　B. 分配　　　　　C. 筹资　　　　　D. 资金营运
2. 在财务管理中,对企业各种收入进行分割和分派的行为是指(　　)。
   A. 广义分配　　　B. 筹资活动　　　C. 资金营运活动　D. 狭义分配
3. 下列(　　)属于企业购买商品或接受劳务形成的财务关系。
   A. 企业与供应商之间的财务关系　　　B. 企业与债务人之间的财务关系
   C. 企业与客户之间的财务关系　　　　D. 企业与受资者之间的财务关系
4. 下列不属于利润最大化目标缺点的是(　　)。
   A. 没有考虑资金的时间价值
   B. 没有考虑风险因素
   C. 不利于企业资源合理配置
   D. 没有反映创造的利润与投入资本之间的关系
5. 在股东不追加投资的情况下,下列各项中能够体现股东财富最大化这一财务管理目标的是(　　)。
   A. 利润最大化　　　　　　　　　　　B. 每股收益最大化
   C. 每股股价最大化　　　　　　　　　D. 企业价值最大化
6. 股东财富最大化这一企业财务目标的优点是(　　)。
   A. 适用于所有企业　　　　　　　　　B. 用价值代替了价格
   C. 考虑了风险的因素　　　　　　　　D. 考虑了企业所有相关者的利益
7. 企业价值最大化目标的不足之处是(　　)。
   A. 没有考虑资金的时间价值　　　　　B. 没有考虑投资的风险价值

  C. 不能反映企业持续的获利能力　　　　D. 过于理论化,不易操作

  8. 将企业长期、稳定的发展放在首位,以便创造更多的价值是(　　)财务管理目标所涉及的观点。

  A. 利润最大化　　　　　　　　　　　B. 企业规模最大化

  C. 企业价值最大化　　　　　　　　　D. 相关者利益最大化

  9. 从财务管理的角度看,企业价值指的是(　　)。

  A. 企业所能创造的预计未来现金流量的现值

  B. 账面资产的总价值

  C. 企业所有者权益和债权人权益的账面价值

  D. 当前企业所能创造的价值

  10. 下列关于财务管理环节的表述中,不正确的是(　　)。

  A. 可以通过定性和定量两种预测方法进行财务预测

  B. 财务预算是财务管理的核心

  C. 财务控制可以分为前馈控制、过程控制、反馈控制等几种

  D. 财务考核与奖惩是构建激励与约束机制的关键环节

  11. 根据财务报表等有关资料、运用特定的方法,对企业财务活动过程及其结果进行分析和评价的工作是指(　　)。

  A. 财务控制　　　B. 财务决策　　　C. 财务规划　　　D. 财务分析

  12. 将报告期实际完成数与规定的考核指标进行对比,确定有关责任单位和个人完成任务的过程是(　　)。

  A. 财务分析　　　B. 财务考核　　　C. 财务计划　　　D. 财务决策

  13. 下面是通过市场约束经营者的办法的是(　　)。

  A. 解聘　　　　　　　　　　　　　　B. 接收

  C. 激励　　　　　　　　　　　　　　D. "股票期权"的方法和"绩效股"形式

  14. 影响企业财务管理的外部环境中,最重要的是(　　)。

  A. 经济环境　　　B. 法律环境　　　C. 政治环境　　　D. 金融环境

  15. 财务管理得以实现的技术手段和技术条件,它决定着财务管理的效率和效果,体现的财务管理环境是(　　)。

  A. 法律环境　　　B. 金融环境　　　C. 技术环境　　　D. 经济环境

二、多项选择题

  1. 下列关于企业财务管理内容之间的关系的说法中,正确的有(　　)。

  A. 投资和筹资的成果都需要依赖资金的营运才能实现

  B. 收入与分配影响着筹资、投资、营运资金和成本管理的各个方面

  C. 企业所筹措的资金只有有效地投放出去,才能实现筹资的目的

  D. 成本管理贯穿于投资、筹资和营运活动的全过程

  2. 下面关于财务管理的环节,表述正确的是(　　)。

  A. 财务分析是财务管理的核心,财务预测是为财务决策服务的

  B. 财务预算是指企业根据各种预测信息和各项财务决策确立的预算指标和编制的财务计划

  C. 财务控制就是对预算和计划的执行进行追踪监督、对执行过程中出现的问题进行

调整和修正,以保证预算的实现

D. 财务计划和预测首先要以全局观念,根据企业整体战略目标和规划,结合对未来宏观、微观形势的预测,来建立企业财务的战略目标和规划

3. 在一定的计划期内,财务计划主要通过指标和表格,以货币形式反映的内容主要有(   )。

   A. 生产经营活动所需要的资金及其来源
   B. 财务收入和支出
   C. 财务成果及其分配
   D. 以上选项均正确

4. 在企业各种财务管理目标中,考虑了风险因素的有(   )。

   A. 利润最大化   B. 企业价值最大化
   C. 每股收益最大化   D. 股东财富最大化

5. 下列各财务管理目标中,能够克服短期行为的有(   )。

   A. 利润最大化   B. 股东财富最大化
   C. 企业价值最大化   D. 相关者利益最大化

6. 下列关于各种财务管理目标之间关系的说法中,正确的有(   )。

   A. 利润最大化、企业价值最大化以及相关者利益最大化等各种财务管理目标,都以股东财富最大化为基础
   B. 股东和其他利益相关者在企业中的地位是平等的
   C. 在强调公司承担应尽的社会责任的前提下,应当允许企业以股东财富最大化为目标
   D. 以股东财富最大化为核心和基础,还应该考虑利益相关者的利益

7. 对上市公司来说,决定股东财富的因素包括(   )。

   A. 股票数量   B. 股票市场价格   C. 股票价值   D. 每股收益

8. 下列金融工具在货币市场中交易的有(   )。

   A. 股票   B. 银行承兑汇票
   C. 期限为3个月的政府债券   D. 期限为12个月的可转让定期存单

9. 下列关于技术环境的说法正确的有(   )。

   A. 财务管理的技术环境是指财务管理得以实现的技术手段和技术条件
   B. 财务管理的技术环境决定着财务管理的效率和效果
   C. 会计信息只能提供给管理层决策使用
   D. 我国企业会计信息化的全面推进,必将促使企业财务管理的技术环境进一步完善和优化

10. 通货膨胀对企业财务活动的影响是多方面的,主要表现在(   )。

    A. 引起资金占用的大量增加,从而增加企业的资金需求
    B. 引起企业利润虚增,造成企业资金由于利润分配而流失
    C. 引起利率上升,加大企业的筹资成本
    D. 引起资金供应紧张,增加企业的筹资困难

三、判断题

1. 企业是依法设立的,以营利为目的,运用各种生产要素,向市场提供商品或服务,实行自主经营、自负盈亏、独立核算的法人或其他社会经济组织。   (   )

2. 在一定时期内，营运资金周转额越大，资金的利用效率就越高，企业就可以生产出更多的产品，取得更多的收入，获取更多的利润。（   ）

3. 筹资活动是企业财务管理的基础环节，离开企业生产经营所需的资金筹措，企业就不能生存与发展。（   ）

4. 企业与投资者之间的财务关系，主要指企业以购买股票或直接投资的形式向其他企业投资所形成的经济关系。（   ）

5. 能够反映上市公司股东财富最大化目标实现程度的最佳指标是每股收益。（   ）

6. 企业的社会责任是指企业在谋求所有者和经营者利益最大化之外所负有的维护和增进社会利益的义务。（   ）

7. 财务决策的方法主要有定性分析法和定量分析法两类。（   ）

8. 财务管理的技术环境是指财务管理得以实现的技术手段和技术条件，它决定着财务管理的效率和效果。（   ）

9. 市场经济条件下，经济发展与运行带有一定的波动性，大体上要经历复苏、繁荣、衰退和萧条几个阶段的循环，这种循环叫作经济周期。（   ）

10. 当企业处于经济周期中的复苏阶段时，更倾向于采用削减存货的财务管理战略。（   ）

四、简答题

1. 股东财富最大化作为财务管理的目标有哪些优缺点？
2. 影响财务管理目标的因素主要有哪些？
3. 金融市场在企业财务管理中发挥了怎样的作用？
4. 财务管理工作中主要包括哪些环节？
5. 所有者和债权人的利益产生冲突时，主要的协调方式有哪些？

学习情境一
拓展训练

财务管理基本观念

学习情境二

知识目标
1. 理解资金时间价值和风险的含义。
2. 掌握资金时间价值终值与现值的相关计算。
3. 理解风险与收益的关系以及风险的衡量。

技能目标
1. 能够熟练运用资金时间价值的计算解决具体的财务问题。
2. 能够在风险与报酬之间进行权衡和选择。
3. 能够进行简单的投资风险分析。

案例导入

可怕的复利

在毫不知情的情况下突然收到 1 260 亿美元的账单,一定会令人大吃一惊。而这样的事却发生在美国田纳西镇的居民身上。此问题源于 1966 年的一笔存款。当时,斯兰黑不动产公司在内部交换银行(田纳西镇一个银行)存入一笔 6 亿美元的存款,在存款协议中要求银行按每周 1‰ 的利率(复利)付息。1994 年,纽约布鲁克林法院判决田纳西镇应向美国投资者支付这笔钱:从存款日到田纳西镇对该银行进行清算的 7 年中,这笔存款应按每周 1‰ 的复利计息,而在银行清算后的 21 年中,每年按 8.54% 的复利计息。最初田纳西镇的居民以为这是一件小事,但当他们收到账单时,他们被这张巨额账单惊呆了。据律师估计:若高级法院判决生效,为偿还这一债务,所有田纳西镇的居民在其余生中不得不靠吃麦当劳等廉价快餐度日。

资料来源:刘光辉,庄小欧.财务管理实务[M].北京:教育科学出版社.

思考分析:
1. 用所学的知识说明 1 260 亿美元是如何计算出来的?
2. 本案例对我们有何启示?

任务一 资金时间价值认知

一、资金时间价值的含义

资金时间价值是指在没有风险和没有通货膨胀的情况下,资金经历一定时间的投资和再投资所增加的价值。

在实务中,人们习惯使用相对数字表示资金时间价值,即用增加的价值占投入资金的百分数来表示。用相对数表示的资金时间价值也称为纯粹利率(简称"纯利率")。纯利率是指在没有通货膨胀、无风险情况下资金市场的平均利率。没有通货膨胀时,短期国库券的利率可以视为纯利率。

由于资金随时间的延续而增值,不同时间单位资金的价值不相等,所以,不同时间的资金不宜直接进行比较,需要把它们换算到相同的时点进行比较才有意义。由于资金随时间的增长过程与复利的计算过程在数学上相似,因此,在换算时广泛使用复利计算方法。

二、终值与现值的含义

(1) 终值也称本利和(记作 F),是指一定量的资金在未来某一时点上的价值。

(2) 现值也称本金(记作 P),是指未来某一时点上一定量的资金相当于现在时点的价值。

(3) 为方便计算,本书有关符号定义如下:F 为终值;P 为现值;I 为利息;i 为每一计息期的利率(折现率);n 为计算利息的期数;A 为一系列等额收付的款项(年金),如图 2-1 所示。

图 2-1 复利示意图

任务二 单利终值和现值的计算

单利是计算利息的一种方法,在计算每期利息时,只对本金计算利息,所产生的利息不再计息。

资金时间价值(一)

一、单利终值

单利终值是指一定量的资金在若干期后按单利计算的本利和。

$$F = P + I = P(1 + i \times n)$$

二、单利现值

单利现值是指在单利计息条件下未来某一时点上的资金相当于现在的价值。

$$P = F - I = \frac{F}{1 + i \times n}$$

【业务 2-1】ABC 公司计划 2 年后得到 1 000 万元,银行年利率是 5%,单利计息。要求:计算 ABC 公司现在应存入银行的资金为多少?

解析:
$$P = \frac{1\,000}{1 + 2 \times 5\%} = 909.09(万元)$$

即 ABC 公司现在应存入 909.09 万元。

任务三 复利终值和现值的计算

复利计算方法是指每经过一个计息期,要将该期的利息加入本金再计算利息,逐期滚动计算,俗称"利滚利"。这里所说的一个计息期,是指相邻两次计息的间隔,如一年、半年等。除非特别说明,一个计息期一般为一年。

一、复利终值

复利终值是指现在的特定资金按复利计算方法,折算到将来某一定时点的价值,或者说是现在的一定本金在将来一定时间,按复利计算的本金与利息之和,简称本利和。

复利终值的计算公式如下:
$$F = P(1+i)^n = P(F/P, i, n)$$

式中,P 为现值(或初始值);i 为计息期利率;F 为终值(或本利和);n 为计息期数;$(1+i)^n$ 为复利终值系数,或称 1 元的复利终值,记作 $(F/P, i, n)$,可以直接查阅复利终值系数表。

"复利终值系数表"见本书末附表 1。该表的第 1 行是利率 i,第 1 列是计息期数 n,相应的 $(F/P, i, n)$ 值在其纵横相交处。通过该表可查出,$(F/P, 10\%, 3) = 1.331$,表明在利率为 10% 的情况下,现在的 1 元和 3 年后的 1.331 元在经济上是等效的。

【业务 2-2】某人将 100 万元存入银行,年利率为 10%。要求:计算一年、两年后的本利和。

解析:一年后的本利和
$$F_1 = 100 + 100 \times 10\% = 100 \times (1 + 10\%) = 110(万元)$$

两年后的本利和
$$F_2 = 100 \times (1 + 10\%) \times (1 + 10\%) = 100 \times (1 + 10\%)^2 = 121(万元)$$

用 Excel 计算复利终值

二、复利现值

复利现值是复利终值的逆运算,是指未来一定时间的特定资金按复利计算的现在价值,或者说是为取得一定本利和现在所需要的本金。其计算公式为
$$P = F(1+i)^{-n} = F(P/F, i, n)$$

式中,$(1+i)^{-n}$ 为复利现值系数,或称 1 元的复利现值,记作 $(P/F, i, n)$,可以直接查阅复利现值系数表(见本书末附表 2)。复利终值系数和复利现值系数互为倒数。

【业务 2-3】某人拟在 5 年后获得本利和 100 万元。假设存款年利率为 4%,按照复利计息。要求:计算他现在应存入多少元?

解析:$P = F(P/F, 4\%, 5) = 100 \times (P/F, 4\%, 5) = 100 \times 0.821\,9 = 82.19(万元)$

用 Excel 计算复利现值

需要说明的是,在复利终值、复利现值的计算中,现值可以泛指资金在某个特定时间段的"前一时点"(而不一定真的是"现在")的价值,终值可以泛指资金在该时间段的"后一时点"的价值;可以按照要求将该时间段划分为若干个计息期,使用相应的利息率和复利计息方法,将某个时点的资金计算得出该笔资金相当于其他时点的价值是多少。

任务四 年金终值和现值的计算

本书所称年金,是指间隔期相等的系列等额收付款项。例如,间隔期固定、金额相等的分期付款赊购、分期偿还贷款、发放养老金、分期支付工程款以及每年相同的销售收入等都属于年金。年金包括普通年金、预付年金、递延年金、永续年金等形式。在年金中,间隔期间可以不是1年,例如每季末等额支付的债务利息也是年金。

资金时间价值(二)

一、普通年金终值与现值

普通年金是年金的最基本形式,它是指从第1期起,在一定时期内每期期末等额收付的系列款项,又称为后付年金。等额收付3次的普通年金如图2-2所示。图中的序号代表的时点是期末,例如"2"代表的时点是第2期期末,需要说明的是,上期期末和下期期初是同一个时点,所以,"2"代表的时点也可以表述为第3期期初,通常称"0"代表的时点是第一期期初。竖线下端数字 A 表示每次等额收付的金额。

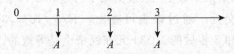

图 2-2 普通年金的收付形式

1. 普通年金终值

对于等额收付 n 次的普通年金而言,其终值是指各期等额收付金额在第 n 期期末的复利终值之和。等额收付3次的普通年金终值计算示意图如图2-3所示。

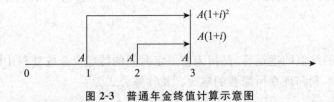

图 2-3 普通年金终值计算示意图

计算普通年金终值的一般公式为

$$F = A + A(1+i) + A(1+i)^2 + \cdots + A(1+i)^{n-1}$$

等式两边同时乘以 $1+i$:

$$(1+i)F = A(1+i) + A(1+i)^2 + A(1+i)^3 + \cdots + A(1+i)^n$$

上述两式相减:

$$(1+i)F - F = A(1+i)^n - A$$

$$iF = A[(1+i)^n - 1]$$
$$F = A\frac{(1+i)^n - 1}{i} = A(F/A, i, n)$$

式中，$\frac{(1+i)^n - 1}{i}$ 为年金终值系数，记作 $(F/A, i, n)$，可以直接查阅年金终值系数表（见本书末附表3）。$(F/A, i, n)$ 中的"n"是指等额收付的次数（即 A 的个数）。

【业务2-4】某人计划从20×3年1月16日开始，每年存入银行10万元，共计存款5次，最后一次存款时间是20×7年1月16日。每次的存款期限都是1年，到期时利息和本金自动续存。假设存款年利率为8%，打算在20×7年1月16日取出全部本金和利息。要求：计算取出的全部本金和利息是多少？

用Excel计算普通年金终值

解析：$F = A(F/A, i, n) = 10 \times (F/A, 8\%, 5) = 10 \times 5.8666 = 58.666$（万元）

2. 年偿债基金的计算

年偿债基金是指为了在约定的未来某一时点清偿某笔债务或积聚一定数额的资金而必须分次等额形成的存款准备金，就是为使年金终值达到既定金额的年金数额，即已知终值 F，求年金 A。年偿债基金的计算是普通年金终值计算的逆运算。在普通年金终值公式中解出 A，这个 A 就是年偿债基金。

$$A = F\frac{i}{(1+i)^n - 1}$$

式中，A 为年偿债基金；$\frac{i}{(1+i)^n - 1}$ 为偿债基金系数，记作 $(A/F, i, n)$。显然年金终值系数与偿债基金系数互为倒数。

【业务2-5】某家长计划10年后一次性取出50万元，作为孩子的出国费用。假设银行存款年利率为5%，复利计息，该家长计划1年后开始存款，每年存一次，每次存款数额相同，共计存款10次。要求：计算每次存款的数额。

用Excel计算偿债基金

解析：假设每次存款的数额为 A 万元，则有：
$$A(F/A, 5\%, 10) = 50$$
$$A \times 12.578 = 50$$
$$A = 3.98（万元）$$

或者 $A = 50 \times (A/F, 5\%, 10) = \frac{50}{F/A, 5\%, 10} = 3.98$（万元）

3. 普通年金现值

普通年金现值是指普通年金中各期等额收付金额在第1期期初（0时点）时的复利现值之和。普通年金现值计算示意图如图2-4所示。

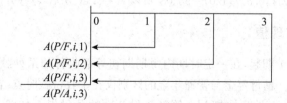

图2-4 普通年金现值计算示意图

计算普通年金现值的一般公式：
$$P = A(1+i)^{-1} + A(1+i)^{-2} + \cdots + A(1+i)^{-n}$$

等式两边同时乘以 $1+i$：
$$P(1+i) = A + A(1+i)^{-1} + \cdots + A(1+i)^{-(n-1)}$$

后式减前式：
$$P(1+i) - P = A - A(1+i)^{-n}$$
$$P = A\frac{1-(1+i)^{-n}}{i}$$
$$P = A(P/A, i, n)$$

式中，$\frac{1-(1+i)^{-n}}{i}$ 为年金现值系数，记作 $(P/A, i, n)$，可以直接查阅年金现值系数表（见本书末附表4）。

【业务 2-6】ABC 公司年初租入 1 台设备，每年年末需要支付租金 1 万元，年利率 8%，连续租 5 年。要求：计算如果现在一次性支付租金，需要支付多少钱？

解析：$P = A(P/A, i, n) = 1 \times (P/A, 8\%, 5) = 1 \times 3.9927 = 3.9927$（万元）

用 Excel 计算普通年金现值

4. 年资本回收额的计算

年资本回收额是指在约定年限内等额回收初始投入资本的金额。年资本回收额的计算实际上是已知普通年金现值 P，求年金 A。

$$A = P\frac{i}{1-(1+i)^{-n}}$$

式中，A 为年资本回收额；$\frac{i}{1-(1+i)^{-n}}$ 为资本回收系数，记作 $(A/P, i, n)$。显然，年金现值系数与资本回收系数互为倒数。

【业务 2-7】某人于 20×3 年 1 月 25 日按揭贷款买房，贷款金额为 100 万元，年限为 10 年，年利率为 6%，月利率为 0.5%，从 20×3 年 2 月 25 日开始还款，每月还一次，共计还款 120 次，每次还款的金额相同。要求：计算每月还款额是多少？

解析：由于 100 万元是现在的价值，所以，本题属于已知普通年金现值求年金，属于年资本回收额计算问题。

假设每次还款金额为 A 万元，则有：
$$A = 100 \times (A/P, 0.5\%, 120)$$
$$A = \frac{100}{P/A, 0.5\%, 120}$$

用 Excel 计算资本回收额

其中 $(P/A, 0.5\%, 120)$ 的数值无法在本书附录中查到，可以根据 $(P/A, i, n)$ 的数学表达式用计算器计算。计算结果 $(P/A, 0.5\%, 120) = 90.08$，所以 $A = 1.11$ 万元，即每月的还款额为 1.11 万元。

二、预付年金终值与现值

预付年金是指从第 1 期起，在一定时期内每期期初等额收付的系列款项，又称即付年金或先付年金。预付年金与普通年金的区别仅在于收付款时点，普通年金发生在期末，而预付年金发生在期初。等额收付 3 次的预付年金如图 2-5 所示。对于等额收付 3 次的预付年金而言，等额收付发生的时点为第 1 期期初

资金时间价值（三）

（0时点）、第2期期初（1时点）、第3期期初（2时点）。

图 2-5　预付年金的支付形式

1. 预付年金终值

对于等额收付 n 次的预付年金而言，其终值是指各期等额收付金额在第 n 期期末的复利终值之和。等额收付 3 次的预付年金终值的计算如图 2-6 所示。

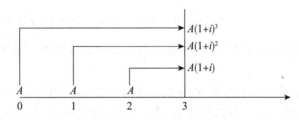

图 2-6　预付年金终值计算示意图

计算预付年金终值的一般公式：
$$F=A(1+i)+A(1+i)^2+\cdots+A(1+i)^n$$
等式两边同时乘以 $(1+i)^{-1}$ 得到：
$$F(1+i)^{-1}=A+A(1+i)+A(1+i)^2+\cdots+A(1+i)^{n-1}$$
$$F(1+i)^{-1}=A(F/A,i,n)$$
等式两边同时乘以 $(1+i)$ 得到：
$$F=A(F/A,i,n)(1+i)$$
$$=A\left[\frac{(1+i)^{n+1}-1}{i}-1\right]$$
$$=A[(F/A,i,n+1)-1]$$

式中，$\frac{(1+i)^{n+1}-1}{i}-1$ 为即付年金终值系数，它是在普通年金终值系数的基础上，期数加 1，系数减 1 所得的结果，记作 $[(F/A,i,n+1)-1]$。

【业务 2-8】某人计划从 20×3 年 1 月 16 日开始，每年存入银行 10 万元，共计存款 5 次，最后一次存款时间是 20×7 年 1 月 16 日。每次的存款期限都是 1 年，到期时利息和本金自动续存。假设存款年利率为 2%，打算在 20×8 年 1 月 16 日取出全部本金和利息。要求：计算取出的全部本金和利息是多少？

用 Excel 计算预付年金终值

解析：由于存款 5 次，所以，$n=5$，因此：
$$F=10\times[(F/A,2\%,5+1)-1]=10\times(6.308\ 1-1)=53.081(万元)$$
或者　　$F=10\times(F/A,2\%,5)\times(1+2\%)=10\times5.204\ 0\times1.02=53.081(万元)$

20×8 年 1 月 16 日取出全部本金和利息为 53.081 万元。

2. 预付年金现值

预付年金现值是指预付年金中各期等额收付金额在第 1 期期初（0 时点）的复利现值之

和。预付年金现值的计算公式如下：

$$P=A+A(1+i)^{-1}+A(1+i)^{-2}+\cdots+A(1+i)^{-(n-1)}$$

等式两边同时乘以$(1+i)^{-1}$：

$$P(1+i)^{-1}=A(1+i)^{-1}+A(1+i)^{-2}+\cdots+A(1+i)^{-n}$$
$$P(1+i)^{-1}=A(P/A,i,n)$$

等式两边同时乘以$(1+i)$得到：

$$P=A(P/A,i,n)(1+i)$$
$$=A\left[\frac{1-(1+i)^{-(n-1)}}{i}+1\right]$$
$$=A[(P/A,i,n-1)+1]$$

式中，$\frac{1-(1+i)^{-(n-1)}}{i}+1$为即付年金现值系数，它是在普通年金现值系数的基础上，期数减1，系数加1所得的结果，记作$[(P/A,i,n-1)+1]$，其中的n是指等额收付的次数（即A的个数）。

【业务2-9】ABC公司购买1台设备，付款方式为现在付10万元，以后每隔1年付10万元，共计付款6次。假设利率为5%。要求：计算如果打算现在一次性付款，应该付多少？

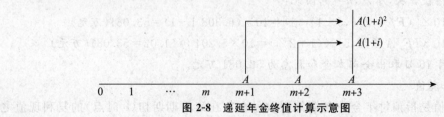

用Excel计算预付年金现值

解析：由于付款6次，所以$n=6$，因此：

$$P=10\times[(P/A,5\%,6-1)+1]=10\times(4.3295+1)=53.295(万元)$$

或者　　$P=10\times(P/A,5\%,6)\times(1+5\%)=10\times5.0757\times1.05=53.295(万元)$

即如果打算现在一次性付款，应该付53.295万元。

三、递延年金终值与现值

递延年金由普通年金递延形成，递延的期数称为递延期，一般用m表示递延期。递延年金的第一次收付发生在第$m+1$期期末（m为大于0的整数）。递延年金的收付形式如图2-7所示。

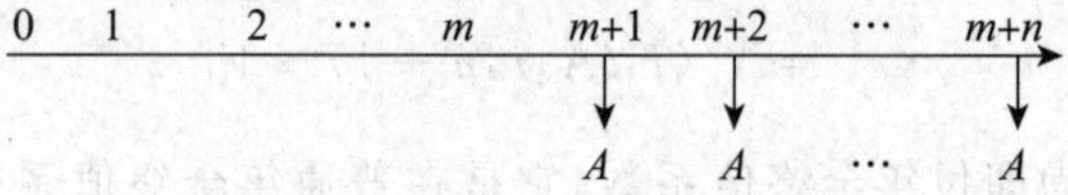

图2-7　递延年金的收付形式

有关符号定义如下：m为递延期；n为支付期；$m+n$为计算期；A为一系列等额收付的款项（年金）。

1. 递延年金终值

对于递延期为m、等额收付n次的递延年金而言，其终值是指各期等额收付金额在第$m+n$期期末的复利终值之和。等额收付3次的递延年金终值的计算如图2-8所示。

图2-8　递延年金终值计算示意图

计算递延年金终值的一般公式：
$$F=A+A(1+i)+A(1+i)^2+\cdots+A(1+i)^{n-1}$$

经过比较可知,递延年金终值的一般公式与计算普通年金终值的一般公式完全相同。也就是说,对于递延期为 m、等额收付 n 次的递延年金而言,其终值 $F=A(F/A,i,n)$ 与递延期无关。

【业务 2-10】某人从第 3 年开始每年年末存入银行 20 000 元,年利率为 6%。要求:计算 10 年后能一次性从银行取出的款项为多少?

解析: 从第 3 年年末到第 10 年年末共存款 8 次,即 $n=8$,则
$$F=20\ 000\times(F/A,6\%,8)=20\ 000\times 9.897=197\ 940(元)$$

用 Excel 计算递延年金终值

即 10 年后能一次性从银行取出的款项为 197 940 元。

年金终值的计算在实务中很少使用,实务中对于不同的方案进行选择时,一般习惯于比较现值。

2. 递延年金现值

递延年金的现值是指递延年金中各期等额收付金额在第 1 期期初(0 时点)的复利现值之和。递延年金的现值可以按照下面的公式计算。

公式一:
$$P=A(P/A,i,n)(P/F,i,m)$$

式中,n 为等额收付的次数(即 A 的个数);$A(P/A,i,n)$ 为第 m 期期末的复利现值之和。由于从第 m 期期末复利折现到第 1 期期初需要复利折现 m 期,所以递延年金现值 $P=A(P/A,i,n)(P/F,i,m)$,计算过程可用图 2-9 表示。

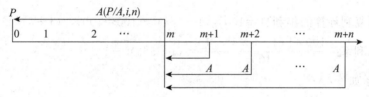

图 2-9 递延年金现值计算示意图

公式二:
$$P=A[(P/A,i,m+n)-(P/A,i,m)]$$

公式三:
$$P=A(F/A,i,n)(P/F,i,m+n)$$

【业务 2-11】某递延年金从第 4 期开始,每期期末支付 10 万元,共计支付 6 次。要求:假设利率为 4%,计算相当于现在一次性支付的金额是多少?

解析: 由于第 1 次支付发生在第 4 期期末,即 $m+1=4$,所以递延期 $m=3$;由于连续支付 6 次,因此 $n=6$。所以

用 Excel 计算递延年金现值

$$P=10\times(P/A,4\%,6)(P/F,4\%,3)=10\times 5.242\ 1\times 0.889\ 0=46.60(万元)$$

即相当于现在一次性支付的金额是 46.60 万元。

四、永续年金终值与现值

永续年金是普通年金的极限形式,当普通年金的收付次数为无穷大时即为永续年金。永

续年金的第1次等额收付发生在第1期期末。

1. 永续年金终值

永续年金期限趋于无穷大,因此,永续年金没有终值,只有现值。

2. 永续年金现值

永续年金的现值可以看成一个 n 无穷大时普通年金的现值,永续年金的现值可以通过对普通年金现值的计算公式导出。

当 $n\to\infty$ 时,由于 $1+i$ 大于 1,所以,$(1+i)^n$ 为无穷大。

由于 $(1+i)^{-n}=1/(1+i)^n$,所以,当 $n\to\infty$ 时,$(1+i)^{-n}=0$。

$$P=A\frac{1-(1+i)^{-n}}{i}=\frac{A}{i}$$

【业务 2-12】某学校拟建立一项永久性的奖学金,每年计划颁发 10 000 元奖金。要求:计算若利率为 5%,现在应存入多少钱?

解析:
$$P=\frac{10\ 000}{5\%}=200\ 000(元)$$

用 Excel 计算永续年金现值

五、名义利率与实际利率

以上计算均假定利率为年利率,每年复利 1 次。但实际上,复利的计息期间有可能是季度、月或日。1 年多次计息时,给出的年利率为名义利率,按照复利计算的年利息与本金的比值为实际利率。

假设本金为 100 元,年利率为 10%,1 年计息 2 次,即 1 年复利 2 次,则每次复利的利率 $=\frac{10\%}{2}=5\%$,1 年后的本利和(复利终值)$=100\times(1+5\%)^2$。

按照复利计算的年利息 $=100\times(1+5\%)^2-100=100\times[(1+5\%)^2-1]$

实际利率 $=\dfrac{100\times[(1+5\%)^2-1]}{100}=(1+5\%)^2-1$

用公式表示如下:

$$i=\left(1+\frac{r}{m}\right)^m-1$$

式中,i 为实际利率;r 为名义利率;m 为每年复利计息的次数。

从公式可以看出,在一年多次计息时,实际利率高于名义利率,并且在名义利率相同的情况下,一年计息次数越多,实际利率越大。

六、利率与期间的推算

资金时间价值计算受 F、P、i、n 4 个因素影响,只要知道其中 3 个因素,即可推出第 4 个。关于 F 和 P 的计算前面已经介绍过,这里讲述 i 和 n 的有关推算。

1. 利率的推算

利率的推算步骤如下。

(1)查阅相应的系数表,如果能在表中查到相应的数值,则对应的利率就是所求的利率。

(2)如果在系数表中无法查到相应的数值,则可以使用内插法(也叫插值法)计算。假设所求利率为 i,i 对应的现值(或者终值)系数为 B,B_1、B_2 为现值(或者终值)系数表中 B 相邻的系数，i_1、i_2 为 B_1、B_2 对应的利率。可以按照下面的方程计算：

$$\begin{array}{cc} i_1 & B_1 \\ i & B \\ i_2 & B_2 \end{array}$$

$$\frac{i_2-i}{i_2-i_1}=\frac{B_2-B}{B_2-B_1}$$

列方程时应该把握一个原则：具有对应关系的数字在等式两边的位置相同（例如 i_2 在等式左边的位置与 B_2 在等式右边的位置相同）。按照这个原则，还可以列出其他等式。不同的等式计算的结果是相同的。

【业务 2-13】 已知 $(P/F,i,5)=0.7835$。要求：计算 i 的数值。

解析：查阅复利现值系数表可知，在期数为 5 的情况下，利率为 5% 的复利现值系数为 0.7835，所以，$i=5\%$。

【业务 2-14】 已知 $(P/A,i,5)=4.20$。要求：计算 i 的数值。

用 Excel 进行利率的推算

解析：查阅年金现值系数表可知，在期数为 5 的情况下，无法查到 4.20 这个数值，与 4.20 相邻的数值为 4.2124 和 4.1002，对应的利率为 6% 和 7%，因此有：

$$\frac{7\%-i}{7\%-6\%}=\frac{4.1002-4.20}{4.1002-4.2124}$$

解得：$i=7\%-\dfrac{4.1002-4.20}{4.1002-4.2124}\times(7\%-6\%)=6.11\%$

或：$\dfrac{i-6\%}{7\%-6\%}=\dfrac{4.20-4.2124}{4.1002-4.2124}$

解得：$i=6\%+\dfrac{4.20-4.2124}{4.1002-4.2124}\times(7\%-6\%)=6.11\%$

2. 期间的推算

期间的推算，其原理和步骤同折现率（利率）的推算。

任务五　风险衡量

一、风险的概念

风险是指收益的不确定性。虽然风险的存在可能意味着收益的增加，但人们考虑更多的则是损失发生的可能性。从财务管理的角度看，风险是企业在各项财务活动过程中，由于各种难以预料或无法控制的因素作用，使企业的实际收益与预计收益发生背离，从而蒙受经济损失的可能性。

风险衡量

二、风险的分类

1. 按照风险能否分散分为不可分散风险和可分散风险

不可分散风险是指那些影响所有公司的因素引起的风险，又称市场风险或系统风险，如战争、自然灾害、通货膨胀、利率调整等。因为这些因素影响所有投资，所以不能通过多元化投资分散风险。

可分散风险是指发生于个别公司的特有事件所造成的风险,又称公司特有风险或非系统风险,如罢工、新产品开发失败等。这类事件是随机发生的,仅影响与之相关的公司,可以通过多元化投资分散风险。

2. 按照风险形成的原因分为经营风险与财务风险

经营风险是指生产经营方面的原因给企业盈利带来的不确定性风险,也叫商业风险,如原材料价格变动、市场销售因素、生产成本等变动使企业的收益变得不确定。经营风险是不可避免的。

财务风险是指因借款而给企业财务成果带来的风险,是筹资决策带来的风险,也叫筹资风险。财务风险是可避免的。如果企业不举债,则企业就没有财务风险。

三、风险的衡量方法

衡量风险的指标主要有收益率的方差、标准差和标准离差率等。

(一) 概率分布

在经济活动中,某一事件在相同的条件下可能发生也可能不发生,这类事件称为随机事件。概率是用来表示随机事件发生可能性大小的数值。通常把必然发生的事件的概率定为1,把不可能发生的事件的概率定为0,而一般随机事件的概率是介于0与1之间的一个数。概率越大,就表示该事件发生的可能性越大。随机事件所有可能结果出现的概率之和等于1。

(二) 期望值

期望值是一个概率分布中的所有可能结果,以各自相应的概率为权数计算的加权平均值。期望值通常用 E 表示。计算公式为

$$E = \sum_{i=1}^{n} X_i P_i$$

式中,X_i 为第 i 种情况可能出现的结果;P_i 为第 i 种情况可能出现的概率。

(三) 方差、标准差和标准离差率

1. 方差

在概率已知的情况下,方差的计算公式为

$$\sigma^2 = \sum_{i=1}^{n} (X_i - E)^2 \times P_i$$

式中,$X_i - E$ 为第 i 种情况可能出现的结果与期望值的离差;P_i 为第 i 种情况可能出现的概率。方差的计算公式可以表述为离差的平方的加权平均数。

2. 标准差

标准差也叫标准离差,是方差的平方根。在概率已知的情况下,其计算公式为

$$\sigma = \sqrt{\sum_{i=1}^{n} (X_i - E)^2 \times P_i}$$

标准差以绝对数衡量决策方案的风险,在期望值相同的情况下,标准差越大,风险越大;反之,标准差越小,则风险越小。

由于无风险资产没有风险,所以,无风险资产的标准差等于零。

【业务2-15】已知A、B两个项目投资收益率见表2-1。要求:分别计算A、B两个项目投资收益率的方差和标准差,并比较A、B两个项目的风险大小。

表 2-1　A、B 两个项目投资收益率

项目实施情况	该种情况出现的概率		投资收益率/%	
	项目 A	项目 B	项目 A	项目 B
好	0.2	0.3	15	20
一般	0.6	0.4	10	15
差	0.2	0.3	0	−10

解析：根据公式计算项目 A 和项目 B 的期望投资收益率分别如下：

项目 A 的期望投资收益率 $=0.2\times15\%+0.6\times10\%+0.2\times0=9\%$

项目 B 的期望投资收益率 $=0.3\times20\%+0.4\times15\%+0.3\times(-10\%)=9\%$

项目 A 投资收益率的方差 $=0.2\times(15\%-9\%)^2+0.6\times(10\%-9\%)^2+0.2\times(0-9\%)^2$
$=0.0024$

项目 A 投资收益率的标准差 $=\sqrt{0.0024}\times100\%=4.90\%$

项目 B 投资收益率的方差 $=0.3\times(20\%-9\%)^2+0.4\times(15\%-9\%)^2$
$+0.3\times(-10\%-9\%)^2$
$=0.0159$

项目 B 投资收益率的标准差 $=\sqrt{0.0159}\times100\%=12.61\%$

由于项目 A 和项目 B 投资收益率的期望值相同（均为 9%），所以，标准差大的风险大，计算结果表明项目 B 的风险高于项目 A。

3. 标准离差率

标准离差率是标准差与期望值之比，通常用 V 表示，其计算公式为

$$V=\frac{\delta}{E}$$

标准离差率是一个相对指标，它以相对数反映决策方案的风险程度。方差和标准差作为绝对数，只适用于期望值相同的决策方案风险程度的比较。对于期望值不同的决策方案，评价和比较其各自的风险程度只能借助标准离差率这一相对数值。在期望值不同的情况下，标准离差率越大，风险越大；反之，标准离差率越小，风险越小。

【业务 2-16】 假设项目 A 和项目 B 的期望投资收益率分别为 10% 和 12%，投资收益率的标准差分别为 6% 和 7%。要求：比较项目 A 和项目 B 的风险大小。

解析：由于项目 A 和项目 B 投资收益率的期望值不相同，所以，不能根据标准差比较风险大小，应该计算各自的标准离差率，然后得出结论。

项目 A 投资收益率的标准离差率 $=\dfrac{6\%}{10\%}\times100\%=60\%$

项目 B 投资收益率的标准离差率 $=\dfrac{7\%}{12\%}\times100\%=58.33\%$

计算结果表明，项目 A 的风险高于项目 B。

通过上述方法将决策方案的风险加以量化后，决策者便可据此做出决策。对于多方案择优，决策者的行动准则应是选择低风险高收益的方案，即选择标准离差率最低、期望收益最高的方案。然而高收益往往伴有高风险，低收益方案的风险程度往往也较低，究竟选择何种方案，不仅要权衡期望收益与风险，还要考虑决策者对风险的态度，综合做出决定。对风险比较

反感的人可能会选择期望收益较低同时风险也较低的方案,喜欢冒风险的人则可能选择风险虽然高但同时收益也高的方案。一般的投资者和企业管理者都对风险比较反感,在期望收益相同的情况下,选择风险小的方案。

任务六 资产的收益与风险

一、风险收益的概念

风险收益是指投资者冒着风险进行投资而获得的超过资金时间价值的那部分额外收益,是对人们所遇到的风险的一种价值补偿,也称风险价值或风险报酬。它的表现形式可以是风险收益额或风险收益率。在实务中一般以风险收益率来表示。

资产的收益与风险

二、资产收益与风险收益的计算

如果不考虑通货膨胀,投资者冒着风险进行投资所希望得到的投资收益率是无风险收益率和风险收益率之和。

$$投资收益率=无风险收益率+风险收益率$$

无风险收益率就是资金的时间价值,是在没有风险状态下的投资收益率,是投资者投资某一项目,能够肯定得到的收益,具有预期收益的确定性,并且与投资时间的长短有关,可用政府债券利率或存款利率表示。风险收益率是风险价值,是超过资金时间价值的额外收益,具有预期收益的不确定性,与风险程度和风险收益斜率(也叫风险报酬系数)的大小有关,并成正比关系。风险收益斜率可根据历史资料用高低点法、直线回归法或由企业管理人员会同专家根据经验确定,风险程度用标准离差率来确定。其计算公式为

$$风险收益率=风险收益斜率×风险程度$$

因此,投资收益率=无风险收益率+风险报酬系数×标准离差率

$$K = R_f + bV$$

式中,K 为期望投资收益率;R_f 为无风险收益率;b 为风险报酬系数;V 为标准离差率。

三、风险对策

1. 规避风险

当资产风险所造成的损失不能由该资产可能获得的收益予以抵消时,应当放弃该资产,以规避风险。例如,拒绝与不守信用的厂商业务往来;放弃可能明显导致亏损的投资项目;新产品在试制阶段发现诸多问题应果断停止试制。

2. 减少风险

减少风险主要来自两个方面:一是控制风险因素,减少风险的发生;二是控制风险发生的频率和降低风险损害程度。减少风险的常用方法:进行准确的预测;对决策进行多个方案优选和替代;及时与政府部门沟通获取政策信息;在发展新产品前,充分进行市场调研;实行设备预防检修制度,以减少设备事故;选择有弹性的、抗风险能力强的技术方案,进行预先的技术模拟试验,采用可靠的保护和安全措施;采用多领域、多地域、多项目、多品种的经营或投资以分散风险。

3. 转移风险

对可能给企业带来灾难性损失的资产，企业应以一定的代价，采取某种方式将风险损失转嫁给他人承担。例如，向专业性保险公司投保；采取合资、联营、增发新股、发行债券、联合开发等措施实现风险共担；通过技术转让、特许经营、战略联盟、租赁经营和业务外包等方式实现风险转移。

4. 接受风险

接受风险包括风险自担和风险自保两种。风险自担是指风险损失发生时，直接将损失摊入成本或费用，或冲减利润；风险自保是指企业预留一笔风险金或随着生产经营的进行，有计划地计提资产减值准备等。

任务七 大数据与企业风险

随着大数据技术的快速发展，大数据应用在各行各业中变得越发普遍，企业财务风险管理也从传统的观点转向利用大数据技术来提高风险管理效率和准确性，企业面临各种各样的风险，包括市场风险、财务风险、操作风险等，利用大数据来识别潜在的风险因素，并预测可能的财务风险，并利用这些信息及时采取相应措施来降低风险的发生概率和影响。

一、大数据风险识别

1. 风险识别和预测

利用大数据进行市场风险分析。通过分析市场数据、竞争对手信息以及消费者行为数据，企业可以更好地识别市场风险，并预测市场变化，以便及时调整战略。

利用大数据进行财务风险评估。大数据分析可以帮助企业评估客户的信用风险，通过分析客户历史数据以及与客户相关的社交媒体信息，来更全面地了解客户的信用状况。

利用大数据进行供应链风险管理。通过监控供应链上的大数据，企业可以更好地识别供应链中的潜在问题，例如供应商延误、原材料价格波动等，以减少供应链风险。

2. 数据驱动的决策

利用大数据来支持风险管理决策。大数据分析可以为企业提供决策支持，例如确定风险应对策略、确定保险需求或者优化投资组合。

利用大数据进行实时监控。通过实时监控大数据，企业可以迅速识别风险事件的发生，并及时采取行动，以降低风险的影响。

二、大数据风险管理

1. 市场风险管理

利用大数据进行市场趋势分析，通过分析大规模市场数据，企业可以更好地理解市场趋势，以便做出明智的投资决策。

利用大数据进行投资组合优化，大数据分析可以帮助企业优化投资组合，以降低市场波动的风险。

2. 财务风险管理

利用大数据进行客户信用评估，大数据分析可以帮助企业建立客户信用评估模型，准确评估客户的信用风险,从而降低坏账率。

利用大数据进行违约预测,通过分析客户历史数据和行为,企业可以预测客户可能的违约风险,采取措施降低损失。

3. 操作风险管理

利用大数据进行业务流程监控,大数据技术可以监控企业的业务流程,识别潜在的操作风险,提高业务的稳定性。

利用大数据进行员工行为分析,通过分析员工的行为数据,企业可以识别员工可能的不当行为,减少内部操作风险。

三、大数据在风险管理中的挑战

1. 数据质量和准确性问题

大数据中存在数据质量和准确性问题,这对于企业财务风险管理带来了一定的挑战。若大数据分析结果建立在不准确的或存在错误的数据基础之上,将导致产生误导性的风险管理决策。

2. 技术和人才问题

大数据分析需要相应的技术和人才支持。企业需要具备相应的技术能力和专业人才来处理和分析大数据,这对于某些中小企业来说可能是一项挑战。

3. 数据保护和隐私问题

企业在使用大数据进行财务风险管理时需要处理和存储大量的敏感数据,这涉及数据保护和隐私的问题。企业需要采取相应的措施来保护数据的安全,并确保仅授权人员可以访问这些敏感数据。

四、大数据背景下企业财务风险管理体系模型构建的途径

1. 将大数据平台与风险管理体系的构建纳入企业战略目标

由于企业大数据平台与风险管理体系构建的难度较大、成本较高,因此企业应将其纳入战略目标,根据企业实际情况部署战略计划,逐步实施完成。将其纳入战略目标一则可以缓解构建成本投入所带来的财务压力;二则使企业可以在足够了解业务、内部控制等流程的现实执行情况下设计出更加有利于风险管理水平提高的大数据平台;三则可以留有充足的时间使企业进行相应组织结构的调整、管理人员的部署、员工的培训等,便于整个大数据平台与风险管控体系在企业管理运营中顺利实施。

2. 培养选拔综合型大数据风险管理人才

企业可以选择外部聘请综合型大数据风险管理人才,但是外部聘请的人员需要一段对企业业务和管理情况的熟悉期,然而从内部培养选拔的人才大多精通业务却缺乏专业的大数据技术知识。因此,企业可以通过外部招聘与内部遴选结合的方式,选拔一批综合型人才重点培养,同时定期聘请外部专家进行学习培训,提高员工的专业性、综合性,以保证大数据风险管理体系在企业中发挥作用。

3. 成立大数据风险管理小组

针对经验决策与数据决策的问题,企业可以成立大数据风险管理小组,小组成员可以由经验丰富的高层管理者、业务骨干、大数据技术人员与内审人员共同组成。大数据风险管理小组的主要职责是对大数据系统提示的重要风险预警做出最终综合判断,同时提出风险应对方案。

由于大数据风险管理小组成员来源于企业中不同的业务单元,且均具有丰富的实务经验,所以在决策时可以尽量规避由于某一管理者两种决策方式平衡失败所产生的风险。

4. 定期组织大数据平台安全审计

企业大数据平台既获取来自企业内部的财务、经营数据,也会采集企业外部的信息资源,各系统、数据层的集成错综复杂,所以其安全问题是企业风险管理的新难题,企业也很难采取某一措施完全杜绝安全问题的发生。因此,企业可以通过制定大数据平台安全内部控制制度,严格规定系统内容修改、数据访问、数据管理等内容,同时技术部门进行实时监控,内审人员定期组织相关审计、出具大数据系统安全报告以预防大数据平台安全问题的发生。

财管德育课堂

【德智要点】

资金时间价值是财务管理课程的基础章节,一次性款项的复利计息法与现实联系紧密。本案例运用资金时间价值的计算,向大家揭示校园贷的本质及危害,提示同学们理性消费,量入为出,增强自我保护意识和信用意识,提高专业技能和理财素养。

【案例描述】

案例一:武汉某高校大二学生李某,由于提前用完了3个月的生活费,在朋友的推荐下通过趣分期平台贷款3 000元。李某介绍,趣分期办理贷款的速度很快,填写支付宝芝麻信用授权、学籍认证、父母等信息一天后即可通过认证。虽然最后顺利还上了趣分期的贷款,但李某仍觉后悔,由于受家庭教育影响,向"别人"借钱一直是压在他心里的一块石头,想与朋友倾诉却又说不出口,经过这件事后,他决定好好反思自己生活方式上的问题,以后再不入"坑"。

案例二:王某,男,该生在办理入学手续时,认识一个所谓的学姐,之后该女生以交往为名,多次邀请王某出去游玩,买贵重礼品,没钱就让王某去借校园贷。王某家庭贫困,父母无法为其还款。王某欠下本息十几万元后,催债方追到学校,采取跟踪、恐吓甚至限制人身自由等方式讨债,父母无奈最终报警处理。最后为了保证自己的人身安全,王某主动申请休学。

案例三:福建厦门某学院大二女生小洁因深陷校园贷而自杀。

校园贷的推广方式是网络贷款平台先从在校大学生中招收校园代理,让大学生在学校进行宣传,推广他们的业务,打着"零首付、零风险、无担保、无抵押"的口号诱骗大学生提前消费。大学生群体没有稳定的还款能力,却有着强烈的消费欲望,校园贷的操作流程中没有严格的审核,这便是校园贷存在的严重问题。

根据最新司法解释,民间借贷利息可高于银行利率,但最高不得超过银行同期同种贷款利率的4倍(不含浮动利率,包含利率本数)。那些呈几何倍数翻滚的欠款,是如何形成的呢?有些贷款平台打出广告,宣称日利率很低,实际上,年利率高得吓人。可以算这样一笔账:利息=本金×利率×年限,日利率=年利率÷360=月利率÷30,某贷款平台打出广告"日利率"为0.05%,实际上,年利率为18%(0.05%×360),而2023年央行贷款(1年内)基准利率仅为4.35%。

【案例启示】

党的二十大报告指出:"在全社会弘扬劳动精神、奋斗精神、奉献精神、创造精神、勤俭节约精神,培育时代新风新貌。"大学生作为时代新人,要用自己所学的专业知识创造社会价值,重视个人诚信,勤俭节约,杜绝铺张浪费。

1. 理性科学消费,不可盲目攀比

大学生应提高自我约束能力,树立正确的消费观,理性消费,不过度、不超前、不从众、不攀比、不炫耀、不盲目。不以任何理由进行网贷,如确实需要贷款,务必与家长协商,选择生源地、校园地国家助学贷款,或到正规银行机构、信用社机构办理商业贷款。不轻信未经批准在校园内宣传推广信贷业务的任何借贷平台和个人。发现外来人员或本校学生张贴网贷小广告,开展校园网、非法集资业务的,应主动予以制止或立即报告老师。

2. 重视个人信用,树立牢固的诚信观

各种提前预支行为虽然给消费带来了方便,但也要承担一定法律责任。大学生办理网贷前应充分学习掌握使用网贷的金融风险,考虑自身经济条件和实际消费需求,不能一味追求高透支额度;透支后要主动了解使用规则,消费后要在规定期限内及时足额还款。要注重保护好自己的个人资料,包括姓名、生日、证件号码、家庭电话、住址等,要注意甄别银行要求确认资料的电话、短信等信息,以防止不法分子假冒银行工作人员骗取个人资料。大学新生应当首先选择采用校方推荐的银行储值卡,加强社会锻炼,培养正确合理使用银行卡的消费习惯。

3. 学习维权知识,加强自我保护

要主动学习消费维权法律知识,提高自我保护能力。实体店消费要向经营者索要发票等购物凭证和服务单据;网络购物要主动保留所购商品的网页截图、与卖家的聊天记录等信息,可作为维权证据。发生消费纠纷,可以通过与经营者协商和解,或向相关部门和消协组织进行投诉。

同步测试

一、单项选择题

1. 资金时间价值的实质是(　　)。
   A. 存款利息率　　　　　　　B. 资金周转使用后的增值额
   C. 资金利润率　　　　　　　D. 差额价值

2. 下列各项中,关于货币时间价值的说法不正确的是(　　)。
   A. 用相对数表示的货币时间价值也称为纯粹利率
   B. 没有通货膨胀时,短期国库券的利率可以视为纯利率
   C. 货币的时间价值用增加的价值占投入货币的百分数来表示
   D. 货币时间价值是指在没有风险的情况下货币经历一定时间的投资和再投资所增加的价值

3. 某人打算在未来3年每年年初存入1笔现金,年利率2%,单利计息,某人希望在第3年年末取出的本利和是6 240元,那么未来3年每年存入的现金是(　　)元。
   A. 1 000　　　B. 1 500　　　C. 2 000　　　D. 2 500

4. ABC公司现将1 000元存入银行,年利率为8%,采用复利计算,5年后公司可以从银行取出(　　)元。
   A. 1 400　　　B. 1 452.6　　　C. 1 469　　　D. 1 685

5. 某人为了5年后能从银行取出10 000元,在复利年利率4%的情况下,当前应该存入(　　)元。
   A. 8 333.33　　　B. 6 219.27　　　C. 7 219.27　　　D. 8 219.27

6. ABC公司计划每年年末发放奖金500万元,年利率为8%,连续5年,相当于ABC公司

第五年年末一次性发放(　　)万元。

　　　A. 2 500　　　　　B. 2 933　　　　　C. 734.65　　　　D. 1 996.35

7. 假设以10%的年利率借款30 000元,投资于某个寿命期为10年的项目,为使该项目可行,每年至少应收回的投资额为(　　)元。

　　　A. 6 000　　　　　B. 3 000　　　　　C. 5 374　　　　　D. 4 882

8. 利率为10%,期数为5的即付年金现值系数的表达式是(　　)。

　　　A. (P/A,10%,4)+1　　　　　　　B. (P/A,10%,6)-1
　　　C. (P/A,10%,6)+1　　　　　　　D. (P/A,10%,4)-1

9. 当每年计息多次时,名义利率(　　)实际利率。

　　　A. 大于　　　　　B. 小于　　　　　C. 等于　　　　　D. 不确定

10. 下列各项中,不能通过证券组合分散的风险是(　　)。

　　　A. 非系统性风险　　B. 公司特有风险　　C. 可分散风险　　D. 市场风险

11. 已知甲方案投资收益率的期望值为15%,乙方案投资收益率的期望值为12%,两个方案都存在投资风险。比较甲、乙两方案风险大小应采用的指标是(　　)。

　　　A. 方差　　　　　B. 期望值　　　　　C. 标准离差　　　　D. 标准离差率

12. 目前有甲、乙两个投资项目,两个投资项目的期望收益率分别是10%、12%,标准差分别是0.1、0.12,下列说法中正确的是(　　)。

　　　A. 甲项目的风险大于乙项目　　　　　B. 甲项目的风险小于乙项目
　　　C. 甲项目的风险等于乙项目　　　　　D. 无法判断

13. 已知目前市场上纯粹利率为1.2%,通货膨胀水平为4%,目前的无风险收益率为(　　)。

　　　A. 2.8%　　　　　B. 1.2%　　　　　C. 4%　　　　　D. 5.2%

14. 华光汽运公司是一家专门从事货物运输的公司,鉴于货物运输中经常出现货物散落、交通事故等风险,公司决定为每一批货物都向太平洋保险公司投保。华光汽运公司的措施属于(　　)。

　　　A. 规避风险　　　　B. 减少风险　　　　C. 转移风险　　　　D. 接受风险

15. 直接将损失摊入成本或费用,或冲减利润属于风险对策中的(　　)。

　　　A. 规避风险　　　　B. 减少风险　　　　C. 转移风险　　　　D. 接受风险

二、多项选择题

1. 下列各项中,属于普通年金形式的项目有(　　)。

　　　A. 零存整取存款的整取额　　　　　B. 定期定额支付的养老金
　　　C. 年资本回收额　　　　　　　　　D. 偿债基金

2. 普通年金现值系数表的用途(　　)。

　　　A. 已知年金求现值　　　　　　　　B. 已知现值求年金
　　　C. 已知现值求终值　　　　　　　　D. 已知现值和年金求利率

3. 某人每年年末存入银行10 000元,存期3年,年利率8%,每年计息一次,则到期可取出现金为(　　)。

　　　A. 10 000×(F/A,8%,3)　　　　　B. 10 000×(F/A,8%,2)(1+8%)
　　　C. 32 464　　　　　　　　　　　　D. 39 927

4. 下列选项中,既有现值又有终值的是(　　)。

　　　A. 复利　　　　　B. 普通年金　　　　C. 即付年金　　　　D. 永续年金

5. 某人决定在未来5年每年年初存入银行1 000元,年利率2%,则在第5年年末一次性取出的款项为(　　)。

　　A. 1 000×(F/A,2%,5)　　　　　　B. 1 000×(F/A,2%,5)(1+2%)

　　C. 1 000×(F/A,2%,5)(F/P,2%,1)　D. 1 000×[(F/A,2%,6)−1]

6. 下列表述正确的有(　　)。

　　A. 从第2期期末或更晚开始的间隔期相等的系列等额收付款项都是递延年金

　　B. 即付年金现值系数等于普通年金现值系数乘以(1+i)

　　C. 递延年金的终值与递延期无关

　　D. 永续年金无终值

7. 永续年金的特点有(　　)。

　　A. 无法计算终值　　B. 没有固定期限　　C. 每期等额收付　　D. 每期不等额收付

8. ABC公司向银行借入12 000元,借款期为3年,每年年末还本付息4 600元,则借款利率为(　　)。

　　A. 大于8%　　　B. 小于8%　　　C. 大于7%　　　D. 小于6%

9. 下列说法中,正确的有(　　)。

　　A. 对于同样风险的资产,风险回避者会钟情于具有高预期收益率的资产

　　B. 当预期收益率相同时,风险追求者选择风险小的

　　C. 当预期收益率相同时,风险回避者偏好于具有低风险的资产

　　D. 风险中立者选择资产的唯一标准是预期收益率的大小

10. 下列说法中,正确的有(　　)。

　　A. 风险收益是指投资者冒着风险进行投资而获得的超过货币时间价值的那部分额外收益

　　B. 通常无风险收益率就是资金的时间价值

　　C. 投资收益率＝无风险收益率＋风险报酬系数×标准离差率

　　D. 投资收益率＝无风险收益率＋风险收益率

三、判断题

1. 资金时间价值相当于没有风险情况下的社会平均利润率。(　　)
2. 普通年金终值是每次收付款项的年金终值之和。(　　)
3. 随着折现率的降低,未来某一款项的现值将逐渐增大,终值将逐渐减小。(　　)
4. 递延年金有终值,终值的大小与递延期有关,在其他条件相同的情况下,递延期越长,则递延年金的终值越大。(　　)
5. 如果以年为计息单位,每年复利一次时,名义利率等于实际利率。(　　)
6. 通常情况下,应该用收益率的方式来表示资产的收益。(　　)
7. 资产的收益用金额表示,有利于不同规模资产之间收益的比较。(　　)
8. 对风险比较反感的人可能会选择期望收益较低同时风险也较低的方案,风险爱好者则可能选择风险虽高但同时收益也高的方案。(　　)
9. 标准差率是一个绝对指标,它以绝对数反映决策方案的风险程度。(　　)
10. 减少风险主要就是控制风险因素,减少风险的发生。(　　)

四、简答题

1. 什么是资金时间价值?其实质是什么?

2. 什么是年金？年金包括哪些种类？

3. 什么是风险？风险有哪些分类？

4. 风险是如何衡量的？

5. 风险与收益的关系是什么？如何计算风险收益率和期望投资收益率？

五、计算分析题

1. ABC 公司准备购买一台设备，价款为 120 000 元，使用期限 6 年，估计该设备可以为公司每年带来 40 000 的收益，假设利率为 15%，计算分析是否应该购买该设备？

2. ABC 公司决定将其一处矿产 10 年的开采权公开拍卖，因此它向世界各国煤炭企业招标开矿。已知甲公司和乙公司的投标书最具有竞争力，甲公司的投标书显示，如果该公司取得开采权，从获得开采权的第 1 年开始，每年年末向 ABC 公司缴纳 10 亿美元的开采费，直到 10 年后开采结束。乙公司的投标书显示，该公司在取得开采权时，直接付给 ABC 公司 40 亿美元，在第 8 年末再付给 60 亿美元。如 ABC 公司要求的年投资回报率达到 15%，试比较甲、乙两公司所支付的开采费现值，判断 ABC 公司应接受哪个公司的投标。

3. 某人计划购买一处新房用于结婚，总房价 100 万元，开发商提出以下 3 种付款方案。

(1) 分 10 年付清，每年初付款 15 万元。

(2) 首付 30 万元，剩余款项分 10 年付清，每年末付款 12 万元。

(3) 首付 50 万元，1 至 6 年每年末付款 10 万元，7 至 10 年每年末付款 3 万元。

要求：

(1) 假定利率为 8%，分别计算三个方案的现值并确定最优付款方案。

(2) 假定利率为 8%，分别计算三个方案的终值并确定最优付款方案。

4. ABC 公司欲购置一台设备，销售方提出 4 种付款方案，具体如下。

方案 1：第 1 年初付款 10 万元，从第 2 年开始，每年末付款 28 万元，连续支付 5 次。

方案 2：第 1 年初付款 5 万元，从第 2 年开始，每年初付款 25 万元，连续支付 6 次。

方案 3：第 1 年初付款 10 万元，以后每间隔半年付款 1 次，每次支付 15 万元，连续支付 8 次。

方案 4：前 3 年不付款，后 6 年每年初付款 30 万元。

要求：假设按年计算的折现率为 10%，分别计算 4 个方案的付款现值，最终确定应该选择哪个方案。（计算结果保留两位小数，用万元表示）

5. A、B 两种股票各种可能的投资收益率及相应的概率如下表所示。

投资收益率及概率

发生概率	A 的投资收益率/%	B 的投资收益率/%
0.2	80	60
0.5	20	20
0.3	−16	10

要求：

(1) 计算两种股票的期望收益率。

(2) 计算两种股票收益率的标准差。（计算结果保留两位小数）

学习情境二
拓展训练

筹资管理

学习情境二

知识目标
1. 熟悉企业筹资的渠道与方式。
2. 理解资本成本、杠杆效应和资本结构的基本原理。

技能目标
1. 掌握资金规模预测的基本方法。
2. 掌握债券价格的计算方法。
3. 掌握资本成本、杠杆系数的计算方法。
4. 能运用所学知识进行资本决策。

案例导入

默多克的债务危机

很多公司在发展过程中,都要借助外力的帮助,体现在经济方面就是债务问题。债务结构的合理与否,直接影响着公司的前途、命运。世界头号新闻巨头默多克就曾有过一个惊险的债务危机故事。

默多克的企业遍布全球,在全世界有100多个新闻事业,包括闻名于世的英国《泰晤士报》,他从事的新闻出版业庇荫于父亲。老默多克在墨尔本创办了导报公司,取得成功。在儿子继承父业时,年收入已达400万美元了。默多克经营导报公司以后,筹划经营,多有建树,最终建成了一个每年营业收入达60亿美元的报业王国。他控制了澳大利亚70%的新闻业,45%的英国报业,又把美国相当一部分电视网络收入他的统治王国。

西方的商界大亨无不举债立业,向资金市场融资,像滚雪球一样,债务越滚越大,事业也越滚越大。默多克的报业背了多少债呢?24亿美元。他的债务遍布全世界,美国、英国、瑞士、荷兰,连印度和中国香港的钱他都借去花了。那些大大小小的银行也乐于给他贷款,他的报业王国的财务机构里共有146家债主。

正因为债务大、债主多,默多克应对起来也实在不容易,牵一发而动全身,投资风险非常高。若是碰到一个财务管理上的失误,或是一种始料未及的灾难,就可能像多米诺骨牌一样,把整个事业搞垮。但多年来默多克经营得法,一路顺风。

天有不测风云,1990年西方经济衰退刚露苗头,默多克报业王国仅仅因为1 000万美元的一笔小债务,几乎在阴沟里翻船。美国匹兹堡有家小银行贷款给默多克1 000万美元。原以为这笔短期贷款,到期可以付息转期,延长贷款期限。也不知哪里听来的风言风语,这家银行认为默多克的支付能力不佳,通知默多克这笔贷款到期必须收回,而且规定必须全额偿付现金。

默多克毫不在意,筹集1 000万美元现款轻而易举。他在澳大利亚资金市场上享有短期融资的特权,期限一周到一个月,金额可以高达上亿美元。他派代表去融资,但令人难以置信的是银行表示默多克的特权已冻结,原因是日本某大银行抽回了在澳大利亚资金市场投入的资金。默多克得知被拒绝融资后很不愉快,他亲自带了财务顾问飞往美国去贷款。

到了美国,那些跟他打了半辈子交道的银行家都婉言推辞。他和财务顾问在美洲大陆兜来转去,可还是没有借到1 000万美元,而还贷期一天天逼近,商业信誉可开不得玩笑。若是还不了这笔债,那么引起连锁反应,就不是匹兹堡一家银行闹到法庭,还有145家银行都会像狼群一般,成群结队而来索还贷款,具有最佳能力的大企业都经受不了债权人联手要钱。这样一来,默多克的报业王国就得清盘,被24亿美元债券压垮。

默多克镇定下来思考,决定去找花旗银行试试。花旗银行是默多克报业集团最大的债主,投入资金最多,如果默多克破产,花旗银行的损失最高。花旗银行权衡利弊,同意对他的报业王国进行一番财务调查,对资产负债状况做出全面评估。花旗银行派了一位女副经理带领团队前往调查。

花旗银行的调查团队每天工作20小时,通宵达旦,把100多家默多克企业一一评估,递交给花旗银行总部的报告中,女副经理写下这样一个结论:支持默多克!

她向总部提出一个解救方案:由花旗银行牵头,所有贷款银行都必须待在原地不动,谁也不许退出贷款团。以免一家银行退出,采取收回贷款的行动,引起连锁反应,匹兹堡那家小银行,由花旗出面,对它施加影响和压力,要它到期续贷,不得收回贷款。

已经到了关键时刻,报告提交到花旗总部时距离还贷最后时限只剩下10个小时。此时默多克报业王国的安危命运取决于花旗银行的一项裁决了。

花旗银行纽约总部的电话终于在临近最后时刻来了:同意女副经理的建议,已经与匹兹堡银行谈过了,现在应由默多克自己与对方经理直接接触。

默多克松了一口气,迫不及待地拨通越洋电话到匹兹堡,电话在银行里转来转去,最终落到贷款部主任那里。默多克听到匹兹堡银行贷款部主任的声音,他发觉这位先生一改先前拒人于千里之外的冷淡口气,变得和悦客气起来:"默多克先生,我们已决定向你继续贷款……"

默多克渡过了这一难关,但他在支付能力上的弱点已暴露在资金市场上。此后半年,他仍然处在生死攸关的困境之中。由于得到了花旗银行牵头146家银行全部都不退出贷款团的保证,他有了充分时间调整与改善报业集团的支付能力,半年后,他终于摆脱了财务困境。

渡过难关以后,默多克又恢复到最佳状态,进一步开拓他的报业王国的领地。默多克2023福布斯美国富豪榜排名第40,财富值174亿美元。

思考分析:

1. 默多克经历的是什么风险?

2. "从这次事件可以看出,默多克支付能力很差"这个观点正确吗?如果正确,为什么很多银行还愿意贷款给他?

3. 分析高负债经营的优缺点。

任务一　筹资管理概述

一、企业筹资的动机

企业筹资是指企业为了满足经营活动、投资活动、资本结构管理和其他需要,运用一定的筹资方式,通过一定的筹资渠道,筹措和获取所需资金的一种财务行为。

筹资方式概述

企业筹资最基本的目的,是企业经营的维持和发展,为企业的经营活动提供资金保障。例如,为扩大规模修建厂房而筹资;为对外投资活动而筹资;为产品研发而筹资;为解决资金周转临时需要而筹资等。归纳起来,企业筹资表现为以下4类筹资动机。

1. 创立性筹资动机

创立性筹资动机是指企业设立时,为取得资本金并形成开展经营活动的基本条件而产生的筹资动机。根据我国《公司法》《中华人民共和国合伙企业法》《中华人民共和国个人独资企业法》等相关法律的规定,任何一个企业或公司在设立时都要求有符合企业章程或公司章程规定的全体股东认缴的出资额。在企业创立之时,需购建厂房设备,同时需按照企业经营规模核定长期资本需要量和流动资金需要量,安排铺底流动资金,形成企业的经营能力。因此,企业需要筹措注册资本和资本公积等股权资金,股权资金不足部分需要通过银行借款等债务资金补足。

2. 支付性筹资动机

支付性筹资动机是指为了满足经营业务活动的正常波动所形成的支付需要而产生的筹资动机。企业在开展经营活动过程中,经常会出现超出维持正常经营活动资金需求的季节性、临时性的交易支付需要,这就要求除正常经营活动的资金投入以外,还需要通过经常的临时性筹资来满足经营活动的正常波动需求,维持企业的支付能力。

3. 扩张性筹资动机

扩张性筹资动机是指企业因扩大经营规模或对外投资需要而产生的筹资动机。企业维持简单再生产所需要的资金是稳定的,通常不需要或很少追加筹资。一旦企业扩大再生产,经营规模扩张,开展对外投资,就需要大量追加筹资。具有良好发展前景、处于成长期的企业,往往会产生扩张性的筹资动机。

4. 调整性筹资动机

调整性筹资动机是指企业因调整资本结构而产生的筹资动机。当企业现有资本结构不尽合理,如债务资本比例过高,企业面临较大的财务风险;抑或是股权资本比例较大,企业的资本成本负担较重,此时企业会通过筹资增加股权或债务资金,达到调整、优化资本结构的目的。

二、企业筹资渠道与方式

1. 筹资渠道

筹资渠道是指企业筹集资金的来源方向与通道。一般来说,企业最基本的筹资渠道有两种:直接筹资和间接筹资。直接筹资是企业与投资者协议或通过发行股票、债券等方式直接从社会取得资金;间接筹资是企业通过银行等金融机构以信贷关系间接从社会取得资金。具体来说,企业的筹资渠道主要有以下几种。

(1) 国家财政投资和财政补贴。国家财政资金是指国家对企业的直接投资,是国有企业的主要资金来源渠道。

(2) 银行信贷资金。银行信贷是银行将部分存款暂时借给企事业单位使用,在约定时间内收回并收取一定利息的经济活动,银行信贷资金是我国企业最主要的借入资金的来源渠道。

(3) 非银行金融机构信贷资金。非银行金融机构是指由各级政府及其他经济组织主办的,在经营范围上受一定限制的金融企业,如信托投资公司、租赁公司和保险公司等。

(4) 资本市场筹集。资本市场又称长期资金市场,是金融市场的重要组成部分,通常是指进行中长期(一年以上)资金(或资产)借贷融通活动的市场。

(5) 其他法人单位与自然人投入。法人包括以营利为目的的企业法人,也包括社团法人,这些单位都会有一些闲置资金。自然人投入主要指民间资金,包括企业职工和城乡居民手中闲置的资金。

(6) 企业自身积累。企业通过经营,形成内部资金,包括提取的盈余公积与未分配利润等。

2. 筹资方式

筹资方式是企业筹集资金所采取的具体方式,对于不同渠道的资金,企业可以通过不同的筹资方式来取得。总体来说,企业筹资方式主要有外部筹资和内部筹资。具体来说,主要有以下几种方式。

(1) 吸收直接投资。吸收直接投资是指企业按照"共同投资、共同经营、共担风险、共享收益"的原则,直接吸收国家、法人、个人和外商投入资金的一种筹资方式。吸收直接投资是非股份制企业筹集权益资本的基本方式。

(2) 发行股票。股票是股份有限公司为筹集自有资金而发行的一种有价证券,是持股人拥有公司股份的凭证,它代表了持股人对公司的所有权。公司通过发行股票筹资,是股份有限公司筹资的基本方式。

(3) 发行债券。债券是公司为了筹集负债资金而发行的一种有价证券,发行公司会承诺在一定期限内,向债券持有人还本付息。发行公司债券是公司筹措资金的一种重要方式。

(4) 银行借款。银行借款是指企业根据借款合同的规定,向银行以及非银行金融机构借入的按规定还本付息的款项,是企业筹措短期以及长期负债资金的主要方式。

(5) 利用商业信用。商业信用是指在商品交易中由于延期付款或预收货款所形成的企业间的借贷关系,具体形式包括应付账款、应付票据、预收账款等。

(6) 融资租赁。融资租赁是由租赁公司按照承租企业的要求融资购买设备,并在合同规定的较长期限内提供给承租企业使用的信用性业务。

(7) 留存收益。留存收益是指企业从税后净利润中提取的盈余公积金以及从企业可供分配利润中留存的未分配利润。留存收益是企业将当年利润转化为股东对企业追加投资的过程。

三、筹资的分类

企业采用不同方式所筹集的资金,按照不同的分类标准可分为不同的筹资类别。

1. 股权筹资、债务筹资与衍生工具筹资

按企业所取得资金的权益特性不同,企业筹资分为股权筹资、债务筹资与衍生工具筹资3类。

股权资本是股东投入的、企业依法长期拥有、能够自主调配运用的资本。股权资本在企业持续经营期间,投资者不得抽回,因而也称为企业的自有资本、主权资本或权益资本,财务风险

小,但付出的资本成本相对较高。股权资本包括实收资本(股本)、资本公积、盈余公积和未分配利润。

债务资本是企业按合同向债权人取得的,在规定期限内需要清偿的债务。企业通过债务筹资形成债务资金,债务资金通过向金融机构借款、发行债券、融资租赁等方式取得。由于债务资金到期要归还本金和支付利息,债权人对企业的经营状况不承担责任,因而债务资金具有较大的财务风险,但付出的资本成本相对较低。

衍生工具筹资包括兼具股权与债务筹资性质的混合融资和其他衍生工具融资。我国上市公司目前最常见的混合融资方式是可转换债券融资,最常见的其他衍生工具融资方式是认股权证融资。

2. 直接筹资与间接筹资

按是否借助于金融机构为媒介来获取社会资金,企业筹资分为直接筹资和间接筹资。

直接筹资是企业直接与资金供应者协商融通资金的筹资活动,是企业直接从社会取得资金的方式。直接筹资方式主要有发行股票、发行债券、吸收直接投资等。直接筹资的筹资手续比较复杂,筹资费用较高,但筹资领域广阔,能够直接利用社会资金,有利于提高企业的知名度。

间接筹资是企业借助于银行和非银行金融机构而筹集资金,基本方式是银行借款,此外还有融资租赁等方式。间接筹资形成的主要是债务资金,主要用于满足企业资金周转的需要。间接筹资手续相对比较简便,筹资效率高,筹资费用较低,但容易受金融政策的制约和影响。

3. 内部筹资与外部筹资

按资金的来源范围不同,企业筹资分为内部筹资和外部筹资。

内部筹资是指企业通过利润留存而形成的筹资来源。内部筹资数额大小主要取决于企业可分配利润的多少和利润分配政策,由于可分配利润是企业内部资金,无须筹资费用,资本成本较低。

外部筹资是指企业向外部筹措资金而形成的筹资来源。处于初创期的企业,企业利润留存数额有限,而处于成长期的企业,资金需求量较大,内部筹资往往难以满足需要,这就需要企业广泛地开展外部筹资。企业向外部筹资大多需要花费一定的筹资费用,从而提高了筹资成本。

4. 长期筹资与短期筹资

按所筹集资金的使用期限不同,企业筹资分为长期筹资和短期筹资。

长期筹资是指企业筹集使用期限在1年以上的资金。从资金权益性质来看,长期资金可以是股权资金,也可以是债务资金。

短期筹资是指企业筹集使用期限在1年以内的资金。短期资金主要用于企业的流动资产和资金日常周转,一般在短期内需要偿还。短期筹资通常利用商业信用、短期借款等方式来筹集。

任务二 权益资金筹资

一、吸收直接投资

吸收直接投资是指企业按照"共同投资、共同经营、共担风险、共享收益"的原则,直接吸收国家、法人、个人和外商投入资金的一种筹资方式。吸收直接投资是非股份制企业筹集权益资本的基本方式,吸收的资本不分为等额股份,无

权益筹资方式(一)

须公开发行股票。

1. 吸收直接投资的种类

(1) 吸收国家投资。国家投资是指有权代表国家投资的政府部门或机构,以国有资产投入公司,这种情况下形成的资本叫国有资本。

(2) 吸收法人投资。法人投资是指法人单位以其依法可支配的资产投入公司,这种情况下形成的资本即法人资本。

(3) 合资经营。合资经营是指两个或者两个以上的不同国家的投资者共同投资,创办企业,并且共同经营、共担风险、共负盈亏、共享利益的一种直接投资方式。

(4) 吸收社会公众投资。社会公众投资是指社会个人或本公司职工以个人合法财产投入公司,这种情况下形成的资本称为个人资本。

2. 吸收直接投资的出资方式

(1) 货币资产投资。以货币资产出资是吸收直接投资中最重要的出资方式。企业可以用货币资产换取其他物质资源,也可用货币资产支付各种费用,满足企业日常经营需要,货币资产有较大的灵活性,因此企业在吸收直接投资时,都会乐于投资者用货币资产出资。

(2) 实物资产投资。实物出资是指投资者以房屋、建筑物、设备等固定资产和材料、燃料、商品、产品等流动资产作价进行的投资。实物出资中实物的作价,应当评估作价,核实财产,不得高估或者低估作价。

(3) 土地使用权投资。土地使用权是指土地经营者对依法取得的土地在一定期限内有进行建筑、生产经营或其他活动的权利。土地使用权具有相对的独立性,在土地使用权存续期间,包括土地所有者在内的其他任何单位和个人,不能任意收回土地和非法干预使用权人的经营活动。根据相关法律规定,国有土地使用权可以作价出资,但出资时必须进行评估,并办理财产转移手续。

(4) 工业产权投资。工业产权通常是指专有技术、商标权、专利权、非专利技术等无形资产,但是国家相关法律、法规对无形资产出资方式另有限制,其中,股东或者发起人不得以劳务、信用、自然人姓名、商誉、特许经营权或者设定担保的财产等作价出资。

(5) 特定债权投资。特定债权是指企业依法发行的可转换债券以及按照国家有关规定可以转作股权的债权。

3. 吸收直接投资的程序

(1) 确定吸收直接投资的数量。企业在新建或扩大经营时,都要先确定资金的需求量。资金的需求量根据企业的生产经营规模和经营状况等来确定,筹资数量应与资金需求量相适应。

(2) 寻找投资单位。企业寻找投资单位是一项双向的选择,既是选择,也是被选择。企业既要广泛了解有关投资者的资信、财力和投资意向,又要通过信息交流和宣传使出资方了解企业的经营能力、财务状况以及未来预期,以便公司从中寻找最合适的合作伙伴。

(3) 协商和签署投资协议或合同。找到合适的投资伙伴后,双方进行具体协商,确定出资数额、出资方式及出资时间。企业应尽可能吸收货币投资,如果投资方确有先进且适应本企业需求的固定资产和无形资产,也可采取非货币投资方式。对实物投资、工业产权投资、土地使用权投资等非货币资产投资,双方应按公平合理的原则协商定价。当出资数额、资产作价确定后,双方签署投资的协议或合同,以明确双方的权利和责任。

(4) 取得所筹集的资金。签署投资协议后,企业应按合同或协议的规定、计划取得资金。

采取现金投资方式的,通常需编制拨款计划,确定拨款期限、每期数额及划拨方式采用实物、工业产权、非专利技术、土地使用权投资的,需核实财产,如财产数量是否准确、有无高估或低估情况等。

4. 吸收直接投资的优缺点

1) 吸收直接投资的优点

(1) 能够尽快形成生产能力。吸收直接投资不仅可以筹得货币资金,还能直接获得所需的先进设备和技术,直接用于生产,尽快形成生产经营能力。

(2) 容易进行信息沟通。与其他权益筹资相比,吸收直接投资的投资者比较单一,股权未被社会化、分散化,企业能直接与投资者沟通,有利于信息的传递。

2) 吸收直接投资的缺点

(1) 资本成本较高。相对于股票筹资方式,吸收直接投资的资本成本较高。当企业经营较好、盈利较多时,投资者往往要求将大部分盈余作为红利分配,因为向投资者支付的报酬是按其出资数额和企业实现利润的比率来计算的。但是,吸收直接投资的手续相对比较简便,筹资费用较低。

(2) 公司控制权集中,不利于公司治理。用吸收直接投资方式筹资,投资者一般都要求获得与投资数额相适应的经营管理权。如果某个投资者的投资额比例较大,则该投资者对企业的经营管理就会有相当大的控制权,容易损害其他投资者的利益。

(3) 不易进行产权交易。吸收投入资本由于没有证券为媒介,不利于产权交易,难以进行产权转让。

二、发行普通股股票

股票是股份公司发行的所有权凭证,是股份公司为筹集资金而发行给各个股东作为持股凭证并借以取得股息和红利的一种有价证券。股票作为一种所有权凭证,代表着对发行公司净资产的所有权,其中普通股是股份公司发行的无特别权利的股份,也是最标准的股份,通常股份有限公司只发行普通股。

权益筹资方式(二)

1. 普通股的种类

(1) 按票面是否记名,分为记名股票和无记名股票。记名股票是在股票票面上记载有股东姓名或将名称记入公司股东名册的股票。无记名股票不登记股东名称,公司只记载股票数量、编号及发行日期。我国《公司法》规定,公司向发起人、国家授权投资机构、法人发行的股票,为记名股票;向社会公众发行的股票,可以是记名股票,也可以是无记名股票。

(2) 按发行对象和上市地点,分为A股、B股、H股、N股和S股等。A股即人民币普通股股票,是由中国境内注册公司发行,在境内上市,以人民币标明面值,供境内机构、组织或个人(从2013年4月1日起,境内、港、澳、台居民可开立A股账户)以人民币认购和交易的普通股股票。B股即人民币特种股票,由我国境内公司发行,境内上市交易,它以人民币标明面值,以外币认购和交易。H股是注册地在内地、在香港上市的股票。N股是在纽约上市的股票。S股是在新加坡上市的股票。

(3) 按股票是否标明面值分为有面值股票和无面值股票。有面值股票是指在发行的普通股票票面上,标明一定金额的股票。持有有面值股票的股东,按照所持有的股票票面总额占公司发行在外的全部股票的面值总额的比例,来确定其在公司享有的权利和承担义务的大小。我国《公司法》规定,股票应当标明面值,即票面金额。

无面值股票是指在发行的普通股票票面上,不标明票面金额,只在股票上记载所占公司股本总的比例或股份数的股票。持无面值股票的股东,按照所持有的股票票面所标明的比例,来确定其在公司享有的权利和承担义务的大小。

2. 股票发行

股份有限公司在发行股票前,应确认是否符合发行条件,确定发行类型,选择发行方式与销售方式,按正确的发行程序发行股票。

1) 股票发行的类型

股票发行一般分为首次公开发行和增发新股。

(1) 首次公开发行(initial public offerings,IPO)。首次公开发行是拟上市公司首次在证券市场公开发行股票募集资金并上市的行为。通常,首次公开发行是发行人在满足必须具备的条件,并经证券监管机构审核、核准或注册后,通过证券承销机构面向社会公众公开发行股票并在证券交易所上市的过程。通过首次公开发行,发行人不仅募集到所需资金,而且完成了股份有限公司的设立或转制,称为上市公众公司。

(2) 增发新股。增发新股是指已设立的股份有限公司为增加股本而发行新股票。增发新股可分为有偿增资发行和无偿增资发行。有偿增资发行可分为股东配股、第三者配股和公开招股三种。股东配股的股票发行是按股东持股的一定比例赋予股东以新股认购权利,股东可以行使该权利购买公司股票,也可以放弃该权利不购买公司股票。第三者配股的股票发行是指公司给予和公司有特殊关系的第三者以新股认购权,如公司配股承销商可以购买公司股东放弃的配股。公开招股发行是指公司公募发行新股票,它以不特定的投资者为发行对象。无偿增资发行可分为股票分红、转增股本和股票分割三种。股票分红是指公司以股票形式向股东分配股利,股东可按所持股份的一定比例无偿获得股票,即股票股利。转增股本是指公司将公积金转入股本,股东可无偿获得股票。股票分割是指将大额股票细分化,使之成为小额股票,股东所持股票按分割的比例增加。

2) 股票发行的条件

根据《公司法》和《中华人民共和国证券法》(简称《证券法》)规定,发行类型不同,发行条件也不同。

(1) 首次公开发行的条件。首次公开发行股票,要同时符合《证券法》规定及中国证监会的行政规章制度。具体主要是指:

① 持续经营时间应当在3年以上;

② 注册资本已足额缴纳,且生产经营合法,3年内主营业务、高级管理人员、实际控制人没有重大变化;

③ 3个会计年度净利润均为正数且累计超过人民币3 000万元,净利润以扣除非经常性损益后较低者为计算依据;

④ 连续3个会计年度经营活动产生的现金流量净额累计超过人民币5 000万元,或者3个会计年度营业收入累计超过人民币3亿元;

⑤ 发行前股本总额不少于人民币3 000万元;

⑥ 符合经国务院批准的国务院证券监督管理机构规定的其他条件。

(2) 增发新股的条件。股份有限公司成立以后,由于各种原因可能要发行新股,公司增发新股,必须具备下列条件:

① 前一次发行的股份已募足,并间隔一年以上;

② 公司在最近3年内连续盈利,并可向股东支付股利,但以当年利润分派新股不受此限;
③ 公司在最近3年内财务会计文件无虚假记载;
④ 公司预期利润率可达同期银行存款利率。

3) 股票发行的程序

(1) 首次发行股票的一般程序。

① 发起人认足股份、交付股资。发起设立方式的发起人认购公司全部股份;募集设立方式的公司发起人认购的股份不得少于公司股份总数的35%。发起人可以用货币出资,也可以非货币资产作价出资。发起设立方式下,发起人交付全部股资后,应选举董事会、监事会,由董事会办理公司设立的登记事项;募集设立方式下,发起人认足其应认购的股份并交付股资后,其余部分向社会公开募集或者向特定对象募集。

② 提出公开募集股份的申请。募集方式设立的公司,发起人向社会公开募集股份时,必须向国务院证券监督管理部门递交募股申请,并报送批准设立公司的相关文件,包括公司章程、招股说明书等。

③ 公告招股说明书,签订承销协议。公开募集股份申请经国家批准后,应公告招股说明书。招股说明书应包括公司章程、发起人认购的股份数、本次每股票面价值和发行价格、募集资金的用途等。同时,与证券公司等证券承销机构签订承销协议。

④ 招认股份,缴纳股款。发行股票的公司或其承销机构一般用广告或书面通知办法招募股份。认股者应在规定的期限内向代收股款的银行缴纳股款,同时交付认股书。股款收足后,发起人应委托法定的机构验资,出具验资证明。

⑤ 召开创立大会,选举董事会、监事会。发行股份的股款募足后,发起人应在规定期限内(法定30天内)主持召开创立大会。创立大会由发起人、认股人组成,应有代表股份总数半数以上的认股人出席方可举行。

⑥ 办理公司设立登记,交割股票。经创立大会选举的董事会,应在创立大会结束后30天内,办理申请公司设立的登记事项。登记成立后,即向股东正式交付股票。

(2) 增发新股的一般程序。

① 股东大会做出发行新股的决议。

② 董事会向国务院授权的部门或者省级人民政府申请批准。属于向社会公开募集的,须经国务院证券监督管理部门批准。

③ 公告新股招股说明书和财务会计报表及附属明细表,与证券经营机构签订承销合同,定向募集时向新股认购人发出认购公告或通知。

④ 招认股份,缴纳股款。

⑤ 改组董事会、监事会,办理变更登记并向社会公告。

4) 股票发行的方式

(1) 公开间接发行。公开间接发行股票是指股份公司通过中介机构向社会公众公开发行股票。我国股份有限公司采用募集设立方式成立的,在向社会公开发行股票时,必须由有资格的证券经营中介机构,如证券公司、信托投资公司等承销。这种发行方式的特点是发行范围广,发行对象多,较易筹集足额资本。通过公开发行,还有利于提高公司的知名度,扩大影响力,缺点在于公开发行方式审批手续复杂严格,发行成本高。

(2) 非公开直接发行。非公开直接发行股票是指股份公司只向少数特定对象直接发行股票,不需要中介机构承销,直接将股票销售给认购者。这种发行方式弹性较大,企业能控制股票的发行过程,节省发行费用。但发行范围小,不易及时足额筹集资本,发行后股票的变现性差。

3. 股票上市

1) 股票上市的条件

我国实行股票发行与上市分离的制度,发行人完成首次股票公开发行后,向证券交易所提交上市申请和相应的申请文件。证券交易所审查通过后安排公司发行的股票在证券交易所上市交易。根据《证券法》规定,股票上市,应当符合下列条件:

(1) 股票经国务院证券监督管理机构核准已公开发行;

(2) 公司股本总额不少于人民币 3 000 万元;

(3) 公开发行的股份达到公司股份总数的 25% 以上;

(4) 公司股本总额超过人民币 4 亿元的,公开发行股份的比例为 10% 以上;

(5) 公司最近 3 年无重大违法行为,财务会计报告无虚假记载。

在实际中,我国 A 股的股票发行与上市是一体联动的。上市必须取得证监会核准,核准后会安排上市。因此股份有限公司具备发行条件的同时必须具备上市条件。

2) 股票上市的暂停、终止

当上市公司出现经营情况恶化、存在重大违法违规行为或其他原因导致不符合上市条件时,就可能被暂停或终止上市。

(1) 上市公司出现以下情形之一的,由交易所暂停其上市:

① 公司股本总额、股权分布等发生变化,不再具备上市条件;

② 公司不按规定公开其财务状况,或者对财务会计报告作虚假记载;

③ 公司有重大违法行为;

④ 公司最近 3 年连续亏损;

⑤ 证券交易所上市规则规定的其他情形。

(2) 上市公司出现下列情形之一的,由交易所终止其股票上市:

① 未能在法定期限内披露其暂停上市后第一个半年度报告的;

② 在法定期限内披露了恢复上市后的第一个年度报告,但公司仍然出现亏损的;

③ 未能在法定期限内披露恢复上市后的第一个年度报告的;

④ 恢复上市申请未被受理的或者申请未被核准的;

⑤ 证券交易所上市规则规定的其他情形。

4. 发行普通股股票筹资的优缺点

1) 普通股筹资的优点

(1) 普通股筹资风险较低。由于普通股没有固定的股利负担,也没有到期偿还的压力,通过普通股筹集的资金是永久的,因此风险较低。

(2) 两权分离,有利于公司自主经营管理。发行普通股股票,公司所有权属于股东,使所有权和经营权相分离,分散公司控制权,但公司的控制权分散,公司也容易被经理人控制。

(3) 提高公司社会声誉,促进股权流通和转让。股票上市过程中,会借助各类平台宣传,为公司带来了广泛的社会影响,能提高企业的偿债和举债能力。同时普通股股票有较强的流通性,有利于市场确认公司的价值。普通股筹资以股票作为媒介,便于股权的流通和转让,便于吸收新的投资者。

2) 普通股筹资的缺点

(1) 资本成本较高。由于股票投资的风险较大,收益具有不确定性,投资者就会要求较高投资报酬。同时,对于企业来说,分配普通股股利是从税后利润支付,普通股股利无法抵税,相较而言,股票筹资的资本成本较高。对于上市公司来说,普通股的发行费用也要高于其他证券。

(2) 不易及时形成生产能力。普通股筹资吸收的一般都是货币资金,还需要通过购置和建造形成生产经营能力。相对吸收直接投资方式来说,不易及时形成生产能力。

三、留存收益筹资

1. 留存收益的筹资途径

企业通过日常经营活动实现的税后净利润都属于企业的所有者,包括分配给所有者的利润和尚未分配留存于企业的利润。《公司法》规定,企业每年的税后利润,必须提取10%的法定盈余公积金,剩余可由企业自行决定是分配给投资者还是留存于企业。因此留存收益主要来源于以下渠道。

(1) 提取盈余公积金。盈余公积金是指有指定用途的留存净利润,其提取基数是抵减年初累计亏损后的本年度净利润,包括法定盈余公积和任意盈余公积。盈余公积金主要用于企业未来的经营发展,经投资者审议后,也可用于转增股本(实收资本)和弥补以前年度经营亏损。盈余公积金不得用于以后年度的对外利润分配。

(2) 未分配利润。未分配利润是指未限定用途的留存净利润。这部分净利润未指定用途,可用于企业未来经营发展、转增股本(实收资本)、弥补以前年度经营亏损,也可用于以后年度利润分配。

2. 留存收益筹资的优缺点

(1) 没有筹资费用。企业从外界筹得资金需筹资费用,如发行股票,需支付发行费用,而留存收益属于内部资金,筹资不需要发生筹资费用,资本成本较低。

(2) 维持公司的控制权分布。利用留存收益筹资,不用对外发行新股或吸收新投资者,不会稀释股权,能维持企业原股权结构。

(3) 影响公司形象。企业利用留存收益筹资,势必会减少利润的分配,如果留存收益过高,现金股利过少,则可能影响企业的形象,并给今后进一步的筹资增加困难。

(4) 筹资数额有限。当期留存收益的最大数额就是当期的净利润,如果企业发生亏损,当年没有利润可留存,会对企业筹资造成影响。

任务三 负债资金筹资

一、银行借款筹资

银行借款是指企业根据借款合同向银行或非银行金融机构借入所需资金,银行根据国家政策以一定的利率将资金贷放给资金需要者,并约定期限归还。根据借款期限的长短,可分为长期借款和短期借款。

负债筹资方式

1. 银行借款的种类

(1) 按提供贷款的机构,分为政策性银行贷款、商业银行贷款和其他金融机构贷款。政策性银行贷款是指执行国家政策性贷款业务的银行向企业发放的贷款,通常为长期贷款。如中国农业发展银行贷款,主要用于确保国家对粮、棉、油等政策性收购资金的供应。商业银行贷款是指由各商业银行向企业提供的贷款,用于满足企业生产经营的资金需要。其他金融机构贷款,如从信托投资公司取得实物或货币形式的信托投资贷款,从财务公司取得的各种中长期贷款,从保险公司取得的贷款等。

(2) 按机构对贷款有无担保要求,分为信用贷款和担保贷款。信用贷款是指以借款人的信誉或保证人的信用为依据而获得的贷款。对于这种贷款,由于风险较高,银行通常要收取较高的利息,往往还附加一定的限制条件。担保贷款是指由借款人或第三方依法提供担保而获得的贷款。保证贷款是指按《担保法》规定的保证方式,以第三方作为保证人承诺在借款人不能偿还借款时,按约定承担一定保证责任或连带责任而取得的贷款。

(3) 按企业取得贷款的用途,分为基本建设贷款、专项贷款和流动资金贷款。基本建设贷款是指企业因从事新建、改建、扩建等基本建设项目需要资金而向银行申请借入的款项。专项贷款是指企业因为专门用途而向银行申请借入的款项,包括更新改造技改贷款、大修理贷款等。流动资金贷款是指企业为满足流动资金的需求而向银行申请借入的款项,包括流动资金借款、生产周转借款、临时借款、结算借款和卖方信贷。

2. 长期借款的保护性条款

长期借款是指借款期限在1年以上的借款,主要用于购建固定资产和满足长期流动资金占用需要。长期借款有金额高、期限长、风险大的特点,除借款合同的基本条款之外,债权人通常还在借款合同中附加各种保护性条款,以确保企业按要求使用借款和按时足额偿还借款。保护性条款大致分为以下3类。

(1) 例行性保护条款。例行性保护条款在大多数借款合同中都会出现,主要包括:①定期向提供贷款的金融机构提交公司财务报表,以使债权人随时掌握公司的财务状况和经营成果;②保持存货储备量,不准在正常情况下出售较多的非产成品存货,以保持企业正常生产经营能力;③及时清偿债务,包括到期清偿应缴纳税金和其他债务,以防被罚款,造成不必要的现金流失等。

(2) 一般性保护条款。一般性保护条款是对企业资产的流动性及偿债能力等方面的要求条款,这类条款应用于大多数借款合同,主要包括:①保持企业的资产流动性。要求企业需持有一定最低额度的货币资金及其他流动资产,以保持企业资产的流动性和偿债能力;②限制企业非经营性支出。如限制支付现金股利、购入股票和职工加薪的数额规模;③对经营性长期资产总投资规模的限制,目的在于降低日后不得不变卖固定资产以偿还贷款的可能性;④限制公司再举债规模;⑤限制公司的长期投资等。

(3) 特殊性保护条款。特殊性保护条款是针对某些特殊情况而出现在部分借款合同中的条款,只有在特殊情况下才能生效。主要包括:①要求公司的主要领导人购买人身保险;②借款的用途不得改变;③违约惩罚条款等。

3. 长期借款的偿还方式

提供贷款的金融机构不同,长期借款的到期期限和偿还特点也会不同,通常,金融机构要求企业按季度或每半年分期偿还本息,即定期等额偿还借款本息,若不考虑其他限制性条款,可将借款金额视为年金现值,而每期定额偿还的本息视为年金额。

【业务 3-1】ABC 公司 1 月 1 日向银行借款 200 万元,借款期限为 5 年,借款利率为 10%,借款合同要求企业每年年末等额支付借款本息。要求:计算该借款每年年末的还本付息额。

解析: 每年年末还本付息额 $=\dfrac{200}{(P/A,10\%,5)}=\dfrac{200}{3.7908}=52.7593$(万元)

即该企业每年需偿还的本息为52.759 3万元。

4. 短期借款的信用条件

根据国际惯例,银行发放短期借款时,一般会附带一些信用条件,主要有以下几点。

(1) 信贷额度。信贷额度是指借款企业与银行在借款协议中规定的借款最高限额,信贷额度的有效期限一般为1年。在信贷额度内,企业可以随时按需要向银行借款,但银行并不承担必须贷款的义务。如果企业信誉恶化,即使在信贷限额内,银行也可能拒绝贷款给企业。

(2) 周转信贷协定。周转信贷协定是指银行从法律上承诺向企业提供不超过某一最高限额的贷款协定。在协定有效期内,银行有义务满足企业任何时候提出的、协定约定的最高限额内的借款要求。因此企业通常要对贷款限额的未使用部分付给银行一笔承诺费。

【业务3-2】ABC公司与银行签订周转信贷协定,具体内容包括周转信贷额为2 000万元,年承诺费率为0.5%,该公司于1月1日从银行借入1 000万元,7月1日又借入600万元。要求:计算该公司应向银行支付的承诺费金额。

解析: 未使用的贷款额度 $= 400 \times \dfrac{12}{12} + 600 \times \dfrac{6}{12} = 700$(万元)

承诺费 $= 700 \times 0.5\% = 3.5$(万元)

(3) 补偿性余额。补偿性余额是贷款银行要求借款企业按贷款总额或实际借用额的一定百分比计算出的最低存款余额,这个百分比一般为10%~20%。补偿性余额有助于银行降低贷款风险,补偿其可能遭受的风险。对借款企业来说,补偿性余额则会提高借款的实际利率,因为企业交付的利息不变,到账的实际贷款总额减少,加重了企业的财务负担。若不考虑税收等因素,存在补偿性余额条件下的实际利率计算公式为

$$实际利率 = \dfrac{名义借款金额 \times 名义利率}{名义借款金额 \times (1 - 补偿性余额比例)} \times 100\%$$

$$= \dfrac{名义利率}{1 - 补偿性余额比例} \times 100\%$$

【业务3-3】ABC公司按年利率5%向银行借款200万元,银行要求保留20%的补偿性余额。要求:计算该项贷款的实际利率。

解析: 该补偿性余额贷款的实际利率 $= \dfrac{5\%}{1-20\%} = 6.25\%$

信贷额度、周转信贷协定和补偿性余额同样适用于长期借款。

5. 短期借款利息的支付方式

短期借款本金一般到期日偿还,而利息的支付方式,一般有以下几种。

(1) 收款法。收款法也叫利随本清法,顾名思义,是指在借款到期时向银行支付利息的方法。采用这种方法,借款的名义利率等于实际利率,大部分借款采用该方法。

(2) 贴现法。贴现法是银行向企业发放贷款时,先从本金中扣除利息部分,而到期时借款企业则要偿还贷款全部本金的一种计息方法。采用这种方法,企业可利用的贷款额只有本金减去利息部分后的差额,因此贷款的实际利率高于名义利率。

$$实际利率 = \dfrac{利息}{贷款金额 - 利息} \times 100\%$$

$$= \dfrac{名义利率}{1 - 名义利率} \times 100\%$$

【业务3-4】ABC公司从银行取得借款200万元,期限1年,利率5%,按贴现法付息。要求:计算贴现法下的实际利率。

解析:
$$实际利率 = \frac{200 \times 5\%}{200 - 200 \times 5\%} = 5.26\%$$

可见,贴现法下的实际利率高于名义利率。

(3) 加息法。加息法是指银行发放分期等额偿还贷款时采用的利息收取方法。在分期等额偿还贷款的情况下,银行要将根据名义利率计算的利息加到贷款本金上计算出贷款的本息和,要求企业在贷款期内分期偿还本息之和的金额。由于贷款分期均衡偿还,借款企业实际上只使用了贷款本金的半数,却支付全额利息,实际利率高于名义利率。

6. 银行借款筹资的优缺点

1) 银行借款筹资的优点

(1) 筹资速度快。与发行公司债券、融资租赁等其他债务筹资方式相比,银行借款的程序相对简单,所花时间较短,公司可以迅速筹得所需资金。

(2) 资本成本较低。利用银行借款筹资,一般都比发行债券和融资租赁的利息负担要低,且没有发行费用等中介费用,降低了资金使用成本。

(3) 筹资弹性较大。借款时,公司根据当下的资金需求与银行等贷款机构直接商定贷款时间、数量和条件等。在借款期间,若公司的财务状况发生变化,也可与债权人再协商,变更借款数量、时间和条件等,或提前偿还本息。因此,银行借款筹资对公司来说具有较大的灵活性,特别是短期借款。

2) 银行借款筹资的缺点

(1) 限制条款多。与发行公司债券相比较,银行借款合同对借款用途有明确规定,通过借款的保护性条款,对公司资本支出额度、再筹资、股利支付等行为有严格的约束,对公司的经营活动和财务政策都会有一定的影响。

(2) 筹资数额有限。银行借款的数额往往受到贷款机构资本实力的制约,难以像发行公司债券、股票那样一次筹集到大笔资金,对于大型企业,可能无法满足其大规模资金的需要。

二、债券筹资

公司债券是指股份公司在一定时期内为追加资本而发行的借款凭证,是企业依照法定程序发行的、约定在一定期限内还本付息的有价证券。债券筹资是企业筹集负债资金的重要方式。

1. 债券的基本要素

(1) 债券面值。债券面值是指债券的票面价值,是发行人对债券持有人在债券到期后应偿还的本金数额,也是企业向债券持有人按期支付利息的计算依据。债券的面值与债券实际的发行价格并不一定是一致的,发行价格大于面值称为溢价发行,小于面值即为折价发行,发行价格等于面值为平价发行。

(2) 偿还期。债券的偿还期是指企业债券上载明的偿还债券本金的期限,即债券发行日至到期日之间的时间间隔。公司必须按约定,在偿还到期日必须偿还本金、利息,因此公司要结合自身资金周转状况及外部资本市场的各种影响因素来确定公司债券的偿还期,避免出现资金周转问题。

(3) 付息期。债券的付息期是指企业发行债券后的利息支付的时间。它可以是到期 1 次支付,或分期支付,如 1 年支付 1 次、半年支付 1 次等。

(4) 票面利率。债券的票面利率是指债券利息与债券面值的比率,是发行人承诺以后一定时期支付给债券持有人报酬的计算标准。债券票面利率的确定主要受到银行利率、发行者的资信状况、偿还期限和利息计算方法以及当时资金市场上资金供求情况等因素的影响。债券上通常都载明利率,一般为固定利率,也有浮动利率。债券面值乘以票面利率就是年利息。

(5) 发行人名称。发行人名称是指明债券的债务主体,为债权人到期追回本金和利息提供依据。

2. 债券的分类

(1) 按发行方式,分为记名债券和无记名债券。记名债券是指在公司债券存根簿上载明债券持有人的姓名及住所、债券持有人取得债券的日期及债券的编号等信息的债券。记名债券转让须由债券持有人以背书方式或者法律、行政法规规定的其他方式转让。无记名债券是指在债券名册上没有债券持有人姓名或名称,凭权还本付息,转让无须过户,直接由债券持有人将该债券交付给受让人后即发生转让的效力。

(2) 按是否能够转换成公司股权,分为可转换债券和不可转换债券。可转换债券是指债券持有者可以在规定的时间内按规定的价格转换为发债公司股票的一种债券。《公司法》规定,可转换债券的发行主体是股份有限公司中的上市公司。不可转换债券是指不能转换为发债公司股票的债券,大多数公司债券属于这种类型。

(3) 按有无特定财产担保,分为担保债券和信用债券。担保债券是指以抵押方式担保发行人按期还本付息的债券,主要是指抵押债券。作为抵押债券的抵押品,可以是不动产,也可以是动产或者证券信托等。信用债券即无担保债券,是仅凭公司自身的信用发行的、没有抵押品作抵押担保的债券。

3. 债券的发行价格

债券的发行价格是债券发行时使用的价格,即投资者认购该债券时实际支付的价格,债券的发行价格通常有 3 种情况,分别是等价、折价和溢价。

等价是指以债券的票面金额作为发行价格,即发行价格等于票面面值。

折价是指以低于债券票面金额的价格作为发行价格,即发行价格低于票面面值。

溢价是指以高于债券票面金额的价格作为发行价格,即发行价格高于票面面值。

债券的面值和票面利率在债券发行前已确定,但在发行债券时已确定的票面利率不一定与当时的市场利率一致,为了协调债券发行方和认购方在债券利息上的利益,就要调整发行价格,当票面利率高于市场利率时,需溢价发行,否则债券发行方会出现利益损失,不愿发行债券;相反,当票面利率低于市场利率时,需折价发行,否则投资者会选择其他投资方式;当票面利率等于市场利率时,即可等价发行。

在按期付息、到期一次还本,且不考虑发行费用的情况下,债券发行价格的计算公式为

$$P = \frac{票面金额}{(1+市场利率)^n} + \sum_{t=1}^{n} \frac{票面金额 \times 票面利率}{(1+市场利率)^t}$$

$$= 票面金额 \times (P/F, i_1, n) + 票面金额 \times i_2 (P/A, i_1, n)$$

式中,P 为债券发行价格;n 为债券偿还期;i_1 为市场利率;i_2 为票面利率。

如果企业发行的是不计复利、到期一次还本付息的债券,则发行价格的计算公式为

$$P = 票面金额 \times (1 + i_2 n) \times (P/F, i_1, n)$$

用 Excel 计算
债券的发行价格

【**业务 3-5**】ABC 公司发行面值为 1 000 元,利率 8%,期限为 10 年,每年年末付息的债券。要求:当市场利率是 7%、8%、9% 时,分别判断公司应折价、等价还是溢价发行,并计算 3 种利率下,债券的发行价格。

解析:(1) 当市场利率是 7% 时,票面利率高于市场利率,应溢价发行。

发行价格 = 1 000×(P/F,7%,10) + 1 000×8%×(P/A,7%,10)
= 1 000×0.508 3 + 80×7.023 6
= 1 070.19(元)

(2) 当市场利率是 8% 时,票面利率等于市场利率,应等价发行。

发行价格 = 1 000×(P/F,8%,10) + 1 000×8%×(P/A,8%,10)
= 1 000×0.463 2 + 80×6.710 1
= 1 000(元)

(3) 当市场利率是 9% 时,票面利率低于市场利率,应折价发行。

发行价格 = 1 000×(P/F,9%,10) + 1 000×8%×(P/A,9%,10)
= 1 000×0.422 4 + 80×6.417 7
= 935.82(元)

当然,资金市场上的利率是复杂多变的,除考虑目前的市场利率外,还要考虑利率的变动趋势,实际工作中确定债券的价格通常还要考虑其他多种因素。

4. 债券的偿还

债券偿还时间按其实际发生与规定的到期日之间的关系,分为提前偿还、到期偿还和滞后偿还,到期偿还又可分为到期分批偿还和到期一次偿还两种。

(1) 提前偿还。提前偿还又称提前赎回或收回,是指在债券尚未到期之前就予以偿还。只有在公司发行债券的契约中明确规定了有关允许提前偿还的条款,公司才可以进行此项操作。提前偿还所支付的价格通常要高于债券的面值,并随到期日的临近而逐渐下降。提前偿还条款使债券发行方有较大的筹资弹性,当公司有闲余资金时,可提前赎回债券,当预测市场利率有下降趋势时,也可提前赎回债券,同时以较低的利率发行新的债券。

(2) 到期偿还。

① 到期分批偿还。同一种债券,拥有多个到期日,投资者可根据需要选购到期日最合乎自己需求的债券,这种债券就是分批偿还债券。因为各批债券的到期日不同,它们各自的发行价格和票面利率也可能不相同,从而导致发行费较高;但由于这种债券便于投资人挑选最合适的到期日,因而便于发行,但是企业界实际上发行分批偿还债券比较少。

② 到期一次偿还。多数情况下,发行债券的公司在债券到期日,一次性归还债券本金,并结算债券利息,也就是到期一次偿还。

(3) 滞后偿还。债券在到期日滞后偿还叫滞后偿还。这种偿还条款一般在发行时便订立,主要是给予持有人以延长持有债券的选择权。滞后偿还有转期和转换两种形式。转期是将较早到期的债券换成到期日较晚的债券,实际上是将债务的期限延长。转换通常指股份有限公司发行的债券可以按一定的条件转换成本公司的股票。

5. 债券筹资的优缺点

1) 债券筹资的优点

(1) 一次筹资数额大。利用发行公司债券筹资,能够一次性筹集大额的资金,满足公司大规模资金的需要。对于大型企业,筹资需求量较大,与银行借款、留存收益等筹资方式相比,企业选择发行公司债券筹资能满足大额筹资需要。

(2) 资金使用限制条件少。与银行借款相比,发行债券募集的资金在使用上具有相对的灵活性和自主性。特别是发行债券所筹集的大额资金,能够用于公司扩展、增加大型固定资产和基本建设投资等期限比较长的项目。

(3) 可利用财务杠杆效应。无论公司盈利多少,债券发行人都只需按期还本付息,更多的收益可分配给股东,且债券的利息允许税前扣除,起到抵税作用,享受税收利益。

(4) 提高公司的社会声誉。公司债券的发行主体,有严格的资格限制,能发行公司债券的,通常是股份有限公司和有实力的有限责任公司。根据中国人民银行的规定,凡是向社会公开发行的债券,都需要债券评信机构评定等级。公司通过发行债券,一方面筹集了大量资金,另一方面向社会公众展示企业实力,提高社会声誉。

2) 债券筹资的缺点

(1) 财务风险较高。债券有固定的到期日,到期需还本付息,发行公司必须承担还本付息义务。若公司经营不善,还本付息会给企业造成更大的财务压力,造成企业资金周转困难,有时甚至会导致企业破产,且与银行借款筹资相比,发行债券的利息负担和筹资费用都比较高。

(2) 发行风险大。发行债券手续复杂,对企业有非常严格的要求,同时还要面临利率风险。在我国,债券市场交投并不活跃,发行债券存在一定的风险。

任务四 融资租赁

融资租赁是指出租人根据承租人的要求,出资向第三方购买承租人指定的设备。同时,出租人与承租人订立租赁合同,将设备出租给承租人,并向承租人收取一定的租金的租赁方式。在这项交易中,承租方通过得到所需资产的使用权,完成了筹集资金的行为,是承租企业筹集长期负债资金的特殊方式。

融资租赁

1. 融资租赁的基本特征

(1) 所有权与使用权相分离。租赁资产的所有权与使用权分离是融资租赁的主要特点之一。在融资租赁中,出租人保留租赁物的所有权,承租人在租赁期间支付租金而享有使用权,并负责租赁期间租赁物的管理、维修和保养。租期结束后,承租人一般对租赁物有留购和退租两种选择。

(2) 融资与融物相结合。租赁是以商品形态与货币形态相结合提供的信用活动,出租人在向企业出租资产的同时,解决了企业的资金需求,具有信用和贸易双重性质。它不同于一般的借钱还钱、借物还物的信用形式,而是借物还钱,并以分期支付租金的方式来体现。

(3) 租金的分期支付。在租金的偿还方式上,租金与银行信用到期还本不一样,采取了分期支付方式。出租方的资金一次投入,分期收回。对于承租方而言,通过租赁可以提前获得资产的使用价值,通过分期支付获得融资效果。

2. 融资租赁的程序

(1) 选择租赁公司,提出委托申请。当企业决定采用融资租赁这种形式来获取某项设备后,可以分析比较选定一家租赁公司作为出租单位。选定后向租赁公司申请办理融资租赁。

(2) 签订购货协议。由承租企业和租赁公司中的一方或双方,与选定的设备供应厂商进行购买设备的技术谈判和商务谈判,由租赁公司与厂商签订购货协议。

(3) 签订租赁合同。承租企业与租赁公司签订租赁设备的合同,明确租赁期、租金以及租赁结束后租赁物的归属问题等。

(4) 办理验货。设备供应厂将设备发到指定地点,承租企业要办理验收手续,验收合格后,签发交货及验收证书交给租赁公司,租赁公司据以支付设备价款。

(5) 支付租金。承租企业按合同约定,分期支付租金,相当于承租企业对所筹资金的分期还款额。

(6) 处理租赁期满的设备。融资租赁合同期满时,承租企业应按租赁合同的规定,实行退租、续租或留购。期满的设备通常以低价卖给承租企业或无偿赠送给承租企业。

3. 融资租赁的基本形式

(1) 直接租赁。直接租赁是融资租赁中最典型的租赁方式。承租方提出租赁申请,出租方按照承租方的要求选购设备,随后出租给承租方,通常所说的融资租赁指的就是直接租赁。

(2) 售后回租。售后回租是指承租方由于急需资金等各种原因,将自己的资产出售给出租方,然后以租赁的形式向出租方租回该资产,同时支付租金。出租方用这种形式获取资金,同时保留了资产的使用权。

(3) 杠杆租赁。杠杆租赁是指资金出借人提供部分资金给出租人,由出租人购买资产,再租给承租人的租赁方式。可见,这种方式对承租人来说,并没有影响,而出租人既是出租方,又是借资人,同时拥有资产的所有权。

4. 融资租赁租金的计算

1) 融资租赁租金的构成

融资租赁的租金包括设备价款及预计残值、利息、租赁手续费和必要的利润。

(1) 设备价款及预计残值。设备价款主要包括设备的买价、运杂费、调试费和保险费等,以及设备期满后出售所得的收入。

(2) 利息。利息是指出租人为购买租赁设备向资金出借人支付的利息。

(3) 租赁手续费和必要的利润。租赁手续费是指出租方在经营租赁过程中所开支的费用,包括业务人员的工资、办公费、差旅费等。

2) 租金的支付方式

租金通常采用分次支付的方式,具体类型有以下几种。

(1) 按支付间隔期的长短,可分为年付、半年付、季付和月付等。

(2) 按在期初和期末支付,可分为先付租金和后付租金。

(3) 按每次支付额,可分为等额支付和不等额支付。

3) 租金的计算

我国融资租赁实务中,租金的计算大多采用等额年金法。等额年金法是指利用年金现值的计算公式,经变换后计算每期支付租金的方法。这种方法通常是根据利率和租赁手续费率确定一个租费率,将此租费率作为折现率。

【业务 3-6】ABC 公司从租赁公司融资租入一台设备,价格为 300 万元,租期为 10 年,假设年利率为 8%,租赁手续费率为每年 2%,每年年末等额支付租金。要求:计算该公司每年年末应支付的租金。

解析:年租金 $= \dfrac{300}{(P/A, 10\%, 10)} = \dfrac{300}{6.144\,6} = 48.82$(万元)

用 Excel 计算融资租赁租金

5. 融资租赁的优缺点

1) 融资租赁的优点

(1) 筹资速度快。融资租赁集"融资"和"融物"于一身,使企业在资金短缺的情况下引进设备成为可能。特别是针对中小企业、新创企业而言,融资租赁是一条重要的融资途径。大型企业的大型设备、工具等固定资产,也经常通过融资租赁方式解决巨额资金的需要,如商业航空公司的飞机,大多是通过融资租赁取得的。

(2) 筹资的限制条件较少。企业运用股票、债券、长期借款等筹资方式都有较多的条件,如足够的抵押品、银行贷款的信用标准、发行债券的政府管制等。若条件不满足,则无法筹资。相比之下,融资租赁筹资的限制条件很少。

(3) 财务风险小。融资租赁与购买的一次性支出相比,能够避免一次性支付的负担,而且租金支出是未来的、分期的,企业无须一次筹集大量资金偿还。另外,融资租赁还能避免设备过时,降低设备淘汰的风险。

2) 融资租赁的缺点

(1) 资金成本较高。与银行借款或发行债券相比,融资租赁所负担的利息要高得多,租金总额通常比设备价值高出 30%。

(2) 筹资弹性较小。租金支付期限和金额固定,增加企业资金调度难度,高额的固定租金会成为企业日常经营中的一项负担。

任务五 混合筹资

一、优先股筹资

优先股是指股份有限公司发行的具有优先权利、相对优先于一般普通种类股份的股份种类。在利润分配及剩余财产清偿分配的权利方面,优先股持有人优先于普通股股东;但在参与公司决策管理等方面,优先股的权利受到限制。

优先股筹资

1. 优先股的特征

(1) 股利优先。相对于普通股而言,优先股股东通常优先于普通股股东分配股利,优先股的股利收益是事先约定的,也是相对固定的,但是优先股的固定股息率各年可以不同。

(2) 权利优先。优先股在年度利润分配和剩余财产清偿分配方面,具有比普通股股东优先的权利。

优先股可以先于普通股获得股息,公司的可分配利润首先分给优先股,剩余部分再分给普通股。在剩余财产方面,优先股的清偿顺序先于普通股而次于债权人。

(3) 权利范围小。优先股股东一般没有选举权和被选举权,对股份公司的重大经营事项无表决权。仅在股东大会表决与优先股股东自身利益直接相关的特定事项时,具有有限表决权。例如,修改公司章程中与优先股股东利益相关的事项条款时,优先股股东有表决权。

2. 优先股的种类

(1) 固定股息率优先股和浮动股息率优先股。固定股息率优先股是指股息率在股权存续期内不做调整的优先股;浮动股息率优先股是指股息率根据约定的计算方法进行调整的优先股。优先股采用浮动股息率的,在优先股存续期内票面股息率的计算方法在公司章程中要事先明确。

(2) 强制分红优先股与非强制分红优先股。公司章程中规定,在有可分配税后利润时必须向优先股股东分配利润的,称为强制分红优先股,否则即为非强制分红优先股。

(3) 累积优先股和非累积优先股。累积优先股是指公司在某一时期所获盈利不足,导致当年可分配利润不足以支付优先股股息时,则将应付股息累积到次年或以后某一年盈利时,在普通股的股息发放之前,连同本年优先股股息一并发放。非累积优先股则是指公司不足以支付优先股的全部股息时,对所欠股息部分,优先股股东不能要求公司在以后年度补发。

(4) 参与优先股和非参与优先股。当公司盈余在按规定分配给优先股股东和普通股股东后仍有盈余时,能够与普通股股东一同参与额外股利分配的优先股称为参与优先股;否则为非参与优先股。

(5) 可转换优先股和不可转换优先股。根据优先股是否可以转换成普通股,分为可转换优先股和不可转换优先股。可转换优先股股东可在规定的时间内,按照一定的转换比率把优先股换成该公司普通股。

(6) 可回购优先股和不可回购优先股。可回购优先股是指允许发行公司按发行价加上一定比例的补偿收益回购的优先股。公司通常在认为可以用较低股息率发行新的优先股时,用此方法回购已发行的优先股股票。不附有回购条款的优先股,则被称为不可回购优先股。

3. 优先股的筹资成本

优先股的投资风险大于债券,但小于普通股。当企业面临破产时,优先股的求偿权低于债权人,但优先于普通股。在公司财务困难时,债务利息会被优先支付,优先股股利则其次;分配利润时,优先股股息通常固定且优先支付,普通股股利只能最后支付。因此,同一公司的优先股股东要求的必要报酬率会比债权人的高,比普通股股东的低。

4. 优先股筹资的优缺点

1) 优先股筹资的优点

(1) 保持普通股股东对公司的控制权。优先股股东没有表决权,不影响普通股股东对公司的控制,且优先股的每股收益是固定的,只要净利润增加并且高于优先股股息,普通股的每股收益就会上升。

(2) 有利于降低公司的财务风险。优先股属于混合筹资,既有债的性质,又是长期资金来源,它的股利不是公司必须偿付的一项法定债务,如果公司财务状况恶化、经营成果不佳,这种股利可以不支付,从而降低财务风险。

2) 优先股筹资的缺点

优先股筹资需要支付固定的股利,且优先股股利不能税前扣除,当企业业绩不佳时,这项固定支出会给企业带来一定的财务压力。

二、可转换债券筹资

可转换债券是指债券持有人可按照发行时约定的价格将债券转换成公司普通股票的债券,是目前我国上市公司最常见的混合融资方式。

1. 可转换债券的要素

(1) 标的股票。可转换债券可按约定转换成公司股票,这个股票一般是发行公司自己的普通股票,也可以是其他公司的股票,如该公司的上市子公司的股票。

(2) 票面利率。可转换债券的票面利率一般会低于普通债券的票面利率,有时甚至还低于同期银行存款利率。因为可转换债券的投资收益中,除债券的利息收益外,还附加了股票买入期权的收益部分。

(3) 转换价格。转换价格是指可转换债券在转换期内据以转换为普通股的折算价格,即将可转换债券转换为普通股的每股普通股的价格。如每股 30 元,即是指可转换债券转股时,将债券金额按每股 30 元转换为相应股数的股票。

(4) 转换比率。转换比率是指每一张可转换债券在既定的转换价格下能转换为普通股股票的数量。在债券面值和转换价格确定的前提下,转换比率为债券面值除以转换价格。

(5) 转换期。转换期是指可转换债券持有人能够行使转换权的有效期限。转换期间的设定一般有 4 种情形:债券发行日至到期日;发行日至到期前;发行后某日至到期日;发行后某日至到期前。

(6) 赎回条款。回条款也称加速条款,是指债券发行方按事先约定的价格买回未转股债券的条件规定,赎回一般发生在公司股票价格一段时期内连续高于转股价格达到某一幅度时。设置赎回条款最主要的功能是使债券持有者积极行使转股权,同时也能使债券发行方避免在市场利率下降后,继续向债券持有人按照较高的票面利率支付利息,蒙受损失。

(7) 回售条款。回售条款是指债券持有人有权按照事先约定的价格将债券卖回给发债公司的条件规定,回售一般发生在公司股票价格在一段时期内连续低于转股价格达到某一幅度时。回售条款对投资者来说是有利的,它相当于是一种卖权,能降低投资者的持券风险。

(8) 强制性转换条款。强制性转换条款是指在某些条件具备之后,债券持有人必须将可转换债券转换为股票,无权要求偿还债券本金的条件规定。可转换债券发行之后,其股票价格可能出现巨大波动。如果股价长期低于转股价格,又未设置赎回条款,投资者自然不会选择转股。这种情况下,公司可设置强制性转换条款保证可转换债券顺利地转换成股票,预防投资者到期集中挤兑,给企业造成巨大的财务压力。

2. 可转换债券的价值

(1) 纯债券价值。可转换价值在持有者不行使转换权时,它的价值就是普通债券本身的价值,即纯债券价值。纯债券价值就是债券本金和利息的限制,计算公式如下:

$$P = \sum_{t=1}^{n} \frac{I_t}{(1+i)^t} + \frac{P_n}{(1+i)^n}$$

(2) 转换价值。转换价值是指可转换债券转换成股票的价值,即按照转换比率,将可转换债券转为普通股后,按市价计算的股票价值,计算公式如下:

$$转换价值 = 股票市价 \times 转换比率$$

【业务 3-7】ABC 公司于 20×3 年 1 月 1 日发行面值为 1 000 元的可转换债券,规定在债券到期日前可转换成普通股,转换价格为每股 25 元。要求:当该公司普通股股价为每股 10 元时,计算该债券的转换价值。

解析:
$$转换价值 = \frac{1\,000}{25} \times 10 = 400(元)$$

(3) 市场价值。市场价值又称为市场价格,是指可转换债券在证券市场上的交易价格。按照市场规律,可转换债券的市场价值不会低于纯债券价值和可转换价值中的较高者。因为当可转换债券价格低于纯债券价值时,就会有源源不断的投资者选择购入可转换债券并持有,以获得债券利息收入。这个时候,债券需求的增加会使市场价格上升至纯债券价值。因此可转换债券价格不会低于纯债券价值,纯债券价值也是可转换债券的最低价,也就是底线价值。

当可转换债券价格低于转换价值时,投资者会购入可转换债券,并即刻转换成普通股后抛售,获取套购利润。只要有套购利润,就会有投资者进入市场,那么市场价格就会上升,因此可转换债券的市场价值不会低于转换价值。

3. 可转换债券筹资的优缺点

1) 可转换债券的优点

(1) 筹资灵活性。债券发行企业首先以债务方式取得资金,到了债券转换期,如果股票市价较高,债券持有人将会按约定的价格转换为股票,避免了企业到期还本付息的负担。

(2) 资本成本较低。可转换债券的利率一般低于同条件下普通债券的利率,筹资成本较低。同时,若投资者将可转换债券转换为普通股,公司无须另外支付筹资费用,节约了股票的筹资成本。

2) 可转换债券的缺点

可转换债券实际上是一项看涨期权,当企业业绩不佳时,投资者不愿将可转换债券转换成普通股股票,公司会因投资者而产生财务压力。可转换债券还存在回售的财务压力,若可转换债券发行后,公司股价长期低迷,在附有回售条款的情况下,投资者有可能会集中在一段时间内将债券回售给发行公司,加大了公司的财务支付压力。

三、认股权证筹资

认股权证是由股份有限公司发行的可认购其股票的一种买入期权,它赋予持有者在一定期限内以事先约定的价格购买发行公司一定数量普通股的权利。认股权证是一种有价证券,属于衍生金融工具,它类似于购买选择权,持有人可以行使认股权,也可以不行使认股权,还可以选择转让认股权。认股权证与它伴随的证券,可以分开交易,也可以一同交易,这是它与可转换债券的区别。

1. 认股权证的基本要素

(1) 发行人。股本权证的发行人为标的上市公司,而衍生权证的发行人为标的公司以外的第三方,一般为大股东或券商。

(2) 看涨和看跌权证。当权证持有人拥有从发行人处购买标的证券的权利时,该权证为看涨权证。反之,当权证持有人拥有向发行人出售标的证券的权利时,该权证为看跌权证。认股权证一般指看涨权证。

(3) 到期日。到期日是权证持有人可行使认购(或出售)权利的最后日期。该期限过后,权证持有人丧失权利,权证的价值也变为零。

(4) 执行方式。在美式执行方式下,持有人在到期日以前的任何时间内均可行使认购权;而在欧式执行方式下,持有人只有在到期日当天才可行使认购权。

(5) 交割方式。交割方式包括实物交割和现金交割两种形式。其中,实物交割是指投资者行使认股权利时从发行人处购入标的证券,而现金交割是指投资者在行使权利时,由发行人向投资者支付市价高于执行价的差额。

(6) 认股价。认股价是权证持有人购买普通股股票的价格,该价格在发行权证时确定。

(7) 权证价格。权证价格由内在价值和时间价值两部分组成。当普通股市价高于认股价时,内在价值为两者之差;而当普通股市价低于认股价时,内在价值为零。但如果权证尚没有到期,普通股就还有机会高于认股价,那么说明权证仍具有市场价值,这种价值就是时间价值。

(8) 认购比率。认购比率是每张权证可认购正股的股数,如认购比率为0.1,就表示每一张权证可认购10份股票。

2. 认股权证筹资的优缺点

1) 发行认股权证的优点

(1) 降低筹资成本。认股权证和公司债券一起发行,可以吸引原不打算购买公司债券的人来购买,从而以较低的利率发行债券,降低了筹资成本。

(2) 推进上市公司的股权激励机制。认股权证是常用的员工激励工具,通过给予管理者和重要员工一定的认股权证,可以把管理者和员工的利益与企业价值成长紧密联系在一起,使管理者和员工更努力地为企业工作。

2) 发行认股权证的缺点

(1) 分散股东控制权。当权证持有人行使认股权后,公司股东数增加,会分散股东控制权。同时,公司的股票数量增加,每股收益会被稀释。

(2) 原有债务不变。与可转换债券不同,认股权证的认股权行使后,原附有认股权的债务仍未消除,企业债务依然存在。

任务六 资金规模预测

一、销售百分比法

1. 基本原理

资金需求量预测

销售百分比法是指假设某些资产和负债与销售额存在稳定的百分比关系,根据这个假设预计外部资金需要量的方法。企业的销售规模扩大时,需相应增加流动资产,如果销售规模增加很多,还必须增加长期资产,如购买固定资产等。为取得扩大销售所需增加的资产,企业需要筹措资金,而这些资金,一部分来自销售收入同比例增加的流动负债,还有一部分来自预测期的留存收益,剩下的就通过外部筹资取得。

销售百分比法是建立在一定假设基础上,具体包括:①资产负债表各项目可以划分为敏感项目与非敏感项目;②敏感项目与销售额之间成正比例关系;③基期与预测期的情况基本不变;④企业的内部资金来源只有留存收益;⑤销售的预测比较准确。

2. 基本步骤

(1) 划分敏感项目和非敏感项目。资产负债表的各项目可划分为敏感项目与非敏感项目。凡是随销售变动而变动并呈现一定比例关系的项目称为敏感项目,如货币资金、应收账款、存货、应付账款、应付票据等;凡是不随销售变动而变动的项目称为非敏感项目,如短期借款、长期借款、实收资本、留存收益等。固定资产较为特殊,当企业固定资产利用率已达最优状态,若产销量增加,必须投入更多的机器设备、厂房等固定资产,那么此时的固定资产为敏感项目。若目前固定资产的利用率并不完全,一定范围内的产销量增加就不需要增加固定资产的投入,此时固定资产为非敏感项目。一般来说,经营性资产和经营性负债为敏感项目。

(2) 确定敏感项目与销售额的稳定比例关系。如果企业资金周转的营运效率保持不变,经营性资产项目与经营性负债项目将会随销售额的变动而成正比例变动,保持稳定的百分比关系。企业应当根据历史资料和同业情况,剔除不合理的资金占用,寻找与销售额的稳定百分比关系。

(3) 确定外部融资需求量。根据销售额的增长与有关项目与销售额的比例关系,计算出资金需求增长额,扣除留存收益后,即为所需要的外部筹资额。具体计算公式如下:

$$外部融资需求量 = \frac{A}{S_1} \times \Delta S - \frac{B}{S_1} \times \Delta S - P \times E \times S_2$$

式中,A 为随销售变动而变动的敏感性资产;B 为随销售变动而变动的敏感性负债;S_1 为基期销售收入;S_2 为预测期销售额;ΔS 为销售变动额;P 为销售净利率;E 为利润留存率。

销售百分比法的优点在于能为筹资管理提供短期的预计财务报表,以适应外部筹资的需要,且易于使用。但在有关因素发生变动的情况下,必须相应地调整原有的销售百分比。

【业务3-8】ABC公司20×2年销售收入10 000万元,净利润400万元,支付股利200万元。20×3年销售收入预计增长20%,净利率和股利支付率不变。公司目前产能充足,无须追加固定资产投资。20×2年资产负债表如表3-1所示。要求:计算外部融资需求量是多少?

表3-1　20×2年资产负债表　　　　　　　　　　　　　　　　单位:万元

资产	金额	与销售关系	负债与权益	金额	与销售关系
货币资金	500	5%	短期借款	2 000	N
应收账款	1 500	15%	应付账款	1 000	10%
存货	2 000	20%	应付票据	500	5%
固定资产	3 000	N	应付债券	500	N
			实收资本	2 000	N
			留存收益	1 000	N
合计	7 000	40%	合计	7 000	15%

注:N表示无关系。

解析:第一步,确定敏感项目和非敏感项目,表3-1中,货币资金、应收账款、存货为经营性资产,应付账款、应付票据为经营性负债,即敏感项目,其他为非敏感项目。

第二步,从表3-1可知,敏感性资产占销售收入百分比为40%,敏感性负债占销售收入百分比为15%,即净经营资产占销售收入百分比为25%。也就是说,销售收入每增加100元,必须增加40元的资金占用,同时会有25元的资金来源,那么剩余的15元,需从其他来源筹集。

第三步,20×3年净利率 $= \dfrac{400}{10\ 000} \times 100\% = 4\%$

20×3年利润留存率 $= \dfrac{400-200}{400} \times 100\% = 50\%$

外部融资需求量 $= 40\% \times 2\ 000 - 15\% \times 2\ 000 - 12\ 000 \times 4\% \times 50\%$
$= 260(万元)$

二、高低点法

高低点法是利用代数式 $y = a + bx$,选用一定历史资料中的最高业务量与最低业务量所对应的资金需求之差,与两者业务量之差进行对比,求出单位业务量的变动资金需求,然后将其代入高点或低点的混合成本公式,求出一定业务量下的资金需求量的方法。在高低点法下,

主要利用如下公式:

$$y = a + bx$$

式中,y 为资金需求量;x 为业务量;a 为半变动成本中的固定部分;b 为半变动成本中依一定比率随业务量变动的部分,即单位变动成本。

高低点法简便易算,但这种方法只根据最高和最低业务量资料计算,而不考虑两点之间业务量和资金需求量的变化,计算结果往往不够精确。

【业务 3-9】 ABC 公司 20×4—20×8 年资金占用额与销售收入的关系如表 3-2 所示,假设 20×9 年销售收入为 700 万元。要求:预测 20×9 年该公司资金需求量。

表 3-2　ABC 公司 20×4—20×8 年资金占用额与销售收入的关系　　单位:万元

年　　度	20×4	20×5	20×6	20×7	20×8
业务量(销售收入)	300	527	575	434	670
资金占用额	175	331	350	228	360

解析: 由表 3-2 可知,当销售收入为 300 万元时,资金占用额为 175 万元,此时为业务量最低点,即 $175 = a + b \times 300$;当销售收入为 670 万元时,资金占用额为 360 万元,此时为业务量最高点,即 $360 = a + 670 \times b$。

最高点和最低点公式相减,可得 $a = 25$,$b = 0.5$,那么 $y = 25 + 0.5x$。

假设 20×9 年销售收入为 700 万元,代入公式可知,20×9 年预测资金需求量为 375 万元。

任务七　资本成本

一、个别资本成本的计算

个别资本成本是指单一融资方式本身的资本成本,包括银行借款资本成本、公司债券资本成本、优先股资本成本、普通股资本成本和留存收益成本等。个别资本成本的高低,用相对数,即资本成本率表达,它的计算主要有两种模式,即一般模式和贴现模式。

资本成本

(1) 一般模式。为了便于分析比较,资本成本通常用不考虑货币时间价值的一般通用模型计算。计算时,将初期的筹资费用作为筹资额的一项扣除,扣除筹资费用后的筹资额称为筹资净额,一般模式通用的计算公式为

$$\text{资本成本率} = \frac{\text{年资金占用费}}{\text{筹资总额} - \text{筹资费用}} = \frac{\text{年资金占用费}}{\text{筹资总额} \times (1 - \text{筹资费用率})}$$

(2) 贴现模式。对于金额大、时间超过 1 年的长期资本,需考虑资金的时间价值,对于这类资本,更为准确一些的资本成本计算方式是采用贴现模式,即将债务未来还本付息或股权未来股利分红的贴现值与目前筹资净额相等时的贴现率作为资本成本率。

筹资净额现值 − 未来资本清偿额现金流量现值 = 0

资本成本率 = 所采用的贴现率

1. 银行借款的资本成本率

银行借款资本成本包括借款利息和借款手续费用,其中借款利息是年资金占用费的具体

表现形式,手续费用是筹资费用。

因为利息费用在税前支付,可以起抵税作用,这里的资本成本率是指税后的资本成本率,那么银行借款的资本成本率计算公式为

$$K_b = \frac{i(1-T)}{1-f} = \frac{年利率 \times (1-所得税税率)}{1-筹资费用率}$$

式中,K_b为银行借款资本成本率;i为银行借款年利率;T为所得税税率;f为银行借款筹资费用。

若是长期借款,则需考虑货币的时间价值,可采用贴现模式计算资本成本率。

【业务3-10】ABC公司取得5年期长期借款500万元,年利率10%,每年付息一次,到期一次还本,借款费用率0.2%,企业所得税税率25%。要求:计算该项借款的资本成本率。

解析:$$K_b = \frac{10\% \times (1-25\%)}{1-0.2\%} = 7.52\%$$

用 Excel 计算
借款资本成本

若考虑货币的时间价值,该项长期借款的资本成本计算如下(i为贴现率):

$500 \times (1-0.2\%) = 500 \times 10\% \times (1-25\%) \times (P/A, i, 5) + 500 \times (P/F, i, 5)$

采用插值法计算,得$i=7.56\%$,那么$K_b=i=7.56\%$。

2. 公司债券的资本成本率

公司债券资本成本,包括债券利息和借款发行费用,其资本成本率按一般模式计算为

$$K_d = \frac{I(1-T)}{L(1-f)} = \frac{年利息 \times (1-所得税税率)}{债券筹资总额 \times (1-筹资费用率)}$$

式中,K_d为债券资本成本率;I为公司债券年利息;T为所得税税率;L为公司债券筹资总额;f为债券筹资费用率。

【业务3-11】ABC公司以1 100元的价格,发行面值为1 000元的公司债券,期限5年、票面利率为7%,每年年末付息,到期一次还本,发行费用率3%,所得税税率25%。要求:计算该债券资本成本率。

解析:按债券资本成本一般模式计算:

$$K_d = \frac{1\ 000 \times 7\% \times (1-25\%)}{1\ 100 \times (1-3\%)} = 4.92\%$$

用 Excel 计算
债券资本成本

若考虑货币的时间价值,该公司债券的资本成本计算如下:

$1\ 100 \times (1-3\%) = 1\ 000 \times 7\% \times (1-25\%) \times (P/A, i, 5) + 1\ 000 \times (P/F, i, 5)$

采用插值法计算,得$K_d=i=3.76\%$。

3. 优先股的资本成本率

优先股的股利主要是向优先股股东支付的股利,优先股资本成本率是指每年所支付的股息与所筹得资金的比率。因为股利是税后支付,因此优先股股利与债券不同,没有抵税作用。

若各期股利是相等的,优先股的资本成本率按一般模式计算为

$$K_p = \frac{D}{P_n(1-f)}$$

式中,K_p为优先股资本成本率;D为优先股年固定股息;P_n为优先股发行价格;f为筹资费用率。

【业务3-12】ABC公司以110元的价格,发行面值100元的优先股,规定的年股息率为8%。发行时筹资费用率为2%。要求:计算该优先股资本成本率。

解析： 该优先股资本成本率 $K_p = \dfrac{100 \times 8\%}{110 \times (1-2\%)} = 7.42\%$

4. 普通股的资本成本率

普通股资本成本主要是向股东支付的各期股利，但是股利取决于企业的生产经营情况，各期股利并不固定，因此普通股的资本成本只能按贴现模式计算，并假定各期股利的变化呈现一定的规律性。如果是上市公司普通股，其资本成本还可以根据该公司股票收益率与市场收益率的相关性，按资本资产定价模型法估计。

（1）股利增长模型。假定资本市场有效，股票市场价格与价值相等，那么普通股资本成本率计算公式为

$$K_S = \frac{D_0(1+g)}{P_0(1-f)} + g = \frac{D_1}{P_0(1-f)} + g$$

式中，K_S 为普通股资本成本率；D_0 为本期股利；g 为固定股利增长率；P_0 为基期股票市场价格；f 为筹资费用率；D_1 为预计公司第一年股利。

【业务 3-13】ABC 公司发行普通股，发行价格为 20 元，筹资费用率为 2%，预计第 1 年年末发放现金股利 0.5 元/股，预期股利年增长率为 10%。要求：计算该股票资本成本率。

解析： 该股票资本成本率 $K_S = \dfrac{0.5 \times (1+10\%)}{20 \times (1-2\%)} + 10\% = 12.81\%$

（2）资本资产定价模型。假定资本市场有效，股票市场价格与价值相等，采用资本资产定价模型，普通股资本成本率计算模型为

$$K_S = R_f + \beta(R_m - R_f)$$

式中，K_S 为普通股资本成本率；R_f 为无风险报酬率；β 为风险指数，即 β 系数；R_m 为市场平均报酬率。

【业务 3-14】ABC 公司普通股 β 系数为 1.5，此时 1 年期国债利率为 6%，市场平均报酬率为 15%。要求：采用资本资产定价模型，计算该普通股资本成本率。

解析： 该股票资本成本率 $K_S = 6\% + 1.5 \times (15\% - 6\%) = 19.5\%$

5. 留存收益的资本成本率

留存收益是由企业税后净利润形成的，是一种所有者权益，属于普通股股东所有，因此它的成本与普通股相同，不同的是，留存收益不需要筹资费用。其计算公式为

$$K_S = \frac{D_1}{P_0} + g$$

式中，K_S 为留存收益资本成本率；D_1 为预计公司第 1 年股利；P_0 为普通股发行总额；g 为普通股股利增长率。

【业务 3-15】ABC 公司的留存收益为 60 万元，普通股股利率为 10%，预计未来股利年增长率为 5%。要求：计算留存收益的资本成本。

解析： $K_S = \dfrac{60 \times 10\%}{60} + 5\% = 15\%$

二、加权平均资本成本的计算

资本来源不同，资本成本也不同，个别资本成本代表企业某一项资本的成本，对于企业来说，必须考虑资本成本的整体水平，也就是综合资本成本，这就需要计算企业的平均资本成本。平均资本成本用于衡量企业资本成本水平，使企业各自资金保持合理的比例，确定的资本结构。

企业平均资本成本是以各项个别资本在企业总资本中的比重为权数,对各项个别资本成本率进行加权平均而得到的总资本成本率。其计算公式为

$$K_w = \sum_{j=1}^{n} K_j W_j$$

式中,K_w 表示平均资本成本;K_j 表示第 j 种个别资本成本率;W_j 表示第 j 种个别资本在全部资本中的比重。平均资本成本率的计算,存在权数价值选择的问题,通常,这个权数可以是资本的账面价值、市场价值、目标价值等。

【业务 3-16】 ABC 公司年末长期资本账面价值总额为 1 000 万元。其中:银行长期借款 400 万元,占 40%;长期债券 200 万元,占 20%;股东权益 400 万元,占 40%。上述个别资本成本率分别为 5%、6%、10%。要求:以资本账面价值为权数,计算该公司加权平均资本成本。

解析: 该公司加权平均资本成本=5%×40%+6%×20%+10%×40%=7.2%

任务八　杠杆原理的应用

在生活中,人们知道利用杠杆原理,可以以较小的力撬动较重的物体。在财务管理中,也有类似的杠杆,表现为由于特定固定支出或费用的存在,当某一财务变量以较小幅度变动时,另一相关变量会以较大幅度变动。财务管理中的杠杆效应,包括经营杠杆、财务杠杆和总杠杆三种效应形式。杠杆效应在产生杠杆利益的同时,也可能带来杠杆风险。

一、经营杠杆效应

经营杠杆

1. 经营杠杆

经营杠杆是指由于固定性经营成本的存在,而使企业的息税前利润变动率大于业务量变动率的现象。其中,息税前利润公式计算为

$$\mathrm{EBIT} = S - V - F = (P - V_c)Q - F = M - F$$

式中,EBIT 为息税前利润;S 为销售额;V 为变动性经营成本;F 为固定性经营成本;P 为销售单价;V_c 为单位变动成本;Q 为产销业务量;M 为边际贡献。

固定成本是指一定时期和一定业务量范围内不随业务量的变化而发生变动的成本,因此在一定业务量范围内,随着业务量的增加,单位业务量所承担的固定成本会相应减少,从而为企业带来较大的利润。当不存在固定性经营成本时,所有成本都是变动性经营成本,边际贡献等于息税前利润,此时息税前利润变动率与业务量变动率完全一致,不存在经营杠杆。

2. 经营杠杆系数

经营杠杆的作用程度,通常用经营杠杆系数来表示,它是息税前利润变动率与产销业务量变动率的比值,计算公式为

$$\text{经营杠杆系数(DOL)} = \frac{\text{息税前利润变动率}}{\text{产销业务量变动率}} = \frac{\Delta \mathrm{EBIT}/\mathrm{EBIT}}{\Delta Q/Q}$$

式中,DOL 为经营杠杆系数;$\Delta \mathrm{EBIT}$ 为息税前利润变动额;ΔQ 为产销业务量变动额。

在应用经营杠杆系数时,通常对上述公式进行简化处理,简化后可得以下公式:

$$\mathrm{DOL} = \frac{M_0}{M_0 - F_0} = \frac{\mathrm{EBIT}_0 + F_0}{\mathrm{EBIT}_0}$$

式中，DOL 为经营杠杆系数；M_0 为基期边际贡献；F_0 为固定成本；$EBIT_0$ 为基期息税前利润。

【业务 3-17】ABC 公司主要从事服装生产和销售，固定成本 500 万元，变动成本率 70%。该服装销售单价为 50 元/件，本年销售量为 100 万件，预计下一年度销售量为 140 万件，固定成本不变。要求：计算经营杠杆系数。

解析：$EBIT_0 = 50 \times 100 - 50 \times 100 \times 70\% - 500 = 1\,000$（万元）

$\Delta EBIT = 50 \times 140 - 50 \times 140 \times 70\% - 500 - 1\,000 = 600$（万元）

$$DOL = \frac{\Delta EBIT/EBIT}{\Delta Q/Q} = \frac{600/1\,000}{40/100} = 1.5$$

或 $$DOL = \frac{1\,000 + 500}{1\,000} = 1.5$$

用 Excel 计算经营杠杆系数

由计算结果可知，该公司经营杠杆系数为 1.5，表示该公司销售收入每增长 1%，其息税前利润将增长 1.5%；反之，若该公司销售收入下降 1%，其息税前利润将下降 1.5%。

3. 经营杠杆与经营风险

经营风险是指企业由于生产经营上的原因而导致资产报酬波动的风险。引起企业经营风险的主要原因是市场需求和生产成本等因素的不确定性，经营杠杆本身并不是利润不稳定的根源。但是，经营杠杆扩大了市场和生产等不确定因素对利润变动的影响。而且通过上述计算可以看出，经营杠杆系数越大，利润变动越激烈，企业的经营风险越大。

二、财务杠杆效应

1. 财务杠杆

财务杠杆是指由于固定性资本成本的存在，而使企业每股收益变动率大于息税前利润变动率的现象。其中每股收益的计算公式为

财务杠杆

$$EPS = \frac{(EBIT - I)(1 - T) - D}{N}$$

式中，EBIT 为息税前利润；I 为债务利息；T 为所得税税率；D 为优先股股利；N 为发行在外普通股股数。

企业筹资渠道有债务资金和权益资金，无论是债务资金还是权益资金，都会产生成本。其中，债务的利息、融资租赁的租金和优先股股息通常都是固定不变的。由于固定性财务费用的存在，每股收益变动幅度会大于息税前利润变动幅度，由此产生的效应就是财务杠杆效应。

2. 财务杠杆系数

财务杠杆效应作用的大小，通常用财务杠杆系数表示，它是指普通股每股收益（EPS）变动率与息税前利润（EBIT）变动率的比值，其计算公式为

$$财务杠杆系数(DFL) = \frac{普通股每股收益变动率}{息税前利润变动率} = \frac{\Delta EPS/EPS}{\Delta EBIT/EBIT}$$

式中，DFL 为财务杠杆系数；ΔEPS 为普通股每股收益变动额；$\Delta EBIT$ 为息税前利润变动额。

在应用财务杠杆系数时，通常对上述公式进行简化处理，简化后可得如下公式：

$$DFL = \frac{EBIT_0}{EBIT_0 - I_0 - \frac{D_0}{1 - T_0}}$$

式中，$EBIT_0$ 为基期息税前利润；I_0 为基期债务利息；D_0 为基期优先股股利；T_0 为基期所得税税率。

如果企业没有发行优先股,上述公式可进一步简化为

$$DFL = \frac{EBIT_0}{EBIT_0 - I_0}$$

【业务 3-18】ABC 公司因发展需要进行筹资 1 000 万元,目前有两个筹资方案:方案一,发行普通股 1 000 万股,每股面值 1 元;方案二,发行普通股 700 万股,每股面值 1 元,同时向银行借款 300 万元,利率 10%。本年度该公司息税前利润为 200 万元,下一年息税前利润预计增长 50%,所得税税率为 25%。要求:计算以上两个方案的财务杠杆。

解析:方案一　　$\Delta EPS = \dfrac{200 \times (1+50\%) \times (1-25\%)}{1\,000} - \dfrac{200 \times (1-25\%)}{1\,000}$

$= \dfrac{225}{1\,000} - \dfrac{150}{1\,000} = 0.075$

$DFL = \dfrac{0.075/0.15}{50\%} = 1$　　或　　$DFL = \dfrac{200}{200-0} = 1$

用 Excel 计算财务杠杆系数

方案二　　$\Delta EPS = \dfrac{[200 \times (1+50\%) - 300 \times 10\%] \times (1-25\%)}{700}$

$- \dfrac{(200 - 300 \times 10\%) \times (1-25\%)}{700}$

$= \dfrac{202.5}{700} - \dfrac{127.5}{700}$

$\approx 0.107\,1$

$DFL = \dfrac{0.107\,1/0.182\,1}{50\%} \approx 1.18$　　或　　$DFL = \dfrac{200}{200 - 300 \times 10\%} \approx 1.18$

也就是说,采用方案一的筹资方式,该公司每股收益将和息税前利润同比例变动,不会产生财务杠杆效应;若采用方案二的筹资方式,该公司息税前利润每增长 1%,每股收益将会增长 1.18%;反之,若息税前利润下降 1%,那么每股收益将下降 1.18%。

3. 财务杠杆与财务风险

从简化公式可以看出,若企业资金中没有负债,即 I 为 0,则财务杠杆系数将为 1,每股收益的变动率将恒等于息税前利润的变动率。企业也就得不到财务杠杆利益,当然也就没有财务风险。在资金总额、息税前利润相同的情况下,负债比率越高,财务杠杆系数越大,普通股每股收益的波动幅度越大,财务风险就越大;反之,负债比率越低,财务杠杆系数越小,普通股每股收益的波动幅度越小,财务风险就越小。

三、复合杠杆效应

1. 复合杠杆

复合杠杆又称总杠杆,是由经营杠杆和财务杠杆共同作用形成的总杠杆。由于存在固定性的经营成本,产生经营杠杆作用,使息税前利润的变动幅度大于产销业务量的变动幅度;同样由于存在固定性资本成本,产生财务杠杆效应,使企业每股收益的变动幅度大于息税前利润的变动幅度。

如果两种杠杆共同作用,那么产销业务量的变动,就会引起每股收益更大幅度的变动,这种由于固定生产经营成本和固定财务费用的共同存在而导致的每股收益变动率大于产销业务量变动率的杠杆效应,就是复合杠杆效应。

2. 复合杠杆系数

复合杠杆效应的大小通常用复合杠杆系数来表示,它是指每股收益变动率与产销业务量变动率的比值。其计算公式为

$$复合杠杆系数(DTL) = \frac{每股收益变动率}{产销量变动率} = \frac{\Delta EPS/EPS}{\Delta Q/Q}$$

当不存在优先股的情况下,上式经整理可简化为

$$DTL = DOL \times DFL = \frac{M_0}{EBIT_0 - I_0}$$

【业务 3-19】 ABC 公司因发展需要进行筹资 1 000 万元,经公司管理层商议,决定采用如下筹资方案:发行普通股 700 万股,每股面值 1 元,同时向银行借款 300 万元,利率 10%。本年度该公司销售收入为 500 万元,变动成本率 50%,固定成本为 50 万元,下一年度预计销售增长 40%,所得税税率为 25%。要求:计算该公司总杠杆系数。

解析:
$$DOL = \frac{500 \times (1 - 50\%)}{500 \times (1 - 50\%) - 50} = 1.25$$

$$DFL = \frac{500 \times (1 - 50\%) - 50}{500 \times (1 - 50\%) - 50 - 300 \times 10\%} = 1.18$$

$$DTL = 1.25 \times 1.18 = 1.475$$

用 Excel 计算复合杠杆系数

3. 复合杠杆与公司风险

公司风险包括经营风险和财务风险,反映的是企业的整体风险,复合杠杆综合反映了经营杠杆和财务杠杆的作用,用于评价企业的整体风险。在复合杠杆的作用下,若企业经营效益较好,那么每股收益会大幅度上升;反之,若企业经营效益较差,那么每股收益会大幅度下降。在其他因素不变的情况下,复合杠杆系数越大,企业面临的风险也就越大。

任务九 资本结构

资本结构是指企业各种资本的价值构成及其比例关系,是企业一定时期筹资组合的结果。广义的资本结构是指企业全部债务与股东权益的构成比例;狭义的资本结构是指企业长期债务与股东权益的构成比例。本书所说的资本结构,是指狭义的资本结构。合理的资本结构可以降低企业的综合资本成本,若企业现有资本结构不合理,应通过筹资活动优化资本结构,确定企业的最佳资本结构。

一、资本结构理论

1. MM 理论

最初的 MM 理论,是由美国的莫迪格莱尼(Modigliani)和米勒(Miller)教授提出,该理论认为,不考虑公司所得税,且企业经营风险相同而只有资本结构不同时,公司的资本结构与公司的市场价值无关。当公司的债务比率由 0 增加到 100% 时,企业的资本总成本及总价值不会发生任何变动,即企业价值与企业是否负债无关,不存在最佳资本结构问题。

最初的 MM 理论是建立在以下基本假设基础上:①企业只有长期债券和普通股票,债券和股票均在完善的资本市场上交易,不存在交易成本;②个人投资者与机构投资者的借款利

率与企业的借款利率相同且无借债风险；③具有相同经营风险的企业称为风险同类，经营风险可以用息税前利润的方差衡量；④每一个投资者对企业未来的收益、风险的预期都相同；⑤所有的现金流量和债券都是永续的。

MM理论的提出，标志着现代资本结构理论的建立。之后，米勒进一步将个人所得税因素引入修正的MM理论，并建立了同时考虑企业所得税和个人所得税的MM资本结构理论模型。

2. 权衡理论

权衡理论是在MM理论的基础上产生的，它同时考虑负债的减税效益和预期成本或损失，权衡负债带来的利益和成本（或损失），从而确定企业的价值。在现实经济实践中，各种负债成本随负债比率的增大而上升，当负债比率达到某一程度时，企业负担破产成本的概率会增加。经营良好的企业，通常会维持其债务不超过某一限度。为解释这一现象，权衡理论应运而生。

权衡理论通过放宽MM理论完全信息以外的各种假定，考虑在税收、财务困境成本存在的条件下，资本结构如何影响企业市场价值。权衡理论认为，有负债企业的价值等于无负债企业价值加上税赋节约现值，再减去财务困境成本的现值。

3. 代理理论

代理理论认为，企业资本结构会影响经理人员的工作水平和其他行为选择，从而影响企业未来现金收入和企业市场价值。该理论认为，债权筹资有很强的激励作用，并将债务视为一种担保机制。这种机制能够促使经理多努力工作，少个人享受，并且做出更好的投资决策，从而降低由于两权分离而产生的代理成本；但是，负债筹资可能导致另一种代理成本，即企业接受债权人监督而产生的成本。均衡的企业所有权结构是由股权代理成本和债权代理成本之间的平衡关系所决定的。

4. 营业净利理论

营业净利理论认为，资本结构与企业的价值无关，决定企业价值高低的关键要素是企业的营业净利。尽管企业增加了成本较低的债务资金，但同时债务资金带来财务风险，使企业整体风险上升，导致企业所有者要求报酬率上升，权益资金成本提高，企业的综合资金成本仍保持不变。不论企业的财务杠杆程度如何，其整体的资金成本不变，企业的价值也就不受资本结构的影响，因此该理论认为不存在最佳资本结构。

5. 优序融资理论

优序融资理论是以不对称信息条件以及交易成本的存在为前提，认为企业外部融资要多支付各种成本，使投资者可以从对企业资本结构的选择中判断企业市场价值。这里的信息不对称是指企业内部管理层通常要比外部投资者拥有更多更准的关于企业的信息。在这种情况下，企业权益的市场价值就可能被错误地定价。当企业股票价值被低估时，管理层将避免增发新股，而采取其他融资方式筹集资金，如内部融资或发行债券；而在企业股票价值被高估时，管理层将尽量通过增发新股为新项目融资，让新的股东分担投资风险。

经理人员在融资时为摆脱利用价格高于价值进行外部融资的嫌疑，会尽量以内部融资方式从留存收益中筹集项目资金。因此优序融资理论认为，当企业存在融资需求时，首先选择内部融资，其次会选择债务融资，最后选择股权融资。从成熟的证券市场来看，企业的筹资优序模式首先是内部筹资，其次是借款、发行债券、可转换债券，最后是发行新股筹资。

优序融资理论只考虑了信息不对称与逆向选择行为对融资顺序的影响，解释了企业融资时对不同融资方式选择的顺序偏好,但是难以解释现实生活中所有的资本结构规律。

二、最佳资本结构的确定

最佳资本
结构的确定

企业的资本结构是各种筹资方式作用的结果,筹资方式的不同组合决定了企业的资本结构及其变化。企业筹资方式主要有债务筹资和权益筹资,因此,最佳资本结构的确定主要是解决债务资本和权益资本的比例关系。

债务资本和权益资本各有优缺点,对企业来说,债务资金可以降低企业的资本成本,带来节税效应,同时又会给企业带来财务风险,因此企业在筹资决策时,需权衡资本成本和财务风险之间的关系,确定最佳资本结构。最佳资本结构的确定方法主要有每股收益分析法和平均资本成本比较法。

1. 每股收益分析法

对企业来说,每股收益是一项重要的财务指标,用每股收益的变化来判断企业资本结构是否合理,是确定最佳资本结构时常用的方法,这种方法认为,能够提高每股收益的资本结构,就是合理的资本结构。

每股收益分析法利用每股收益无差别点来进行资本结构决策,每股收益无差别点是指两种筹资方式下,普通股每股收益相等时的息税前利润点。

当预期息税前利润大于每股收益无差别点时,负债筹资会增加每股收益,应当选择债务筹资方案;反之,当预期息税前利润小于每股收益无差别点时,股权筹资可以增加每股收益,应选择股权筹资方案。在每股收益无差别点上,无论是采用债务筹资还是股权筹资,每股收益都是相等的,用公式表示如下:

$$\frac{(EBIT-I_1)(1-T)-D_1}{N_1}=\frac{(EBIT-I_2)(1-T)-D_2}{N_2}$$

式中,EBIT 为息税前利润平衡点,即每股收益无差别点;I_n 为两种筹资方式下的债务利息;T 为所得税税率;D_n 为两种筹资方式下的优先股股利;N_n 为两种筹资方式发行在外普通股股数。

【业务3-20】 ABC公司目前有资金1 500万元,其中债务资金500万元,平均利率10%;发行在外普通股1 000万股,面值1元。因企业扩大规模需要,准备追加筹资300万元,有两种筹资方案。

甲方案:增发普通股100万股,每股发行价3元。

乙方案:向银行借款300万元,利息率12%。

该公司没有发行优先股,预计销售收入可达1 000万元,变动成本率为50%,固定成本为200万元,所得税税率为25%,不考虑其他费用因素。要求:用每股收益分析法,为该企业选择筹资方案。

解析:
$$\frac{(EBIT-50)(1-25\%)}{1\ 000+100}=\frac{(EBIT-50-36)(1-25\%)}{1\ 000}$$

计算可得:EBIT=446(万元)。

由上述计算可知,两个筹资方案的每股收益无差别点为446万元。也就是说,当该公司追加筹资后的息税前利润为446万元时,两种筹资方案的每股收益相等(为0.27元),如图3-1所示。

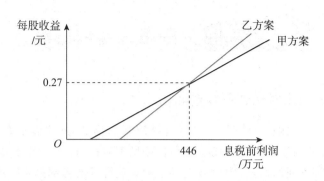

用 Excel 进行最佳资本结构的确定

图 3-1　甲、乙方案每股收益与息税前利润的关系

由图 3-1 可知,当该公司息税前利润大于 446 万元时,乙方案每股收益大于甲方案每股收益,选择乙方案;反之,当息税前利润小于 446 万元时,甲方案每股收益大于乙方案每股收益,此时选择甲方案进行筹资。

2. 平均资本成本比较法

平均资本成本比较法是通过计算和比较各种可能的筹资组合方案的平均资本成本,选择平均资本成本率最低的方案。这种方法认为能够降低平均资本成本的资本结构,就是合理的资本结构。这种方法侧重于从资本投入的角度对筹资方案和资本结构进行优化分析。

【业务 3-21】ABC 公司因发展需要,需筹资 500 万元,筹资方式可以有银行借款、发行债券和发行普通股。已知各个筹资方式的个别资本成本率,现有 3 种方案供选择,有关资料如表 3-3 所示。要求:为该公司选择 1 种适合的筹资方案。

表 3-3　3 种方案有关资料　　　　　　　　单位:万元

筹资方式	资本结构			个别资本成本率
	A 方案	B 方案	C 方案	
长期借款	200	150	180	7%
债券	150	250	120	8%
普通股	150	100	200	10%
合　计	500	500	500	

用 Excel 计算加权平均资本成本

解析: 首先,分别计算 3 种方案的加权平均资本成本率。

A 方案平均资本成本率 = 40% × 7% + 30% × 8% + 30% × 10% = 8.2%

B 方案平均资本成本率 = 30% × 7% + 50% × 8% + 20% × 10% = 8.1%

C 方案平均资本成本率 = 36% × 7% + 24% × 8% + 40% × 10% = 8.44%

根据计算结果可知,B 方案的资本成本率最低。在计算结果的基础上,根据企业筹资评价的其他标准,考虑企业的其他因素,对各个方案进行修正。

最后,再选择其中成本最低的方案。本例中,假设其他因素对方案选择影响甚小,则 B 方案的综合资本成本最低。根据结果,该公司筹资的资本结构为长期借款 150 万元,发行债券 250 万元,发行普通股 100 万元。

任务十　大数据与筹资管理

一、传统时代和大数据时代企业筹资环境的对比

企业筹资环境是指影响企业筹资活动的各种因素的集合,这些因素有的是企业内部的因素,有的是企业外部的因素。传统时代普遍存在信息不对称,资金出借方无法准确了解企业财务状况及经营成果等方面的信息,因而通过对影响企业筹资的内部因素提出标准筹资条件,减少坏账损失风险。但这种标准条件很可能会使得一些具有良好发展前景而暂时缺乏资金供应的企业难以筹集到所需的资金,造成信贷歧视现象。

大数据环境下,企业内存在大量非结构化数据,通过对大数据的整合与加工,可以使其在企业的经营管理方面发挥巨大的作用。企业自身可以建立一套以信息技术为基础,充分整合供、产、销各环节的实时数据,以系统化的管理思想为管理层提供决策依据的大数据系统,从而实现对物流、资金流、信息流的实时监督与控制,实现线上数据与线下实物的结合,掌握各运营环节的动态过程。企业在对外筹资时可凭借其精细化的大数据系统,向资金出借方保证其交易的真实性,展示企业在风险预防、过程控制等方面的实力,向外界传递出良好的发展前景,进而以数据作为一种新的资产,有效弥补企业经营规模小、抵押不足、信用缺失等方面的问题。

二、基于大数据背景的企业筹资模式创新

在"筹资难、筹资贵"的背景下,企业的资金需求难以及时得到市场的满足,特别是中小企业,传统的筹资模式阻碍了优质中小企业进一步发展。大数据背景下的企业筹资新模式,为金融业提供了新的思维。大数据时代的到来,在为企业提供新的管理及运营模式的同时,也为金融业提供了新的思维,主要体现在以下几个方面。

1. 有效解决信息不对称问题

资金出借方可以利用大数据的"在线化"及"处理速度快"等特点,依托云计算等大数据处理技术,通过搜索引擎捕捉互联网中的数据足迹,有效筛选、处理大数据所蕴含的海量信息,降低信息的不对称,提高风险定价能力,从根本上改变传统金融服务理念和业务方式,以提升金融资源配置效率和风险管理水平。

2. 通过数据缓解担保不足的问题

在大数据时代,筹资中的"资产抵押"逐渐向"数据抵押"转变。企业可以为资金出借方提供详细且符合规范的数据记录,资金出借方也可以利用大数据技术的快速处理能力,对企业交易各个环节上的客户安排、盈利水平、投资配置等内容进行深入透彻的分析,利用多方位的数据以确保交易的真实性及盈利性,从而避免因资产抵押不足而放弃对有着良好收益率项目的投资。

3. 有效缓解企业筹资渠道单一的问题

在传统筹资渠道中,一些企业由于自身规模较小、知名度较低等原因,往往只能通过内部筹资或银行借贷。大数据时代,众多依托大数据的新型筹资产品和服务兴起,其较低的标准门槛和较高的审核效率,形成了对传统金融体系的有益补充,为中小企业筹资提供了更多的选择机会,满足了企业不断增长的资金需求,从而帮助企业提高筹资效率,应对随时可能出现的财务风险。此外,良好的筹资环境又会反过来促进企业的创新发展。

4. 降低筹资成本

在传统筹资模式中,由于信息传输较慢,信息的有效性能难以得到保障,资金借贷双方难以直接进行交易,需要借助金融中介完成资金融通过程。得益于大数据的助力,新型筹资模式省却了金融中介这一环节,资金供求双方可直接通过互联网进行实时交流,直接筹资方式将飞速发展,大量的民间游资有渠道参与到市场交易中。此外,由于大数据分析技术的普遍应用,筹资风险也得到了有效降低,筹资成本中的交易成本和风险溢价也因此得到降低。

三、大数据在筹资领域的应用

传统的筹资渠道审核标准、信贷要求等条件较高,审贷周期过长,不能及时有效地满足企业的筹资需求,使企业容易出现资金供需不平衡现象。借助大数据进行筹资,一方面可以满足创新产品和服务的低成本扩张,另一方面,也可以获得企业真实的经营状况和财务成果,因此在大数据的推动下,涌现了许多新型筹资渠道,对传统金融体系形成了有益补充,也对传统金融行业产生了巨大的冲击,推动传统金融体系的重塑。大数据在筹资领域的应用主要体现在以下几个行业。

1. 银行业的大数据应用

大数据在银行业中的应用与创新主要体现在四个方面:客户画像、精准营销、风险管控和运营优化。以大型商业银行为例,为了解决个人和小微企业信用数据不足的问题,大型商业银行采取建立电子商务平台的方式,通过收集电商平台上个人和企业的网络交易数据,改善其掌握的客户生活数据方面的不足,以便更有效地开展个人消费贷款业务和小微企业贷款业务,提高了贷款业务的广度和深度。例如,中国银行的"艾达"、交通银行的"交博汇"、中信银行的"金融商城"等,这种平台式的运营模式,通过对平台上客户交易数据、诚信记录等数据的收集与整合,在实现信用风险全流程线上管控的同时,为银行提供了精准营销的数据支撑,使银行能够针对不同的客户推出不同的产品。

2. 筹资租赁业的大数据应用

大数据在筹资租赁业中的应用主要体现在风险管理、行业分析以及筹资租赁平台建设等方面。原有的筹资租赁模式搭乘着互联网的高速发展,将个人、筹资租赁公司和企业相结合,建立起一套现代化的筹资租赁平台。通过大数据整理与云计算分析技术,筹资租赁公司能够有目的地将承租人与投资人的信息进行组合配对,使供需双方能够各取所需。同时,利用大数据对承租人的经营状况、销售情况以及偿债能力、营运能力等重要财务指标实现动态监控,从而有效识别优质项目,最大限度降低筹资租赁过程中的风险。

3. 众筹的大数据应用

大数据在众筹领域的应用主要体现在降低营运成本方面。众筹是一种互联网筹资模式,项目发起人通过互联网众筹平台宣传自己的项目,从而吸引合格的投资者对其投资。开展众筹业务的互联网公司在积累足够的数据之后就可以利用大数据分析技术自动给企业进行信用打分,从而减少调查、分析等成本,达到快速抢占企业筹资市场的目的。

4. 供应链金融的大数据应用

供应链金融模式是指基于真实的贸易背景,将贸易中的上下游企业均纳入一个管理体系中,依托核心企业,对上下游企业提供综合的财务金融服务。传统的供应链金融模式主要是银行对核心企业进行授信,随着大数据时代的到来,其逐渐转变为核心企业直接对上下游企业进行授信,更加凸显了核心企业的作用。此外,提供供应链金融产品和服务的方式也从线下向线上迁移，越来越多的小企业成为覆盖的主体，与传统的供应链金融相比，其进一步降低了企业的筹资门槛。以京东商城为例，其与中国银行北京分行合作打造的"供应链金融服务系统"，以京东商城的订单、入库单以及应收账款等数据为依据，由京东商城对供应商进行授信，使众多的供应商能够顺利从银行得到筹资。整个筹资过程均为网上进行，筹资速度远高于线下，同时有了京东商城的授信，银行亦能最大程度降低坏账风险。

财管德育课堂

【德智要点】

近些年经济陷于低迷，银根收紧，中小企业融资难的问题相当突出，大量民间资金流向民间借贷。借助民间借贷的渠道，无数困难的中小企业获得了宝贵的资金，但与此同时，旺盛的资金需求也催生了诸多民间高息借贷乱象，非法集资行为在一些地方沉渣泛起。当前经济形势下，一些商业银行员工违背职业道德和操守，参与民间借贷和非法集资，从而引发重大风险的事件层出不穷。本案例涉及企业筹资渠道的选择，提示大家要树立合法融资、诚信为先的意识，不但自己要远离非法集资，而且要以一个公民的良心和责任，自觉抵制、积极举报这一祸国殃民的非法行为，努力提高自身的职业道德标准。

【案例描述】

2015年1月，黄定方仿照江苏闰大公司的汤留俊与杭州炎黄茶叶公司实际控制人蔡克意的操作模式，筹备设立杭州龙炎电子商务有限公司（以下简称龙炎公司），炎黄公司为龙炎公司提供茶叶和公司股份，龙炎公司以销售茶叶返利的方式非法集资。

首先由投资者投资4 000元成为龙炎公司会员，之后再投资每单4 000元获取一盒茶叶，或者介绍新会员投单，均可每单分十周陆续获得6 653元现金返利、2 866个股权积分、2 149个购物积分，相当于年化收益率250%以上。

在自有资金短缺并明知该返利模式必然亏损、无法持续履约的情况下，黄定方以高额返利为诱饵，并以虚夸投资项目、虚假宣传公司上市等方法骗取投资人信任，通过会议宣讲、网络平台推广等方式，向社会不特定人员骗取资金；孙世佳先后担任龙炎公司董事长秘书、总裁，负责非法集资活动的全面工作及投资事务，维护网络平台数据，介绍他人参与集资；丁文萍担任龙炎公司财务总监，负责集资款的管理和资金进出。

龙炎公司通过吸纳会员网络平台投单、销售股权换购证等方式向20余万名社会公众吸收资金共计156亿余元，造成17万余名会员的集资款共计57亿余元不能返还。

资料来源：邵军.财务管理案例分析[M].上海：立信会计出版社，2021.

【案例启示】

非法集资通常采用合法形式掩盖非法目的，具有一定的诱惑性和欺骗性。二十大报告指出，加快建设法治社会。弘扬社会主义法治精神，传承中华优秀传统法律文化，引导全体人民做社会主义法治的忠实崇尚者、自觉遵守者、坚定捍卫者。努力使遵法学法守法用法在全社会蔚然成风。面对非法集资的陷阱，企业和投资者应做到以下几点。

（1）对"高息"诱饵不动心。每当遇上诸如此类"天上掉下来的馅饼"，千万得悠着点儿，更不能因为看到别人投资赚钱而眼红，抵挡不住诱惑盲目跟风。

（2）对信贷投资机构"实力"不崇拜，特别是非银行的金融机构，更加要擦亮双眼。有些信贷投资机构花费巨资做广告、买头衔、搞宣传,用光鲜的"企业形象"忽悠和迷惑投资者,不能被这些信贷投资机构天花乱坠的自吹自擂所迷惑。

(3)对"官方"背景不迷信。在非法集资活动中,某些政府官员的参与或者假借官员名义、编造官方背景往往更容易蛊惑群众。因此要切记:官员未必就代表官方,有官员参与并不等于就是合法融资活动。

同步测试

一、单项选择题

1. 下列不属于筹资方式的是( )。
   A. 企业自留资金　　　　　　B. 发行公司债券
   C. 融资租赁　　　　　　　　D. 利用商业信用

2. 下列选项中,不属于权益性资本筹集方式的是( )。
   A. 发行普通股　　　　　　　B. 发行优先股
   C. 发行债券　　　　　　　　D. 发行可转换债券

3. 下列关于普通股筹资的说法不正确的是( )。
   A. 筹资风险大　　　　　　　B. 能提高公司的信誉
   C. 筹资限制较少　　　　　　D. 容易分散控制权

4. ABC 公司拟发行面值为 1 000 元,不计复利,5 年后一次还本付息,票面利率为 10% 的债券。已知发行时资金市场的年利率为 12%,$(P/F,10\%,5)=0.620\ 9$,$(P/F,12\%,5)=0.567\ 4$,则该公司债券的发行价格为( )元。
   A. 851.10　　B. 907.84　　C. 931.35　　D. 993.44

5. 下列选项中,不属于融资租赁租金构成项目的是( )。
   A. 租赁设备的价款　　　　　B. 租赁期间利息
   C. 租赁手续费　　　　　　　D. 租赁设备维护费

6. 下列选项中,属于优先股的优先权的是( )。
   A. 优先配股权　　　　　　　B. 优先分配固定的股利
   C. 优先经营管理权　　　　　D. 优先转让权

7. ABC 公司发行的面值为 1 000 元,可转换为 100 股普通股的可转换债券,当 ABC 公司普通股价格为 15 元时,该债券的转换价值为( )元。
   A. 1 000　　B. 1 200　　C. 1 500　　D. 1 800

8. 不属于可转换债券筹资特点的是( )。
   A. 筹资具有灵活性　　　　　B. 资本成本较高
   C. 存在一定的财务压力　　　D. 筹资效率高

9. 采用销售百分比法预测资金需要量时,下列项目中被视为不随销售收入的变动而变动的是( )。
   A. 经营现金　　B. 应付账款　　C. 存货　　D. 公司债券

10. ABC 公司发行 5 年期债券,债券面值为 1 000 元,票面利率为 10%,每年付息一次,发行价为 1 100 元,筹资费率为 5%,所得税税率为 25%,则该债券的资本成本为( )。
    A. 9.37%　　B. 7.18%　　C. 7.36%　　D. 6.66%

11. ABC公司普通股目前的股价为10元/股,筹资费率为4%,股利固定增长率为3%,所得税税率为25%,预计下次支付的每股股利为2元,则该公司普通股资本成本为(   )。
    A. 23%   B. 18%   C. 24.46%   D. 23.83%
12. 企业在下述几种筹资方式中,资本成本最高的筹资方式是(   )。
    A. 发行债券   B. 银行借款   C. 发行普通股   D. 商业信用
13. 由于固定性经营成本和固定性资本成本的共同存在,而导致的杠杆效应属于(   )。
    A. 经营杠杆效应   B. 财务杠杆效应
    C. 总杠杆效应   D. 资本杠杆效应
14. ABC公司全部资产为120万元,资产负债率为40%,负债平均年利率为10%,优先股固定年股利为0.75万元,所得税税率为25%,当息税前利润为20万元时,财务杠杆系数为(   )。
    A. 1.28   B. 1.41   C. 1.19   D. 1.56
15. 一般而言,在其他因素不变的情况下,固定成本越高,则(   )。
    A. 经营杠杆系数越小,经营风险越大   B. 经营杠杆系数越大,经营风险越小
    C. 经营杠杆系数越小,经营风险越小   D. 经营杠杆系数越大,经营风险越大

二、多项选择题

1. 下列属于企业自留资金的有(   )。
   A. 发行股票取得的资金   B. 提取公积金形成的资金
   C. 来源于未分配利润的资金   D. 吸收直接投资取得的资金
2. 企业在采用吸收直接投资方式筹集资金时,投资者可以(   )出资。
   A. 股票   B. 土地使用权   C. 实物   D. 无形资产
3. 利用留存收益筹资属于(   )。
   A. 股权筹资   B. 内部筹资   C. 长期筹资   D. 外部筹资
4. 下列各项中,属于特殊性保护条款的内容有(   )。
   A. 要求公司的主要领导人购买人身保险
   B. 借款的用途不得改变
   C. 违约惩罚条款
   D. 不准贴现应收票据或出售应收账款
5. 股票上市可以为企业筹措新资金,但对公司也有不利的方面,其中包括(   )。
   A. 公司将负担较高的信息披露成本 B. 手续复杂严格
   C. 上市成本较高   D. 可能会分散公司的控制权
6. 下列关于债券筹资优缺点的说法正确的有(   )。
   A. 资金成本较低   B. 筹资风险低
   C. 限制条件多   D. 可以发挥财务杠杆作用
7. 下列可以导致实际利率高于名义利率的有(   )。
   A. 银行要求按照名义借款额的一定百分比保留补偿性余额
   B. 收款法付息
   C. 贴现法付息
   D. 加息法付息
8. 下列选项中,属于负债筹资方式的有(   )。
   A. 长期借款   B. 融资租赁   C. 留存收益   D. 发行债券

9. 在利用高低点法计算资金需要量时,确定最高点和最低点的依据可以是( )。

　　A. 销售量　　　　B. 生产量　　　　C. 资金占用量　　D. 资金需要量

10. 下列关于财务杠杆系数的表述中,正确的有( )。

　　A. 债务资本比重越高,财务杠杆系数越大

　　B. 息税前利润水平越低,财务杠杆系数越大,财务风险也就越大

　　C. 固定的资本成本支付额越高,财务杠杆系数越大

　　D. 财务杠杆系数可以反映每股收益随着产销量的变动而变动的幅度

三、判断题

1. 筹资渠道解决的是资金来源问题,筹资方式则解决通过何种方式取得资金的问题,它们之间存在一定的对应关系。一定的筹资方式只适用于某一特定的筹资渠道,但是同一渠道的资金往往可采用不同的方式取得。　　　　　　　　　　　　　　　　　　　　　　( )

2. 盈余公积主要用于企业未来的经营发展,经投资者审议后也可用于转增股本(实收资本)、弥补以前年度经营亏损和用于以后年度的对外利润分配。　　　　　　　　　( )

3. 发行公司债券会给社会公众造成公司资金周转不灵的印象,从而对公司造成不好的影响,会降低公司的声誉。　　　　　　　　　　　　　　　　　　　　　　　　( )

4. 发行优先股,既可以筹集生产经营所需资金,又不分散企业的控制权。　( )

5. 当企业个别资本成本一定时,综合资本成本的高低取决于资金总额。　( )

6. 在所有资金来源中,一般来说,普通股的资本成本最高。　　　　　　( )

7. 资本成本是投资者对投入资金所要求的最低收益率,也可作为判断投资项目是否可行的取舍标准。　　　　　　　　　　　　　　　　　　　　　　　　　　　　　( )

8. 企业负债比例越高,财务杠杆系数越大,财务风险也就越大。　　　　( )

9. 当经营杠杆系数和财务杠杆系数都为1.5时,总杠杆系数为2.25。　　( )

10. 评价企业资本结构最佳状态的唯一标准是能够降低资本成本。　　　( )

四、简答题

1. 筹资的渠道和方式有哪些?
2. 吸收直接投资有哪些优缺点?
3. 发行普通股筹资有哪些特点?
4. 混合筹资的方式有哪些?
5. 什么是财务杠杆?什么是财务风险?简述两者之间的关系。

五、计算题

1. ABC公司20×0年至20×4年各年产品销售收入分别为2 050万元、2 400万元、2 600万元、2 800万元和2 850万元;各年年末现金余额分别为114万元、120万元、130万元、148万元和146万元。公司20×5年销售收入将在20×4年基础上增长20%。要求:

(1) 采用高低点法计算"现金"项目的不变资金和每万元销售收入的变动资金。

(2) 预测该公司20×5年需要增加的资金。

2. ABC公司计划筹集一批资金,所得税税率为25%。有关资料如下。

(1) 向银行借款1 000万元,借款年利率7%,手续费率2%。

(2) 按溢价发行债券,债券面值1 400万元,发行价格为1 500万元,票面利率为9%,期限为5年,每年支付一次利息,其筹资费率为3%。

(3) 发行普通股6 500万元,每股发行价格为10元,筹资费率为6%。预计第一年每股股

利 1.2 元，以后每年按 8% 递增。

(4) 其余所需资金通过发行优先股取得，每股面值 100 元，平价发行，年固定股息率为 12%，筹资费用率为 5%。

要求：

(1) 计算上述各筹资方式的资本成本。（债券资本成本按照一般模式计算）

(2) 计算该公司平均资本成本。（银行借款占 10%、发行债券占 15%、发行普通股占 65%、发行优先股占 10%）。

3. ABC 公司是一家制造业股份有限公司，生产销售一种产品，产销平衡。20×1 年度销售量为 10 万件，单价为 0.9 万元/件，单位变动成本为 0.5 万元/件，固定成本总额为 30 000 万元，20×1 年利息费用为 2 000 万元。要求：

(1) 计算 20×1 年的息税前利润。

(2) 以 20×1 年为基础，计算该公司的经营杠杆系数、财务杠杆系数以及总杠杆系数。

4. ABC 公司只生产和销售 A 产品，其总成本习性模型为 $Y=10\,000\,000+3X$，该企业 20×2 年度 A 产品销售量为 1 000 万件，每件售价为 5 元；按市场预测 20×3 年 A 产品的销售数量将增长 10%。要求：

(1) 计算 20×2 年该企业的边际贡献总额。

(2) 计算 20×2 年该企业的息税前利润。

(3) 计算 20×3 年的经营杠杆系数。

(4) 计算 20×3 年息税前利润增长率。

(5) 假定企业 20×2 年发生负债利息 500 万元，计算 20×3 年的总杠杆系数。

5. ABC 公司适用的所得税税率为 25%。20×3 年有关资料如下：

资产负债分析表
20×3 年 12 月 31 日　　　　　　　　　　　　　　　　　单位：万元

资　产	金　额	负债及所有者权益	金　额
现金	200	应付票据	500
应收账款	2 800	应付账款	1 300
存货	3 000	短期借款	1 200
非流动资产	4 000	应付债券	1 500
		股本（每股面值 2 元）	1 000
		资本公积	2 000
		留存收益	2 500
合　计	10 000	合　计	10 000

表中现金、应收账款和存货属于敏感性资产，应付票据和应付账款属于敏感性负债。

为了使销售收入提高 20%，20×4 年需要增加非流动资产投资 100 万元。20×4 年如果不从外部增加负债，则利息费用为 180 万元。20×3 年的销售收入为 10 000 万元，收益留存为 200 万元，预计 20×4 年的收益留存为 340 万元。20×4 年若从外部追加资金，有两个方案可供选择。

A：以每股市价 5.5 元发行普通股股票，发行费用为每股 0.5 元。

B：按照120.1元的价格发行票面利率为12%的债券，每年付息一次，到期一次还本，每张面值100元，每张债券的发行费用为0.1元。

要求：

(1) 按销售百分比法，预测20×4年需从外部追加的资金。

(2) 计算A方案中发行的普通股股数。

(3) 计算B方案发行债券每年支付的利息以及资本成本。

(4) 计算A、B两个方案的每股收益无差别点。

(5) 为企业选择合适的筹资方案。

学习情境三
拓展训练

学习情境四 项目投资管理

知识目标

1. 了解项目投资的含义和程序。
2. 掌握现金流量的含义和估算方法。
3. 掌握项目投资静态指标和动态指标的计算和评价标准。
4. 掌握项目投资决策方法。

技能目标

1. 能对项目投资现金流量进行分析与应用。
2. 能够运用各类项目投资指标进行投资决策分析与评价。

案例导入

华为公司的投资决策要素选择

华为公司为改变产品结构,开拓新的市场领域,拟开发新产品,为此,需利用自有资金购买价值110万元的一条新生产线,该生产线的建设期间为1年,可使用期限为10年,期满时有残值收入10万元;另需购买一项专利权,其价值10万元,专利权的有效期限为10年,在建设期末时投入;同时,建设期末投入流动资金5万元开始生产。投资者要求的报酬率是10%。投产后,每年预计外购原材料20万元,支付工资15万元,其他费用5万元,每年预计营业收入80万元。

资料来源:李小安.财务管理教程.北京:现代教育出版社.

思考分析:该项目是否值得投资?如果你是投资人,你会采取怎样的决策程序与决策方法?决策中你会考虑哪些因素?其核心因素又是什么?

任务一 项目投资管理概述

一、投资的含义和种类

1. 投资的含义

投资是指特定经济主体(包括国家、企业和个人)为了在未来可预见的时期内获得收益或是资金增值,在一定时期向一定领域的标的物投放足够数额的资

项目投资管理概述

金或实物等货币等价物的经济行为。从特定的角度看,投资就是企业为了获取收益而向一定对象投放资金的经济行为。

2. 投资的种类

(1) 按照投资行为的介入程度,分为直接投资和间接投资。直接投资是指由投资者直接介入投资的行为,即将货币资金直接投入投资项目,形成实物资产或者购买现有企业资产的一种投资。其特点是,投资行为可以直接将投资者与投资对象联系在一起。间接投资是指投资者以其资本购买国债、公司债券、金融债券或公司股票等,以预期获取一定收益的投资,也称为证券投资。

(2) 按照投资的领域不同,分为生产性投资和非生产性投资。生产性投资是指将资金投入生产、建设等物质生产领域中,并能够形成生产能力或可以生产出生产资料的一种投资,又称为生产资料投资。这种投资的最终结果是形成各种生产性资产,包括固定资产投资、无形资产投资、其他资产投资和流动资金投资。其中,前三项属于垫支资本投资,最后一项则属于周转资本投资。非生产性投资是指将资金投入非物质生产领域中,不能形成生产能力,但能形成社会消费或服务能力,满足人们的物质文化生活需要的一种投资。这种投资的最终结果是形成各种非生产性资产。

(3) 按照投资的方向不同,分为对内投资和对外投资。从企业的角度来看,对内投资就是项目投资,是指企业将资金投放于为取得供本企业生产经营使用的固定资产、无形资产、其他资产和垫支流动资金而形成的一种投资。对外投资是指企业为购买国家及其他企业发行的有价证券或其他金融产品(期货与期权、信托、保险),或以货币资金、实物资产、无形资产向其他企业(联营企业、子公司等)注入资金而发生的投资。

(4) 按照投资的内容不同,分为固定资产投资、无形资产投资、其他资产投资、流动资产投资、房地产投资、有价证券投资、期货与期权投资、信托投资和保险投资等多种形式。

二、项目投资的含义

财务管理中,投资是指企业为了获取经济利润而投入资金或资源的行为和过程。按照投资方向的不同,投资可分为对内投资和对外投资。

项目投资从内容上划分,可分为新建项目投资和更新改造项目投资两类。新建项目投资以扩大生产为目的;更新改造项目投资以改善生产能力为目的。

项目投资(一)

三、项目投资的程序

企业项目投资的程序主要包括以下几个步骤。

(1) 提出项目投资的领域和对象。这是项目投资程序的起点,是以企业的长远发展战略、中长期投资计划和投资环境的变化为基础,同时在把握良好投资机会的前提下,由企业管理当局或企业高层管理人员提出,或者由企业的各级管理部门和相关部门领导提出。

(2) 评价投资方案的可行性。在评价投资项目的环境、市场、技术和生产可行性的基础上,通过计算项目的有关现金流量指标以及项目的有关评估指标(如净现值、内含报酬率等),对项目投资的财务可行性做出总体评价。

(3) 投资方案的比较与选择。在财务可行性评价的基础上,对可供选择的多个投资方案进行比较和选择。

(4) 投资方案的执行。投资方案的执行即投资行为的具体实施。

(5) 投资方案再评价。在投资项目的执行过程中,应注意评价原来做出的投资决策是否合理或是否正确。一旦出现新的情况,就要随时根据变化的情况做出新的评价。如果情况发生重大变化,原来投资决策变得不合理,那么,就要进行是否终止投资或怎样终止投资的决策,以避免更大的损失。

四、项目计算期的构成

项目计算期是指投资项目从投资建设开始到清理结束的整个过程,包括建设期和生产经营期。其中:建设期是指项目资金正式投入开始至项目建成投产为止所需要的时间,建设期(记作 s)的第 1 年年初(记作 0 年)称为建设起点,建设期的最后一年年末称为投产日,从投产日到终结点之间的时间间隔称为生产经营期(记作 p),生产经营期包括试产期和达产期(完全达到设计生产能力)。

$$项目计算期(n) = 建设期(s) + 生产经营期(p)$$

一般而言,项目计算期越长,其所面临的不确定性因素越多,从而风险也越大,投资者要求的报酬可能会越高。项目投资周期如图 4-1 所示。

图 4-1 项目投资周期

营运资金垫支是指投资项目形成了生产能力,需要在原材料、产成品等流动资产上追加的投资。同时,企业营业规模扩充后,应付账款等结算性流动负债也随之增加,成为部分日常营运资金的必要补充。因此,营运资金垫支数值上等于追加流动资产的扩大量与结算性流动负债扩大量的差额。为简化计算,垫支的营运资金在营业期的流入流出可忽略不计,只考虑投资期投入与终结期收回对现金流量的影响。

项目投资资金之间的具体关系如图 4-2 所示。

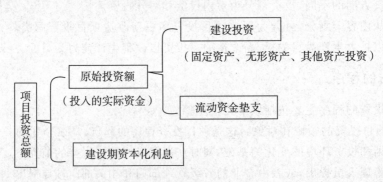

图 4-2 项目投资资金关系

原始投资不受企业投资资金来源的影响,但项目总投资受企业投资资金来源的影响。若企业项目投资的金额来自借贷,在建设期产生的利息应该予以资本化。

$$投资总额 = 原始投资额 + 建设期资本化借款利息$$

同理,固定资产投资中不包括资本化利息,但是,固定资产投入使用后,需要计提折旧,计

提折旧的依据是固定资产原值,而不是固定资产投资。两者的关系如下:

固定资产原值＝固定资产投资＋建设期资本化借款利息

【业务 4-1】 ABC 公司进行一项项目投资,原始投资 100 万元全部来自银行借款,利率 10%,建设期 1 年,则项目投资总额为多少?如果自有资金 50 万元,银行借款 50 万元。要求:计算该项目投资总额为多少?

解析:(1)原始投资 100 万元全部来自银行借款。

$$投资总额＝100＋100\times10\%＝110(万元)$$

(2)自有资金 50 万元,银行借款 50 万元。

$$投资总额＝100＋50\times10\%＝105(万元)$$

任务二 投资现金流量分析

一、现金流量的概念

现金流量是投资项目产生的现金流入量与现金流出量的统称。"现金"是广义的现金,包括各种货币资金,也包括与投资项目有关的非现金资产的变现价值,如一个投资项目需要的厂房、设备和存货的变现价值等。

项目投资(二)

在进行投资决策时选用现金流量指标而不选用利润指标,主要原因在于:会计利润以权责发生制为基础,其大小受会计方法选择的影响,其中主要是固定资产折旧方法与无形资产摊销方法选择的影响,从而使利润指标中包含了人为的影响因素,不利于正确计算资金的时间价值。而现金流量的计算以收付实现制为基础,其大小则不受会计方法选择的影响,能够恰当反映投资资金的回收状况。

现金流量按现金流动方向分为 3 个方面。

(1)现金流出量。一个项目投资的现金流出量(cash outflow,CO)是指该项目投资引起企业现金支出的增加量,主要包括固定资产投资、无形资产投资、长期待摊费用支出和流动资产投资 4 个部分。

(2)现金流入量。一个项目投资的现金流入量(cash inflow,CI)是指该项目投资引起企业现金收入的增加量,主要包括营业现金流入、回收固定资产残值和回收流动资金。

(3)现金净流量。项目投资的现金净流量(net cash flow,NCF)是指在项目计算期内每年现金流入量与每年现金流出量之间的差额所形成的序列指标。计算公式为

某年现金净流量＝该年现金流入量－该年现金流出量

二、现金流量的预测步骤

现金流量预测的程序主要包括以下几个步骤。

(1)确定项目计算期。项目建设期、生产经营期及项目终结期,现金流量的计算方式不同。因此,确定项目计算期是预测现金流量的第一步。

(2)确定投资项目的现金流入、流出金额。确定项目各个阶段的现金流入和流出情况,进行初步预测。

(3)分时点计算现金净流量。项目投资决策是以对现金净流量分析为基础的,因此,对项

目现金流量的预测最终以 NCF 的形式展现。

三、现金流量预测

投资项目的现金流量预测,可以按时间从以下 3 个方面进行。

1. 初始现金流量预测

初始现金流量(initial cash flow)是指开始投资时发生的现金流量,也就是项目建设期的现金收支,主要包括建设投资、流动资产投资、原有固定资产的变价收入。

(1) 建设投资。建设投资主要包括固定资产投资、无形资产投资和其他投资费用。具体有房屋和建筑物、机器设备等的购入等,专利使用权、商标使用权、专有技术、土地使用权等支出。

(2) 流动资产投资。流动资产投资包括投入的现金、材料等垫支资金。

(3) 原有固定资产的变价收入。原有固定资产的变价收入是指在更新改造项目投资中原有固定资产的变卖所取得的现金收入。

初始现金流量除原有固定资产的变价收入为现金流入量外,其他均为现金流出量。一般项目投资中,项目建设期主要发生现金支出,即项目原始投资额的支出,因此根据 NCF 总公式可整理得到:

$$初始现金净流量 = -原始投资额$$

2. 营业现金流量预测

营业现金流量(operating cash flow)是指投资项目投入使用后,在其寿命期内由于生产经营所带来的现金流入和流出的数量。营业现金流入量主要是因项目投资使企业增加的营业收入。营业现金流出量主要包括因项目投资使企业增加的付现成本和所得税。

成本按是否以现金支付,可划分为付现成本和非付现成本。付现成本是指企业在经营期以现金支付的成本费用。相对的,非付现成本是指企业在经营期不以现金支付的成本费用,一般包括固定资产的折旧、无形资产的摊销额、开办费的摊销额以及全投资假设下经营期间发生的借款利息支出。可整理公式如下:

$$付现成本 = 营业成本 - 非付现成本$$
$$= 营业成本 - 折旧 - 摊销 - 利息支出$$

在营业现金净流量预测时,现金流出量考虑的是付现成本,不包括非付现成本。因此,可整理计算公式如下:

$$\begin{aligned}营业现金净流量 &= 营业收入 - 付现成本 - 所得税 \\ &= 营业收入 - (营业成本 - 折旧 - 摊销 - 利息支出) - 所得税 \\ &= 净利润 + 折旧 + 摊销 + 利息支出 \\ &= (营业收入 - 营业成本) \times (1 - 所得税税率) + 折旧 + 摊销 \\ &\quad + 利息支出 \\ &= 营业收入 \times (1 - 所得税税率) - 付现成本 \times (1 - 所得税税率) \\ &\quad + 非付现成本 \times 所得税税率\end{aligned}$$

3. 终结现金流量预测

终结现金流量(end of the cash flow)是指项目经济寿命完结时发生的现金流量,也就是项目终结时的现金收支,主要包括以下几种。

(1) 回收固定资产的残值收入。项目终结时固定资产清理的变价收入扣除清理费用后的净额,应当作为项目投资的一项现金流入。

(2) 回收垫支的流动资金。项目终结后,原投入周转的流动资金可以转化为现金,应作为该项目的现金流入。

(3) 停止使用土地的变价收入。

一般项目投资中,项目终结时主要发生现金流入,因此根据 NCF 总公式可整理得到:

$$终结现金净流量＝残值(或变价收入资金)＋回收垫支资金$$

【业务 4-2】ABC 公司计划新建生产设备,预计投资 400 万元,建设期 1 年,建成后预计使用寿命是 5 年。该公司固定资产采用直线法计提折旧,预计残值率为 5%。另外,为了使项目建设顺利,追加流动资金 100 万元。生产设备投产后预计每年可取得现金销售收入 800 万元,每年付现成本为 200 万元,所得税税率为 25%。要求:计算该项目的现金流量。

解析:第一步,分析初始现金流量。

固定资产投资是 400 万元,垫支营运资金是 100 万元。

$$初始现金流量＝-400-100＝-500(万元)$$

第二步,分析营业现金流量。

$$每年折旧费＝\frac{400\times(1-5\%)}{5}＝76(万元)$$

$$营业现金流量＝(800-200-76)\times(1-25\%)+76＝469(万元)$$

第三步,分析终结现金流量。

固定资产净残值 $400\times5\%＝20(万元)$,收回垫支的流动资金是 100 万元。

$$终结现金流量＝100+20＝120(万元)$$

在项目投资决策中,以现金流量的预测为基础。预测现金流量可按照项目初始期、生产经营期和项目终结期的顺序进行计算,但最终进行现金流量分析时,不能只对现金流量进行笼统的预测,还须对项目计算期内每个时点的现金流量进行预测,即计算 NCF_0、NCF_1、NCF_2、…、NCF_n。

【业务 4-3】ABC 公司现有甲、乙两个项目投资方案,甲方案初始需投资 12 000 元,无建设期,使用寿命为 5 年,不需垫支流动资金,采用直线法计提折旧,5 年后设备清理无净残值,5 年中每年增加的销售收入为 6 000 元,付现成本为 1 000 元。乙方案初始需投资 10 000 元,另需垫支流动资金 2 000 元,于初始投入,无建设期,采用直线法计提折旧,使用寿命为 5 年,5 年后设备清理净残值收入为 1 000 元,5 年中每年增加的销售收入为 7 000 元,付现成本第一年为 2 000 元,以后随着设备日渐陈旧,将逐年增加修理费 200 元。假设所得税税率为 25%。要求:计算该项目的现金流量。

用 Excel 计算
现金流量

解析:(1) 甲方案,项目计算期 5 年,设备每年折旧 $＝\frac{12\ 000}{5}＝2\ 400(元)$

$$NCF_0＝-12\ 000\ 元$$
$$NCF_{1\sim5}＝(6\ 000-1\ 000-2\ 400)\times(1-25\%)+2\ 400＝4\ 350(元)$$

(2) 乙方案,项目计算期 5 年,设备每年折旧 $＝\frac{10\ 000-1\ 000}{5}＝1\ 800(元)$

$$NCF_0＝-(10\ 000+2\ 000)＝-12\ 000(元)$$
$$NCF_1＝(7\ 000-2\ 000-1\ 800)\times(1-25\%)+1\ 800＝4\ 200(元)$$
$$NCF_2＝(7\ 000-2\ 000-200-1\ 800)\times(1-25\%)+1\ 800＝4\ 050(元)$$

$NCF_3 = (7\,000 - 2\,000 - 400 - 1\,800) \times (1 - 25\%) + 1\,800 = 3\,900(元)$

$NCF_4 = (7\,000 - 2\,000 - 600 - 1\,800) \times (1 - 25\%) + 1\,800 = 3\,750(元)$

$NCF_5 = (7\,000 - 2\,000 - 800 - 1\,800) \times (1 - 25\%) + 1\,800 + 2\,000 + 1\,000 = 6\,600(元)$

（3）填写投资方案现金流量计算表，见表4-1。

表 4-1 投资方案现金流量计算表　　　　　　　　　　　　单位：元

项　目	第0年	第1年	第2年	第3年	第4年	第5年
甲方案 NCF	−12 000	4 350	4 350	4 350	4 350	4 350
乙方案 NCF	−12 000	4 200	4 050	3 900	3 750	6 600

任务三　决策评价指标计算分析

一、项目投资决策评级指标概述

在计算出投资项目的现金净流量后，应采用适当的指标进行评价，这些指标就是项目投资决策评价指标，主要用于反映投资效益、投入产出关系等。项目投资决策评价指标较多，本节主要从财务评价的角度介绍投资利润率、投资回收期、净现值、净现值率、现值指数、内含报酬率等指标。

项目投资（三）

按是否考虑资金的时间价值，可分为非折现评价指标和折现评价指标。非折现评价指标是指在计算过程中不考虑资金的时间价值因素的指标，又称为静态指标，包括投资利润率、静态投资回收期等。折现评价指标是指在计算过程中充分考虑和利用资金的时间价值因素的指标，又称为动态指标，包括净现值、净现值率、现值指数、内含报酬率等。

按指标性质不同，可分为正指标和反指标。投资利润率、净现值、净现值率、现值指数和内含报酬率属于正指标，在评价决策中，这些指标值越大越好。投资回收期属于反指标，在评价决策中，这类指标值越小越好。

按指标数量特征的不同，可分为绝对指标和相对指标。绝对指标包括以时间为计量单位的投资回收期指标和以价值量为计量单位的净现值指标。相对指标除现值指数用指数形式表现外，大多为百分比指标，如内含报酬率等。

按指标在决策中所处的地位，可分为主要指标、次要指标和辅助指标。净现值、净现值率、现值指数、内含报酬率等为主要指标，投资回收期为次要指标，投资利润率为辅助指标。

二、非折现评价指标的计算及评价

非折现评价指标又称静态指标，包括投资利润率和静态投资回收期。

（一）投资利润率

1. 含义及决策标准

投资利润率又称投资报酬率（记作 ROI），是指生产期正常年份的年息税前利润或运营期年均息税前利润占项目总投资的百分比。该指标决策标准通常是越高越好，当该指标低于无风险投资报酬率时，此方案为不可行方案。具体计算公式为

$$投资利润率(ROI) = \frac{年息税前利润或年均息税前利润}{项目投资总额} \times 100\%$$

式中,项目投资总额等于原始投资额加上资本化利息。

【业务4-4】承接业务4-3。要求:计算ABC公司投资甲方案的投资利润率。

解析: 年均息税前利润 = 6 000 - 1 000 - 2 400 = 2 600(元)

投资总额 = 12 000 元

$$投资利润率 = \frac{2\ 600}{12\ 000} \times 100\% = 21.67\%$$

用Excel计算投资利润率

2. 优缺点

(1) 优点:计算公式简单。

(2) 缺点:没有考虑资金时间价值因素;不能正确反映建设期长短、投资方式的不同和回收额的有无等条件对项目的影响;分子、分母计算口径的可比性较差;该指标的计算无法直接利用净现金流量信息。

(二) 静态投资回收期

1. 含义及决策标准

静态投资回收期(简称回收期)是指以投资项目经营现金净流量抵偿原始总投资所需要的全部时间,它有"包括建设期的投资回收期(记作PP)"和"不包括建设期的投资回收期(记作PP′)"两种形式,两者的关系为

$$PP = 建设期 + PP'$$

投资者总是希望能够尽快地收回投资,投资回收期越短,对投资者越有利。若投资方案回收期小于期望回收期,则投资方案可行;若投资方案回收期大于期望回收期,则投资方案不可行。如果有两个或两个以上的方案均可行,应选择回收期最短的方案。

2. 计算方法

静态投资回收期指标的计算有公式法和列表法两种方法。这里仅以包括建设期的投资回收期为例进行介绍。

(1) 公式法。如果某一项目投资均集中发生在建设期内,经营期每年的现金净流量相等且其合计大于或等于原始投资额,则包括建设期的投资回收期可按下式计算:

$$投资回收期(PP) = 建设期 + \frac{原始投资额合计}{经营期每年相等的现金净流量}$$

【业务4-5】承接业务4-3。要求:计算ABC公司投资甲方案的项目回收期。

解析: $甲方案的项目回收期 = 0 + \frac{12\ 000}{4\ 350} = 2.76(年)$

(2) 列表法。如果经营期每年的现金净流量不相等,则应通过列表法计算静态回收期。列表法是指通过列表计算"累计现金净流量"的方式,来确定包括建设期的投资回收期的方法。

用Excel计算静态投资回收期(公式法)

列表法是一种通用的方法,不论在什么情况下,都可以通过这种方法来确定静态投资回收期,所以此方法又称为一般方法。列表法的原理依据是回收期的定义,包括建设期的投资回收期。满足以下关系式:

$$\sum_{t=0}^{PP} NCF_t = 0$$

上述关系式表明,在财务现金流量表的"累计现金净流量"一栏中,包括建设期的投资回收期正好是累计现金净流量为0的年限。如果无法在"累计现金净流量"栏上找到0,则必须按下式计算:

$$投资回收期 = 最后一项为负值的累计现金净流量对应的年数 + \frac{最后一项为负值的累计现金净流量绝对值}{下年现金净流量}$$

【业务4-6】承接业务4-3,要求:计算ABC公司投资乙方案的项目回收期。

解析:根据业务4-3,乙方案经营期每年的NCF不相等,应采用列表法计算投资回收期,见表4-2。

表4-2 乙方案现金流量计算表　　　　单位:元

年度	每年NCF	累计NCF	年末尚未收回投资额
0	−12 000	−12 000	12 000
1	4 200	−7 800	7 800
2	4 050	−3 750	3 750
3	3 900	150	
4	3 750	3 900	
5	6 600	10 500	

用Excel计算静态投资回收期（列表法）

$$乙方案的项目回收期 = 2 + \frac{3\ 750}{3\ 900} = 2.96(年)$$

3. 优缺点

(1) 优点:能够直观地反映原始投资的返本期限,便于理解,计算简单;可以直观地利用回收期之前的净现金流量信息。

(2) 缺点:没有考虑资金时间价值因素;不能正确反映投资方式的不同对项目的影响;不考虑回收期满后继续发生的净现金流量。

三、折现评价指标的计算及评价

折现评价指标又称为动态指标,主要包括净现值、净现值率、现值指数和内含报酬率。

项目投资（四）

(一) 净现值

1. 含义及决策标准

净现值(NPV)是指在项目计算期内,按投资者要求的必要报酬率或资金成本率作为折现率计算的各年净现金流量现值的代数和,其实质为投资项目全部现金流入量现值之和与全部现金流出量现值的差额。NPV的计算公式为

$$NPV = \sum_{t=0}^{n} NCF_t \times (P/F, i, n)$$

式中,n为项目计算期(包括建设期和经营期);NCF_t为项目第t年的现金净流量;i为预定的贴现率。

若项目经营期内各年现金净流量相等,建设期等于0时,净现值计算公式为

$$NPV = A(P/A,i,n) + NCF_0 = A(P/A,i,n) - 原始投资额$$

式中,A 为各年的现金净流量;NCF_0 为第 0 年的现金净流量。

采用净现值指标进行项目投资决策的标准:净现值≥0 为可行方案,净现值<0 为不可行方案。如果几个投资方案的初始投资额相等,且净现值都是正数,那么净现值最大的方案为最优方案。如果几个投资方案的初始投资额不相等,则不宜采用净现值,可采用其他评价指标(如净现值率等)进行分析和评价。

【业务 4-7】承接业务 4-3,假设折现率为 14%。要求:计算 ABC 公司投资甲、乙方案的净现值分别是多少。

解析:(1)甲方案投入使用后每年的现金净流量相等,可按年金现值一次计算。

折现率为 14%,期限为 5 年,查表得$(P/A,14\%,5)=3.4331$。

甲方案净现值 $= 4\,350 \times 3.4331 - 12\,000 = 2\,933.99(元)$

(2)乙方案投入使用后每年的现金净流量不相等,可按复利现值进行计算。

折现率为 14%,期限为 5 年,各年的复利现值系数查表可得。

乙方案净现值 $= 4\,200 \times 0.8772 + 4\,050 \times 0.7695 + 3\,900 \times 0.6750$
$\qquad\qquad + 3\,750 \times 0.5921 + 6\,600 \times 0.5194 - 12\,000$
$= 3\,081.63(元)$

用 Excel 计算净现值

通过上面计算可以看出,两个方案的净现值均大于零,故都是可行的方案。

2. 折现率的选择

在项目评价中,正确地选择折现率至关重要,它直接影响项目评价的结论。如果选择的折现率过低,则会导致一些经济效益较差的项目得以通过,从而浪费了有限的社会资源;如果选择的折现率过高,则会导致一些效益较好的项目不能通过,从而使有限的社会资源不能充分发挥作用。在实务中,一般采用以下几种方法来选定项目的折现率。

(1)以投资项目的资本成本作为折现率。

(2)以投资的机会成本作为折现率。

(3)根据不同阶段采用不同的折现率。在计算项目建设期现金净流量现值时,以贷款的实际利率作为折现率;在计算项目经营期现金净流量时,以全社会资金平均收益率作为折现率。

(4)以行业平均资金收益率作为项目折现率。

3. 优缺点

净现值指标是一个贴现的绝对值正指标,其优点在于:①考虑了时间价值,使方案的现金流入与现金流出具有可比性,增强了投资经济性的评价;②考虑了项目计算期的全部净现金流量,体现了流动性与收益性的统一;③考虑了投资风险性,因为贴现率的大小与风险大小有关,风险越大,贴现率就越高。其缺点在于:①无法直接反映投资项目的实际收益率水平;②各方案原始投资额不同时,不同方案的净现值实际上是不可比的。

(二)净现值率

净现值率(记作 NPVR)是指投资项目的净现值占原始投资现值总额的百分比,即单位投资现值的净现值,它反映了单位投资现值所能实现的净现值大小。通常它是作为净现值的辅助指标来使用的。其计算公式为

$$净现值率 = \frac{投资项目净现值}{原始投资现值总额} \times 100\%$$

【业务 4-8】承接业务 4-3 和业务 4-7,假设折现率为 14%。要求:计算 ABC 公司投资甲、乙方案的净现值率分别是多少。

解析：

$$甲方案净现值率 = \frac{2\,933.985}{12\,000} \times 100\% = 24.45\%$$

$$乙方案净现值率 = \frac{3\,081.63}{12\,000} \times 100\% = 25.68\%$$

用 Excel 计算
净现值率

净现值率是一个折现的相对量评价指标,采用净现值率的决策标准与净现值是相同的。其优点在于可以从动态的角度反映项目投资的资金投入与净产出之间的关系。其缺点与净现值指标相似,同样无法直接反映投资项目的实际报酬率。

(三) 现值指数

1. 含义及决策标准

现值指数(记作 PI)是指按选定的折现率计算的项目投产后各年现金净流量的现值之和与原始投资现值总额之比。其计算公式为

$$现值指数 = \frac{项目投产后各年现金净流量的现值之和}{原始投资现值总额} = 净现值率 + 1$$

采用现值指数这一指标进行项目投资决策评价的标准:如果投资方案的现值指数大于 1,该方案为可行方案;如果投资方案的现值指数小于 1,该方案为不可行方案;如果几个投资方案的现值指数均大于 1,那么现值指数越大,投资方案越好。但在采用现值指数进行互斥方案的选择时,其正确的选择原则不是选择现值指数最大的方案,而是在保证现值指数大于 1 的条件下,使追加投资所得的追加收入最大化。

2. 优缺点

现值指数的优缺点与净现值基本相同,但有一个重要的区别是,现值指数可从动态的角度反映项目投资的资金投入与总产出之间的关系,可以弥补净现值在投资额不同方案之间不能比较的缺陷,使投资方案之间可直接用现值指数进行对比。其缺点是除无法直接反映投资项目的实际报酬率外,计算起来比净现值指标复杂,计算口径也不一致。因此,在实务中通常并不要求直接计算现值指数,如果需要考核这个指标,可在求得净现值率的基础上推算出来。

【业务 4-9】承接业务 4-3 和业务 4-8,假设折现率为 14%。要求:计算 ABC 公司投资甲、乙方案的现值指数分别是多少。

解析：业务 4-8 已计算得到:甲方案净现值率 = 24.45%,乙方案净现值率 = 25.68%,故

用 Excel 计算
现值指数

$$甲方案现值指数 = 1 + 24.45\% = 1.244\,5$$

$$乙方案现值指数 = 1 + 25.68\% = 1.256\,8$$

(四) 内含报酬率

1. 含义及决策标准

内含报酬率(IRR)也称内部收益率,即指项目投资实际可望达到的收益率。实质上,它是能使项目的净现值等于零时的折现率。内含报酬率反映了投资项目的实际报酬率,根据定义,内含报酬率满足下式：

项目投资(五)

$$NPV = \sum_{t=1}^{n} [NCF_t (P/F, IRR, n)] = 0$$

因为 IRR 为未知量,要使 NPV = 0,应通过试算的方法进行求解,试算的过程为任选一利

率值代入试算。

(1) 若结果大于零,则进一步提高利率进行试算。

(2) 若结果小于零,则进一步降低利率进行试算。

(3) 若结果等于零,则该利率为内含报酬率。

(4) 若结果小于零(或大于零),再降低(或提高)一个百分点,则结果大于(或小于)零,所求内含报酬率为两率之间的一个值,可利用插值法进行求解。

(5) 当项目每年的现金净流量相等时,可按照下列公式计算年金现值系数,再利用插值法计算内含报酬率,不需采用逐步测试法来计算。

$$年金现值系数 = \frac{初始投资额}{每年现金净流量}$$

【业务 4-10】承接业务 4-3,已知投资方案现金流量计算表见表 4-3。要求:计算 ABC 公司投资甲、乙方案的内含报酬率分别是多少。

表 4-3　投资方案现金流量计算表　　　　　　　　　　　　单位:元

项　目	第 0 年	第 1 年	第 2 年	第 3 年	第 4 年	第 5 年
甲方案 NCF	−12 000	4 350	4 350	4 350	4 350	4 350
乙方案 NCF	−12 000	4 200	4 050	3 900	3 750	6 600

解析:(1) 甲方案投入使用后每年的现金净流量相等,可按公式计算年金现值系数。

$$(P/A, IRR, 5) = \frac{12\ 000}{4\ 350} = 2.758\ 6$$

查年金现值系数表可得:

折现率	年金现值系数
20%	2.990 6
IRR	2.758 6
24%	2.745 4

用 Excel 计算内含报酬率

利用插值法: $\frac{IRR - 20\%}{24\% - 20\%} = \frac{2.758\ 6 - 2.990\ 6}{2.745\ 4 - 2.990\ 6}$,解得 IRR=23.78%。

(2) 乙方案投入使用后每年的现金净流量不相等,按逐步测试法计算 IRR,净现值测试结果见表 4-4。

表 4-4　净现值测试结果

测试次数	折现率	净现值
1	20%	1 030.288 5
2	30%	−1 507.082 0
3	24%	−95.965 8

折现率	净现值
20%	1 030.288 5
IRR	0
24%	−95.965 8

利用插值法：$\dfrac{IRR-20\%}{24\%-20\%}=\dfrac{0-1\ 030.288\ 5}{-95.965\ 8-1\ 030.288\ 5}$，解得 $IRR=23.66\%$。

内含报酬率是折现的相对量正指标，采用这一指标进行项目投资决策的标准是将所测算的各方案的内含报酬率与其资本成本对比。

（1）如果投资方案的内含报酬率大于其资本成本，该方案为可行方案。

（2）如果投资方案的内含报酬率小于其资本成本，该方案为不可行方案。

（3）如果几个投资方案的内含报酬率都大于其资本成本，且各方案的投资额相同，那么内含报酬率与资本成本之间差异最大的方案最好。

（4）如果几个投资方案的内含报酬率均大于其资本成本，但各方案的原始投资额不等，其进行项目投资决策的标准应是"投资额×（内含报酬率－资本成本）"最大的方案为最优方案。

2. 优缺点

内含报酬率的优点是非常注重资金的时间价值，能从动态的角度直接反映投资项目的实际收益水平，且不受行业基准收益率高低的影响，比较客观。但该指标的计算过程比较麻烦，当进入生产经营期又发生大量追加投资时，就有可能导致多个高低不同的内含报酬率出现，依据多个内含报酬率进行评价就会失去实际意义。

以上介绍的净现值、净现值率、现值指数、内含报酬率四个指标，都属于折现评价指标，它们之间存在以下数量关系。

（1）当净现值＞0时，净现值率＞0，现值指数＞1，内含报酬率＞设定折现率。

（2）当净现值＝0时，净现值率＝0，现值指数＝1，内含报酬率＝设定折现率。

（3）当净现值＜0时，净现值率＜0，现值指数＜1，内含报酬率＜设定折现率。

此外，净现值率的计算需要在已知净现值的基础上进行，内含报酬率在计算时也需要利用净现值。这些指标都会受到建设期的长短、投资方式以及各年现金净流量的数量特征的影响。所不同的是净现值是绝对量指标，其余为相对量指标，计算净现值、净现值率和现值指数所依据的折现率都是事先已知的设定折现率，而内含报酬率的计算本身与设定折现率的高低无关。

任务四　决策评价指标的应用

一、独立方案财务可行性评价及投资决策

1. 独立方案的含义

独立方案是指在财务管理中，一组互相分离、互不排斥的方案。如企业拟进行几项投资活动：扩建生产车间、购置一辆运输汽车、新建办公楼等。这些项目之间没有什么关联，互相独立并不存在相互比较和选择的问题。企业既可以全部不接受，也可以接受其中某一项目，或者接受多个或全部项目。对于单一投资项目，评价其财务可行性也就是对其做出最终决策的过程。

对于这方面的决策就是要判断某一个方案是否具备财务可行性。不同的指标评价结果可能会不一致，这样就会出现评价的财务可行性程度的差异。根据差异的程度，方案的财务可行性有四种情况：完全具备财务可行性、基本具备财务可行性、基本不具备财务可行性和完全不具备财务可行性。

2. 独立方案的财务可行性评价及决策

（1）完全具备财务可行性的条件。如果某一投资项目的评价指标同时满足以下条件，则可以断定该投资项目无论从哪个方面看完全具备财务可行性，应当接受此投资方案。这些条件是：

① 净现值 NPV$\geqslant$0，净现值率 NPVR$\geqslant$0，获利指数 PI$\geqslant$1；

② 内部收益率 IRR$\geqslant$资金成本（或期望报酬率）；

③ 包括建设期的静态投资回收期 PP$\leqslant n/2$（即项目计算期的一半）；

④ 不包括建设期的静态投资回收期 PP$'\leqslant P/2$（即运营期的一半）；

⑤ 投资收益率 ROI$\geqslant$基准投资收益率 i。

（2）基本具备财务可行性的条件。若主要指标处于可行区间，而次要或辅助指标处于不可行区间，则基本具备财务可行性。

（3）基本不具备财务可行性的条件。若主要指标结论处于不可行区间，而次要或辅助指标处于可行区间，则基本不具备财务可行性。

（4）完全不具备财务可行性的条件。若主要指标处于不可行区间，次要或辅助指标也处于不可行区间，则完全不具备财务可行性。

在对单个投资项目进行财务可行性评价过程中，除掌握上述基本判定条件外，还必须注意以下两点。

① 主要指标在评价财务可行性的过程中起主导作用。在对单个投资项目进行财务可行性评价和投资决策的过程中，当静态的投资回收期或投资收益率的评价结论与净现值等主要指标的评价结论发生矛盾时，应当以主要指标为主。

② 利用动态指标对同一个投资项目进行评价和决策，会得出完全相同的结论，即在运用净现值、净现值率、现值指数和内含报酬率指标进行评价时，得出的结论是一致的。

【业务 4-11】 承接业务 4-3 到业务 4-10，假设折现率为 14%。要求：试分析 ABC 公司投资的甲、乙方案，各自作为独立方案，是否值得投资。

解析：（1）甲方案：净现值 NPV=2 933.985 元$\geqslant$0；

净现值率 NPVR=24.45%$\geqslant$0，获利指数 PI=1.244 5$\geqslant$1；

内部收益率 IRR=23.78%$\geqslant$资金成本 14%；

静态投资回收期 PP=2.76 年$> n/2$（即项目计算期的一半）=2.5 年。

所以，主要指标处于可行区间，而次要指标处于不可行区间，则甲方案基本具备财务可行性。

（2）乙方案：净现值 NPV=3 081.63 元$\geqslant$0；

净现值率 NPVR=25.68%$\geqslant$0，获利指数 PI=1.256 8$\geqslant$1；

内部收益率 IRR=23.66%$\geqslant$资金成本 14%；

静态投资回收期 PP=2.96 年$> n/2$（即项目计算期的一半）=2.5 年。

所以，主要指标处于可行区间，而次要指标处于不可行区间，则乙方案基本具备财务可行性。

二、多个互斥方案的比较决策

1. 多个互斥方案的相关概念

互斥方案是指互相关联、互相排斥的方案，即一组方案中的各个方案彼此可以相互代替，采纳方案组中的某一方案，就会自动排斥这组方案中的其他方案。多个互斥方案比较决策，是指在每一个入选方案已具备财务可行性的前提下，利用具体决策方法比较各个方案的优劣，利用评价指标从各个备选方案中最终选出一个最优方案的过程。

2. 多个互斥方案的优选原则

(1) 当原始投资相同且项目投资计算期相等时,可以选择净现值大的方案作为最优方案。

(2) 当原始投资不相同时,选择净现值率最大的方案作为最优方案。

(3) 当项目投资计算期不相等时,使用年均净现值法决策。

大部分项目投资都会涉及两个或两个以上的寿命不等的方案选择问题。由于项目投资寿命不等,因而就不能对它们的净现值、现值指数、内含报酬率进行直接比较。年均净现值法是把项目投资总的净现值转化为项目投资每年的平均净现值,并由此比较大小做出选择。年均净现值(记作 ANPV)的计算公式为

$$ANPV = \frac{NPV}{P/A, i, n}$$

式中,ANPV 为年均净现值;NPV 为净现值;$(P/A, i, n)$ 为建立在公司资本成本和项目投资寿命周期基础上的年金现值系数。

【业务 4-12】承接业务 4-3 到业务 4-10,假设折现率为 14%。要求:试分析 ABC 公司应该投资甲、乙哪个方案。

解析:甲方案和乙方案项目计算期相等,均为 5 年;原始投资额也相等,均为 12 000 元;因此,选用净现值指标进行对比分析。

甲方案净现值(NPV=2 933.985 元)＜乙方案净现值(NPV=3 081.63 元)

因此,选择净现值更大的乙方案进行投资。

【业务 4-13】承接业务 4-3,假设折现率为 14%,甲方案的投资寿命改为 7 年,净现值变为 3 600 元,其他条件不变。要求:试分析 ABC 公司应该投资甲、乙哪个方案。

解析:甲方案和乙方案项目计算期不相等,因此,应采用年均净现值指标进行分析。

$$甲方案 ANPV = \frac{甲方案 NPV}{P/A, 14\%, 7} = \frac{3\ 600}{4.288\ 3} = 839.49(元)$$

$$乙方案 ANPV = \frac{乙方案 NPV}{P/A, 14\%, 5} = \frac{3\ 081.63}{3.433\ 1} = 897.62(元)$$

因为 $ANPV_甲 < ANPV_乙$,所以应该投资乙方案。

三、多方案组合的投资决策

1. 多方案组合的含义

如果一组方案既不相互独立,又不相互排斥,而是可以实现任意组合,则这些方案被称作组合或排队方案。独立方案和互斥方案属于两种极端的情况,组合或排队方案是处于两者之间的情况。

2. 多方案组合决策的原则

(1) 在资金总量不受限制的情况下,将所有净现值大于 0 的方案进行组合,可按每个项目的净现值大小来排队,确定优先考虑的项目顺序。

(2) 在资金总量受到限制时,则需按净现值率或获利指数的大小,结合净现值进行各种组合排队,从中选出能使净现值最大的最优组合。

总之,在主要考虑投资效益的条件下,多方案比较决策的主要依据,就是能否保证在充分利用资金的前提下,获得尽可能多的净现值总量。

任务五 大数据与项目投资管理

一、企业项目投资与大数据概述

项目投资是企业形成生产运营能力的基础,也是企业实现内含增长与外延扩张的基础和手段,其具有影响周期长、投资风险高、投资数额大等特点,对于企业的生存与发展具有十分重大的意义。大数据是基于互联网、物联网、云计算等现代科学技术的另一重大革命性成果,对所有领域都将产生深远的影响。大数据技术在研究海量数据的过程中寻找相关信息,可以帮助企业更好地适应变化,并做出更明智的决策。随着经济全球化和信息、数字技术不断演进,产业与市场边界逐渐消融,商业环境日趋纷繁复杂,传统工作方式与方法越来越难以适应企业项目投资的要求,需要引入大数据技术来辅助项目投资行为与活动,提升投资全过程的科学合理性。

二、大数据对企业项目投资的影响

企业利用大数据,可以开发新的产品,实施精准营销,做出明智的业务决策,大数据应用水平已成为决定企业竞争力的核心要素之一。而在企业项目投资中,大数据与云计算以及未来人工智能技术的应用,可以为企业项目投资提供高效、系统、客观且直观的数据分析,有助于做出理性的投资判断和决策,改变传统的以经验与直觉为主的高风险投资方式。

1. 提高项目投资的效率

利用大数据与云计算技术,可以代替人工更快速、广泛地采集、处理和分析与投资项目相关的海量数据,大大节省项目投资的作业时间。同时,在数据管理过程中,避免了部门、人员之间的数据隔离和丢失,以及传递、交付过程中的时间延迟。

2. 保障项目投资的质量

基于大数据技术及云计算平台,企业可以采集与投资项目相关的所有数据,并通过后端数据模型进行整合、清理和处理,减少主观判断的风险,以制定更科学、合理的投资决策。基于大数据技术,企业可以统一定性与定量分析方法,对投资项目进行全面的数据分析,这些海量数据涵盖财务和非财务数据、表内和表外数据、结构化数据和非结构化及半结构化数据。大数据技术通过对海量数据的挖掘、分析来揭示数据之间的潜在关联与逻辑,可以对未来趋势进行科学的预测,提高项目投资过程的可靠性与准确性。大数据技术与云计算平台可以保障数据的实时性,减少由于时滞造成的数据失效。

3. 降低项目投资的作业成本

传统的项目投资方式与方法主要依靠人工通过实地调查、访谈等渠道进行数据采集,需要大量的人力、物力与财力支持。而通过大数据技术及云计算平台,企业可以轻松收集、处理和分析与投资项目相关的海量数据,无须派遣大量调查研究人员进行实地调查、访谈和其他数据采集工作,可以显著降低人工成本以及相关硬件设备的购置和维护成本。

三、大数据在企业项目投资中的应用途径

1. 尽职调查

尽职调查是企业并购与股权投资流程中必不可少的环节,提供了投资决策的重要依据。

尽职调查的范围与内容涵盖了标的企业以及与之相关的行业、市场、客户、政策、法律等方面面,纵向时间轴上可能需要收集、分析目标企业建立以来的所有信息与数据。利用大数据技术,可以大大提高传统人工方式下数据收集、处理与分析的效率,完成人工无法承担的工作量与工作内容,如在恶意收购情形下,可以突破标的企业数据封锁,利用大数据挖掘与处理技术获取人工方式可能无法获取的有用信息与数据。利用大数据技术,可以提升非结构化数据和半结构化数据在尽职调查中的效用,除对传统方式下的非结构化与半结构化数据进行更有效的分析处理和直观表达外,还可以通过抓取、处理社交媒体、网站、电子邮件等碎片化数据,完善标的企业的画像,改变传统方式下对财务、销售等结构化数据的过分依赖。传统方式下,极少关注多源数据的关联性、完整性与实时性,如工商信息、知识产权信息、金融信用信息、法律信息及高管个人信息等,均来自不同的信源。利用大数据技术,不仅可以进行高效处理,保证数据的实时性,还能揭示多源数据之间的内在关联与逻辑。

2. 企业价值评估

传统企业价值评估基于财务数据,并往往局限于表内数据,通过对标的企业未来收益或自由现金流量的折现来计算其价值,忽略了非财务数据和表外数据对标的企业价值的影响。这种估值方法在现今的数字化时代已经无法适应企业投融资的要求。利用大数据技术,建立收益与多元因素的评估模型,标的企业在客户、技术、资源等方面的价值也能体现到其整体价值中。

3. 市场调研与预测

市场调研与预测是投资项目可行性研究的基础,是项目产品类别、生产规模、人员与设备等生产要素组合、投资规模等的决定性因素,其工作质量的高低直接影响对投资项目的经济分析与财务评价、可行性判断及投资决策科学合理与否。利用大数据技术,在高效分析、处理海量市场数据基础上,建立市场预测模型,可以对未来市场需求、价格走势、竞争状况、市场份额等进行合理估计,相对于传统方式可以大幅提升市场预测的可靠性与准确性。

4. 可行性研究

项目的投资规模是基于规模经济性来考虑,是在市场预测的基础上,设备、原材料、人员及资金等生产要素的最优组合。然后考虑企业的经济与管理能力、财务目标要求等因素,对项目的可行性进行判断。通常,可行性研究需要进行项目方案的比选,但传统人工方式下,很难穷尽所有的投资要素组合以找到最优方案。因此,可以利用大数据技术,建立一个评价模型,模拟所有投资要素组合。此外,大数据可以引入历史与现实案例的实证数据,修正投资项目可行性研究的理论性偏差。

5. 风险评估

投资项目可行性研究中,传统方式下,通过不确定性分析来对投资项目的风险进行评估,不确定性分析通常包括盈亏平衡分析、敏感性分析与概率分析。盈亏平衡分析与敏感性分析比较容易,而概率分析中各个投资变量概率值的确定非常复杂,因此在多数情况下难以操作,而且采用主观先验概率,即按过去的经验数据人为预测和估计,带有很强的主观随意性,极大影响了概率分析结论的可靠性。利用大数据技术,通过对自变量与因变量历史数据的统计分析,可以建立模型,既可以预测未来变量的概率值,也可以表达自变量与因变量之间的关系,从根本上改变传统方式概率估计的主观随意性。此外,大数据技术能够通过抓取和处理非结构化与半结构化数据来预测项目未来的风险因素,完善投资项目的风险评估内容,提高风险评估的准确性。

6. 投后管理

企业利用大数据技术,可以对标的企业或项目的运营状况进行实时、全面监测与评估,在经营管理上适时提供咨询与协助,以提升标的企业或项目的投资价值。利用大数据技术建立标的企业或项目的投资价值跟踪及投后风险监控与预警系统,企业能够准确判断最优的投资退出时机。

四、大数据背景下企业项目投资的实施策略

大数据背景下企业项目投资的实施策略可以从以下几个方面展开。

1. 明确投资目标和策略

企业首先需要明确自身的投资目标和策略,例如,扩大市场份额、提高产品质量、优化生产流程等。在明确目标和策略后,企业可以利用大数据对市场、消费者、竞争对手等进行深入研究,以制订更具针对性的投资计划。

2. 利用大数据进行市场调研

大数据可以提供大量的市场信息和消费者数据,企业可以通过对这些数据的分析,了解市场需求、消费者偏好和竞争对手情况,从而制定更精准的市场营销策略和产品创新策略。

3. 优化生产流程

大数据可以对企业生产流程进行全面监控和分析,帮助企业识别生产过程中的瓶颈和问题,从而制定针对性的改进措施,提高生产效率和产品质量。

4. 强化风险管理

大数据可以提供全面的风险管理信息,帮助企业识别潜在的投资风险和市场风险,从而采取相应的风险管理措施,降低投资风险。

5. 加强人才培养和引进

大数据背景下,企业需要具备数据分析、机器学习等专业技能的人才来支持企业的发展。因此,企业需要加强人才培养和引进,建立一支高素质、专业化的人才队伍。

6. 注重数据安全和隐私保护

大数据背景下,数据安全和隐私保护成为企业面临的重要问题。企业需要建立健全数据安全和隐私保护制度,加强数据加密和备份,确保企业数据的安全性和可靠性。

财管德育课堂

【德智要点】

本案例介绍了净现值法在项目投资决策中的应用。针对采油项目投资决策中,气举采油项目投资与传统采油项目投资两个方案的选择问题,运用净现值法,根据两个方案投入与产出折现,然后根据净现值的大小来评价投资方案。大家在工作中要充分发挥"工匠精神",发扬精益求精这一工作作风。

【案例描述】

甲油田是某石油天然气集团下属地区公司,主营业务包括油气勘探、开发、科研、油气集输、油气销售以及油田工程技术等为油田配套、保障、支持和服务业务。

甲油田作为勘探上游板块的企业,油气生产成本是油田主要成本支出,占总成本支出的

80%左右。甲油田的主力开发区块南区油田产量占油田总产量的70%左右,该区块的油气操作成本预算占油田总预算的65%。因此,采油开发项目投资如何决策,油气操作成本如何控制,将直接影响甲油田全年预算指标的完成。

从采油项目投资决策角度来看,气举采油项目投资与传统采油项目投资是两个互斥方案,只能选择其一。项目投资决策利用净现值法,根据两个方案投入与产出,按照一定折现率折现,然后根据净现值的大小来评价项目投资方案。

(1) 前期投入费用。气举采油和传统采油前期投入的主要差异在于气举采油需要购置压缩机,而传统采油方式需要购置抽油机等设备。人工岛天然气压缩机采取租赁方式投入,单台压缩机年租赁和生产保运费用约184万元,按照目前实际租赁6台压缩机满足开井87口计算,每年投入资金1 104万元。若该区采用直线抽油机开采,按照购买安装抽油机等50万元,开井87口需要一次性投入资金4 350万元。

(2) 生产运行费用。气举采油在生产过程中的主要费用为动力费、作业费、清蜡费、材料费等。与传统采油方式相比,除清蜡费用较高外,其他主要费用均低于传统采油成本。以20×6年数据为例,气举采油相比传统采油生产单位产量的运行成本降幅达到25.3%。

综合前期投入和后期运维费用情况,在人工岛生产规模不变的前提下,按照设备报废年限8年测算,气举采油吨液成本比传统采油降低74.99元,全年可节约费用超过2 000万元,具有明显的经济效益。

根据油田20×3—20×6年的财务数据和生产数据,按人工岛各年产油量进行测算分析,传统采油初始投入按照购置设备,气举采油初始投入按照融资租赁和后期运行吨油成本确定现金流,计算两种采油方式的净现金流量。参考市场平均资本成本率7.5%作为贴现率,对现金流量进行折现,确定净现值。经计算,气举采油方式的净现值$NPV_1=54.5$亿元;传统采油方式的净现值$NPV_2=53.4$亿元。$NPV_1>NPV_2$,因此气举采油方式更具有经济效益。气举采油方式虽然前期投入购置压缩机资金量较大,可选用融资租赁方式购入设备,但由于后期维护运行成本较低,后期成本会明显低于传统采油方式,从长远看,气举采油经济效益明显。

资料来源:财政部会计司编写组.管理会计案例示范集[M].北京:经济科学出版社,2019.

【案例启示】

1. 实现高质量发展,提升企业投资效益

党的二十大报告提出"推动国有资本和国有企业做强做优做大"。对气举采油项目,要严格控制投资规模。勘探方面,井位论证精准,提高方案符合率和探井成功率;开发方面,坚持产建部署的优化与调整,强化该设计的优化简化。对所有投资项目均要进行效益评价,列入投资计划的项目必须达到基准内部收益率,坚决杜绝低效和无效投入。只有实行高质量发展举措,才能更好地为企业创造效益。

2. 发扬工匠精神,严谨细致,精益求精

甲油田发扬精益求精的工匠精神,发挥严谨细致、精益求精的工作作风,应用净现值法对气举采油进行经济评价,加强投资控制考核,进一步明确和强化投资管理过程中的激励约束机制和责任追究机制,以严格的考核兑现,确保投资回报水平提升,达到提升公司绩效管理水平的目的。自气举采油技术在甲油田人工岛推广应用以来,甲油田建成了国内滩海人工岛大规模增压气举采油系统,建成了国内大型气举生产平台。

同步测试

一、单项选择题

1. 把投资分为直接投资和间接投资的标准是（　　）。
   A. 投资行为的介入程度　　　　　B. 投入的领域
   C. 投资的方向　　　　　　　　　D. 投资的内容

2. 下列属于直接投资的是（　　）。
   A. 直接从股票交易所购买股票　　B. 购买固定资产
   C. 购买公司债券　　　　　　　　D. 购买公债

3. 下列关于项目投资与证券投资的说法中，正确的是（　　）。
   A. 它们是按投资活动与企业本身的生产经营活动关系进行分类的
   B. 项目投资属于间接投资
   C. 分类角度强调的是投资的方式性
   D. 分类角度强调的是投资的对象性

4. 各个投资项目之间相互关联，相互替代，不能同时并存的投资是（　　）。
   A. 对内投资　　B. 对外投资　　C. 独立投资　　D. 互斥投资

5. 下列关于企业投资意义的说法中，不正确的是（　　）。
   A. 投资是企业生存与发展的基本前提
   B. 投资是筹集资金的基本前提
   C. 投资是获取利润的基本前提
   D. 投资是企业风险控制的重要手段

6. 计算投资项目现金流量时，下列说法不正确的是（　　）。
   A. 必须考虑现金流量的增量　　　B. 尽量利用未来的会计利润数据
   C. 不能考虑沉没成本因素　　　　D. 考虑项目对企业其他部门的影响

7. 经营成本中不包括（　　）。
   A. 该年折旧费　　B. 工资及福利费　　C. 外购动力费　　D. 修理费

8. 某投资方案投产后年销售收入为1 000万元，年营业成本为600万元（其中折旧为100万元），所得税税率为25%，则该方案投产后年营业现金净流量为（　　）万元。
   A. 325　　　　B. 400　　　　C. 300　　　　D. 475

9. 下列各项中，不属于投资项目现金流出量内容的是（　　）。
   A. 固定资产投资　　B. 折旧与摊销　　C. 无形资产投资　　D. 营运成本

10. 下列投资项目财务评价指标中，属于静态评价指标的是（　　）。
    A. 净现值　　　B. 现值指数　　C. 静态回收期　　D. 内含报酬率

11. 下列各项中，不影响项目投资收益率的是（　　）。
    A. 建设期资本化利息　　　　　　B. 运营期利息费用
    C. 营业收入　　　　　　　　　　D. 营业成本

12. 计算静态投资回收期时，不涉及（　　）。
    A. 建设期资本化利息　　　　　　B. 流动资金投资
    C. 无形资产投资　　　　　　　　D. 开办费投资

13. 下列不属于静态回收期缺点的是( )。
    A. 没有考虑回收期满后继续发生的现金流量
    B. 无法直接利用现金净流量信息
    C. 不能计算出较为准确的投资经济效益
    D. 没有考虑货币时间价值因素
14. 某公司计划投资建设一条新生产线,投资总额为 60 万元,预计新生产线投产后每年可为公司新增税后营业利润 4 万元,生产线的年折旧额为 6 万元,则该投资的静态回收期为( )年。
    A. 5   B. 6   C. 10   D. 15
15. 已知某投资项目的原始投资额现值为 100 万元,净现值为 25 万元,则该项目的现值指数为( )。
    A. 0.25   B. 0.75   C. 1.05   D. 1.25

二、多项选择题
1. 从企业角度看,固定资产投资属于( )。
    A. 直接投资   B. 生产性投资   C. 对内投资   D. 周转资本投资
2. 与其他形式的投资相比,项目投资( )。
    A. 投资内容独特   B. 投资数额多   C. 投资风险小   D. 变现能力强
3. 下列表达式中不正确的是( )。
    A. 原始投资=固定资产投资+无形资产投资+其他资产投资
    B. 初始投资=建设投资
    C. 项目总投资=建设投资+建设期资本化利息
    D. 项目总投资=建设投资+流动资金投资
4. 下列各项中,属于长期资产投资内容的有( )。
    A. 无形资产购置成本   B. 固定资产运输费
    C. 固定资产安装费   D. 固定资产改良支出
5. 下列各项中,属于间接投资的是( )。
    A. 股票投资   B. 债券投资
    C. 固定资产投资   D. 流动资产投资
6. 下列各项中,属于非付现成本的有( )。
    A. 改良工程折旧摊销费用   B. 固定资产年折旧费用
    C. 长期资产摊销费用   D. 资产减值准备
7. 一般情况下,投资决策中的现金流量通常指现金净流量。这里的现金可以是( )。
    A. 库存现金   B. 银行存款
    C. 原材料的变现价值   D. 设备的变现价值
8. 在考虑所得税影响的情况下,下列关于营业现金流量的计算中,正确的有( )。
    A. 营业现金流量=营业收入-付现成本-所得税
    B. 营业现金流量=税后营业利润+非付现成本
    C. 营业现金流量=税后收入-税后付现成本+非付现成本抵税
    D. 营业现金流量=营业收入×(1-所得税税率)-付现成本×(1-所得税税率)+非付现成本

9. 下列属于项目投资决策评价动态指标的有(　　)。
   A. 净现值　　　B. 年金净流量　　　C. 现值指数　　　D. 内含报酬率
10. 下列项目投资决策评价指标中,一般作为净现值法辅助方法的有(　　)。
    A. 年金净流量法　　B. 内含收益率法　　C. 现值指数法　　D. 投资回收期法

三、判断题

1. 投资,是指企业为了在未来可预见的时期内获得收益或使资金增值,在一定时期向一定领域的标的物投放足够数额的资金或实物等货币等价物的经济行为。(　　)
2. 流动资金投资,是指项目投产前后分次或一次投放于流动资产项目的投资额,又称垫支流动资金或营运资金投资。(　　)
3. 原始投资的投入方式包括一次投入和分次投入。如果投资行为只涉及一个年度,则一定属于一次投入。(　　)
4. 根据时点指标假设可知,如果原始投资分次投入,则第一次投入一定发生在项目计算期的第一期期初。(　　)
5. 归还借款本金和支付利息导致现金流出企业,所以,如果项目的资金包括借款,则计算项目的现金流量时,应该扣除还本付息支出。(　　)
6. 在项目计算期数轴上,"2"只代表第二年年末。(　　)
7. 在计算项目投资的经营成本时,需要考虑融资方案的影响。(　　)
8. 净现金流量又称现金净流量,是指在项目运营期内由每年现金流入量与同年现金流出量之间的差额所形成的序列指标。其计算公式为:某年净现金流量＝该年现金流入量－该年现金流出量。(　　)
9. 全部投资的现金流量表与项目资本金现金流量表的流入项目没有区别,但是流出项目不同。(　　)
10. 如果项目的净现值大于0,则净现值率一定大于0,获利指数也一定大于0。(　　)

四、简答题

1. 简述现金流量预测的程序。
2. 简述净现值法的优缺点。
3. 简述现值指数与内含报酬率之间的异同。
4. 简述贴现指标之间的关系。
5. 简述单一独立方案完全具备可行性的条件。

五、计算分析题

1. ABC公司为一家上市公司,适用的所得税率为20%。该公司20×1年有一项固定资产投资计划(资本成本为9%),拟订方案如下:需要投资50万元,预计使用寿命为5年,折旧采用直线法,预计净残值为2万元。当年投资当年完工并投入运营。投入运营时需要垫支营运资金20万元,投入运营后预计年销售收入100万元,第1年付现成本66万元,以后在此基础上每年增加维修费1万元。要求:计算该方案每年的现金净流量。
2. ABC公司投资一工业项目需要原始投资130万元,其中固定资产投资100万元(全部为贷款,年利率为10%,贷款期限为6年),开办费投资10万元,流动资金投资20万元。建设期为2年,建设期资本化利息为20万元。固定资产投资和开办费投资在建设期第一年初投入一半,在第二年初投入一半,流动资金于第2年年末投入。该项目寿命期为10年,固定资产按直线法计提折旧,期满有10万元净残值;开办费自投产年份起分5年平均摊销。预计投

产后第一年获 10 万元净利润,以后每年递增 5 万元;流动资金于终结点一次收回。要求:

(1) 计算项目的投资总额。

(2) 计算项目投资计算期各年的现金净流量。

(3) 计算项目(包括建设期)的静态投资回收期。

3. ABC 公司拟建造一项生产设备,预计建设期为 1 年,所需原始投资 100 万元于建设期起点一次投入。该设备预计使用寿命为 4 年,使用期满报废清理时残值为 5 万元。该设备采用双倍余额递减法计提折旧。该设备投产后每年增加净利润 30 万元。假定适用的行业基准折现率为 10%。要求:

(1) 计算项目投资计算期内各年的现金净流量。

(2) 计算该项目的净现值、净现值率、现值指数。

(3) 利用净现值指标评价该投资项目的财务可行性。

4. ABC 公司准备购入 1 台设备以扩充生产能力。现需投资 20 000 元,无建设期,使用寿命为 5 年,采用直线法计提折旧,5 年后无残值,5 年中每年可实现销售收入 15 000 元,每年付现成本为 6 200 元。假设所得税税率为 25%,资本成本率为 12%。要求:

(1) 计算该方案每年的现金流量。

(2) 计算该方案的内含报酬率。

5. ABC 公司现决定新购置 1 台设备,现在市面上有甲、乙两种设备可供选择,相比之下,乙设备比较便宜,但寿命较短。两种设备各年的现金净流量预测如下表所示。

现金净流量预测　　　　　　　　　　　单位:元

年	0	1	2	3	4	5	6
甲	−40 000	8 000	14 000	13 000	12 000	11 000	10 000
乙	−20 000	7 000	13 000	12 000	—	—	—

该公司要求的最低投资收益率为 12%。要求:

(1) 计算甲、乙设备的净现值。(现值系数取 3 位小数)

(2) 计算甲、乙设备的年金净流量。

(3) 为该公司购买何种设备做出决策并说明理由。

学习情境四
拓展训练

证券投资管理

学习情境五

知识目标

1. 掌握并熟练运用债券投资的相关分析技术。
2. 掌握债券、股票以及投资基金的概念、特点以及各自的优缺点。
3. 掌握债券估价和股票估价的方法,掌握证券投资组合的策略与方法。

技能目标

1. 理解债券投资的特点及风险,会运用债券投资收益率的相关分析技术。
2. 掌握并熟练运用股票投资的相关分析技术。
3. 熟悉基金及证券组合投资的含义及方法,会进行简单的证券组合投资分析。

案例导入

证券市场发展面面观

案例一

2019年6月13日,第十一届陆家嘴论坛开幕式上传来好消息,科创板在上海证券交易所正式开板。这一重大事件标志着中国资本市场跨入了以市场方式配置资源的国际化发展之路,更意味着中国经济以科创资源为纽带实现金融聚能迈出了关键性步伐。科创板的开板必将进一步提升长三角一体化科创的质量和效率,促进科技金融新生态功能性建设的节奏和速度。

设立科创板并试点注册制是提升服务科技创新企业能力、增强市场包容性、强化市场功能的一项资本市场重大改革举措。通过发行、交易、退市、投资者适当性、证券公司资本约束等新制度以及引入中长期资金等配套措施,增量试点、循序渐进,新增资金与试点进展同步匹配,力争在科创板实现投融资平衡、一二级市场平衡、公司的新老股东利益平衡,并促进现有市场形成良好预期。

过去几年,关于如何提高资本市场服务创新企业能力的探索未曾停止。从2015年提出战略新兴板的概念,拟设立专门板块支持初创企业融资,到试行中国存托凭证,支持符合国家战略、掌握核心技术、市场认可度高的创新企业在境内上市,监管层通过多项制度改革拟提高A股对科技创新企业的支持力度,但由于受市场运行情况和经济结构调整等因素影响,推进效果并不尽如人意。一方面是资本市场制度改革无法满足创新驱动和高质量发展的实际需要,另一方面是科技创新企业仍频频选择赴美国、中国香港等国家和地区上市。改革的急迫性显而易见,要留下好企业、创新型企业,增强资本市场的融资能力,就必须在确保市场平稳运行的基础上大刀阔斧地推进改革,科创板应运而生。它就像一块试验田,既能让科技创新企业通过盈利状况、股权结构等差异化安排登陆A股,又能试点注册制,通过探索发行、交易、退市、中介责任、监管等环节的制度创新,完善资本市场基础制度,是弥补制度短板、增强A股包容性、服务科技创新至关重要的突破口和实现路径。

案例二

张先生是一位60多岁的投资者,退休前是某大型国企的领导,退休后入股市。他是2001年2 200点附近入市的,被套之后因为是新股民,所以就抱定了赔钱绝不卖货的想法,这一扛就是四年,直到大盘跌到1 200点附近时,到了心理承受极限,终于挥泪割肉离场。痛定思痛,痛何如哉!惨痛的经历和知识分子的觉悟促使他进行了深刻的反思,最后终于得出股市操作第一条血的教训:炒股票不能死捂,一定要动起来。

带着这条血的教训,他在2006年、2007年的火热股海中尽情地搏杀,今天进明天出,忙得不亦乐乎。大盘最高点时盘点,他惊喜地发现了自己终于盈利了,由84万元到86万元,但瞬间的惊喜很快被更大的忧虑所代替,别人获利都是百分之几十甚至百分之几百,但自己只有可怜的2.5%。他再一次陷入了痛苦的深渊,数个不眠之夜之后,他又得出炒股的第二条血的教训:炒股票还是得死捂。

A股从2007年开始下跌,他牢牢地遵循着这条铁律,一口气从6 000多点一直扛到2 000多点,在2008年8月的时候几乎处于崩溃的边缘,他不知道自己是不是还要继续死扛下去,他更不知道茫茫股海何时才是个头……这位投资者2001年年初入市资金是200多万元,到了2008年只剩下30多万元,八年艰苦"抗战"换来的是向下"飞跃"。他犯的最大错误是对于证券市场的无知。如果往深里探究,是没有与时俱进,没有在不同的市场环境中采取相应的操作策略。

思考分析:中国证券市场用30年走过了西方发达国家200多年的发展历程,从改革开放开始到现在,中国的证券市场从幼稚逐步走向成熟,请根据所学知识,对我国证券市场的发展史做一个总结。

任务一　证券投资管理概述

一、证券投资的含义及目的

国家、企业以及个人,为了在未来可预见的时期内获得收益或者资金增值,向一定领域投放资金或实物的经济行为称为投资,投资分为实物投资、资本投资和证券投资等。其中,证券投资需通过购买企业发行的股票和公司债券等,间接参与企业的利润分配来实现其获利的目的。

证券投资管理概述

1. 证券投资的含义

证券是指票面载有一定金额,代表财产所有权或债权,可以有偿转让的凭证。它用于证明持有人有权依其所持凭证记载的内容而取得应有的权益。证券投资是指投资者(法人或自然人)购买股票、债券、基金等有价证券以及这些有价证券的衍生品以获取红利、利息及资本利得的投资行为和投资过程,是间接投资的重要形式。

2. 证券投资的目的

企业进行证券投资的目的主要有以下几个方面。

(1) 获取高于银行存款的投资收益。企业为了有效利用资金,可利用正常经营中暂时多余闲置的资金,购入一些短期的有价证券进行投资,根据市场的变动情况,伺机出售变现,谋取较高的投资收益。

(2) 为了积累发展基金或偿债基金,满足未来的财务需求。如企业欲在将来扩建厂房或归还到期债务,可按期拨出一定数额的资金投入一些风险较小的证券,以积累其特殊业务所需的整笔资金需求。

(3) 控制相关企业,满足季节性经营。企业有时从经营战略上考虑需要控制某些相关企业,可通过购买该企业大量股票,从而取得对被投资企业的控制权,以增强企业的竞争能力。

季节性经营的公司在某些月份资金有余,而有些月份则会出现短缺,可在资金剩余时购入有价证券,短缺时则售出。

【业务 5-1】证券资产的持有目的是多元的,下列各项中不属于持有证券资产目的的是(　　)。

A. 为谋取资本利得即为销售而持有
B. 为未来积累现金即为未来变现而持有
C. 为消耗而持有
D. 为取得其他企业的控制权而持有

解析:选 C。实体项目投资的经营资产往往是为消耗而持有,为流动资产的加工提供生产条件。证券资产的持有目的是多元的,既可能是为未来积累现金(即为未来变现)而持有,也可能是为谋取资本利得(即为销售)而持有,还有可能是为取得对其他企业的控制权而持有。

二、证券及证券投资的分类

1. 证券的分类

(1) 按证券体现的权益关系分类。证券按体现的权益关系可分为所有权证券、信托投资证券和债权证券。所有权证券是一种既不定期支付利息,也无固定偿还期的证券,它代表着投资者在被投资公司所占权益的份额,在被投资公司盈利且宣布发放股利的情况下,才可能分享被投资公司的部分净收益,股票是典型的所有权证券。信托投资证券是指信托企业通过集中客户的资金,投资于多种有价证券的一种信托业务。它由信托经营公司运用信托基金,投资各种有价证券,再分割成数个投资单位,并以发行信托券向投资者出售,持券人日后如要转让,也可由信托经营公司收购。债权证券是一种必须定期支付利息,并要按期偿还本金的有价证券,各种债券如国库券、公司债券、金融债券都是债权证券。

(2) 按证券的收益状况分类。证券按收益状况可分为固定收益证券和变动收益证券。固定收益证券是指在证券票面上规定有固定收益率,投资者可定期获得稳定收益的证券,如优先股股票、债券等。变动收益证券是指证券票面无固定收益率,其收益情况随公司经营状况而变动的证券。变动收益证券风险大,投资报酬率也相对较高;固定收益证券风险低,投资报酬率也相对较低。

(3) 按证券发行主体分类。证券按发行主体可分为政府证券、金融证券和公司证券 3 种。政府证券是指中央或地方政府为筹集资金而发行的证券,如国库券等;金融证券是指银行或其他金融机构为筹集资金而发行的证券;公司证券又称为企业证券,是企业发行的证券。

(4) 按证券到期日的长短分类。证券按到期日的长短可分为短期证券和长期证券。短期证券是指1年内到期的有价证券,如银行承兑汇票、商业本票、短期融资券等。长期证券是指到期日在1年以上的有价证券,如股票、债券等。

(5) 按证券募集方式的不同分类。证券按证券募集方式的不同可分为公募证券和私募证券。公募证券又称公开发行证券,是指发行人向不特定的社会公众广泛发售的证券;私募证券又称内部发行证券,是指面向少数特定投资者发行的证券。

【业务5-2】按照发行主体的不同,证券可分为( )。
A. 政府证券　　　　B. 金融证券　　　　C. 公司证券　　　　D. 国库券
解析:选 ABC。按照证券发行主体的不同,证券可分为政府证券、金融证券和公司证券。

2. 证券投资的分类

证券投资按照其投资对象的不同,可以分为以下几种。

(1) 债券投资。债券投资是指企业将资金投入各种债券,如国债、公司债券和短期融资券等。相对于股票投资,债券投资一般风险较小,能获得稳定收益,但要注意投资对象的信用等级。

(2) 股票投资。股票投资是指企业购买其他企业发行的股票作为投资,如普通股、优先股股票。股票投资风险较大,收益也相对较高。

(3) 基金投资。基金就是许多投资者将资金汇集,然后由基金公司的专家负责管理,用来投资于多家公司的股票或者债券。基金投资由于由专家经营管理,风险相对较小,正越来越受广大投资者的青睐。

(4) 证券组合投资。证券组合投资是指企业将资金同时投放于债券、股票等多种证券,这样可分散证券投资风险。组合投资是企业证券投资的常用投资方式。

三、证券投资的一般程序

1. 选择投资对象

证券投资首先要选择合适的投资对象,选择投资于哪种证券。合理选择投资对象是证券投资成败的关键。企业应根据制定的投资原则,认真分析投资对象的收益水平和风险程度,合理选择投资对象,将风险降到最低限度,取得较好的投资收益。

2. 开户、委托买卖

证券投资者首先到证券登记公司开立账户,之后选择合适的证券商委托代理买卖证券。企业可通过电话委托、计算机终端委托、递单委托等方式委托证券商代为买卖有关证券。

3. 清算与交割

企业委托券商买入某种证券成功后,即应解交款项,收取证券。清算即证券买卖双方结清价款的过程。

4. 办理证券过户

投资者从证券市场购买证券后,应到证券发行公司办理证券持有人姓名的变更,证券过户只限于记名证券。

四、证券投资的风险

证券投资风险受市场经济和金融体制发展的影响,具备以下几点特征:首先,证券投资具有客观性,这主要表现在投资客体的客观性。由于证券投资受金融市场的影响,其中存在的各种不确定因素是客观存在且无法改变的,这些不确定因素是影响证券投资收益最重要的影响因素,会引起投资收益的起伏波动。其次,证券投资具有双面性。不确定因素有时会带来收益,但也很有可能带来损失。最后,证券投资具有相对性。就股票市场而言,市盈率低的股票比市盈率高的股票风险低。越是价格高的热门股票,其股份波幅的变化也就越大,其投资风险也就越大;反之,则相对稳定,风险也就相对越小。

因此,一般将与证券投资可能会产生的风险称为总风险,总风险又可以概括为系统风险和非系统风险。

1. 系统风险

系统风险是指由于外部经济、政治等环境变化引起的投资收益变动的不确定性。系统风险对所有公司、企业、证券投资者和证券种类均产生影响,因而通过多样化投资不能抵消这样的风险,所以又称为不可分散风险。

(1) 市场风险。市场风险是指由于证券市场行情变动而引起的风险。就我国目前情况来看,产生市场风险的主要原因有两个:一是证券市场内在原因,它是不可避免的;另一个就是人为的因素。证券市场本身存在着财富放大效应,这就不可避免地存在泡沫。市场风险是无法回避的,但是投资者还是可以设法减轻市场风险影响的。尽管经济形势变动对各种证券都有影响,但影响的程度不尽相同,认清大势,选好股票是降低市场风险的较好办法。

(2) 利率风险。利率风险是指市场利率变动引起证券投资收益的不确定性,市场利率的变动会引起证券价格变动,进而影响了证券收益的确定性,带来了证券投资的风险。利率与证券价格成反比变化,即利率提高,证券价格水平下降;利率下降,证券价格水平上涨。

(3) 购买力风险。购买力风险是指由于通胀导致购买力下降的可能。在持续的物价波动环境下,货币性资产会产生购买力升降:当物价持续上行时,货币性资产会遭受购买力损失;当物价持续下跌时,货币性资产会带来购买力收益。

证券资产是一种货币性资产,通货膨胀会使证券资产投资的本金和收益贬值,购买力风险对具有收款权利性质的资产影响很大。一般来说,债券投资购买力风险远大于股票投资。如果通胀延续,投资人会把资本投入实体资产以求保值,对证券资产的需求减少,引起证券资产价格下跌。

2. 非系统风险

非系统风险也称非市场风险、可分散风险。它与系统性风险相对,是与股票市场、期货市场、外汇市场等相关金融投机市场波动无关的风险。非系统风险是由特殊因素引起的,一般是某一企业或行业特有的风险,只影响某些股票的收益。非系统风险可通过分散投资消除。

(1) 经营风险。证券市场交易股票的价格,从根本上来说是反映上市公司内在价值的,其价值的大小由上市公司的经营业绩决定。然而,上市公司本身的经营是有风险的,经营上潜藏着不景气,甚至失败、倒闭的风险,从而造成投资者收益本金的损失。

(2) 财务风险。财务风险是指公司因筹措资金而产生的风险,即公司可能丧失偿债能力的风险。公司财务结构的不合理,往往会给公司造成财务风险。形成财务风险的因素主要有资本负债比率、资产与负债的期限、债务结构等因素。投资者在投资股票时,应注意公司报表的财务分析。

(3) 信用风险。信用风险也称违约风险,是指不能按时向证券持有人支付本息而使投资者造成损失的可能性。主要针对债券投资品种,对于股票来说,一般只有在公司破产的情况下才会出现此类风险。

(4) 道德风险。道德风险主要指上市公司管理者的道德风险。上市公司的股东和管理者是一种委托—代理关系,由于管理者和股东追求的目标不同,尤其是在双方信息不对称的情况下,管理者的行为可能会对股东的利益造成损害。

任务二 债券投资

一、债券的含义及基本要素

1. 债券的含义

债券是发行者为筹集资金,向债权人发行的,在约定时间支付一定比例的利息,并在到期时偿还本金的一种有价证券。由企业发行的债券称为企业债券或公司债券,由政府发行的债券称为国库券(1年以内)或国债(1年以上)。

根据投资期限不同,债券投资分短期投资和长期投资。企业进行短期债券投资的目的主要是合理利用暂时闲置的资金,调节现金余额,获得收益;企业进行长期债券投资的目的主要是获得稳定的收益。

2. 债券投资的特点

债券作为一种重要的融资手段和金融工具,相对于股票投资而言,具有以下特点。

(1) 属于债权性投资。债券持有人作为发行公司的债权人,定期获取利息并到期收回本金,但无权参与公司经营管理。债券体现债权、债务关系。

(2) 投资风险小。由于债券具有规定的还本付息日并且其求偿权也位于股东之前,因此债券投资到期能够收回本金(或部分本金),其风险较股票投资小。特别是政府发行的债券,由于有国家财力作后盾,其本金的安全性非常高,通常视为无风险证券。

(3) 收益相对稳定。债券投资的收益是由票面金额和票面利率计算的利息收入及债券转让的价差所决定,与发行公司的经营状况无关,因而其投资的收益比较稳定。

(4) 债券价格波动性较小。债券的市场价格尽管有一定的波动性,但由于前述原因,债券的价格毕竟不会偏离其太多,因此,其波动性相对较小。

【业务 5-3】相对于债券投资而言,下列关于股票投资的说法不正确的是(　　)。

A. 收益率低　　　　　　　　　　B. 收益不稳定

C. 价格波动性大　　　　　　　　D. 风险大

解析:选 A。股票投资相对于债券投资而言具有以下特点:①股票投资是权益性投资;②股票投资的风险大;③股票投资的收益率高;④股票投资的收益不稳定;⑤股票价格的波动性大。

3. 债券的基本要素

一般来说,债券应具备以下基本要素。

(1) 债券发行主体名称及发行时间。债券一般分为政府债券、金融债券和公司债券,因此,债券发行时应明确其发行主体名称及发行时间。

(2) 债券面值。债券面值是指设定的票面金额。它代表发行人借入并承诺于未来某一特定日期偿还给债券持有人的金额。

(3) 债券票面利率。债券的票面利率是指债券发行者预计 1 年内向投资者支付的利息占票面金额的比率。

债券的票面利率是债券的名义利率,它不同于按复利方式计算的实际利率。债券的票面利率通常在发行债券之前就已确定,并注明于债券票面上。

(4) 债券的到期日。债券的到期日是指偿还本金的日期。债券一般都规定有确定的到期日,以便到期时归还本金。

【业务 5-4】关于债券价值与债券持有期限的关系,下列说法中不正确的是(　　)。
A. 随着债券持有期限延长,债券的价值会偏离债券的面值,但这种偏离的变化幅度最终会趋于平稳
B. 不管是平价、溢价还是折价债券,都会产生不同期限下债券价值有所不同的现象
C. 债券持有期限越短,债券票面利率对债券价值的影响越小
D. 引起债券价值随债券持有期限的变化而波动的原因,是债券票面利率与市场利率不一致

解析:选 B。引起债券价值随债券持有期限的变化而波动的原因,是债券票面利率与市场利率不一致。如果债券票面利率与市场利率之间没有差异,债券持有期限的变化不会引起债券价值的变动。也就是说,只有溢价债券或折价债券,才产生不同期限下债券价值有所不同的现象。选项 B 不正确。

二、债券的价值计算

债券的价值又称为债券的内在价值,是指进行债券投资时投资者预期可获得的现金流入的现值。债券的现金流入主要包括利息和到期收回的本金或出售时获得的现金两部分。对投资者而言,只有当债券价值高于其购买价格时,才值得投资。

债券价值的确定

1. 债券估值基本模型

债券价值估算的基本模型主要是指按复利方式计算的每年定期付息,到期一次还本情况下债券的模型。通常认为,债券的价值是指进行债券投资时投资者预期可获取的现金流量的现值。

$$V = \frac{I_1}{1+K} + \frac{I_2}{(1+K)^2} + \cdots + \frac{I_n}{(1+K)^n} + \frac{F}{(1+K)^n}$$

式中,V 为债券的现值;I_n 为债券第 n 年的利息;F 为债券到期价格;K 为必要的投资收益率。

【业务 5-5】ABC 公司于 20×0 年 2 月 1 日发行面额为 2 000 元的债券,其票面利率为 8%,每年 2 月 1 日计算并支付一次利息,并于 5 年后的 1 月 31 日到期,同等风险投资的必要报酬率是 10%。要求:估算该债券的价值。

解析:由于票面利率为 8%,其每年应支付的利息为 2 000×8%=160(元);期限 n 为 5 年;本金 2 000 元,该债券价值估算如下:

$$\begin{aligned}
V &= 160 \times (P/A, 10\%, 5) + 2\,000 \times (P/F, 10\%, 5) \\
&= 160 \times 3.790\,8 + 2\,000 \times 0.620\,9 \\
&= 606.53 + 1\,242 \\
&= 1\,848.53(元)
\end{aligned}$$

【业务5-6】某债券面值100万元,期限20年,每年支付一次利息,到期归还本金,以市场利率作为评估债券价值的贴现率,目前的市场利率为10%,如果票面利率分别为8%、10%和12%。要求:计算债券的价值。

解析：
$$V_1=100\times 8\%\times(P/A,10\%,20)+100\times(P/F,10\%,20)$$
$$=100\times 8\%\times 8.5136+100\times 0.1486=82.97(万元)$$
$$V_2=100\times 10\%\times(P/A,10\%,20)+100\times(P/F,10\%,20)$$
$$=100\times 10\%\times 8.5136+100\times 0.1486=100(万元)$$
$$V_3=100\times 12\%\times(P/A,10\%,20)+100\times(P/F,10\%,20)$$
$$=100\times 12\%\times 8.5136+100\times 0.1486=117.02(万元)$$

根据以上题目可以看出,债券的票面利率有可能小于、等于或大于其票面价值,因此在债券实际发行时就要折价、平价或溢价发行。折价发行是对投资者未来获得较少利息的补偿;平价发行是因为票面利率与市场利率是一致的,从而票面价值与债券内在价值相等,不存在补偿问题;溢价发行是为了对债券发行者未来多付利息而给予的必要补偿。

2. 利随本清债券价值模型

利随本清债券,即指一次还本付息,以单利计算的存单式债券。利随本清的存单式企业债券是最为普通的一种债券,我国各地企业发行的大多为此种债券,期限一般为1~5年,债券上载明面额、期限、利率、还本付息日期等,按面额平价发行,到期一次性还本付息。其估价模型为

$$V=\frac{F+I\cdot n}{(1+K)^n}$$

式中,V为债券的价值;F为债券到期价格;I为债券利息;n为债券到期年限;K为必要的投资收益率。

【业务5-7】ABC公司发行一种2年期的利随本清企业债券,该债券的面值为1000元,票面年利率为10%,不计复利。发行时市场年利率为8%,计算其在发行时点的价值。

【解析】
$$V=\frac{1000+1000\times 10\%\times 2}{(1+8\%)^2}=1028.81(元)$$

3. 零息债券价值模型

零息债券又称为纯贴现债券,它是以贴现方式发行的债券,一般没有票面利率,只支付终值,即到期按面值偿还。其估价模型为

$$V=\frac{F}{(1+K)^n}=F\times(P/F,K,n)$$

【业务5-8】有5年期国债,面值1000元,设年折现率为12%,要求:计算其在发行时点的价值。

解析： $V=1000\times(P/F,12\%,5)=1000\times 0.5674=567.4(元)$

三、债券的收益计算

1. 短期债券收益率的计算

短期债券由于期限较短,一般不用考虑货币的时间价值因素,只需考虑债券价差及利息,将其与投资额相比,即可求出短期债券收益率。短期债券收益率的计算是指持有至到期日,且到期时间在1年以内的债券收益率。其

债券投资收益的计算

计算公式如下：

$$短期债券收益率 = \frac{出售价 - 买入价 + 持有期间的利息收入}{买入价 \times 持有年限} \times 100\%$$

【业务5-9】ABC公司目前持有长江公司债券若干，该债券每张买入价为100元，持有期间获得利息为5元，持有期限半年，假设出售价格为110元。要求：计算该短期债券的收益率。

解析：
$$短期债券收益率 = \frac{(110-100)+5}{100 \times 0.5} \times 100\% = 30\%$$

2. 长期债券收益率的计算

对于长期债券，由于涉及时间较长，需要考虑货币的时间价值，其投资收益率一般是指购进债券后一直持有至到期日可获得的收益率，它是使债券利息的年金现值和债券到期收回本金的复利现值之和等于债券购买价格时的贴现率。其收益率计算公式为

$$V = I \times (P/A, K, n) + F \times (P/F, K, n)$$

式中，K为债券收益率，采用插值法计算可得。

【业务5-10】ABC公司在20×0年1月1日发行5年期债券，面值1 000元，票面利率10%，于每年12月31日付息，到期时一次还本。要求：

（1）假定20×0年1月1日金融市场的市场利率是9%，该债券的发行价应定为多少？

（2）假定1年后该债券的市场价格为1 049.06元，该债券于20×5年1月1日的到期收益率是多少？

（3）假定该债券价格在20×4年1月1日由开盘的1 018.52元跌至收盘的900元，跌价后该债券的到期收益率是多少（假设能够全部按时收回本息）？

解析：（1）债券的发行价 = 1 000×10%×(P/A,9%,5)+1 000×(P/F,9%,5)= 1 000×10%×3.889 7+1 000×0.649 9=1 038.87(元)。

（2）1 049.06 = 1 000×10%×(P/A,K,4)+1 000×(P/F,K,4)，用插值法求出$K=8.51\%$。

（3）900 = 100×(P/A,K,1)+1 000×(P/F,K,1)，用插值法求出$K=22.26\%$。

四、债券投资的优缺点

1. 债券投资的优点

（1）投资收益稳定。进行债券投资一般可按时获得固定的利息收入，收益稳定。

（2）投资风险较低。相对于股票投资而言，债券投资风险较低。特别是政府债券，由于有国家财力作后盾，所以通常被视为无风险债券或金边债券。另外，公司破产时公司债券的持有人对公司的剩余财产有优先求偿权，因而风险较低。

（3）流动性强。大公司及政府债券很容易在金融市场上迅速出售，流动性较强。

2. 债券投资的缺点

（1）无经营管理权。债券投资者只能定期取得利息，无权影响或控制被投资公司。

（2）购买力风险较大。由于债券面值和利率是固定的，如投资期间通货膨胀率较高，债券面值和利息的实际购买力就会降低。

任务三 股票投资

一、股票投资的含义及特点

1. 股票投资的含义

股票投资是指企业购买其他企业发行的股票以获取股利或股票买卖的价差收益并持有股票的一种投资活动。按照我国《公司法》的规定，目前各公司发行的都是不可赎回的、记名的、有面值的普通股，只有少量公司按照过去规定发行过优先股，所以这里只介绍普通股股票投资的问题。

2. 股票投资的特点

股票投资和债券投资都属于证券投资，但股票投资有其自身的一些特点。

（1）属于权益性投资。股票投资与债券投资虽然都是证券投资，但投资的性质不同：股票投资属于权益性投资，股票是代表所有权的凭证，持有人作为发行公司的股东有权参与公司的经营决策；而债券投资属于债权性投资，债券是代表债权的凭证，持有人作为发行公司的债权人可以定期获取利息，但无权参与公司经营决策。

（2）投资风险大。投资者购买股票之后，不能要求股份公司偿还本金，只能在证券市场上转让，因此股票投资者至少面临两方面的风险：①股票发行公司经营不善所形成的风险。如果公司经营状况较好，盈利能力强，则股票投资者的收益就多；如果公司的经营状况不佳，发生了亏损，就可能没有收益；如果公司破产，由于股东的求偿权位于债权人之后，因此股票可能部分甚至全部不能收回投资。②股票市场价格变动所形成的价差损失风险。股票价格的高低，除取决于公司的经营状况外，还受政治、经济和社会等多种因素的影响，因而股票价格经常处于变动之中，其变动幅度往往高于债券价格的变动幅度。股票价格的变动既能为股东带来价格上升的收益，也会带来价格下跌的损失。

（3）收益相对高且不稳定。由于投资的高风险性，股票是一种收益不固定的证券，其收益一般高于债券。股票投资收益的高低取决于公司盈利水平的高低和整体经济环境的好坏。当公司经营状况好、盈利水平高而社会经济发展繁荣稳定时，股东既可以从发行公司领取高额股利，又可因股票升值获取转让收益。

股票投资的收益主要是公司发放的股利和股票转让的价差收益，相对债券而言，其稳定性较差。股票股利直接与公司的经营状况相关，公司盈利多，就可能多发放股利；公司盈利少，就可能少发或不发股利。股票转让的价差收益主要取决于股票市场的行情，股市行情好，出售股票就可以得到较大的价差收益；股市低迷，出售股票将会遭受损失。

【业务5-11】下列各项中，不构成股票收益的是（　　）。
A. 股利收益　　B. 名义利息收益　　C. 股利再投资收益　　D. 转让价差收益

解析：选B。股票收益的来源包括：①股利收益；②股利再投资收益；③转让价差收益。选项B属于债券收益的来源之一。

（4）股票价格的波动性大。股票价格既受发行公司经营状况的影响，又受股市投机等因素的影响，波动性极大。这就决定了不宜冒险的资金最好不要用于股票投资，而应选择风险较小的债券投资。

3. 股票投资的目的

企业进行股票投资主要出于两种目的：一是一般意义的证券投资，其目的是获取股利收入及股票买卖价差，或配合企业对资金的需求，调剂现金的余缺，使现金余额达到合理的水平；二是购买某一公司的大量股票达到控制该公司的目的。由于目的不同，投资策略也不相同，第一种目的下，企业不应把大量资金投资于某一种股票上，应采用证券组合投资以分散风险；在第二种目的下，企业应将资金集中投放在被投资公司股票上以实现控股的目的。

二、股票价值的确定

股票价值的确定

股票本身没有价值，仅仅是一种凭证。它之所以有价格，是因为可以进行买卖，同时能给持有者带来一定的收益。股票持有者获得的收益包含股利收入和出售时的利得。因此，股票的价值包含持有期间一系列的股利和将来出售股票时售价的现值。股票的内在价值可以同市价进行比较，从而决定是否买入、持有或卖出股票。

1. 股票价值的基本模型

股票的价值由一系列的股利和将来出售股票时售价的现值所构成。其计算模型如下：

$$V = \sum_{t=1}^{n} \frac{D_t}{(1+K)^t} + \frac{P_n}{(1+K)^n}$$

式中，V 为股票的内在价值；D_t 为第 t 年的每股现金股利；P_n 为股票出售的价格；K 为贴现率。

若股东永远持有股票，则该股票的内在价值转化为永续的现金流入，股东持续获得股利收入。

【业务 5-12】 ABC 公司每股普通股的基年股利为 3 元，估计年股利增长率为 10%，期望的投资报酬率为 15%，打算在 3 年以后转让，预计转让价格为每股 20 元。要求：计算该普通股的内在价值。

解析： $V = \dfrac{3 \times (1+10\%)}{1+15\%} + \dfrac{3 \times (1+10\%)^2}{(1+15\%)^2} + \dfrac{3 \times (1+10\%)^3}{(1+15\%)^3} + \dfrac{20}{(1+15\%)^3} = 21.39$（元）

2. 零增长股利模型

零增长股利模型假定股票持有者每年获得固定股利，即股利增长率为 0。在此状态下，股票价值转化为一笔永续年金的现金流入。股票的价值估算公式为

$$V = D/K$$

式中，V 为该股票价值；D 为每年的固定股利；K 为必要的投资报酬率。

【业务 5-13】 某企业拟购买 A 公司股票并准备长期持有该股票，预计每年股利为 50 元，企业要求必要报酬率为 10%。要求：计算该股票的价值。

解析：
$$V = \frac{50}{10\%} = 500（元）$$

3. 固定增长股利模型

固定增长股利模型的推导

该模型假设股票持有者每年能够获得一个以固定增长比率 g 为基础的股利，使持股者能以可预见的方式持续获得股利。该模型下的股票价值计算公式如下：

$$V = \frac{D_1}{K - g}$$

式中，P 为该股票价值；D_1 为第 1 年的股利；K 为投资必要报酬率；g 为固定的股利增长率。

【业务5-14】假定某投资者准备购买 A 公司的股票,并且准备长期持有,要求达到12%的收益率,该公司今年每股股利0.8元,预计未来股利会以9%的速度增长。要求:计算 A 股票的价值。

解析:
$$V = \frac{0.8 \times (1+9\%)}{12\%-9\%} = 29.07(元)$$

4. 阶段性增长股利模型

阶段性增长股利模型表明的是,某些公司的股利可能会在某阶段出现大于贴现率的高速增长率,而后阶段公司的股利固定不变或正常增长。对于阶段长的股票,需要分段计算,才能确定股票的价值。

【业务5-15】某上市公司本年度每股支付股利2元,预计该公司未来进入成长期,净收益第1年增长14%,第2年增长14%,第3年增长8%。第4年及以后将保持5%的增长速度。要求:假设投资人要求的报酬率为10%,计算股票价值。

解析: 首先,计算高速增长期股利的现值,如表5-1所示。

表5-1 高速增长期股利现值

t	第 t 年股利	现值系数(10%)	股利现值
1	$2 \times (1+14\%) = 2.28$(元)	0.909 1	2.07
2	$2.28 \times (1+14\%) = 2.60$(元)	0.826 4	2.15
3	$2.60 \times (1+8\%) = 2.81$(元)	0.751 3	2.11
合 计			6.33

其次,正常增长期股利在第3年年末的现值。

$$V_3 = \frac{D_4}{K-g} = \frac{2.81 \times (1+5\%)}{10\%-5\%} = 59.01 \text{ (元)}$$

最后,计算该股票的价值。

$$V_0 = 59.01 \times 0.751\ 3 + 6.33 = 50.66(元)$$

【业务5-16】一个投资人持有 ABC 公司的股票,他的投资必要报酬率为15%。预计 ABC 公司未来3年股利分别为0.5元、0.7元、1元。在此以后转为正常增长,增长率为8%。要求:计算该公司股票的价值为(　　)元。

A.12.08　　　　B.11.77　　　　C.10.08　　　　D.12.20

解析: 选B。股票的价值 $= 0.5 \times (P/F,15\%,1) + 0.7 \times (P/F,15\%,2) + 1 \times (P/F,15\%,3) + 1 \times \frac{1+8\%}{15\%-8\%} \times (P/F,15\%,3) = 0.5 \times 0.869\ 6 + 0.7 \times 0.756\ 1 + 1 \times 0.657\ 5 + 1 \times \frac{1+8\%}{15\%-8\%} \times 0.657\ 5 = 11.77(元)$。

三、股票的投资收益

同债券投资类似,在绝大多数情况下,股票持有者在持有期间可以获得股利,出售时也可获得现金流入。但由于股利不同于债券利息,是经常变动的,因此要求的股票投资收益相对来说比债券要复杂。投资者需要根据不同情形进

股票投资收益的计算

行正确的判断。

1. 短期持有股票的收益率计算

如果股票持有者持有股票时间不超过一年，则无须考虑货币的时间价值，可以简单计算出该股票的收益率。其计算公式为

$$持有期收益率 = \frac{出售价 - 买入价 + 持有期股利}{买入价 \times 持有年限} \times 100\%$$

2. 长期持有股票的收益率计算

对于长期持有股票的持有者来说，由于涉及时间较长，需要考虑货币的时间价值，其投资收益率一般是指购进股票后一直持至到期日可获得的收益率，它是使各年股利及售价复利现值之和等于股票购买价格的贴现率。其计算公式为

$$V = \sum_{t=1}^{n} \frac{d_t}{(1+K)^t} + \frac{P_n}{(1+K)^n}$$

式中，V 为股票的价值；d_t 为各年股利；P_n 为股票售价；K 为所求股票收益率。

【业务5-17】张某目前持有 A 股票若干，该股票买入价为 100 元，持有期间每年股利固定为 10 元。假设售出价格为 133.70 元。要求：分别计算 A 股票短期（持有0.5年）持有和长期（5年）持有两种情形下，股票的收益率 K。

解析：短期持有 A 股票：

$$投资收益率 K = \frac{133.70 - 100 + 10}{100 \times 0.5} \times 100\% = 87.40\%$$

长期持有 A 股票：

$$100 = 10 \times (P/A, K, 5) + 133.70 \times (P/F, K, 5)$$

利用逐步测试法进行计算。

先用 10% 的收益率进行测算：

$$\begin{aligned} V_{10\%} &= 10 \times (P/A, 10\%, 5) + 133.70 \times (P/F, 10\%, 5) \\ &= 10 \times 3.790\,8 + 133.70 \times 0.620\,9 \\ &= 120.92(元) \end{aligned}$$

由于 120.92 元大于 100 元，所以再用 20% 的收益率来进行测试：

$$\begin{aligned} V_{20\%} &= 10 \times (P/A, 20\%, 5) + 133.70 \times (P/F, 20\%, 5) \\ &= 10 \times 2.990\,6 + 133.70 \times 0.401\,9 \\ &= 83.64(元) \end{aligned}$$

用插值法计算：

$$\frac{83.64 - 100}{83.64 - 120.92} = \frac{20\% - K}{20\% - 10\%}$$

解得 $K = 15.62\%$。

四、股票投资的优缺点

1. 股票投资的优点

(1) 投资收益高。股票投资风险大，收益也高，只要选择得当，就能取得优厚的投资收益。

(2) 购买力风险低。与固定收益的债券相比，普通股能有效地降低购买力风险。因为通货膨胀率较高时，物价普遍上涨，股份公司盈利增加，股利也会随之增加。

(3) 拥有经营控制权。普通股股票的投资者是被投资公司的股东,拥有一定的经营控制权。

2. 股票投资的缺点

(1) 收入不稳定。普通股股利的有无、多少,需视被投资公司经营状况而定,很不稳定。

(2) 价格不稳定。股票价格受众多因素影响,极不稳定。

(3) 求偿权居后。公司破产后,普通股投资者对被投资公司的资产求偿权居于最后,其投资有可能得不到全额补偿。

任务四 基金投资及证券投资组合

一、基金投资的含义和分类

1. 基金投资的含义

投资基金是一种利益共享、风险共担的集合投资制度,即由基金发起人以发行收益证券的形式汇集一定数量的具有共同投资目的的投资者的资金,委托由投资专家组成的专门投资机构将各种分散的资金进行投资组合的一种基金。

基金投资

2. 基金投资的分类

投资基金按组织形态不同,可分为契约型基金和公司型基金;按变现方式不同,可分为封闭式基金和开放式基金;按投资标的不同,可分为股票基金、债券基金、货币基金、期货基金、期权基金、认股权证基金和专门基金等。

二、基金价值及收益率计算

1. 基金的价值

基金的价值是指在基金投资上所能带来的现金净流量。确定基金的价值有以下几个要素。

(1) 基金价值的内涵。基金的价值取决于目前能给投资者带来的现金流量,这种目前的现金流量用基金的净资产价值来表达。

基金的价值取决于基金净资产的现在价值,其原因在于:投资基金的未来收益是不可预测的。由于投资基金不断变换投资组合对象,再加上资本利得是投资基金收益的主要来源,加之证券价格波动,从而使对投资基金未来收益的预计变得不大现实。既然未来不可预测,投资者把握的就是"现在",即基金资产的现有市场价值。

(2) 基金单位净值。基金单位净值也称为单位净资产值或单位资产净值。基金的价值取决于基金净资产的现值,基金单位净值是在某一时点每一单位基金(或基金股份)所具有的市场价值,因此基金单位净值是评价基金业绩最基本和最直观的指标,也是开放型基金中柜台交易价格以及封闭型基金上市交易价格确定的重要依据。

基金单位净值是在某一时点每基金单位(或基金股份)所具有的市场价值。计算公式为

$$基金单位净值 = \frac{基金净资产价值总额}{基金单位总份数} = \frac{基金资产总额 - 基金负债总额}{基金单位总份数}$$

在基金净资产价值的计算中,基金的负债除以基金名义对外融资借款外,还包括应付投资者的分红、基金应付给基金经理公司的首次认购费、经理费用等各项基金费用。相对来说,基

金的负债金额是固定的,基金净资产的价值主要取决于基金总资产的价值。这里基金总资产的价值并不是指资产总额的账面价值,而是指资产总额的市场价值。

(3)基金的报价。从理论上说,基金的价值决定了基金的价格,基金的交易价格是以基金单位净值为基础的,基金单位净值高,基金的交易价格也高。封闭型基金在二级市场上交易,其交易价由供求关系和基金业绩决定,围绕着基金单位净值上下波动。开放型基金的柜台交易价格则完全以基金单位净值为基础,通常采用两种报价形式,即认购价(卖出价)和赎回价(买入价)。开放型基金柜台交易价格的计算公式为

$$基金认购价 = 基金单位净值 + 首次认购费$$

$$基金赎回价 = 基金单位净值 - 基金赎回费$$

基金认购价也就是基金经理公司的卖出价,卖出价中的首次认购费是支付给基金经理公司的发行佣金。基金赎回价也就是基金经理公司的买入价,赎回价低于基金单位净值是由于抵扣了基金赎回费,以此想提高赎回成本,防止投资者赎回,保持基金资产的稳定性。收取首次认购费的基金,一般不再收取赎回费。

2. 基金的收益率

基金收益率是反映基金增值情况的指标。它通过基金净资产的价值变化来衡量。基金净资产的价值是以市价计量的,基金资产的市场价值增加,意味着基金的投资收益增加,基金投资者的权益也随之增加。

$$基金收益 = 当日基金净值 \times 基金持有份额 \times (1 - 赎回费) - 申购金额 + 现金分红$$

$$基金收益率 = \frac{基金收益}{基金申购金额} \times 100\%$$

式中,当日基金净值 $= \frac{总资产 - 总负债}{基金份额总数}$。其中,总资产是指基金拥有的所有资产,包括股票、债券、银行存款和其他有价证券等;总负债是指基金运作及融资时所形成的相关负债。

年初的基金单位净值相当于购买基金的本金投资,基金收益率也就相当于一种简便的投资报酬率。

【业务5-18】 ABC公司是一个基金公司,相关资料如下。

资料一:ABC公司的某基金持有A、B两种股票,数量分别为100万股和150万股。20×0年1月1日,每股市价分别为20元和30元,银行存款为200万元,两种股票的账面价值总和为4 000万元。该基金负债有两项:对托管人或管理人应付未付的报酬为500万元、应交税金为100万元,已售出的基金份数为5 000万份。

资料二:在基金交易中,该公司收取首次认购费和赎回费,认购费率为基金资产净值的5%,赎回费率为基金资产净值的2%。

资料三:20×0年12月31日,累计售出的基金单位为6 100万份。

资料四:20×0年该基金的收益率为10%。

要求:

(1)根据资料一和资料二计算20×0年1月1日该基金的下列指标。

① 基金净资产价值总额。

② 单位资产净值。

(2)根据资料三和资料四计算20×0年12月31日的ABC公司基金单位净值。

解析: (1)① 基金净资产价值总额=基金净资产市场价值总额=基金资产市场价值总

额－基金负债市场价值总额＝(100×20＋150×30＋200)－(500＋100)＝6 100(万元)。

② 单位资产净值＝基金单位净值＝$\dfrac{基金净资产价值总额}{基金单位总份数}$＝$\dfrac{6\ 100}{5\ 000}$＝1.22(元)。

(2) 假设所求的基金单位净值为 W 元,则

$$\dfrac{6\ 100W－5\ 000×1.22}{5\ 000×1.22}×100\%＝10\%$$

解得 $W＝1.1$(元)。

三、基金投资的优缺点

基金投资的优点在于基金由专业的基金管理人管理和运作,他们具备专业知识和经验,能够进行研究和分析,制定科学的投资决策,以达到最佳收益的目标。基金的投资组合通常包含多种不同类型的证券,如股票、债券、期货等,通过分散投资,可降低单一投资标的风险,实现较稳定的回报。相比直接购买股票或其他金融产品,基金投资的门槛相对较低,即使资金有限的个人也能够参与到更多不同类型的投资中,获得更广泛的投资机会。此外,基金投资还有流动性高、透明度高等优点。

基金投资的缺点是投资需要支付管理费、托管费等各种费用,这些费用会直接影响基金的实际收益,对长期投资来说,费用的累积可能会对回报产生负面影响。基金投资与市场挂钩,市场的波动将直接影响基金的价值,尤其是在股市大幅波动的情况下,基金可能面临较大的风险。基金投资的收益受到多种因素的影响,包括市场行情、宏观经济环境、基金管理人的能力等,难以准确预测和掌握未来的收益情况。此外,基金投资还存在流动性风险、投资决策不可控等不足之处。

证券投资
基金发行

四、证券投资组合的含义及目的

1. 证券投资组合的含义

证券市场充满了风险,如果把资金全部投向一种证券,正如"把全部鸡蛋放在同一个篮子里",一旦决策失误,就会满盘皆输,损失惨重。为了规避投资风险,可采用证券投资组合的方式,即投资者在进行证券投资时,不是将所有的资金都投向单一的某种证券,而是有选择地投向多种证券,这种做法就叫证券的投资组合。

证券投资
组合

2. 证券投资组合的目的

人们进行证券投资的直接动机就是获得投资收益,所以投资决策的目标就是使投资收益最大化。由于投资收益受许多不确定性因素的影响,投资者在做投资决策时只能根据经验和所掌握的资料对未来的收益进行估计。因为不确定性因素的存在,有可能使将来得到的投资收益偏离原来的预期,甚至可能发生亏损,这就是证券投资的风险。因此人们在进行证券投资时,总是希望尽可能地减少风险,增加收益。通过有效地进行证券投资组合,可达到降低风险的目的。

五、证券投资组合的风险与收益

与证券投资的风险一样,证券投资组合的风险也可以分为两种性质完全不同的风险,即非系统性风险和系统性风险,如图5-1所示。

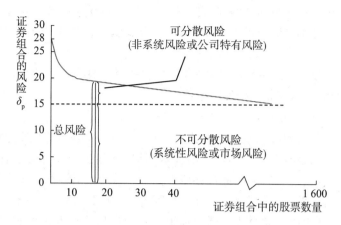

图 5-1　证券组合中的风险与股票数量关系

1. 非系统性风险

非系统性风险即可分散风险或公司特有风险,是指某些因素对单个证券造成经济损失的可能性。这种风险可通过证券持有的多样化来抵消,因此又称为可分散风险。

一般来说,当两种股票完全负相关时,所有风险都可以分散掉;当两种股票完全正相关时,从降低风险的角度来看,分散持有股票没有好处。实际上,大部分股票都是正相关,但又不完全正相关,通常随机取两种股票,相关系数为 0.6 左右的概率最大,而对绝大多数股票而言,相关系数将位于 0.5~0.7。

2. 系统性风险

系统性风险即不可分散风险或市场风险,是指由于某些因素给市场上所有证券都带来经济损失的可能性。这种风险影响到所有证券,因此不能通过证券组合分散掉。对投资者来说,这种风险是无法消除的,故称不可分散风险。

不可分散风险的程度通常用 β 系数来计量。假设整个证券市场的 β 系数为 1,如果某种股票的风险情况与整个证券市场的风险情况一致,则这种股票的 β 系数等于 1;如果某种股票的 β 系数大于 1,说明其风险大于整个市场的风险;如果某种股票的 β 系数小于 1,说明其风险小于整个市场的风险。单个证券的 β 系数可以由有关投资服务机构提供。

【业务 5-19】下列各项中,不能通过证券组合分散的风险是(　　)。

A. 非系统性风险　　　B. 公司特别风险　　　C. 可分散风险　　　D. 市场风险

【解析】选 D。系统性风险即不可分散风险或市场风险,是指由于某些因素给市场上所有证券都带来经济损失的可能性。这种风险影响到所有证券,因此不能通过证券组合分散掉。对投资者来说,这种风险是无法消除的,故称不可分散风险。

3. 投资组合的 β 系数的计算

投资组合的 β 系数是单个证券 β 系数的加权平均数,权数为在各种证券组合中所占的比重。其计算公式为

$$\beta = \sum_{i=1}^{n} x_i \beta_i$$

式中,β 为证券组合的 β 系数;x_i 为证券组合中第 i 种股票所占比重;β_i 为第 i 种股票的系数;n 为证券组合中股票的数量。

通过以上分析,可得出如下结论。

（1）一只股票的风险由两部分组成，它们是可分散风险和不可分散风险。

（2）可分散风险可通过证券组合来化解，可分散风险随证券组合中股票数量的增加而相应减少。

（3）股票的不可分散风险由市场变动所产生，它对所有股票都有影响，不能通过证券组合而消除。不可分散风险是通过 β 系数来测量的。

4．证券投资组合的收益

投资者进行证券组合投资与进行单项投资一样，都要求对承担的风险进行补偿，股票的风险越大，要求的收益率就越高。但是，与单项投资不同，证券组合投资要求补偿的风险只是不可分散风险，而不要求对可分散风险进行补偿。如果有可分散风险的补偿存在，善于科学地进行投资组合的投资者将购买这部分股票，并抬高其价格，其最后的收益率只反映不能分散的风险。因此，证券组合的风险收益是投资者因承担不可分散风险而要求的超过时间价值的那部分额外收益。可用下列公式计算：

$$R_p = R_f + \beta \times (R_m - R_f)$$

式中，R_p 为证券组合的风险收益率；R_f 为无风险收益率，一般用政府公债的利息率来衡量；β 为证券组合的 β 系数；R_m 为所有股票或所有证券的平均收益率，简称市场收益率，以上公式称为资本资产定价模型。

【业务 5-20】假定无风险收益率为 5%，$\beta=1$ 的资产组合市场要求的期望收益率是 12%。则根据资本资产定价模型，假定投资者正考虑买入一只股票，价格为 15 元，该股票预计来年派发红利 0.5 元，投资者预期可以 16.5 元卖出，股票 $\beta=0.5$。要求：判断该股票是否应该买入（该股票是高估还是低估了）？

【解析】（1）该公司股票的期望报酬率：

$$\begin{aligned} R_p &= R_f + \beta \times (R_m - R_f) \\ &= 5\% + 0.5 \times (12\% - 5\%) \\ &= 8.5\% \end{aligned}$$

（2）股票的到期收益率：

$$\frac{16.5 - 15 + 0.5}{15} = 13\% > 8.5\%$$

（3）结论：买进。

任务五　大数据与证券投资分析

一、证券投资分析的种类

（一）股票分析

1．基本面分析

在广义上，基本面分析是指将经济学当中供求关系原理作为基础，通过对历史的经济数据以及政治环境等的分析来对金融市场走势进行分析，要素主要包含宏观经济状况、微观经济状况以及政治状况。从狭义上来说，基本面分析则是指对广义基本面分析中的微观经济状况进行分析，要素主要包含企业报表中的财务指标、管理人员素质、所在行业发展情况、主要产品竞争力等。大数据分析主要是使用相关算法,按照投资者所感兴趣的指标挖掘符合投资者需求的股票,建立相关规则,从股市中寻找符合要求的股票进行投资。

2. 技术分析

技术分析则是通过研究市场行为来判断市场运行趋势,通过跟随市场运行趋势的周期性变化来进行股票及其他金融衍生品交易的决策。若市场是有效市场,技术分析认为市场行为是重复的,股票市场中的历史将会重演。基于人工神经网络算法的股票技术分析主要通过输入预测样本,设置目标变量,对其打分,之后进行预测并将预测值与实际值相比较,最终通过建立拟合方程,得出预测值与真实值之间的关系,从而为投资决策提供参考。

(二) 投资者情绪分析

从广义上看,投资者情绪包含众多能够影响投资者对证券的估值以及市场预期的因素;从狭义上看,投资者情绪分析仅研究广义上众多因素中的经济变量和其他因素。对于券商与相关的研究者来说,投资者情绪的测量是一个难题。如何对投资者情绪进行量化分析,这对证券市场研究来说至关重要。在投资者情绪分析中,通过获取网民在微博、论坛和博客中发布的网络文本信息,从杂乱无序的网络媒体信息中获取有价值的信息,把非结构化的文本信息转化为结构化的文本信息,从文本信息中提取投资者情绪测评指标,结合属性词典和情感词典,应用情感分析引擎,获得投资者情绪分析结果。从数据量如此巨大的文本信息中挖掘到有价值的信息,也正是大数据分析的长处所在。

(三) 量化投资分析

量化投资是指对金融市场和产品信息进行量化分析,根据历史交易和相关数据建立模型,由模型做出投资决定,再根据算法自动下单完成交易。大数据分析所应用到的一系列分析工具,如数据挖掘、人工智能、支持向量机等分析工具,使金融投资实现了高频化、智能化。大数据分析技术在证券量化投资中的应用可根据数据结构的不同分为两种应用模式,即结构化数据的应用与非结构化数据的应用,而结构化数据的应用更为普遍。在量化投资中,结构化数据的应用主要集中于那些人们无法利用的极为短暂的市场变化中寻求获利的计算机化交易,而这被称之为高频交易,比如某种证券买入价与卖出价差价的微小变化。在交易量大、交易次数多、持仓日短的高频交易中,计算机每秒都要处理大量的结构化数据。虽然高频交易的每笔收益率很低,但是总体收益比较稳定。当下非结构化数据在量化投资领域的应用并不普遍,但是业界正在进行大量的尝试。非结构化数据能够提供有价值的信息并进而获得超额利润,这推动了更多的公司在这方面加大投入,也取得了一定成果。

二、大数据技术在证券投资管理中的应用优势

大数据技术,即在当今的网络信息时代,借助互联网技术、云计算等挖掘获取、分析处理庞大的网络信息数据,以带动相关产业理念与模式变革、推动其技术与实践创新的一种具有革命意义的新兴信息技术。将大数据技术应用于投资管理中对于缓解当前投资者管理成本较高、效能低下等问题很有益处。一方面随着国内网络信息科技发展,大数据、云计算等新兴技术已渗透金融领域,正在推动金融投资行业业务模式与工作流程等的变革,改变提升其资源配置效率;另一方面合适匹配是证券投资管理的基本原则,而这一过程对信息数据具有高度的依赖性,国内资本市场在近30年运作中产生了关于投资者、相关产品及金融市场等的海量数据,通过利用大数据技术挖掘获取海量数据中的有用信息实现证券行业及相关领域

的信息共享已成为创新证券投资管理的焦点,因此,将大数据技术这一金融投资领域热门的技术手段应用于投资管理中提升管理效能、降低成本、提升国内证券行业整体的适当性管理水平十分必要。

三、大数据在证券投资中的应用

1. 围绕大数据提升投资风险管理水平

在风险监管方面,围绕大数据提升投资风险管理水平,企业可以充分发挥大数据技术优势展开风险管理,在正确分析各类证券收益曲线的基础上,根据金融市场的变化灵活调整投资组合,实现流动性和收益的高效匹配。首先,企业可以根据自身的实际情况结合企业预期的投资收益与大数据挖掘方法相结合进行分析,通过设计规则及其关联性分析得出评估结论,并利用交叉检验、风险定量化分析等技术对评级分层;其次,企业可以借助大数据技术降低操作风险,提升证券投资成功率;再次,企业可以运用大数据对业务人员每次操作进行记录,便于出现问题时能及时查看数据、找到出错原因,提升纠错效率;最后,企业还可以借助大数据备份、还原等功能及时撤回错误指令,降低数据丢失和操作失误带来的危害,从多种角度降低证券投资的风险系数。

2. 结合大数据制定科学的资金投放

由于大数据本身具有良好的存储和数据分析能力,证券投资业务可及时记录证券的交易流水,借助大数据及时把证券的属性转换为具体数值,企业可借助大数据做好证券分析,确定不同证券的投资策略及投资方式,并以此制订详细的投资方案。结合大数据优化证券投资方案,为企业的管理层提供更多借鉴性强、安全系数高的投资建议,提升证券投资安全性。同时,企业可借助大数据全面提升投资能力,对操作过程进行记录,借助大数据技术将操作行为转换为数据,结合数据分析软件找到其投资过程中的不足,并结合实际投资情况提出相应的解决方案。

3. 投资策略与交易方式的改变

在大数据背景下,传统的投资策略生产模式将被颠覆,投资策略的生产将变得更快、更短、更个性化,且源源不断。机器学习的强大挖掘能力,结合大数据,将会产生更多以往无法通过经验和理论推导出来的新认知。完全个性化的、实时的投资策略生产成为可能,投资者都可以按照其需求定制个性化的投资策略。投资策略本身将成为可以买卖的产品。同时,由于大数据技术的广泛应用,使得智能代理能够以更快的速度、更高的精度和更敏捷的反应执行交易。一个智能代理交易程序能够轻易地同时跟踪许多不同的证券,同时还能通过实时观察申报单的态势、高频交易数据,拟订最优交易指令,并准确无误地执行。跨市场、跨品种的交易将能够很轻松地实现,投资人可以将所有的事情委托给云端的机器人,机器人会自动完成所有的交易。

财管德育课堂

【德智要点】

随着我国社会主义市场经济的不断发展,我国证券市场也得到迅速的发展。但由于发展时间较短,相关制度尚待完善,我国的证券市场还存在着一些潜在风险。这些风险对广大投资者带来投资风险及经济损失的同时,更对我国的金融体系和国民经济造成了巨大的危害。本案例将证券投资管理中的证券投资策略方法与永隆银行境外理财案联系在一起,从保护中小投资者利益的角度厘清事件发生的因果关系，让大家认识到树立正确投资理念、遵循价值投资规律在证券投资中的重要作用。

【案例描述】

2005年6月，上海投资者许先生计划投资购买"和记黄埔"有担保的公司债券。在向香港永隆银行咨询时，该行香港旺角分行理财中心客户主任却向其推荐厄瓜多尔国家债券。根据推荐，许先生筹款投资了厄瓜多尔国家债券。在2005—2007年，票面价值购入价共为32.24万美元。其间，许先生问该客户主任在哪里可查询该债券的价格，一直未得到回答。因该债券不是香港证监会认可的投资产品，许先生很难找到行情网站，只能依赖于永隆银行提供的价格决定买入或卖出。该客户主任帮许先生买入或卖出时，每次的买入价都高于市场价，卖出价都低于市场价。

2008年11月20日，许先生未收到派息询问时，该客户主任才告之"该债券有可能违约。现在该国用一个月的宽限期（从2008年11月15日到2008年12月14日为止）来决定给不给利息。"随后，厄瓜多尔国家债券价格跌至票面价值的20%～30%。客户主任劝许先生卖掉债券，并分析，厄瓜多尔政府要"拒偿外债"，风险很大。如不卖掉债券，很可能血本无归。考虑到银行可能赔偿，许先生在2008年12月3日同意将所持有的票面价值为26.3万美元的厄瓜多尔国家债券全部卖出，卖出所得现金仅为7.6万美元。等许先生卖出债券后，该客户主任却称银行不赔偿客户损失。后来，厄瓜多尔政府以35美元的价格赎回债券时，许先生手中已没有了债券。在交涉未果的情况下，许先生只得向法院提起诉讼。

2009年11月13日，许先生诉永隆银行损害赔偿纠纷案在上海浦东法院立案。12月14日，浦东法院出具民事裁定书，驳回永隆银行关于该院没有管辖权的诉求。2010年1月19日，被告永隆银行向上海一中院提出管辖权异议的上诉。

资料来源：https://baijiahao.baidu.com/s?id=1763959222133256269.

【案例启示】

证券投资分析涉及经济学、金融学、会计学、投资学等多方面的理论知识，是对各种理论知识的一种综合应用，对个人、企业直至国家都有着重要的理论实践意义。党的二十大报告提出："深化金融体制改革，建设现代中央银行制度，加强和完善现代金融监管，强化金融稳定保障体系，依法将各类金融活动全部纳入监管，守住不发生系统性风险底线。健全资本市场功能，提高直接融资比重。"在经济下行的冲击下，金融风险形势复杂严峻，新老问题交织叠加。这些都迫切需要建立健全相关监管机制，实现监管全链条全领域全覆盖。

1. 投资者不断充实证券投资知识，防止盲目投资

投资者如果能在证券投资实验环境下接受证券投资理论教育，不仅更加易于理解和掌握相关理论知识，认识和把握相关证券投资实践，而且也能在实现二者结合过程中做到相辅相成、互促互进。

投资决策贯穿整个投资过程，其正确与否关系到投资的成败。投资者之所以对证券进行投资，是因为证券具有一定的投资价值，债券的投资价值受市场利率水平的影响，并随着市场利率的变化而变化。理性投资者通过证券投资分析来考察每一种证券的风险、收益特性及其变化，从而避免承担不必要的风险。

2. 相关部门提高监管水平，强化投资安全保障

国家应持续完善证券投资法律、法规，积极净化投资环境，制定境内境外投资经营行为规

范。引导企业建立健全境外合规经营风险审查、管控和决策体系,深入了解境内外投资合作政策法规和惯例,遵守当地法律、法规,合法经营。加强与有关国家在投资保护、金融、人员往来等方面机制化合作,为企业开展境外投资创造良好外部环境。

同步测试

一、单项选择题

1. 下列关于债券投资的说法不正确的是( )。
   A. 由于到期会收回本金,因此不必考虑期限的影响
   B. 投资风险较小
   C. 投资者权利最小
   D. 收益率通常不及股票高

2. 以下( )不是确定基金单位净值的要素。
   A. 基金资产总额   B. 基金负债总额
   C. 基金单位总份数   D. 基金单价

3. 把基金分为契约型基金和公司型基金的依据是( )。
   A. 组织形态   B. 变现方式   C. 投资标的   D. 投资人身份

4. 关于债券价值,下列说法中不正确的是( )。
   A. 债券的票面利率有可能大于、等于或小于市场利率
   B. 债券的价值是指进行债券投资时投资者预期可获取的现金流量的终值
   C. 折价发行是对投资者未来获得较少利息的补偿
   D. 溢价发行是为了对债券发行者未来多付利息而给予的必要补偿

5. 已知某股票预期明年的股利为每股 2 元,以后股利按照不变的比率 5% 增长,若要求达到 15% 的收益率,则该股票的理论价格为( )元。
   A. 15   B. 20   C. 25   D. 40

6. 某种股票的价格是 20 元,最近支付的每股股利是 1 元,该股利以约 5% 的速度持续增长,则该股票的必要报酬率为( )。
   A. 5%   B. 10.5%   C. 5.25%   D. 10.25%

7. 某投资方案,当折现率为 15% 时,其净现值为 45 元,当折现率为 17% 时,其净现值为 −10 元。该方案的内含报酬率为( )。
   A. 14.88%   B. 16.86%   C. 16.64%   D. 17.14%

8. 下列关于债券投资的优点表述中,不正确的是( )。
   A. 投资风险相对低   B. 投资收益不稳定
   C. 流动性强   D. 无经营管理权

9. 关于股票价值计算模型的表述中,以下说法不正确的是( )。
   A. 零增长股利模型假定股票持有者每年获得固定股利
   B. 固定股利增长率模型假设股票持有者每年能够获得一个固定的股利,使持股者能以可预见的方式持续获得股利
   C. 对于阶段性增长的股票,需要分段计算,才能确定股票的价值
   D. 股票的价值由一系列的股利和将来出售股票时售价的现值所构成

10. "证券分为所有权证券、信托投资证券和债权证券",这是(　　)进行的分类。
    A. 按证券的发行主体　　　　　　　B. 按证券的收益状况
    C. 按证券体现的权益关系　　　　　D. 按证券的募集方式

11. 现有一份刚发行的面值为1 000元,每年付息一次,到期归还本金,票面利率为14%,5年期的债券,若某投资者现在以1 000元的价格购买该债券并持有至到期,则该债券的内部收益率应(　　)。
    A. 小于14%　　B. 等于14%　　C. 大于14%　　D. 无法计算

12. 已知某股票预期明年的股利为每股10元,该股票价值为200元,以后股利按照不变的比率5%增长,若要求达到10%的收益率,则该股票需按(　　)的固定比率增长。
    A. 5%　　B. 10%　　C. 15%　　D. 20%

13. 下列关于债券必要报酬率和票面利率之间的关系中说法正确的是(　　)。
    A. 票面利率小于必要报酬率,债券价值高于债券面值
    B. 票面利率等于必要报酬率,债券面值等于债券价值
    C. 票面利率大于必要报酬率,债券面值高于债券价值
    D. 票面利率大于必要报酬率,债券价值低于票面价值

14. 下列关于股票投资的说法中,不正确的是(　　)。
    A. 股票投资具有高收益的特点
    B. 以控股为目的而长期持有上市公司的股票,会获得长期股利收入
    C. 股票的价值评估与股票的内在价格、市场价格无关
    D. 股票市场价格不一定能完全代表其内在价值

二、多项选择题
1. 按照发行主体的不同,证券可分为(　　)。
    A. 政府证券　　B. 金融证券　　C. 公司证券　　D. 国库券

2. 企业进行证券投资的主要目的包括(　　)。
    A. 获得稳定的收益
    B. 获取高于银行存款的投资收益
    C. 为了积累发展基金或偿债基金,满足未来的财务需求
    D. 控制相关企业,满足季节性经营

3. 按证券募集方式的不同分类,证券可分为(　　)。
    A. 公募证券　　B. 私募证券　　C. 政府证券　　D. 信用债券

4. 证券投资按照其投资对象的不同,可以分为(　　)。
    A. 债券投资　　B. 股票投资　　C. 基金投资　　D. 证券组合投资

5. 关于证券投资的风险,以下说法正确的是(　　)。
    A. 证券投资具有客观性　　　　　B. 证券投资具有双面性
    C. 证券投资具有相对性　　　　　D. 证券投资具有很强的主观性

6. 证券资产投资的系统风险往往由(　　)所构成。
    A. 市场风险　　B. 金融风险　　C. 利率风险　　D. 购买力风险

7. 影响债券价值的因素主要有(　　)。
    A. 债券期限　　B. 债券票面利率　　C. 债券的面值　　D. 必要投资收益率

8. 关于利随本清债券和零息债券,以下说法正确的有( )。
   A. 利随本清债券是一次还本付息的债券
   B. 零息债券又称为纯贴现债券
   C. 零息债券一般没有票面利率,只支付终值,即到期按面值偿还
   D. 利随本清债券是以单利计算的存单式债券
9. 在证券投资中,无法通过投资多元化的组合而加以避免的风险是( )。
   A. 非系统性风险　　B. 不可分散风险　　C. 系统性风险　　D. 违约风险
10. 股票投资的优点主要有( )。
    A. 投资收益高　　　　　　　　　　B. 购买力风险低
    C. 拥有经营控制权　　　　　　　　D. 价格稳定

三、判断题

1. 相对于实物资产来说,证券投资具有价格不稳定、投资风险较大的特点。　　　　( )
2. 企业进行股票投资的目的主要有两个:一是获利,即作为一般的证券投资,获取股利收入;二是控股,即通过购买某一企业的大量股票达到控制该企业的目的。( )
3. 企业进行债券投资主要是为了合理利用暂时闲置资金,调节现金余额,获得稳定收益。( )
4. 投资基金是一种利益共享、风险自担的分散投资方式,即通过发行基金股份或受益凭证等有价证券聚集众多的不确定投资者的出资,交由专业投资机构经营运作。( )
5. 投资基金按组织形态不同,可分为封闭式基金和开放式基金;按变现方式不同,可分为契约型基金和公司型基金。( )
6. 股票基金,是所有基金品种中最为流行的一种,它是指仅投资于普通股股票的基金。( )
7. 基金单位净值,是指在某一时点每一基金单位(或基金股份)所具有的账面价值。( )
8. 基金的价值取决于基金净资产未来的价值。( )
9. 非系统性风险即可分散性风险或公司特有风险,是指某些因素对单个证券造成经济损失的可能性。这种风险可通过证券持有的多样化来抵消,因此又称为可分散风险。( )
10. 市场利率的变化不影响证券资产变化。( )

四、简答题

1. 简述证券投资的目的。
2. 债券投资的特点有哪些?
3. 简述股票投资的优缺点。
4. 投资者进行证券组合投资的目的是什么?
5. 简述系统风险和非系统风险的区别。

五、计算分析题

1. 某人准备投资购买一种股票,目前股票市场上有以下 3 种股票可供选择:甲股票目前的市价为 9 元,该公司采用固定股利政策,每股股利为 1.2 元;乙股票目前的市价为 8 元,该公司刚刚支付的股利为每股 0.8 元,预计第 1 年每股股利为 1 元,第 2 年每股股利为 1.02 元,以后各年股利的固定增长率为 3%;丙股票每年支付固定股利 1.2 元,目前的每股市价为 13 元。已知甲、乙、丙 3 种股票的必要报酬率分别为 15%、14% 和 12%。为该投资者做出应该购买何

种股票的决策。

2. 甲公司投资购买证券,要求债券投资的最低报酬率为6%,年初有以下3家公司证券可供挑选。

(1) B公司债券,债券面值为1 000元,票面利率为8%,每年年末付息一次,3年后到期还本,该债券目前的价格为1 020元,甲公司欲投资B公司债券,并一直持有至到期日。

(2) C公司债券,债券面值为1 000元,5年期,票面利率为8%,单利计息,到期一次还本付息,两年后到期,甲公司欲投资C公司债券,并一直持有至到期日。该债券目前的价格为1 220元。

(3) D公司债券2年后到期,4年前发行,每年末付息一次,每次付息50元,到期还本1 000元。目前该债券的价格为1 000元。

请判断以上3种公司债券是否值得购买。

3. 某债券面值1 000元,期限20年,每年支付一次利息,到期归还本金,以市场利率作为评估债券价值的折现率,目前的市场利率为10%,如果票面利率分别为8%、10%、12%。求债券价值V_b分别是多少?

4. 某公司拟投资昌河公司股票,根据昌河公司的生产经营状况及近几年来的股利分配政策,预计今年以后3年的每股股利分别为0.2元、0.25元、0.3元,预计3年后出售的价格可达到每股10元,目前该股票的市场价格为8.2元,股票市场平均报酬率为12%。请问该企业是否应该进行此项投资?

学习情境五
拓展训练

5. 某公司股票现价为15元,最近一个会计年度其每股收益为0.6元,并计划下期起该股票每股分配股利为0.4元,假定未来时期该股票的股利不变,增长率为7%,必要收益率为10%。根据股利贴现模型确定该股票的理论价值是多少?投资人该买还是该卖该股票?

学习情境六

营运资本管理

知识目标

1. 理解营运资本的概念与特征。
2. 理解持有现金的动机，掌握最佳现金持有量的确定方法。
3. 理解存货的功能与成本，掌握存货控制的方法与应用。

技能目标

1. 能够根据企业的财务报告，分析与评价企业的营运能力，能够发现企业在营运资本管理中的问题。
2. 会根据业务计算企业某一时期最佳现金持有数量。
3. 能根据企业具体情况，分析指定应收账款信用政策。
4. 能解决企业在存货管理中的问题，能够给出存货控制的方法。

案例导入

好品公司的困境

好品公司于2006年4月成立，注册资本为人民币10万元，主要市场是中国大陆地区，而客户类型为各省市代理商，其主要经营范围包括进口奶茶原材料，主要包括台湾汤武果汁、隆泰果粉、特调奶茶专用茶叶及茶包、荷兰奇异鸟奶精、美国爱喜奶精。

进入2020年以来，该公司在生产、销售、财务等方面均出现了不同程度的问题。好品公司2020年的应收账款周转率比2019年降低了2.26%，应收账款周转期增加了124.86%，公司2020年存货周转率比2019年降低了31.98%，存货周转期增加了140.2天，公司3—7月的营业成本率普遍较高，尤其是4—5月这两个月退货过多。

尽管公司制订了资金使用计划和各项费用开支计划，但大多情况下都不能做到按计划控制，导致计划的可操作性差，有的甚至将计划束之高阁，计划与实际严重脱节，这使公司的资金管理变得盲目，影响企业资金的正常周转。

好品公司为了扩大自身的销量，打开市场，一般都会采用赊销的方式与客户开展商业往来，在往来的过程中也包括了折扣问题，例如商业折扣、现金折扣问题。无论如何，这都是企业在利用商业信用开展商业往来。但是企业在确定客户时，往往存在着一定程度上的盲目性。为了追求销售量，好品公司并没有把注意力放在对客户的信用调查上，往往存在侥幸心理，没有派有关人员展开调查就同客户进行商业往来,这样做会出现两种情况,一是账目上销售量逐渐扩大,但是利润并没有随之提升。安全边际额减去其自身变动成本后才是企业的利润,盲目扩大销量并不能保证一定能获利,这是好品公司的一大误区。另外,盲目进行赊销也容易导致呆账、坏账的发生,而且为了扩大销售,盲目给予对方折扣,并不一定会为企业带来应有的利润,这对于好品公司的发展是十分不利的,严重的情况下好品公司很可能被应收账款拖垮。

由于该企业销售的产品迎合了消费者的眼光,加上销售渠道遍布全国,很快占领全国市场,为扩大市场占有率,不断增加销售门店,即不断增加各地客户,产品仍供不应求。企业为此向银行借贷庞大金额用于扩大经营规模、生产更多新产品,使企业为此付出了巨大的资金成本。另外,由于库存量大,导致资金占用额高,企业存货储备要占到流动资金的60%以上,给企业流动资金周转带来很大的困难。

思考分析:
1. 该公司在营运资本方面出现了哪些问题?
2. 根据本项目内容,试给出该公司今后营运资本管理的政策和建议。

任务一 营运资本管理概述

一、营运资本的概念及特征

营运资本有广义和狭义之分,广义的营运资本又称总营运资本,是指一个企业投放在流动资产上的资金。具体包括现金、有价证券、应收账款、存货等占用的资金。这是一个具体的概念,主要用来研究企业资产的流动性和周转状况。而这些具体的营运资本控制、持有状况确定等的管理,是企业日常财务管理中的重要组成部分。狭义的营运资本是流动资产与流动负债的差额。这是一个抽象的概念,并不特指某项资产,但它是判断和分析企业流动资金运作状况和财务风险程度的重要依据,这个概念主要在研究企业的偿债能力和财务风险时使用。因此,企业营运资本的持有状况和管理水平直接关系到企业的盈利水平和财务风险两个方面。营运资本的内容则包括流动资产的管理和流动负债的管理。

营运资本管理概述

(一)营运资本的概念

营运资本也称营运资金,是指用于支持企业流动资产的那一部分资本,一般用流动资产与流动负债的差额来表示,即企业为维持日常经营活动所需要的净投资额。

由于营运资金是流动资产减去流动负债后的净额,因此,流动资产和流动负债的变化,会引起营运资金的增减变化。如流动负债不变,流动资产的增加就意味着营运资金的增加;流动资产的减少就意味着营运资金的减少。如流动资产不变,流动负债增加,就意味着营运资金的减少;流动负债减少就意味着营运资金增加。在两者同时变化的情况下,只有两者抵消后的净额才是营运资金的增减净额。在一般情况下,只有一方涉及流动资产或流动负债类科目,而另一方涉及非流动资产或非流动负债类科目(如长期负债、长期投资、资本、固定资产等)的经济业务才会使营运资金发生增减。双方都涉及流动资产或流动负债类科目的经济业务,即发生在营运资金内部项目间的业务,不会使营运资金发生增减。

(二)营运资本的特征

营运资本的特点需从流动资产和流动负债两个方面予以说明。

1. 流动资产的特点

流动资产是指可以在1年或超过1年的一个营业周期内变现或运用的资产,与固定资产相比具有以下特点。

(1) 投资回收期短。投资于流动资产的资本一般在1年或1个营业周期内收回,对企业影响的时间比较短。因此,流动资产投资所需要的资金一般可通过商业信用、短期银行借款等加以解决。

(2) 流动性强。流动资产在循环周转过程中,经过供、产、销3个阶段,其占用形态不断变化,即按现金、材料、在产品、产成品、应收账款、现金的顺序转化。流动性使流动资产的变现能力较强。如遇意外情况,可迅速变卖流动资产,以获取现金。这对于财务上满足临时性资金需求具有重要意义。

(3) 资金的流入与流出并存。在流动资产的周转过程中,每天不断有资金流入,也有资金流出。资金的流入和流出要占用一定的时间,从供、产、销的某一瞬间看,各种不同形态的流动资产同时存在。因此,合理地配置流动资产各项目的比例是保证流动资产得以顺利周转的必要条件。

(4) 具备波动性。被流动资产占用的投资并非一个常数,随着供、产、销的变化,其资金占用时高时低、起伏不定,季节性企业如此,非季节性企业也如此。随着流动资产占用量的变动,流动负债的数量也会相应变化。

2. 流动负债的特点

流动负债是指需要在1年或者超过1年的一个营业周期内偿还的债务。与长期负债相比,流动负债具有以下特点。

(1) 筹集速度快。申请短期借款往往比申请长期借款更容易、更便捷,通常在较短时间内便可获得。长期借款的借贷时间长、贷款方风险大、贷款人需要对企业的财务状况评估后方能做出决定。因此,当企业急需资金时,往往首先寻求短期借款。如企业欲在将来扩建厂房或归还到期债务,可按期拨出一定数额的资金投入一些风险较小的证券,以积累其特殊业务所需的整笔资金需求。

(2) 筹集弹性高。与长期债务相比,短期贷款给债务人更大的灵活性,长期债务的债权人为了保护自己的利益,往往要在债务契约中对债务人的行为加以种种限制,使债务人丧失某些经营决策权;而短期借款契约中的限制条款比较少,使企业有更大的经营自由。对于季节性企业,短期借款比长期借款具有更大的灵活性。

(3) 筹资成本低。在正常情况下,短期负债筹资所发生的利息支出低于长期负债筹资的利息支出,而某些自然融资,如应付税金、应计费用等,则没有利息负担。

(4) 短期风险大。尽管短期债务的成本低于长期债务,但其风险却大于长期债务,这主要表现在两个方面:一方面长期债务的利息相对比较稳定,即在相当长的一段时间内保持不变,而短期债务的借款利率则随市场利率的变化而变化,时高时低,使企业难以适应;另一方面如果企业过多筹措短期债务,当债务到期时,企业不得不在短期内筹措大量资金还债,这极易导致企业财务状况恶化,甚至会因无法及时还债而破产。

【业务6-1】下列有关营运资金的等式中正确的是( )。

A. 营运资金=流动资产-流动负债

B. 营运资金=资产-负债

C. 营运资金＝流动资产－自发性的流动负债

D. 营运资金＝长期资产－流动负债

解析：选 A。营运资金是指流动资产减去流动负债后的余额。

【业务 6-2】下列选项中，不属于营运资金的特点的是（　　）。

A. 来源具有灵活多样性　　　　　　B. 数量具有波动性

C. 实物形态具有一致性和易变现性　　D. 周转具有短期性

解析：选 C。营运资金的实物形态具有变动性和易变现性。

二、企业营运资本政策

1. 营运资本的持有政策

营运资本持有量的高低影响着企业的收益和风险。营运资本持有政策就是要在收益和风险之间进行权衡，以确定营运资本的最佳持有量。目前，营运资本持有政策主要有以下 3 种。

（1）宽松的营运资本政策。宽松的营运资本政策就是为保证经营活动的安全性而持有较高的营运资本，避免由于营运资本不足而不能偿还到期债务及支付材料价款等带来的风险。但是，由于流动资产的收益性一般低于长期资产，因此，较高的营运资本持有量会降低企业的收益。

（2）紧缩的营运资本政策。紧缩的营运资本政策就是企业为提高收益率而持有较低的营运资本。虽然较低的营运资本持有量会使企业的收益率提高，但较少的现金、有价证券持有量和较低的存货保险储备量却会降低偿债能力和采购的支付能力，可能会造成信用损失、材料供应中断和生产阻塞，因此，会加大企业的风险。

（3）适中的营运资本政策。适中的营运资本政策就是在权衡收益和风险的情况下，使企业营运资本的持有量既不过高也不过低，恰好能够满足生产经营活动的需要，既不多余，也不会出现短缺。

从理论上讲，适中的营运资本政策对于投资者财富最大化来讲是最佳的，然而，却难以量化地描述适中政策的营运资本持有量。所以，各企业应当根据自身的具体情况和环境条件，按照适中的营运资本政策的原则，确定适当的营运资本持有量。

2. 营运资本的筹集政策

一个企业所需要的资金，可以用短期资金来筹集，也可用长期资金来筹集。短期资金主要是指流动负债，长期资金则包括长期负债和所有者权益。一般而言，流动负债的成本要低于长期负债和所有者权益的成本，相应地增加企业的收益。但流动负债的偿债压力要比长期负债的偿债压力大，企业如果维持较高比例的流动负债，则会面临较大的财务风险。

营运资本筹资政策（也称筹资组合）就是要解决在既定的总资产水平下，流动负债筹资与长期资本筹资的比例关系问题。这一比例关系可用流动负债占总负债的百分比来表示。营运资本筹资政策一般可以描述为以下 3 种类型。

（1）一般性营运资本筹资政策。一般性营运资本筹资政策遵循的是短期资产由短期资金来融通，长期资产由长期资金来融通的原则。这里短期资产是指临时性流动资产，长期资产则除了固定资产、无形资产和长期投资等长期资产以外，还包括永久性流动资产（如长期占用的应收账款、存货等）。

（2）积极的营运资本筹资政策。积极的营运资本筹资政策是指部分长期资产由短期资金来融通。在这种政策下，长期资产由长期资金来融通，而临时性流动资产和一部分永久性流动资产通过短期资金来融通。图 6-1 中虚线可以画在表示永久性资产的部分中，说明全部流动资产和部分永久性流动资产通过短期资金来筹集。在这种情况下，短期筹资过度利用，流动负债占全部资本的比例大大提高。

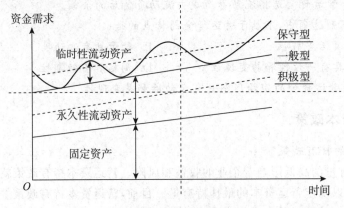

图 6-1　筹资组合策略

（3）保守的营运资本筹资政策。保守的营运资本筹资政策是将部分短期资产用长期资金来融通。在这种政策下，企业使用一小笔短期资金来满足其季节性的高峰期需求。图 6-1 中虚线可以画在表示临时性流动资产部分，虚线上方的波峰表示短期筹资，虚线下方的波谷表示长期筹资，说明长期资本正被用于满足季节性需求。

对于积极的营运资本筹资政策，其资金成本较低，能减少利息支出，增加企业的收益。但用短期资金融通一部分长期资产，则风险较大，通常冒险的财务人员偏好使用此种类型。而对于保守的营运资本筹资政策，一般风险较小，但成本较高，会使企业收益降低。通常较为保守的财务人员常使用此种类型。

【业务 6-3】企业保持高水平的现金和有价证券、高水平的应收账款和高水平的存货，则该企业采取的投资策略是（　　）。

A. 紧缩的流动资产投资策略
B. 宽松的流动资产投资策略
C. 适中的流动资产投资策略
D. 保守的流动资产筹资策略

解析：选 B。在宽松的流动资产投资策略下，企业通常会维持高水平的流动资产与销售收入比率。也就是说，企业保持高水平的现金和有价证券、高水平的应收账款和高水平的存货。

任务二　现金管理

一、现金管理概述

现金是流动性最强的一种货币性资产，是可以立即投入流通的交换媒介。现金有广义和狭义之分。广义的现金是指以各种货币形态被占用的资产，包括库存现金、银行存款及其他货币资金；狭义的现金是指企业的库存现金。这里讲的现金是指广义的现金。

现金管理

1. 现金及其管理的意义

现金是指在生产过程中暂时停留在货币形态的资金，包括库存现金、银行存款、银行本票、银行汇票等。现金是变现能力最强的资产,可以用来满足生产经营开支的各种需要,也是还本付息和履行纳税义务的保证。因此,拥有足够的现金对于降低企业的风险,增强企业资产的流动性和债务的可清偿性具有重要意义。但是,现金属于非营利性资产,即使是银行存款,其利率也非常低。现金持有量过多,它所提供的流动性边际效益便会随之下降,进而导致企业的收益水平降低。因此,企业必须合理确定现金持有量,使现金收支不但在数量上,而且在时间上相互衔接,以便在保证企业经营活动所需现金的同时,尽量减少企业闲置的现金数量,提高资金收益率。

有价证券是企业现金的一种转换形式。有价证券变现能力强,可以随时兑换成现金。企业有多余现金时,常将现金兑换成有价证券;现金流出量大于流入量需要补充现金时,再出让有价证券换回现金。在这种情况下,有价证券就成了现金的替代品。获取收益是持有有价证券的原因。有价证券投资的问题前面已讨论过,这里再讨论是将其视为现金的替代品,是"现金"的一部分。

现金是企业流动性最强的资产,具有普遍的可接受性,但营利性差。现金管理的过程就是在现金的流动性与收益性之间进行权衡选择的过程。现金管理的目标是在保证企业生产经营活动所需现金的同时,降低企业闲置的现金的数量,提高资金收益率。现金管理的内容主要包括合理确定现金持有量和对日常的现金收支进行控制。

2. 企业现金持有动机

(1) 交易性动机。交易性动机是指用来满足日常业务的现金支出需要。企业必须维持适当的现金余额,才能使业务活动正常地进行下去,如购买原材料、支付工资、缴纳税款、偿付到期债务等。企业为满足交易性动机所持有的现金余额主要取决于企业的销售水平。

(2) 预防性动机。预防性动机是指用来应付突发事件发生对现金支出的需要。企业有时会出现料想不到的突发事件,如政治环境的变化、客户可能的违约、生产事故、坏账损失、自然灾害等,这些事件一旦发生,就可能急需现金。现金流量的不确定性越大,预防性现金的数额也就越大;反之,企业现金流量的可预测性强,预防性现金数额可小些。此外,预防性现金数额还与企业的借款能力有关,如果企业能够很容易地随时借到短期资金,也可以减少预防性现金的数额;若非如此,则应扩大预防性现金的数额。

(3) 投机性动机。投机性动机是指企业为了抓住各种瞬息即逝的市场机会,获取较大的利益而准备的现金余额,如在证券市价大幅度跌落时购入有价证券,以期在价格反弹时卖出证券获取高额资本利得(价差收入)等。投机性动机只是企业确定有现金余额时所需考虑的次要因素之一,其持有量的大小往往与企业在金融市场的投资机会及企业对待风险的态度有关。

【业务6-4】ABC公司是集日常消费品零售、批发于一体企业。春节临近,为了预防货物中断,近期持有大量的现金。该企业持有大量现金属于( )。

A. 交易性需求   B. 预防性需求   C. 投机性需求   D. 支付性需求

解析:选A。持有现金的需求包括交易性需求、预防性需求、投机性需求。交易性需求是企业为维持日常周转及正常商业活动所需持有的现金额;预防性需求是企业为应付突发事件而持有的现金;投机性需求是企业为抓住突然出现的获利机会而持有的现金。企业业务的季节性,要求企业逐渐增加存货以等待季节性的销售高潮,此为企业正常经营业务,所以本题属于满足交易性需求而持有大量现金。

3. 企业现金持有成本

一般来说,企业现金持有成本包括以下几方面。

(1) 机会成本。现金作为企业的一项资金占用,是有代价的,这种代价就是它的机会成本。现金资产的流动性极佳,持有现金则不能将其投入生产经营活动,失去因此获得的收益。例如,将现金存入银行,而放弃购买收益更高的债券,那么购买债券可获得的利息就是存入银行获得的利息的机会成本。企业为了经营业务,有必要持有一定的现金,以应付意外的现金需要。但现金拥有量过多,机会成本代价大幅度上升,就不合算了。

(2) 短缺成本。短缺成本是因现金持有量不足,又无法及时通过有价证券变现加以补充而使企业遭受的直接损失和间接损失。如丧失的购买机会甚至因供应不足,造成停工损失,造成信用损失和得不到折扣的好处等,现金短缺成本随现金持有量的增加而下降,随现金持有量的减少而上升,即与现金持有量负相关。

(3) 转换成本。转换成本是指企业用现金购入有价证券以及转让有价证券换取现金时付出的交易费用,如委托买卖佣金、委托手续费、证券过户费、交割手续费等。证券转换成本与现金持有量的关系:在现金需要量既定的前提下,现金持有量越少,进行证券变现的次数越多,相应的转换成本就越大;反之,现金持有量越多,证券变现的次数就越少,需要的转换成本也就越小。因此,现金持有量的不同必然通过证券变现次数的多少而对转换成本产生影响。

(4) 管理成本。企业持有现金会发生一些管理费用,如管理人员工资及必要的安全措施费等,这部分费用是现金的管理成本。管理成本具有固定成本的性质,它在一定范围内与现金持有量的多少关系不大。

二、最佳现金持有量的确定

基于支付、预防、投机等动机的需要,企业必须保持一定数量的现金余额,但是现金作为营利性最差的资产,其数额太大,则会导致企业盈利水平下降;其数额太小,又可能出现现金短缺的情形,从而影响生产经营。因此,最佳现金持有量的确定必须权衡收益和风险。确定最佳现金持有量的方法有很多,这里只介绍成本分析模式、存货模式、米勒-奥尔模式等几种常见的模式。

1. 成本分析模式

成本模式强调的是,持有现金是有成本的,最优的现金持有量是使现金持有成本最小化的持有量。成本模型考虑的现金持有成本,包括机会成本、管理成本和短缺成本。因此,成本分析模式就是根据现金相关成本,分析预测其总成本最低时现金持有量的一种方法。其计算公式为

$$最佳现金持有量下的现金相关成本 = \min(管理成本 + 机会成本 + 短缺成本)$$

式中,管理成本属于固定成本;机会成本是正相关成本;短缺成本是负相关成本。因此,成本分析模式是要找到机会成本、管理成本和短缺成本所组成的总成本曲线中最低点所对应的现金持有量,把它作为最佳现金持有量,可用图 6-2 表示。

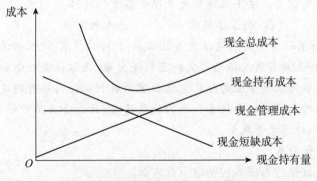

图 6-2 成本分析模式下现金总成本

【业务 6-5】 ABC 公司目前有 3 种现金持有方案备选，3 个方案现金持有量分别为 35 000 元、40 000 元以及 46 000 元。已知在成本分析模式下，现金机会成本与现金持有量成正比，比例系数为 0.12；短缺成本分别对应为 3 000 元、1 500 元和 1 200 元；管理成本为固定成本 2 000 元。要求：选出最佳现金持有方案。

解析： 方案一现金持有总成本 = 35 000×0.12＋3 000＋2 000 = 9 200(元)
方案二现金持有总成本 = 40 000×0.12＋1 500＋2 000 = 8 300(元)
方案三现金持有总成本 = 46 000×0.12＋1 200＋2 000 = 8 720(元)

方案二现金持有总成本最低，因此应选方案二作为最优现金持有方案。

2. 存货模式

存货模式是通过引入存货的经济批量模型计算最佳现金持有量的一种分析方法，其基本原理源于计算存货经济批量的基本模型。这种方法主要考虑机会成本和转换成本，对短缺成本不予考虑。引入存货的经济批量模型计算最佳现金持有量时，主要是对现金持有量的机会成本和转换成本进行权衡，寻求两项成本之和达到最低时的现金持有量。

存货模式应用的基本前提如下。

（1）企业的现金流入量是稳定并可预测的。也就是企业在一定时期内，其现金收入是均匀发生的，并能够可靠地预测其数量。

（2）企业的现金流出量是稳定并可预测的，即现金支出也是均匀发生的，并能可靠地预测其数量。

（3）在预测期内，企业不可能发生现金短缺，并可以通过出售有价证券来补充现金。

（4）证券利率或报酬率以及每次固定性交易费用可以获悉。

某一时期的现金管理相关总成本 TC 的计算公式为

$$TC = \frac{Q}{2} \times K + \frac{T}{Q} \times F$$

求得最佳 Q 值为

$$Q = \sqrt{\frac{2TF}{K}}$$

最佳现金管理相关总成本为

$$TC = \sqrt{2TFK}$$

$$最佳转换次数 = \frac{T}{Q}$$

$$最佳转换间隔期 = \frac{360}{最佳转换次数}$$

式中，Q 为最佳现金持有量（每次出售有价证券换回的现金数量）；T 为某一时期的现金总需用量；K 为有价证券的利息率（机会成本率）（注意：K 与 T 的期间必须一致）；F 为每次出售有价证券的转换成本；TC 为某一时期的现金管理总成本。

【业务 6-6】 假设 ABC 公司明年需要现金 8 400 万元，已知有价证券的报酬率为 7%，将有价证券转换为现金的转换成本为 150 元。要求：计算最佳现金持有量和此时的相关最低总成本。

解析：最佳现金持有量 $Q = \sqrt{\dfrac{2TF}{K}} = \sqrt{\dfrac{2 \times 8\,400 \times 150/10\,000}{7\%}} = 60(万元)$

$$机会成本 = \frac{Q}{2}K = \frac{60}{2} \times 7\% = 2.1(万元)$$

$$交易成本 = \frac{T}{Q}F = \frac{8\ 400}{60} \times \frac{150}{10\ 000} = 2.1(万元)$$

相关总成本 = 机会成本 + 交易成本 = 2.1 + 2.1 = 4.2(万元)

3. 米勒-奥尔模式

米勒-奥尔模式(Miller-Orr Model)又称随机模式。它是美国经济学家默顿·米勒(Merton Miller)和丹尼尔·奥尔(Daniel Orr)于1996年首次提出。他们认为公司现金流量存在着不确定性。在确定公司目标现金额时,必须充分考虑这种不确定性因素,并假定公司每日净现金流量几乎呈正态分布,每日净现金流量可以看作正态分布的期望值,或者是围绕着正态分布的高值或低值。因此,公司每天净现金流量呈现一定趋势的随机状态。

根据现金收支遵循正态分布的原理,提出了上限(H)和下限(L)控制线以及目标(E)控制线,如图 6-3 所示。

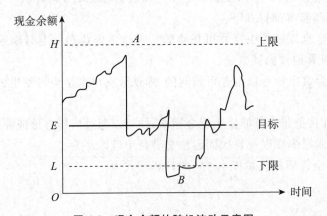

图 6-3 现金余额的随机波动示意图

当企业现金余额达到 H 时(根据图 6-3 中 A 点确定)用 $H-E$ 的现金去购买有价证券,使现金余额降低到 E 线,当现金余额降至 L 时(图 6-3 中 B 点),企业即出售 $E-L$ 金额的有价证券或从银行借入款项,使现金余额再恢复到 E 线。

与鲍莫模型相同的是,米勒-奥尔模式也是依赖于转换成本和持有成本,且每次转换有价证券的成本 b 是固定的,而每次持有现金的机会成本 K 则是有价证券的日利率。所不同的是,每次的交易次数是一个随机变量,且根据每次现金流入与流出量的不同而发生变化。

因而,对于 E 线目标现金余额的确定,仍是依据两种成本之和最低的原理,并考虑现金余额可能的波动幅度,其计算公式为

$$E = \sqrt[3]{\frac{3b\sigma^2}{4K}} + L$$

式中,b 为变现成本;σ^2 为每日净现金流量方差;K 为有价证券的日利率。

$$最佳上限\ H = 3E - 2L$$

由于本模式中,现金流量是随机的,平均现金余额无法事先精确决定,但米勒估计平均现金余额为

$$平均余额 = 4E - \frac{L}{3}$$

说明:

(1) 目标现金余额并不是现金流量的上限和下限的中间值。

(2) 目标现金余额随着 b、σ 的变化而变动,当 b 增加时,现金余额达到上下限的成本会很高;同时 σ 越大,现金余额达到上下限的次数越频繁。

(3) 随着 K 增大,目标现金余额越小。

【业务 6-7】ABC 公司持有有价证券的年利率为 6%,公司的最低现金持有量为 4 000 元,现金回归线为 10 000 元。如果公司现有现金 22 000 元,根据现金持有量的随机模型,试求此时应投资于有价证券的金额是(　　)元。

　　A. 0　　　　　　B. 14 000　　　　　　C. 12 000　　　　　　D. 10 000

解析:$H = 3E - 2L = 3 \times 10\,000 - 2 \times 4\,000 = 22\,000$(元),公司现有现金 22 000 元,达到了现金持有量的上限,所以需要进行现金与有价证券的转换,投资于有价证券的金额 = 22 000 - 10 000 = 12 000(元)。

由于企业的支出是随机的,收入也是无法确切预知的,尽管有事前的财务预算,但在实际中变化是经常的。因此,按随机模式测算出来的最佳现金持有量比较符合客观实际。当然,也由于随机模式是建立在企业现金未来需求总量和收入不可预测的前提下,因而计算出来的现金持有量比较保守。

三、现金的日常管理

1. 加速收款

加速收款主要是指缩短应收账款的时间。发生应收账款会增加企业资金的占用,但它又是必要的,因为它可以扩大销售规模,增加销售收入。问题在于如何既利用应收账款吸引顾客,又缩短收款时间。这要在两者之间找到适当的平衡点,并需实施妥善的收账策略。

2. 使用现金浮游量

从企业开出支票,收票人收到支票并存入银行,至银行将款项划出企业账户,中间需要一段时间。现金在这段时间的占用称为现金浮游量。在这段时间里,尽管企业已开出了支票,却仍可动用在活期存款账户上的这笔资金。不过,在使用现金浮游量时,一定要控制好使用时间,否则会发生银行存款的透支。

3. 力争现金流出与现金流入同步

企业应尽量使现金流出与流入同步,这样,就可以降低交易性现金余额。同时,可以减少有价证券转换为现金的次数,提高现金的利用效率,节约转换成本。因此,企业应认真编制现金预算,从而有效地组织销售及其他现金流入,合理安排购货等现金支出,使现金流入线与现金流出线的波动基本一致。

4. 推迟应付款的支付

推迟应付款的支付是指企业在不影响自己信誉的前提下尽可能地推迟应付款的支付期,充分运用供货方所提供的信用优惠。如遇企业急需现金,甚至可以放弃供货方的现金折扣优惠,在信用期的最后一天支付款项。当然,这要权衡折扣优惠与急需现金之间的利弊得失而定。

【业务 6-8】企业为了使其持有的交易性现金余额降到最低,可采用(　　)。

　　A. 力争现金流量同步　　　　　　　　B. 使用现金浮游量
　　C. 加速收款　　　　　　　　　　　　D. 推迟应付款的支付

解析：选 A。力争现金流量同步可使其持有的交易性现金余额降到最低。

任务三　应收账款管理

一、应收账款概述

应收账款是企业因销售产品、材料、提供劳务等业务而应向购货方、接受劳务的单位或个人收取的款项，形成应收账款的直接原因是赊销。虽然大多数企业希望现销而不愿赊销，但是面对竞争，为了稳定自己的销售渠道、扩大产品销路、减少存货、增加收入，不得不面向客户提供信用业务。

应收账款管理

应收账款于会计原理上，专指因出售商品或劳务，进而对顾客所发生的债权，且该债权尚未接受任何形式的书面承诺。

应收账款对于企业来说，如果无法追回成为坏账，很可能把企业逼死，即使经过努力追回，也会是不小的损失。很多公司从账面上看效益很好，存货也很少，但是钱没到手，对比应收账款，效益只是纸上财富，实际内藏巨大风险。

1. 应收账款的功能

（1）促进销售的功能。在激烈的市场竞争中，赊销是促进销售的一种重要方式。企业销售产品时，可以采用的方式一般有两种，即现销和赊销。现销方式的最大优点是应计现金流入量与实际现金流入量完全吻合，既能避免呆坏账损失，又能及时地将收回的现金投入再增值过程，因此是企业最理想的一种销售结算方式。但是，在激烈的市场竞争条件下，仅靠这种方式是很难获取竞争优势的。采用赊销方式，在向顾客提供商品的同时，还向顾客提供了可以在一定期限内无偿使用的资金，即商业信用资金，这对顾客具有较大的吸引力。因此，赊销作为一种重要的促销手段，越来越受到企业的青睐。

（2）减少存货功能。企业持有存货，对存货进行管理，需要支付管理费、仓储费及保险费等支出；相反，赊销促进了产品销售，自然就减少了企业存货的数量，加快了存货的周转速度，将存货转化为应收账款，减少了存货管理的有关支出。因此，当企业产成品存货过多时，就可以考虑采用较为优惠的信用条件进行赊销，以减少产成品存货，节约各项支出。

2. 应收账款的成本

（1）应收账款的机会成本。企业占用在应收账款上的资金如果用于其他投资就可以获得投资收益，如投资于有价证券，就可以获得有价证券的利息收入。这种因资金占用用于应收账款而放弃的其他收入，就是应收账款的机会成本，这种成本一般参照有价证券的利息收入加以计量。

应收账款机会成本的衡量方式是多种多样的，一般可用以下公式计算：

$$应收账款机会成本 = \frac{年赊销收入}{360} \times 应收账款平均收账天数 \times 变动成本率 \times 机会成本率$$

（2）坏账成本。应收账款基于商业信用而产生，应收账款的坏账成本是指应收账款收不回来而给企业造成的坏账损失。一般情况下，企业应收账款坏账成本的大小与企业应收账款发生额成正比，而且不同行业的坏账平均损失也有差别。为了避免发生坏账成本给企业生产经营活动的稳定性带来不利影响，企业按规定可以根据应收账款余额的一定比例提取坏账准备金。

坏账成本的测算一般是通过坏账损失率与赊销收入来计算的。即

$$坏账成本 = 赊销收入 \times 坏账损失率$$

(3) 应收账款管理成本。应收账款管理成本是指企业因管理应收账款而发生的各项费用，主要包括对客户的资信调查费用、收集相关信息的费用、账簿的记录费用、收账费用及其他费用。

【业务 6-9】 下列各项中，不属于应收账款主要功能的有（　　）。
A. 增加销售　　　　　　　B. 降低闲置资金的数额
C. 维持均衡生产　　　　　D. 减少存货

解析：选 BC。应收账款的主要功能是增加销售和减少存货。

二、应收账款政策的制定

应收账款的政策是指企业为对应收账款投资进行规划与控制而确立的基本原则与行为规范，包括信用标准、信用条件和收账政策三大内容。应收账款赊销的效果好坏，依赖于企业的信用政策。制定合理的信用政策，是加强应收账款管理、提高应收账款投资收益的重要前提。

1. 信用标准

信用标准是客户获得企业商业信用所应具备的基本条件，通常以预期的坏账损失率表示，企业制定信用标准的高低，与客户的信用状况有着密切的关系。

客户的信用状况由客户的品质(character)、能力(capacity)、资本(capital)、抵押品(collateral)和条件(conditions)5 个方面决定，简称 5C 系统。

(1) 信用品质。品质是指客户的信誉，即履行偿债义务的可能性。企业必须设法了解客户过去的付款记录，看其是否有按期如数付款的一贯做法，以及与其他供货企业的关系是否良好。品质反映了客户履约或违约的可能性，是信用评价体系中的首要因素。

(2) 偿付能力。偿付能力是客户付款的能力，客户偿付能力的高低，取决于其资产特别是流动资产的数量、可变现能力及流动负债比率的大小。一般情况下，客户流动资产的数量越多，流动负债比率越大，表明其偿还债务的物质基础越雄厚。当然，对客户偿付能力的判定还要对其资产的变现能力及其负债的流动性进行分析。

(3) 资本。资本是指客户的财务实力和财务状况，表明客户可能偿还债务的背景。该指标主要是根据有关的财务比率来测定客户净资产的大小及其获利的可能性。

(4) 抵押品。抵押品是指客户为获取商业信用而向企业提供的作为担保的资产。一旦收不到这些顾客的款项，便以抵押品抵补。因此，要求能够作为抵押品的资产，必须是客户实际所拥有，并且变现能力较强，这对向相互不知底细或信用状况有争议的客户提供信用时尤为重要。

(5) 经济条件。经济条件是指经济发展趋势或某些不利经济环境对客户偿付能力产生的影响。如某一地区的一些特殊情况对顾客偿还能力的影响。

2. 信用条件

信用条件是指企业要求客户支付赊销款项的条件，包括信用期限、折扣期限和现金折扣。信用标准是企业评价客户等级，决定给予或拒绝客户信用的依据。一旦企业决定给予客户信用优惠时，就需要考虑具体的信用条件。信用条件就是指企业接受客户信用时所提出的付款要求，主要包括信用期限、折扣期限及现金折扣等。信用条件的基本表现方式：如"2/10，$n/45$"，意思是若客户能够在发票开出后的 10 天内付款，可以享受 2% 的现金折扣；如果放弃折扣优惠，则全部款项必须在 45 天内付清。因此，45 天为信用期限，10 天为折扣期限，2% 为现金折扣率。

信用条件备选方案的评价：虽然企业在信用管理政策中已对可接受的信用风险水平做了规定，但当企业的生产经营环境发生变化时，就需要对信用管理政策中的某些规定进行修改和调整，并对改变条件的各种备选方案进行认真的评价。

（1）信用期限。信用期限是指企业为客户规定的最长付款期限，给予信用期限的目的在于扩大销售收入。信用期限的长短与销售收入、应收账款、坏账损失都密切相关。信用期限越长，表明企业给予客户的信用条件越优越，它促使企业销售收入增长。但是，应收账款的成本和坏账损失也随之增加，必须将边际收益和边际成本两者加以比较，才能决定信用期限延长或缩短。合理的信用期限应视企业本身的生产能力和销售情况而定，例如经济繁荣时期，市场需求量大，同业竞争不激烈，产量平稳，此时缩短信用期限，不仅对企业的净收益率没有影响，还可以减少应收账款的成本、费用和坏账损失。相反，如经济萧条时期，为了能刺激销售，应当延长信用期限，这样做虽然使应收账款成本和费用、坏账损失加大，但是，企业只有拓展销售，才能取得收入。

【业务6-10】ABC公司预测20×0年度赊销额为6 000万元，其信用条件为$n/30$，变动成本率为60%，资金成本率为10%，假定企业收账政策不变，固定成本总额不变。企业准备了3个信用条件的备选方案。

A方案：维持$n/30$的信用条件，此时，预计坏账损失率为2%，收账费用为200万元。

B方案：将信用条件放宽到$n/45$。可以增加销售额600万元，同时，坏账损失率预计提高为3%，收账费用将增加80万元。

C方案：将信用条件放宽到$n/60$。可以增加销售额800万元，同时，坏账损失率预计提高为5%，收账费用将增加150万元。

要求：试判断企业应选择哪个方案。

解析：A方案

信用成本前收益＝6 000×(1－60%)＝2 400(万元)

信用成本

机会成本＝$\frac{6\ 000}{360}$×30×60%×10%＝30(万元)

收账费用＝200万元

坏账损失＝6 000×2%＝120(万元)

信用成本总额＝30＋200＋120＝350(万元)

信用成本后收益＝2 400－350＝2 050(万元)

B方案

信用成本前收益＝(6 000＋600)×(1－60%)＝2 640(万元)

信用成本

机会成本＝$\frac{6\ 600}{360}$×45×60%×10%＝49.5(万元)

收账费用＝200＋80＝280(万元)

坏账损失＝6 600×3%＝198(万元)

信用成本总额＝49.5＋280＋198＝527.5(万元)

信用成本后收益＝2 640－527.5＝2 112.5(万元)

C方案

$$信用成本前收益=(6\ 000+800)\times(1-60\%)=2\ 720(万元)$$

信用成本

$$机会成本=\frac{6\ 800}{360}\times60\times60\%\times10\%=68(万元)$$

$$收账费用=200+150=350(万元)$$

$$坏账损失=6\ 800\times5\%=340(万元)$$

$$信用成本总额=68+350+340=758(万元)$$

$$信用成本后收益=2\ 720-758=1\ 962(万元)$$

从上面计算结果得知,A方案获利2 050万元,B方案获利2 112.5万元,C方案获利1 962万元。在这3个方案中,B方案($n/45$)获利最大,比A方案($n/30$)增加收益62.5万元,比C方案($n/60$)增加收益150.5万元。因此,在其他条件不变的情况下,应选择B方案。

(2) 折扣期限与现金折扣。折扣期限是指客户规定的可享受现金折扣的付款时间,现金折扣是在客户提前付款时给予的优惠。企业给予折扣期和折扣率,其目的在于加速回收应收款项。企业通过给予客户信用期,从而扩大销售,增加收益。为了加快资金的回收,在给予信用期的基础上,还可以给予现金折扣,以期加快资金的回笼。企业在给予客户现金折扣时,如果折扣率过低,无法产生激励客户提早付款的效果。折扣率过高,企业成本过大。企业能否提供现金折扣,主要取决于提供现金折扣减少应收账款投资所带来的收益是否大于提供现金折扣所付出的代价。因此在评价上,只要给予折扣后成本的节约大于折扣的支出,则方案可行。

现金折扣成本是为了让对方提早付款而提供的,对比于不提供现金折扣的成本。购买方为了享受折扣(少付款)会提前付款,这样应收账款的周转率提高,会减少收账费用和坏账损失。一般来说,现金折扣成本是销售收入、折扣期内付款的销售比例及现金折扣率3者的乘积。比如,ABC公司年度赊销收入为1 000万元,信用条件为$(5/10,2/15,n/30)$,预计50%客户利用5%的现金折扣,50%的客户利用2%的现金折扣,则公司现金折扣成本$=1\ 000\times5\%\times50\%+1\ 000\times2\%\times50\%=35(万元)$。

【业务6-11】承接业务6-10,企业为加快资金的回收,决定在B方案的基础上将信用条件改为"$2/10,1/20,n/45$"(D方案),信用条件修改后,预计有60%的客户会利用2%的折扣;15%的客户会利用1%的折扣。坏账损失率可以降为1.2%,收账费用可以降为120万元。要求:为企业做出是否要修改信用条件的决策。

解析:D方案:

$$现金折扣=6\ 600\times(2\%\times60\%+1\%\times15\%)=89.1(万元)$$

$$信用成本前收益=6\ 600\times(1-60\%)-89.1=2\ 550.9(万元)$$

信用成本:

$$应收账款平均收账天数=10\times60\%+20\times15\%+45\times(1-60\%-15\%)$$
$$=20.25(天)$$

$$机会成本=\frac{6\ 600}{360}\times20.25\times60\%\times10\%=22.275(万元)$$

$$收账费用=120万元$$

坏账损失=6 600×1.2%=79.2(万元)
信用成本总额=22.275+120+79.2=221.475(万元)
信用成本后收益=2 550.9-221.475=2 329.425(万元)

计算结果表明,实行现金折扣后,企业的收益达到2 329.425万元,比原B方案(获利2 112.5万元),多获利216.925万元,因此,企业应该修改信用条件,实施D方案。

在使用现金折扣时应注意,不应经常采用现金折扣刺激付款,因为现金折扣通常应足够高才有吸引力,而此时卖方成本,以"2/10,n/30"方式为例,相当于年利息率为$\frac{2\times360}{30-10}\times100\%=36\%$。所以,有时忍受90天的延迟比提供2%的折扣更划算。

3. 收账政策

收账政策是指客户违反信用条件,拖欠甚至拒付账款时企业应采取的收账策略。

首先,企业应投入一定收账费用以减少坏账的发生。一般来说,随着收账费用的增加,坏账损失会逐渐减少,但收账费用不是越多越好,因为收账费用增加到一定数额后,坏账损失不再减少,说明在市场经济条件下不可能绝对避免坏账。收账费用投入多少为好要在权衡增加的收账费用和减少的坏账损失后做出。

其次,企业对客户欠款的催收应做到有理、有利、有节。对超过信用期限不多的客户宜采用电话、发信等方式"提醒"对方付款。对久拖不还的欠款,应具体调查分析客户欠款不还的原因。如客户确因财务困难而无力支付,则应与客户相互协商沟通,寻求解决问题的较理想的办法,甚至对客户予以适当帮助、进行债务重整等。如客户欠款属恣意赖账、品质恶劣,则应逐渐加强催账力度,直至诉诸法律,并将该客户从信用名单中排除。对客户应尽量避免采取强硬措施,要珍惜与客户之间的友情,以有利于树立企业的良好形象。不仅要想到争取更多的回头客,也要想到如果日后与客户地位互换,留下回旋的余地。

【业务6-12】甲企业使用5C信用评价系统,其中对申请者的生产经营能力及获利情况,管理制度是否健全等进行分析评估属于( )。

A. 品质　　　　B. 资本　　　　C. 抵押　　　　D. 能力

解析:选D。能力是指经营能力,通常通过分析申请者的生产经营能力及获利情况,管理制度是否健全,管理手段是否先进,产品生产销售是否正常,在市场上有无竞争力,经营规模和经营实力是否逐年增长等来评估,所以选项D是正确答案。

三、应收账款的日常管理

对于已经发生的应收账款,企业还应进一步强化日常管理工作,采取有力的措施进行分析和控制,及时发现问题,提前采取对策。这些措施主要包括应收账款追踪分析、应收账款账龄分析和建立应收账款坏账准备制度等。

1. 应收账款追踪分析

对应收账款实施追踪分析的重点应放在赊销商品的销售与变现方面。客户以赊购方式购入商品后,迫于获利和付款信誉的动力与压力,必然期望迅速地实现销售并收回账款。如果这一期望能够顺利地实现,而客户又具有良好的信用品质,则赊销企业如期足额地收回客户欠款一般不会有多大的问题。然而,市场供求关系所具有的瞬变性,使客户所赊购的商品不能顺利地销售与变现,就意味着与应付账款相对的现金支付能力匮乏。

2. 应收账款账龄分析

应收账款的账龄是指未收回的应收账款从产生到目前的整个时间。企业已发生的应收账款的账龄有长有短,有的在信用期内,有的已逾期。进行应收账款的账龄分析的重点是已逾期拖欠的应收账款。应收账款账龄分析,即应收账款账龄结构分析。所谓应收账款的账龄结构,是指各类不同账龄的应收账款余额占应收账款总体余额的百分比。在应收账款的账龄结构中,可以清楚地看出企业应收账款的分布和被拖欠情况,以便于企业加强对应收账款的管理。

【业务6-13】 ABC公司 20×0 年预计收入为100万元,为加快资金周转,公司计划集中处理历年的应收账款,同时减少今年新增应收账款数额,公司高层开会研究决定采用以下几项措施,具体方案如下。

①提高产品销售折扣力度,预计可使该产品应收账款周转率提高至1.6次。②将公司3年以内的应收账款全部以95折转售给金融机构,3年以上应收账款收款难度大,数额少,转入坏账损失。③成立专门的催收机构,加大公司1年内的应收账款催收,预计可收回50%;对于1年以上的应收账款,以9折整体打包转售给银行。

已知:该公司上一年年末应收账款总额为115万元,其中,6个月以内、6～12个月以内、1～2年内、2～3年内和3年以上应收账款数额分别为25万元、36.5万元、15万元、5万元和0.41万元,试计算以上3种方案分别可收回的资金总额。

解析: 方案①

20×0 年年末应收账款预计金额 $=(100 \div 1.6) \times 2 - 115 = 10$(万元)

20×0 年可收回资金额 $= 115 - 10 = 105$(万元)

方案②

可收回金额 $=(25 + 36.5 + 15 + 5) \times 0.95 = 77.425$(万元)

方案③

可收回金额 $=(25 + 36.5) \times 50\% + (15 + 5 + 0.41) \times 0.9$
$= 30.75 + 18.369 = 49.119$(万元)

3. 建立应收账款坏账准备制度

不论企业采用怎样严格的信用政策,只要存在着商业信用行为,坏账损失的发生总是不可避免的。企业应当在期末分析各项应收账款的可收回性,并预计可能产生的坏账损失。对预计可能发生的坏账损失,计提坏账准备,企业计提坏账准备的方法由企业自行确定。企业应当制定计提坏账准备的政策,明确计提坏账准备的范围、提取方法、账龄的划分和提取比例,按法律、行政法规的规定报有关各方备案,并备置于企业所在地。坏账准备计提方法一旦确定,不得随意变更,应当在会计报表附注中予以说明。

【业务6-14】 以下选项中不属于企业应收账款日常管理采取的措施( )。

A. 应收账款追踪分析　　　　　　B. 建立坏账准备制度
C. 应收账款客户分析　　　　　　D. 应收账款账龄分析

解析: 选C。对于已经发生的应收账款,企业还应进一步强化日常管理工作,采取有力的措施进行分析和控制,及时发现问题,提前采取对策。这些措施主要包括应收账款追踪分析、应收账款账龄分析和建立应收账款坏账准备制度等。

任务四　存货管理

一、存货管理概述

企业持有充足的存货，不仅有利于生产过程的顺利进行，节约采购费用与生产时间，而且能够迅速地满足客户各种订货的需要，从而为企业的生产与销售提供较大的机动性，避免因存货不足带来的机会损失。然而存货的增加必然要占用更多的资金，将使企业付出更大的持有成本（即机会成本），而且存货的储存与管理费用也会增加，影响企业获利能力的提高。因此，如何在存货的功能（收益）与成本之间进行利弊权衡，在充分发挥存货功能的同时降低成本、增加收益、实现它们的最佳组合，就是存货管理的目标。

1. 存货的含义

存货是指企业在生产经营过程中为销售或耗用而储存的各种有形资产，包括各种原材料、燃料、周转材料、委托加工材料、在产品、产成品和商品等。

应以企业对存货是否具有法定所有权为依据，凡是在盘存日期，法定所有权属于企业的一切物品，不论其放在何处或处于何种状态，都应作为企业的存货。反之，凡法定所有权不属于企业的物品，即使尚未远离企业，也不应包括在本企业的存货范围之内。

2. 存货的功能

存货的功能是指存货在生产经营过程中的作用。存货主要有原材料、在产品和产成品，其功能表述如下。

（1）保证生产功能。从企业的供应和生产过程来看，供应部门为保证生产对原材料等物资的消耗，必须保持一定量的周转性储备。企业的生产是连续进行的，需要不停地耗用原材料，因而生产过程中就必然经常占用各种半成品、在产品。为了保证企业生产经营正常进行，每个企业必须储备一定数量的原材料和在产品等存货。

（2）适应市场变化。存货储备能增强企业在生产和销售方面的机动性以及适应市场变化的能力。企业有了足够的库存产成品，就能有效地供应市场，满足顾客的需要。相反，若某种畅销产品库存不足，将会坐失目前的或未来的销售良机，并有可能因此而失去顾客。在通货膨胀时，适当地储存原材料存货，能使企业获得因市场物价上涨而带来的好处。

（3）组织批量采购，有利于降低进货成本。一般情况下，零购物资的价格往往高于成批采购的价格，特别是市场竞争激烈的今天，一些企业为了鼓励客户多买，在价格上给予更多的优惠。采购企业采用成批采购的方式，不仅可以享受较多的折扣优惠，而且能减少进货次数，降低采购费用。只要进货成本的降低额大于因存货增加而增加的储存费用，便是可行的采购方式。

3. 存货的成本

（1）进货成本。进货成本是指存货的取得成本，主要由存货进价和订货成本构成，通常用 TC_a 来表示。存货进价是指存货本身的价值，等于存货进货数量与单价的乘积，又称为购置成本。在一定时期进货总量既定，物价不变且无采购数量折扣的条件下，无论企业采购次数如何变动，存货进价通常是保持相对稳定的，属于决策的无关成本。假设企业存货的年需要量用 D 表示，单价用 U 表示，于是存货进价计为 DU。

订货成本是指企业为组织进货而支付的费用,如与存货采购有关的办公费、差旅费、邮资、电话费、运输费、检验费、入库搬运费等支出,也称为进货费用。订货成本有一部分与订货次数无关,如常设采购机构的基本开支等,称为订货的固定成本,通常用F_1表示,这类固定性进货费用属于决策的无关成本;另一部分与订货次数有关,如差旅费、邮资、通信费等,与进货次数成正比例变动,这类变动性进货费用属于决策的相关成本。每次订货的变动成本用K表示;订货次数等于存货年需要量D与每次进货量Q之商。

存货进货成本的计算公式如下:

$$TC_a = \frac{D}{Q} \times K + F_1 + DU$$

(2) 储存成本。储存成本是指为保持存货而发生的成本,包括存货占用资金所应计的利息(若企业用现金购买存货,便失去了现金存放银行或投资于证券本应取得的利息,视为放弃利息;若企业借款购买存货,便要支付利息费用,视为付出利息)、仓库费用、保险费用和变质损失等,通常用TC_c表示。储存成本也分为固定成本和变动成本,固定成本与存货数量的多少无关,如仓库折旧、仓库职工的固定工资等,常用F_2表示;变动成本与存货的数量有关,如存货资金的应计利息、存货的破损和变质损失、存货的保险费用等,单位成本用K_c来表示,用公式表达的储存成本为

$$TC_c = F_2 + \frac{Q}{2} \times K_c$$

(3) 缺货成本。缺货成本是指由于存货不足而造成的损失,如材料供应中断造成的停工损失,产成品库存短缺造成的延迟发货的信誉损失及丧失销售机会损失,材料缺货而采用替代材料的额外支出,通常用TC_s表示。缺货成本中有些是机会成本,只能做大致的估算。当企业允许缺货时,缺货成本随平均存货的减少而增加,它是存货决策中的相关成本。

如果以 TC 来表示储备存货的总成本,它的计算公式为

$$TC = TC_a + TC_c + TC_s = \frac{D}{Q} \times K + F_1 + DU + F_2 + \frac{Q}{2} \times K_c + TC_s$$

【业务 6-15】以下属于企业存货管理中涉及的存货成本的是(　　)。
A. 机会成本　　　　　　　　B. 取得成本
C. 储存成本　　　　　　　　D. 转换成本
解析:选 BC。企业存货管理中涉及的存货成本包含取得成本、储存成本和缺货成本。

二、存货的经济批量模型

经济批量是指每次订购货物(材料、商品等)的最佳数量。在某种存货全年需求量已定的情况下,降低订货批量,必然增加订货批次。这种情形一方面必然使存货的储存成本(变动储存成本)随平均储存量的下降而下降;另一方面又将使订货成本(变动订货成本)随订货批次的增加而增加。反之,减少订货批次必然要增加订货批量,在减少订货成本的同时储存成本将会增加。可见,存货决策的目的就是确定使这两种成本合计数最低时的订货批量,即经济订货批量。

最佳存货经济批量的选择

1. 经济订货批量的基本模型

经济订货批量基本模型的建立需要设立一些假设条件,这些假设条件包括以下几条。
(1) 企业能够及时补充存货,即需要订货时便可立即取得存货。

(2) 能集中到货,而不是陆续入库。

(3) 不允许缺货,即没有缺货成本(TC$_s$=0)。这是因为良好的存货管理本来就不应该出现缺货成本。

(4) 需求量不变且能确定,即 D 为常数。

(5) 存货的单位价格不变,不考虑现金折扣,即 U 为常数。

(6) 企业现金充足,不会因现金短缺而影响进货。

(7) 企业所需要的存货市场供应充足,不会因买不到需要的存货而影响企业其他的经营活动。

由于模型假设中不允许缺货,即每当存货数量降至零时,下一批订货便会随即全部购入,故不存在缺货成本;同时存货单价不变,即存货采购不管多与少,没有折扣,所以,采购成本也可以不考虑。

设立上述假设后,存货总成本的公式可以简化为

$$TC = \frac{D}{Q} \times K + F_1 + DU + F_2 + \frac{Q}{2} \times K_c$$

当 K、F_1、DU、F_2、K_c 为常数时,TC 的大小取决于 Q。为了求出 TC 的极小值,对其求导演算可得出下列公式:

$$Q^* = \sqrt{\frac{2KD}{K_c}}$$

这一公式称为经济订货量基本模型,求出的每次订货批量,可使 TC 达到最小值。这个基本模型还可推导出其他形式。

每年最佳订货次数:

$$N = \frac{D}{Q^*}$$

存货总成本公式:

$$TC(Q) = \sqrt{2KDK_c}$$

最佳订货周期公式:

$$t = \frac{1}{N}$$

其中,1 指一年,一般按 360 天计。

经济订货量占用资金:

$$I = Q^* \frac{U}{2}$$

【业务 6-16】 经济订货基本模型是建立在一系列严格假设基础之上的,这些假设包括( )。

A. 存货总需求量是已知常数

B. 订货提前期是常数

C. 货物是一次性入库

D. 单位货物成本为常数,批量折扣率是已知常数

解析:选 ABC。经济订货基本模型的假设包括:①存货总需求量是已知常数;②订货提前期是常数;③货物是一次性入库;④单位货物成本为常数,无批量折扣;⑤库存储存成本与库存水平呈线性关系;⑥货物是一种独立需求的物品,不受其他货物影响;⑦不允许缺货,即

无缺货成本，TC_s 为零。

【业务6-17】ABC 公司当年原材料所需量为 40 000kg，原材料单位成本为 25 元/kg，每次订货需支出变动成本 40 元；已知单位变动储存成本 0.8 元/kg，一年以 360 天计。要求：计算该企业经济订货批量、年最佳订货次数、最佳订货周期及经济订货占用资金。

解析：

$$经济订货批量 = \sqrt{\frac{2 \times 40\,000 \times 40}{0.8}} = 2\,000(kg)$$

$$年最佳订货次数 = \frac{40\,000}{2\,000} = 20(次)$$

$$最佳订货周期 = \frac{360}{20} = 18(天)$$

$$经济订货占用资金 = \frac{2\,000 \times 25}{2} = 25\,000(元)$$

2. 订货提前期

一般情况下，企业的存货不能做到随用随补充，因此不能等存货用完再去订货，而需要在没有用完时提前订货。在提前订货的情况下，企业再次发出订货单时，尚有存货的库存量，称为再订货点，用 R 来表示，再订货点如图 6-4 所示。其计算公式为

$$R = Ld$$

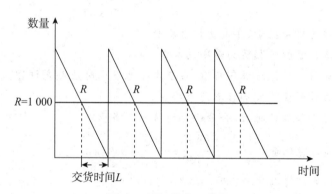

图 6-4 再订货点示意图

【业务6-18】ABC 公司每天正常耗用 A 材料为 100 件，企业从订货至到货的时间一般为 10 天。要求：计算再订货点。

解析：　　　　　　$R = Ld = 100 \times 10 = 1\,000(件)$

即企业在尚存 1 000 件存货时，就应当再次订货，等到下批订货到达时（再次发出订货单 10 天后），原有库存刚好用完。此时，有关每次订货批量、订货次数、订货间隔时间等并无变化，仍然可以按照原经济订货批量进行采购。

3. 保险储备

上面的讨论假定存货的供需稳定且确知，也就是说每日的需求量不变，交货时间也固定不变。实际上，每日需求量可能变化，交货时间也可能变化。按照经济订货量和再订货点发出订单之后，如果需求发生增加或者送货延迟，就会发生缺货或者供应中断。为了防止出现这种情况，就需要多储备一些存货。这种为了防止意外而储备的存货，就是通常所说的保险储备。保险储备在通常情况下是不使用的，只有当存货使用过量或者送货延迟才动用。建立保险储备量（B）之后，再订货点相应提高了，即

$$R = Ld + B$$

建立保险储备固然可以避免缺货的现象,但是却由此增加了存货的储备量和相应的存货成本。研究保险储备量的目的在于找出合理的保险储备量,使缺货损失和储备成本之和最小。从方法上而言,可以先计算出各种不同保险储备量情况下的总成本,然后进行比较,选择其中较低的方案。

如果假设与此有关的总成本为 $TS(S,B)$,缺货成本为 C_S,保险储备成本为 C_B,则

$$TS(S,B) = C_S + C_B$$

【业务 6-19】 假设 ABC 公司每年需外购零件 4 900kg,该零件单价为 100 元,单位储存变动成本 400 元,一次订货成本 5 000 元,单位缺货成本 200 元,目前建立的保险储备量是 50kg。交货期内的需要量及其概率见表 6-1。

表 6-1 交货期内的需要量及其概率

需要量/kg	概率	需要量/kg	概率
240	0.10	300	0.20
260	0.20	320	0.10
280	0.40		

要求:
(1) 计算最优经济订货批量,年最优订货次数。
(2) 确定与经济订货批量相关的最小总成本。
(3) 计算按企业目前的保险储备标准,存货水平为多少时应补充订货?
(4) 判断企业目前的保险储备标准是否恰当。
(5) 计算按合理保险储备标准,企业的再订货点为多少?

解析: (1) 经济订货批量 $= \sqrt{\dfrac{2 \times 4\,900 \times 5\,000}{400}} = 350 \text{(kg)}$

年最优订货次数 $= 4\,900 \div 350 = 14 \text{(次)}$

(2) 与经济订货批量相关的最小总成本 $= \sqrt{2 \times 4\,900 \times 5\,000 \times 400} = 140\,000 \text{(元)}$

(3) 交货期内平均需求 $= 240 \times 0.1 + 260 \times 0.2 + 280 \times 0.4 + 300 \times 0.2 + 320 \times 0.1$
$= 280 \text{(kg)}$

含有保险储备的再订货点 $= 280 + 50 = 330 \text{(kg)}$

(4) 企业目前的保险储备标准过高,会加大储存成本。

① 设保险储备为 0,再订货点 $= 280$,缺货量 $= (300-280) \times 0.2 + (320-280) \times 0.1 = 8 \text{(kg)}$

缺货损失与保险储备储存成本之和 $= 8 \times 14 \times 200 + 0 \times 400 = 22\,400 \text{(元)}$

② 设保险储备为 20,再订货点 $= 280 + 20 = 300 \text{(kg)}$;缺货量 $= (320-300) \times 0.1 = 2 \text{(kg)}$

缺货损失与保险储备储存成本之和 $= 2 \times 14 \times 200 + 20 \times 400 = 13\,600 \text{(元)}$

③ 设保险储备为 40,再订货点 $= 280 + 40 = 320 \text{(kg)}$;缺货量 $= 0$

缺货损失与保险储备储存成本之和 $= 40 \times 400 = 16\,000 \text{(元)}$

因此合理保险储备为 20kg,相关成本最小。

(5) 按合理保险储备标准,企业的再订货点 $= 280 + 20 = 300 \text{(kg)}$

三、存货的日常管理——ABC 分类法

1. ABC 分类法的含义

所谓 ABC 分类管理,就是按照一定的标准,将企业的存货划分为 A、B、C 3 类,分别实行分品种重点管理、分类别一般控制和按总额灵活掌握的存货管理方法。对于一个大型企业来说,常有成千上万种存货项目,在这些项目中,有的价格昂贵,有的一文不值;有的数量庞大,有的寥寥无几。如果不分主次,面面俱到,对每一种存货都进行周密的规划、严格的控制,就抓不着重点,不能有效地控制主要存货资金。ABC 分类管理正是针对这一问题而提出来的重点管理方法。

2. ABC 分类法的特点

A 类存货金额占整个存货金额比重的 70% 左右,品种数量占整个存货品种数量的 10% 左右;B 类存货金额占整个存货金额比重的 20% 左右,品种数量占整个存货品种数量的 20% 左右;C 类存货金额占整个存货金额比重的 10% 左右,品种数量占整个存货品种数量的 70% 左右。

3. ABC 分类法的实施步骤

运用 ABC 法控制存货资金一般分为以下几个步骤。

(1) 计算每种存货在一定时间内(一般为一年)的资金占用额。

(2) 计算每一种存货资金占用额占全部资金占用额的百分比,并按大小顺序排列,编成表格。

(3) 根据事先测定好的标准,把最重要的存货划为 A 类,把一般存货划为 B 类,把不重要的存货划为 C 类,并画图表示出来。

(4) 对 A 类存货进行重点规划和控制,对 B 类存货进行次重点管理,对 C 类存货只进行一般管理。

【业务 6-20】ABC 公司共有 20 种材料,共占用资金 200 000 元,按占用资金多少的顺序排列。要求:根据上述原则划分成 A、B、C 3 类,各类存货资金额百分比用图形表示,填入表 6-2。

解析:企业存货通过上述划分后,A 类存货,品种 2 种,占总数量 10%,但金额却占到 70%;B 类存货 4 种,占总数量的 20%,金额占 20%;C 类存货 14 种,占总数量的 70%,金额占 10%。因此,企业可以对 A 类存货中的编号 1、2 号材料进行重点分别管理;对 B 类存货中的 4 种材料,可采取大类的管理,当然,也可以分别品种进行管理,关键是看数量多少;对 C 类存货中的材料,由于所占金额比重不大,可以采取总金额控制的方法来管理。这样,就可以对存货做到有效的控制。

表 6-2 ABC 企业存货分类控制

材料编号	金额/元	金额比重/%	累计金额比重/%	类别	各类存货数量比重/%	各类存货金额比重/%
1	80 000	40	40	A	10	70
2	60 000	30	70			
3	15 000	7.5	77.5	B	20	20
4	12 000	6	83.5			
5	8 000	4	87.5			
6	5 000	2.5	90			

续表

材料编号	金额/元	金额比重/%	累计金额比重/%	类别	各类存货数量比重/%	各类存货金额比重/%
7	3 000	1.5	91.5			
8	2 500	1.25	92.75			
9	2 200	1.1	93.85			
10	2 100	1.05	94.9			
11	2 000	1	95.9			
12	1 800	0.9	96.8			
13	1 350	0.675	97.475	C	70	10
14	1 300	0.65	98.125			
15	1 050	0.525	98.65			
16	700	0.35	99			
17	600	0.3	99.3			
18	550	0.275	99.575			
19	450	0.225	99.8			
20	400	0.2	100			
合计	200 000	100			100	100

【业务 6-21】下列关于存货管理 ABC 分析方法,说法正确的是(　　)。

A. A类存货种类虽然较少,但占用资金较多,应集中主要精力,对其经济批量进行认真规划,实施一般控制

B. C类存货种类繁多,但占用资金很少,可凭经验确定进货量

C. B类存货在管理中根据实际情况采取灵活措施

D. ABC 分析法就是分品种重点管理、分类别一般控制和按总额灵活掌握的存货管理方法

E. ABC 分析法分类标准主要有两个:一是金额标准;二是品种质量标准

解析:选 BCD。运用存货 ABC 分析法管理存货时,从财务管理的角度来看,A 类存货种类虽然较少,但占用资金较多,应集中主要精力,对其经济批量进行认真规划,实施严格控制,故选项 A 错误;ABC 分析法分类标准主要有两个:一是金额标准;二是品种数量标准,故选项 E 错误。

任务五　大数据与应收账款及存货管理

大数据背景下,新技术、新软件的投入使用,使得企业可以依托于数字化、信息化、智能化的管理模式进行营运资金管理,尤其是对在应收账款和存货的管理中,管理的效率得到显著提升,进而使企业自身的核心竞争力得到显著提高。

一、大数据背景下应收账款管理的变化

1. 传统方式下应收账款存在的困境

企业在应收账款管理环节往往应用 ERP 软件系统的功能模块进行信用评级和催收管理,

这样既可以规范管理客户的应收账款信誉额度和信用期限,而且可以考核业务部门对应收账款的催收情况。然而,ERP软件系统通过信息化形式开展标准化和规范化流程管理时,往往缺少相应的智能辅助分析,无法对客户进行动态跟踪审核,也不能将财务数据与业务数据进行实时关联,缺乏账龄的预警功能,使企业很难动态评估客户,进而难以做出相应的赊销决策。

2. 大数据背景下应收账款管理的新模式

在大数据背景下,企业对应收账款管理业务框架进行梳理,实现大数据技术和资源的整合,串联企业信息化系统平台的收款管理、票据管理、合同管理等环节,以使信息化、标准化、程序化、规范化的管理流程形成闭环,从而奠定应收账款智能化信息系统平台建设的优良基础。在应收账款智能化信息系统平台,企业基于收款核销程序和对账程序可以自动提示账期。信息系统平台会对实收和应收数据信息自动提取,从而与合同管理系统模块相匹配,自动进行基本信息的核对,提取应收账款的形成时间、账龄并警示已到收款节点的项目。在应收账款智能化信息系统平台中可以实现企业合同信用管理系统、OA办公系统、财务管理系统、资金管理系统的有效对接,构建高效的系统平台共享机制,并且将应收账款管理延伸价值链,通过大数据技术进一步收集、挖掘、分析、评价企业外部上游供应商的有关行业、业务、财务等数据信息,从而实现应收账款智能化信息系统平台功能的强化和完善。

同时在大数据背景下,企业在应收账款管理中已可以实现信用评价模型体系的构建,即根据相应的规则筛选、整合、计算、处理加工采集的庞大数据信息,将具备价值的数据分析报告整合后反馈给企业的管理层。在企业财务层面,企业信誉评价模型体系有助于财务部门动态评价客户,并且结合企业信用政策严格控制资金回收的风险;在企业业务层面,有助于业务部门对客户经营动态进行多维度和多方式的把握,结合综合把控客户的业务经营信息和动态情况对客户的业务经营风险进行客观、科学的评估,从而实时优化企业信用评价机制,以便制定有效的对策。

二、大数据背景下存货管理的变化

(一) 传统方式下存货管理存在的困境

存货的入库与出库很大程度上受到存货管理制度的影响,不合理的存货管理制度会导致出现账目与存货实际不符的现象。在存储存货时,往往由个人负责入库与出库环节,因此易导致账目数额跟实际数额不符,从而增加弄虚作假的概率,最终影响企业的利益。如果企业存货管理中的库管人员存在工作态度不端正,当物品出入库的时候未曾详尽地记录账目,则会造成不准确记录的情况,从而对企业的最终决策和整体运营造成不利影响,甚至可能导致企业制定和执行错误的决策。

企业存货管理工作应重视把控存货数量,防范缺少或积压存货的情况,倘若在存货管理中不能准确地对存货进行计量,则会导致进货的盲目性,从而影响存货率。若企业未曾准确地预测存货需求量,难以实时补足需要的存货量,那么会在一定程度上制约企业的效益。

(二) 库存管理的大数据技术融入

1. RFID射频识别技术

射频识别(RFID)是通过射频信号来完成对目标对象的自动识别、信息获取的一种非接触式的自动识别技术。在验收入库环节中,RFID的设计和运用可以有效提升入库信息录入的准确性,大幅提升存货的信息管理水平,实现"一物一码"的精细管理。RFID的识别定位技术可以高效管理仓储物品的入库、存储、调拨、出库、检索、盘点等,对货物进行自动实时的定位,大幅提升仓储操作的效率。

2. BP 神经网络需求预测

需求预测(销量预测)是指通过分析商品销售的历史数据,分析其变化规律和影响因素,通过恰当的方法,对未来的需求量进行科学预测的过程。BP 神经网络具有自组织、自学习、自适应的特点,在可拟合非线性数据上预测效果明显,适用于样本数据海量且非线性的零售企业。随着人工神经网络理论的发展,目前已有最小下降法和拟牛顿法等算法弥补标准 BP 网络算法的缺陷,实现更加深度智能的预测。在库存管理中,通过 BP 神经网络进行的库存需求预测,可以帮助企业更好地实现库存的科学合理控制,降低运营成本。提升需求预测水平的准确性可以有效应对存货积压和缺货。

3. 智慧仓储

智慧仓储的应用首先保证了库存在数据输入传递上的准确性和及时性,企业可以实时掌握库存信息的变化情况从而对其做出管理控制,有效解决了传统仓储管理中人工数据维护造成的信息传递缓慢、失误率高的问题,极大程度地提高了管理效率。目前,借助于 RFID、物联网及工业 4.0 的概念,结合各类智能终端、设备的应用,可以实现仓储的智能化管理,对入库、盘点、出库等工作进行自动智能的操作和管理。智能仓储的重要实现形式之一便是智能仓储系统。通过利用 RFID、传感器,对仓储及配送数据进行收集、提取、存储、挖掘、清洗、运算、分析、统计,再运用自动化设备将物联网、WCS 系统接入仓库,可以实现仓储的智能数据管理和实物控制。

(三) 大数据背景下存货管理的新模式

大数据背景下,企业存货管理系统在不断优化与完善,逐渐朝着更为自动化的方向发展,一些企业已经开始利用新技术着手构建存货管理信息系统,这是存货管理共享模式得以有效运转的一个十分重要的基础。从目前的实际情况来看,很多企业在建立存货管理共享模式之前都结合本企业的实际情况制订了企业资源管理计划,在这份计划当中企业充分利用 ERP 系统实现收、付账款模块以及资产管理模块等的财务信息集中化,在各个分单位以及部门之间真正实现了实时共享,从而也形成一个较为良好的信息体系。另外一个十分鲜明的优势就是其能够为相关企业提供相对来说比较综合的数据,这对企业战略目标的制定将会起到帮助作用。存货管理共享是一个有效的管理中心,其最鲜明的特点是能够对信息以及人员进行最大程度上的集中,在这个集中的过程中,将会得到大量综合性的数据。而如果企业能够有效地建立一个存货管理共享模式,其财务人员在处理财务数据的大数据背景下,企业存货管理系统的使用使业务响应因素更加及时。从智能化财务平台的角度上看,数据挖掘、神经网络算法等多种先进的技术融合到存货管理系统当中,可以及时地对业务数据以及财务数据进行采集与分析,真正地保证各个子单位之间能够协调一致,进而对存货管理实现全周期控制与预测。最大程度上发挥其对降低成本所起到的关键作用。

财管德育课堂

【德智要点】

存货管理工作的水平高低在很大程度上决定了企业能否得以蓬勃发展。企业能否在经营发展的不同时期保持最佳库存,不仅体现了其经营管理水平,而且对资金周转速率、生产成本及经营效益都有很大影响。本案例将营运资本管理中的存货控制方法的应用与美特斯邦威的崛起与衰落联系在一起,让大家认识到理性应对市场变化,强化控制在存货管理中的作用。

【案例描述】

2008年,势如破竹的美特斯邦威(简称美邦)服饰在深交所正式挂牌,随后业绩连年增长,营收在2018—2011年分别为44.74亿元、52.18亿元、75亿元和99.45亿元。

2012年,美邦在全国范围内的门店扩张至5 220家,并入选中国最有价值品牌100强。然而,快速扩张带来产能过剩和库存积压,美邦的运营难度越来越大。在这一年,美邦的业绩首次出现了下滑,营收95.1亿元,较2011年下降4.37%,净利润增长率更是下降了37.42%。2015年,公司净利润开始出现亏损。2016年,美邦卖掉旗下子公司,避免了被ST的尴尬,门店也缩减至3 900多家。2017年,公司净利润再次为负,美邦风光不再。

据了解,美邦业务主要集中在休闲服装的设计、销售及品牌经营及推广上,涉及生产的相关环节主要采取外包模式,正是这种模式给美邦带来库存危机。在代工厂商生产之前,美邦就需要提前采购,设计师根据预测设计款式,加盟商决定生产款式。服装时尚的趋势具有一定的不确定性,身处快消时尚行业的美邦一旦生产过剩,存货管理就成为一个很大的问题。另一方面,美邦主要利用直营店和加盟店进行渠道扩张,而直营店推出的折扣比加盟店更高,这就使加盟店卖不出去的货一年年增高;不仅如此,美邦还加入了电商平台,线上折扣力度更大。各渠道上的款式、价格乃至折扣活动难以协调,渠道内斗加剧,美邦库存量随之猛增。

存货量居高带来的结果是资产减值损失。2017年年末,公司存货账面余额31.41亿元,占总资产比例为38.77%,相应存货跌价准备5.76亿元。深交所针对此问题向公司发去了问询函,公司表示会改进存货管理。

然而,2018年半年报显示,当期公司存货账面价值19.23亿元,较2017年同期增长4.93%,占总资产比例为30.21%。本期资产减值1.7亿元,较2017年增长399.78%,主要是计提存货跌价所致。若是存货管理问题不能解决,将对公司持续盈利能力造成很大威胁。

资料来源:https://www.cls.cn/detail/272523。

【案例启示】

党的二十大报告中多次提到"新发展格局",新发展格局即"以国内大循环为主体、国内国际双循环相互促进的新发展格局""我们要坚持以推动高质量发展为主题,把实施扩大内需战略同深化供给侧结构性改革有机结合起来,增强国内大循环内生动力和可靠性"。无论是国内大循环还是国际循环,本质讲的都是产业链和供应链双循环的核心支撑,目标是建立以我为主、安全可控的库存循环生态圈。因此,企业库存管理就要做到以现代商贸、现代金融、现代交通、现代物流四部分为支撑的全方位立体化管理。

1. 理性认识市场变化,做出快速反应

复杂多变的市场环境也会给存货管理工作带来阻碍。市场环境千变万化,再加上全球变暖,气候变化无常,无法确定什么时候应该开始下一季度服装的生产,这就增加了准备成本,过早生产会加大储存成本;错过时机则会被其他服装企业抢占先机。因此,企业应以快速满足动态的市场和顾客需求为目的,以追求企业各环节缩短提前期为核心,建立快速反应机制。快速反应要求企业建立合理的配送中心,资源集中化,能够快速响应各个销售点的需求,最终达到降低库存水平的目的,同时可及时调节、提高存货利用率。

2. 进一步加强内部控制,提高库存管理水平

加强内部控制涉及企业效率、财务风险、监管制度和信息传递的顺利运行等。各部门相关人员须了解本部门职责,在生产、销售和其他与库存货物有关的行为过程中建立标准化模式;同时须更有效地加强内部控制,加强对存货的管理和控制。此外,企业还可通过定期或不定期盘点,核查存货的实际数量与账上信息是否一致,有效提高存货管理水平。

同步测试

一、单项选择题

1. 下列有关营运资本的等式中正确的是( )。
    A. 营运资本＝流动资产－流动负债
    B. 营运资本＝资产－负债
    C. 营运资本＝流动资产－自发性的流动负债
    D. 营运资本＝长期资产－流动负债

2. 营运资本管理的首要任务是( )。
    A. 满足合理的资金需求   B. 提高资金使用效率
    C. 节约资金使用成本   D. 保持足够的短期偿债能力

3. 某企业固定资产为800万元,永久性流动资产为200万元,波动性流动资产为200万元。已知长期负债、自发性负债和权益资本可提供的资金为900万元,则该企业采取的是( )。
    A. 期限匹配筹资策略   B. 保守筹资策略
    C. 激进筹资策略   D. 折中筹资策略

4. 企业为了维持日常周转及正常商业活动所需要持有的现金额属于( )。
    A. 弥补性需求   B. 预防性需求   C. 投机性需求   D. 交易性需求

5. ABC公司是日常消费品零售、批发一体企业,春节临近,为了预防货物中断,近期持有大量的现金。该企业持有大量现金属于( )。
    A. 交易性需求   B. 预防性需求   C. 投机性需求   D. 支付性需求

6. 甲企业主要生产销售服装,采购布料时,供应商提供信用期间为30天,而出售服装时,提供给购买商信用期间为45天,由于信用期间不同,所以甲企业需要保持一定量的现金用于采购布料,这里是为( )。
    A. 收益性需求   B. 交易性需求   C. 预防性需求   D. 投机性需求

7. 成本模型和存货模型都要考虑的成本为( )。
    A. 机会成本   B. 管理成本   C. 短缺成本   D. 交易成本

8. 乙公司预测的年度赊销收入净额为4 500万元,应收账款收账期为30天,变动成本率为50%,资本成本为10%,1年按360天计算,则应收账款的机会成本为( )万元。
    A. 10   B. 18.75   C. 18.25   D. 12

9. 根据营运资本管理理论,下列各项中不属于企业应收账款成本内容的是( )。
    A. 机会成本   B. 管理成本   C. 短缺成本   D. 坏账成本

10. 信用分析中"条件"是指( )。
    A. 财务资源   B. 可用的担保物   C. 经济环境   D. 诚实的表现

11. A企业主营甲产品,该产品的单价为5元,变动成本为4元,原有信用期为30天,全

年销售量为10万件,现将信用期延长至45天,全年的销售量变为12万件,其他条件不变,假设等风险投资的最低报酬率为15%,1年按360天计算。计算改变信用期间增加的机会成本为( )元。

   A. 4 000   B. 5 000   C. 7 000   D. 9 000

12. 下列各项中,不属于应收账款监控方法的是( )。
   A. 应收账款周转天数分析   B. 账龄分析表
   C. 应收账款账户余额模式   D. 应收账款收现保证率分析

13. 存货的管理方法"ABC"方法中,属于B类存货的是( )。
   A. 金额最大的一类存货
   B. 数量最多的一类存货
   C. 数量和金额占比介于A、C类存货之间的一类存货
   D. 以上答案都不对

二、多项选择题

1. 下列有关流动资产的特点,表述正确的有( )。
   A. 占用时间短   B. 周转快   C. 难变现   D. 成本低

2. 企业在进行营运资本管理时,应遵循的原则有( )。
   A. 满足合理的资金需求   B. 提高资金使用效率
   C. 节约资金使用成本   D. 保持足够的短期偿债能力

3. 下列各项中,属于企业持有现金动机的有( )。
   A. 收益性需求   B. 交易性需求   C. 预防性需求   D. 投机性需求

4. 确定预防性需求的现金数额时,需要考虑的因素有( )。
   A. 企业有时会出现料想不到的突发事件
   B. 现金流量的不确定性越大,预防性现金的数额也就应越大
   C. 预防性现金数额还与企业的借款能力有关
   D. 企业现金流量的可预测性强,预防性现金数额可小些

5. 采用成本模型确定目标现金余额时,考虑的现金持有成本包括( )。
   A. 机会成本   B. 管理成本   C. 生产成本   D. 短缺成本

6. 为了减缓企业支付现金的时间,可以采用的措施有( )。
   A. 使用零余额账户   B. 使用现金浮游量
   C. 透支   D. 享受信用折扣

7. 关于企业现金管理,以下说法错误的是( )。
   A. 短缺成本是因现金持有量不足,又无法及时通过有价证券变现加以补充而使企业遭受的直接损失和间接损失
   B. 转换成本是指企业用现金购入有价证券以及转让有价证券换取现金时付出的交易费用
   C. 最优的现金持有量是使现金持有受益最大化的持有量
   D. 企业应尽量使现金流出与流入同步,这样就可以增加交易性现金余额

8. 与应收账款机会成本有关的因素有( )。
   A. 应收账款平均收账天数   B. 年赊销收入
   C. 变动成本率   D. 机会成本率

9. 下列说法中正确的有( )。
   A. 现金持有量越大,机会成本越高
   B. 现金持有量越低,短缺成本越大
   C. 现金持有量越大,管理成本越大
   D. 现金持有量越大,坏账成本越高

10. 通常情况下,企业持有现金的机会成本( )。
    A. 与现金余额成正比
    B. 等于有价证券的利息率
    C. 与持有时间成反比
    D. 是决策的无关成本

三、判断题

1. 保守型筹资策略比其他筹资策略使用更多的短期融资,流动性风险更高。( )
2. 利用成本分析模式控制现金持有量,若现金持有量超过总成本线最低点时,机会成本上升的代价小于短缺成本下降的好处。( )
3. 现金持有量控制的随机模式是建立在企业的现金未来需求量和收支不可预测的前提下,因此计算出来的现金量比较保守,往往比运用存货模式的计算结果小。( )
4. 按随机模式要求,当现金存量低于最优返回线时,应及时补足现金,以保证最佳现金余额。( )
5. 在成本模型下,当拥有多余现金时,将现金转换为有价证券;当现金不足时,将有价证券转换成现金。( )
6. 现金短缺成本随现金持有量的增加而上升,随现金持有量的减少而下降,即与现金持有量正相关。( )
7. 现金的成本分析模型考虑的现金持有成本,包括机会成本、管理成本和坏账成本。( )
8. 经济订货批量越大,进货周期越长。( )
9. 在计算经济订货批量时,如果考虑订货提前期,则应在按经济订货量基本模型计算出订货批量的基础上,再加上订货提前期天数与每日存货消耗量的乘积,才能求出符合实际的最佳订货批量。( )
10. 建立保险储备就是为了防止需求增大而发生缺货或供货中断。( )

四、简答题

1. 简述流动资产的特点。
2. 简述积极的营运资本筹资政策的相关内容。
3. 企业现金持有成本包括几个方面?
4. 应收账款的功能有哪些?
5. 简述存货管理中ABC分类法的实施步骤。

五、计算分析题

1. ABC公司现金收支平衡,预计全年(按360天计算)现金需要量为360 000元,现金与有价证券的转换成本为每次600元,有价证券年利率为12%。(运用存货模式计算)要求:

(1) 计算最佳现金持有量。

(2) 计算最佳现金持有量下的全年现金管理相关总成本、全年现金转换成本和全年现金持有机会成本。

(3) 计算最佳现金持有量下的全年有价证券交易次数和有价证券交易间隔期。

2. ABC公司正在采用成本模型确定现金最佳持有量,相关资料如下表。

企业现金持有方案　　　　　　　　　　　　　　　　　单位:元

项　　目	甲	乙	丙	丁
现金持有量	30 000	40 000	50 000	60 000
持有机会成本率	8%	8%	8%	8%
管理成本	2 000	2 000	2 000	2 000
短缺成本	3 000	2 000	500	0

根据资料,确定 ABC 公司现金最佳持有量。

3. ABC 公司预测的年度赊销额为 3 000 万元,其信用条件为 $n/30$,变动成本率为 60%,资金成本率为 20%。假设企业收账政策不变,固定成本总额不变。ABC 公司设有两个附加信用条件的备选方案:甲方案维持 $n/30$ 的信用条件,预计的坏账损失率为 2%,收账费用为 30 万元;乙方案将信用条件放宽到 $n/60$,预计年赊销额可达到 3 300 万元,坏账损失率为 4%,收账费用为 37 万元。应该选择哪个方案?

4. 已知 ABC 公司与库存有关的信息如下:①年需求数量为 30 000kg(假设每年 360 天);②购买价每千克 100 元;③库存储存成本是商品买价的 30%;④订货成本每次 60 元;⑤公司希望的安全储备量为 750kg;⑥订货至到货的时间为 15 天。要求:

(1) 计算最优经济订货量为多少?

(2) 计算存货水平为多少时应补充订货?

(3) 计算存货平均占用多少资金?

5. ABC 公司每年耗用某种材料 3 600kg,该材料单位成本为 10 元,单位储存成本为 2 元,一次订货成本为 25 元,符合经济订货基本模型的全部假设条件。请分别计算经济订货批量、最佳订货周期、与经济批量有关的总成本和经济订货批量占用资金。

学习情境六
拓展训练

学习情境七 收益分配管理

知识目标

1. 理解利润分配的原则和影响因素。
2. 理解股利理论。
3. 理解股票分割和股票回购的含义。

技能目标

1. 掌握按利润分配程序分配利润。
2. 掌握股利支付程序。
3. 掌握不同股利政策下股利的计算方法。

案例导入

花旗集团股利决策

花旗集团是花旗银行的母公司,由于巨额房地产贷款损失和一些其他问题,于1991年宣布暂停其股利支付。新闻报道透露银行监管者开始着手结束银行的监管活动,并迫使花旗银行暂停股利支付,直到它的资本复原。到1993年,花旗集团的状况大为改善。

从1990年年末到1993年年末,该集团控制的资本从160亿美元升至235亿美元,并且其第一层杠杆资本比率达到6.8%(最低要求为4%)。现在花旗集团考虑重新开始支付股利。

在暂停股利支付前2年,花旗集团的股利分配方案如表7-1所示。

表7-1 股利分配方案

年度(季度)	股利分配方案/美元	年度(季度)	股利分配方案/美元
1990(1)	现金股利0.405	1991(1)	现金股利0.25
1990(2)	现金股利0.445	1991(2)	现金股利0.25
1990(3)	现金股利0.445	1991(3)	现金股利0.25
1990(4)	现金股利0.445	1991(4)	暂停支付(1991年10月15日)

花旗集团过去数年的每股盈余和1994年4月以后数年的预期每股盈余如表7-2所示。

表 7-2　每股盈余

年　份	1988	1989	1990	1991	1992	1993	1994	1995	1996
每股盈余/美元	4.87	1.16	0.57	−3.22	1.35	3.53	6.00	6.50	7.50

花旗集团在重新确定现金股利时,需要考虑可比同类银行的股利政策。表 7-3 提供了它所考虑的一些信息。

表 7-3　同类银行的股利政策

银　行	净值与资产比率/%			股利支付率/%			股利收益率/%
	1991	1992	1993	1991	1992	1993	
花旗银行	4.4	5.2	6.5	—	—	—	—
纽约银行	7.4	8.6	8.9	131	36	32	1.7
美国商业银行	7.0	8.6	9.2	25	31	29	4.1
银行家信托公司	5.3	5.3	4.9	34	33	26	5.1
大通银行	5.5	6.8	8.0	38	35	63	4.1
化工银行	5.2	7.1	7.4	955	31	24	4.2
摩根银行	5.9	6.8	7.4	36	32	29	4.3
国民银行	5.9	6.6	6.3	195	33	33	4.0

$$股利收益率 = 4 \times \frac{最近一个季度股利}{每股价格}$$

思考分析:

1. 1990 年花旗集团的股利支付率为多少?
2. 为什么花旗集团在 1991 年的第一个季度要削减股利?
3. 在 1994 年春季,当花旗集团宣告发放现金股利时,市场将如何反应?这一信息传递可信吗?

任务一　利润分配概述

利润分配是财务管理的重要内容,它有广义的利润分配和狭义的利润分配之分。广义的利润分配是指对企业收入和利润进行分配的过程;狭义的利润分配是指对企业净利润的分配。企业开展经营活动取得收入后,按照补偿成本、缴纳所得税、提取公积金、向投资者分配利润,形成国家的所得税收入、投资者的投资报酬和企业的留存收益等不同项目。本书所指的利润分配是狭义的利润分配,即是指对净利润的分配。

利润分配概述、原则及程序

一、利润分配的原则

1. 依法分配原则

企业的收入分配必须依法进行。为了规范企业的收入分配行为,维护各利益相关者的合法权益,国家颁布了相关法规。这些法规规定了企业收入分配的基本要求、一般程序和重要比例,企业应当认真执行,不得违反。

2. 分配与积累并重原则

企业的收入分配必须坚持积累与分配并重的原则。企业通过经营活动获取收入,既要保证企业简单再生产的持续进行,又要不断积累企业扩大再生产的财力基础。恰当处理分配与积累之间的关系,留存一部分净利润,以增强企业抵抗风险的能力,同时,也可以提高企业经营的稳定性与安全性。

3. 兼顾各方利益原则

企业的收入分配必须兼顾各方面的利益。企业是经济社会的基本单元,企业的收入分配涉及国家、企业股东、债权人、职工等多方面的利益。正确处理它们之间的关系,协调其矛盾,对企业的生存、发展是至关重要的。企业在进行收入分配时,应当统筹兼顾,维护各利益相关者的合法权益。

4. 投资与收入对等原则

企业进行收入分配应当体现"谁投资,谁受益"、收入大小与投资比例相对等的原则。这是正确处理投资者利益关系的关键。企业在向投资者分配收入时,应本着平等一致的原则,按照投资者投资额的比例进行分配,不允许任何一方随意多分多占,以从根本上实现收入分配中的公开、公平和公正,保护投资者的利益。但是,公司章程或协议明确规定出资比例与收入分配比例不一致的除外。

二、利润分配的影响因素

企业利润分配涉及多方利益,利润分配政策主要是对利润是否分配、分配多少、何时分配等问题的确定。在确定利润分配政策时应考虑各方面因素,主要包括法律、公司、股东因素。

1. 法律因素

(1) 资产保全约束。法律规定公司不能用资本(包括实收资本、股本或资本公积)发放股利,目的在于维持企业资本的完整性,防止企业任意减少资本结构中的所有者权益的比例,保护企业完整的产权基础,保障债权人的利益。

(2) 积累约束。法律规定公司若有盈利,必须按照一定的比例和基数提取公积金,即法定盈余公积,股利只能从企业的可供股东分配利润中支付。可供股东分配利润包含公司当期的净利润按照规定提取各种公积金后的余额和以前累积的未分配利润。另外,在进行利润分配时,一般应当贯彻"无利不分"的原则,即当企业出现年度亏损时,一般不进行利润分配。

(3) 超额累积利润约束。由于资本利得与股利收入的税率不一致,如果公司为了股东避税而使盈余的保留大大超过了公司目前及未来的投资需要,将被加征额外的税款。

(4) 偿债能力约束。偿债能力是指企业按时、足额偿付各种到期债务的能力。如果当期没有足够的现金派发股利,则不能保证企业在短期债务到期时有足够的偿债能力,这就要求公司考虑现金股利分配对偿债能力的影响,确定在分配后仍能保持较强的偿债能力,以维持公司的信誉和借贷能力,从而保证公司的正常资金周转。

2. 公司因素

公司基于短期经营和长期发展的考虑,在确定利润分配政策时,需要关注以下因素。

(1) 现金流量。由于会计规范的要求和核算方法的选择,公司盈余与现金流量并非完全同步,净收入的增加不一定意味着可供分配的现金流量的增加。公司在进行利润分配时,要保证正常的经营活动对现金的需求,以维持资金的正常周转,使生产经营得以有序进行。

(2) 资产的流动性。企业现金股利的支付会减少其现金持有量,降低资产的流动性,而保持一定的资产流动性是企业正常运转的必备条件。

(3) 盈余的稳定性。企业的利润分配政策在很大程度上会受盈利稳定性的影响。一般来讲,公司的盈利越稳定,其股利支付水平也就越高。对于盈利不稳定的公司,可以采用低股利政策。

(4) 投资机会。如果公司的投资机会多,对资金的需求量大,那么它就很可能会考虑采用低股利支付水平的分配政策;相反,如果公司的投资机会少,对资金的需求量小,那么它就很可能倾向于采用较高的股利支付水平的分配政策。

(5) 筹资因素。如果公司具有较强的筹资能力,随时能筹集到所需资金,那么它会具有较强的股利支付能力,因为当公司有资金需求时,可以借助外部筹资。

3. 股东因素

股东对收入分配政策的影响主要表现在控制权、收入和税负方面。

(1) 控制权。现有股东往往将股利政策作为维持其控制地位的工具。公司支付较高的股利会导致留存收益减少,当公司为有利可图的投资机会筹集所需资金时,发行新股的可能性增大,那么新股东的加入必然稀释现有股东的控制权。因此,出于该原因考虑,股东会倾向于低股利分配政策。

(2) 稳定的收入。如果股东依赖于现金股利生活,他们往往要求公司能够支付稳定的股利。还有一些股东认为通过增加留存收益引起股价上涨而获得的资本利得是有风险的,而目前的股利是确定的,即便是现在较少的股利,也强于未来的资本利得,因此他们往往也要求较多的股利支付。

(3) 避税。政府对企业利润征收所得税以后,还要对自然人股东征收个人所得税,股利收入的税率要高于资本利得的税率。一些高股利收入的股东出于避税的考虑,往往倾向于较低的股利支付水平。

任务二 利润分配程序

利润分配程序是指公司制企业根据适用法律、法规或规定,对企业一定期间实现的净利润进行分派必须经过的先后步骤。

一、分配项目

1. 公积金

公积金分为法定公积金和任意公积金。法定公积金是指按照企业净利润和法定比例计提的盈余公积,即会计上所称的法定盈余公积。公司分配当年税后利润时应当按照10%的比例提取法定公积金;当法定公积金累计额达到公司注册资本的50%时,可不再继续提取。任意公积金的提取由股东会根据需要决定。

2. 股利

对股份制公司来说,向投资者分配的利润表现为股利。公司向股东支付股利,要在提取公积金之后。股利的分配应以各股东持有股份的数额为依据,每个股东取得的股利与其持有的股份数成正比。

二、分配顺序

根据我国《公司法》等有关规定，公司股利发放必须遵守相关要求。公司当年实现的利润总额首先应进行纳税调整，根据调整后的金额缴纳企业所得税，缴纳企业所得税后的净利润，按下列顺序分配。

1. 弥补以前年度的亏损

企业发生的年度亏损，可以由下一年度的税前利润弥补，下一年度税前利润尚不足以弥补的，可以由以后年度的利润继续弥补，但用税前利润弥补以前年度亏损的连续期限不超过5年。企业可供分配的利润即本年净利润加年初未分配利润，只有可供分配的利润大于零时，企业才能进行后续分配。

2. 提取法定盈余公积金

根据《公司法》的规定，法定盈余公积金的提取比例为当年税后利润（弥补亏损后）的10%。

当法定盈余公积金已达到注册资本的50%时可不再提取。法定盈余公积金可用于弥补亏损、扩大公司生产经营或转增资本，但公司用盈余公积金转增资本后，法定盈余公积金的余额不得低于转增前公司注册资本的25%。

3. 支付优先股股利

若企业有发行在外的优先股，应按时限约定的股息率向优先股股东派发股息。若优先股股东为参与优先股，那么公司在支付优先股股息后，还应按约定条款允许优先股股东与普通股股东参与剩余利润的分配。

4. 提取任意盈余公积

根据《公司法》的规定，公司从税后利润中提取法定公积金后，经股东会或者股东大会决议，还可以从税后利润中提取任意公积金，该部分属于自愿提取，但是与法定盈余公积一样，可用于弥补亏损或转增资本。

5. 向投资者分配利润

根据《公司法》的规定，公司弥补亏损和提取公积金后所剩的净利润，可以向投资者分配利润，其中有限责任公司股东按照实缴的出资比例分取红利，全体股东约定不按照出资比例分取红利的除外；股份有限公司按照股东持有的股份比例分配，但股份有限公司章程规定不按持股比例分配的除外。

三、股利支付程序

公司股利的发放必须遵守相关的要求，按照日程安排来进行。一般情况下，先由董事会提出分配预案，然后提交股东大会决议，股东大会决议通过才能进行分配。股东大会决议通过分配预案后，要向股东宣布发放股利的方案，并确定股利宣告日、股权登记日、除息日和股利发放日。

1. 股利宣告日

股利宣告日是指股东大会决议通过并由董事会将股利支付情况予以公告的日期。公告中将指明每股应支付的股利、股权登记日、除息日以及股利支付日。

2. 股权登记日

股权登记日即有权领取本期股利的股东资格登记的截止日期。凡是在此指定日期收盘之前取得该股票，成为公司在册股东的投资者都可以作为股东享受公司本期派发的股利。在这一天之后取得股票的股东则无权领取本次派发的股利。

3. 除息日

除息日也叫除权日,是指领取股利的权利与股票分离的日期。在除息日之前购买股票的股东才能领取本次股利,而在除息日当天或是以后购买股票的股东,则不能领取本次股利。由于失去了"收息"的权利,除息日的股票价格会下降。除息日是股权登记的下一个交易日。

4. 股利发放日

股利发放日即公司按照公布的股利分配方案向股权登记日登记在册的股东实际支付股利的日期。

【业务 7-1】 ABC 公司于 20×3 年 4 月 8 日公布 20×2 年度的利润分配方案,其公告主要内容如下:"20×3 年 4 月 7 日在北京召开了股东大会,会议审议通过了股息分配方案,具体如下:每股派发现金股利 0.16 元,股权登记日为 4 月 18 日,除息日 4 月 19 日,股东可在 5 月 13 日至 5 月 28 日通过深圳交易所按交易方式领取股息。"要求:画出该公司的股利程序图。

解析: 该公司的股利程序如图 7-1 所示。

图 7-1 该公司的股利程序

任务三 股利理论

股利分配理论是指人们对股利分配的客观规律的科学认识与总结,其核心问题是股利政策与公司价值的关系问题。西方股利理论分为两大流派:股利无关论和股利相关论。前者认为股利政策不会对企业股票价格产生任何影响;后者认为,股利政策对企业股票价格有较大影响。具体来说,主要有以下几个观点。

股利理论

1. "在手之鸟"理论

"在手之鸟"理论又叫作"股利重要论",该理论认为,假如利润不分配而作为留存收益,留存收益再投资给投资者带来的收益具有较大的不确定性。对于风险厌恶的投资者来说,他们更喜欢现金股利,而不喜欢将利润留给公司。公司分配的股利越多,公司的市场价值也就越大。也就是说,公司的股利政策与公司的股票价格是密切相关的,当公司支付较高的股利时,公司的股价会随之上升,公司价值将得到提高。

2. 信号传递理论

信号传递理论认为,在信息不对称的情况下,公司可以通过股利政策向市场传递有关公司未来获利能力的信息,从而会影响公司的股价。一般来讲,预期未来获利能力强的公司,往往愿意通过相对较高的股利支付水平把自己同预期获利能力差的公司区别开来,以吸引更多的投资者。对于市场上的投资者来讲,股利政策的差异或许是反映公司预期获利能力的有价值的信号。如果公司连续保持较为稳定的股利支付水平,那么,投资者就可能对公司未来的盈利能力与现金流量抱有乐观的预期。另外,如果公司的股利支付水平在过去一个较长的时期内相对稳定,而现在却有所变动,投资者将会把这种现象看作公司管理当局将改变公司未来收益率的信号,股价将会对股利的变动做出反应。

3. 所得税差异理论

所得税差异理论认为,由于股利的税率比资本利得的税率高,且资本利得的税收支出可以递延至股东出售股票为止,因此投资者会偏向于公司少支付股利,而将利润留存,用于再投资,以获取资本利得。所以,在存在所得税差异的情况下,只有采取低股利支付率政策,公司才可能获得价值最大化。

4. 代理理论

詹森(Jensen)和麦克林(Meckling)将代理成本分为委托人承担的监督支出、代理人承担的担保性支出和剩余损失。代理理论认为,股利政策有助于减缓管理者与股东之间的代理冲突,即委托人和代理人之间的冲突。股利政策是协调股东与管理者之间代理关系的一种约束机制。该理论认为派发较多的现金股利使管理者自身可以支配的"闲余现金流量"减少了,这在一定程度上可以抑制公司管理者过度地扩大投资或进行特权消费,从而保护外部投资者的利益。同时较多地派发现金股利,减少了内部融资,一定程度上"迫使"公司进入资本市场寻求外部融资,从而公司可以经常接受资本市场的有效监督,借助资本市场的监督减少委托人的监督成本。

任务四 股利政策及选择

股利政策由企业在不违反国家有关法律、法规的前提下,根据本企业具体情况制定的关于公司是否发放股利、发放多少股利以及何时发放股利等方面的方针和策略。股利政策既要保持相对稳定,又要符合公司财务目标和发展目标。在实际工作中,通常有以下几种股利政策可供选择。

股利政策的选择

一、剩余股利政策

1. 剩余股利政策的内容

剩余股利政策是指公司在有良好的投资机会时,根据目标资本结构,测算出投资所需的权益资本额,先从盈余中留用,然后将剩余的盈余作为股利来分配,即净利润首先满足公司的权益资金需求,如果还有剩余,就派发股利;如果没有,则不派发股利。

2. 剩余股利政策的实施步骤

剩余股利政策的理论依据是股利无关理论,它首先是保证公司的最佳资本结构,在采用该政策时,应遵循以下4个步骤。

(1) 设定目标资本结构,一般为加权资本成本最低的资本结构。

(2) 确定资本预算,并根据公司的目标资本结构预计资金需求中所需增加的权益资本数额。

(3) 最大限度地使用留存收益来满足资金需求中所需增加的权益资本数额。

(4) 留存收益在满足公司权益资本增加需求后,若还有剩余,则发放股利。

【业务 7-2】ABC 公司 20×2 年税后净利为 1 500 万元,提取法定盈余公积 150 万元,任意盈余公积 50 万元。目前,公司的最优资本结构为权益资本占 70%,债务资本占 30%。目前公司正在研究一个投资项目,计划 20×3 年投资,该项目需投资总额为 800 万元。该公司采用剩余股利政策向股东分配股利,已知公司流通在外的普通股为 1 000 万股。要求:计算该公司 20×2 年每股股利金额。

解析： 20×2年可用于分配的利润＝1 500－150－50＝1 300(万元)
800万元投资总额对公司权益资本的需求为
$$800 \times 70\% = 560(万元)$$
1 300万元在满足投资项目对权益资本的需求之后的剩余金额＝1 300－560＝740(万元)
每股普通股可以分配的股利为
$$\frac{740}{1\,000} = 0.74(元/股)$$

3. 剩余股利政策的优缺点

剩余股利政策有利于维持目标资本结构，但不利于投资者安排收入与支出，具有不稳定性，不利于公司树立良好的形象，一般适用于公司初创阶段。

二、固定或稳定增长股利政策

1. 固定或稳定增长股利政策的内容

固定或稳定增长的股利政策是指公司将每年派发的股利固定在某一特定水平或在此基础上维持某一固定比率逐年稳定增长。公司只有在确信未来盈余不会发生逆转时才采用固定或稳定增长的股利政策。在这一政策下，应首先确定股利分配额，与剩余股利政策不同的是，该分配额一般不随资金需求的波动而波动。

2. 固定或稳定增长股利政策的优缺点

1) 固定或稳定增长股利政策的优点

(1) 稳定的股利向市场传递着公司正常发展的信息，有利于树立公司的良好形象，增强投资者对公司的信心，稳定股票的价格。

(2) 稳定的股利有助于投资者安排股利收入和支出，有利于吸引那些打算进行长期投资并对股利有很高依赖性的股东。

(3) 固定或稳定增长的股利政策可能不符合剩余股利理论，但考虑到股票市场会受多种因素影响(包括股东的心理状态和其他要求)，为了将股利或股利增长率维持在稳定的水平上，即使推迟某些投资方案或暂时偏离目标资本结构，也可能比降低股利或股利增长率更为有利。

2) 固定或稳定增长股利政策的缺点

(1) 股利的支付与企业的盈利相脱节。无论公司盈利多少，均要支付固定的或按固定比率增长的股利，这可能会导致企业资金紧缺，财务状况恶化。采用固定或稳定增长的股利政策，要求公司对未来的盈利和支付能力做出准确的判断。一般来说，公司确定的固定股利额度不宜太高，以免陷入无力支付的被动局面。

(2) 固定或稳定增长的股利政策通常适用于经营比较稳定或正处于成长期的企业，但很难被长期采用。

三、固定股利支付率政策

1. 固定股利支付率政策的内容

固定股利支付率政策是指公司将每年净利润的某一固定百分比作为股利分派给股东。该固定的百分比就是股利支付率，股利支付率一经确定，一般不得随意变更。公司分派给股东的股利就是当年税后利润和股利支付率的乘积。公司固定股利支付率越高，公司留存的净利润就越少。

2. 固定股利支付率政策的优缺点

1) 固定股利支付率政策的优点

（1）采用固定股利支付率政策，股利与公司盈余紧密地配合，体现了"多盈多分、少盈少分、无盈不分"的股利分配原则。

（2）由于公司的获利能力在年度间是经常变动的，因此，每年的股利也会随着公司收益的变动而变动。如果采用固定股利支付率政策，公司每年按固定的比例从税后利润中支付现金股利，从企业的支付能力的角度看，这是一种稳定的股利政策。

2) 固定股利支付率政策的缺点

（1）大多数公司每年收益都会波动，由于股利支付率固定，派发给股东的股利也会随之波动。因为股利有信号传递作用，这会给投资者造成企业经营状况不稳定、风险较大的印象。

（2）容易使公司面临较大的财务压力。这是因为公司实现的利润多，并不能代表公司有足够的现金流，因为该政策下固定的比例需用于支付股利，因此，即使有好的项目，也可能没有足够的现金流用于投资。

（3）合适的固定股利支付率的确定难度比较大。

固定股利支付率政策适合那些处于稳定发展且财务状况稳定的公司。

四、低正常股利加额外股利政策

1. 低正常股利加额外股利政策的内容

低正常股利加额外股利政策是指公司事先设定一个较低的正常股利额，每年除按正常股利额向股东发放股利外，还在公司有较多盈余且资金比较充裕的年份向股东派发额外的股利。它介于稳定股利政策和变动股利政策之间，是一种折中的政策。额外股利并不固定，本年发放了额外股利，不代表下一年度也须发放额外股利，也不意味着公司永久地提高了股利支付额。该政策股利可用以下公式表示：

$$Y = a + bx$$

式中，Y 为每股股利；a 为低正常股利；b 为额外股利支付比率；x 为每股收益。

2. 低正常股利加额外股利政策的优缺点

1) 低正常股利加额外股利政策的优点

（1）赋予公司较大的灵活性。该政策使公司在股利发放上留有余地，并具有较大的财务弹性。公司可根据每年的具体情况，选择不同的股利发放水平，以稳定和提高股价，进而实现公司价值的最大化。

（2）可以吸引那些依赖股利度日的股东。在该政策下，股东每年至少可以得到虽然较低但比较稳定的股利收入。

2) 低正常股利加额外股利政策的缺点

（1）给投资者造成公司经营不稳定的印象。与固定股利支付率政策类似，公司各年度收益会有波动，这必定会造成额外股利的波动，使投资者认为投资会有较大风险。

（2）当公司在较长时间持续发放额外股利后，可能会被股东认为是"正常股利"，一旦取消，传递出的信号可能会使股东认为这是公司财务状况恶化的表现，进而导致股价下跌。

相对来说，对那些盈利随着经济周期而波动较大的公司或者公司盈利与现金流量不稳定时，低正常股利加额外股利政策也许是一种不错的选择。

任务五 股票分割与股票回购

一、股票分割

1. 股票分割的概念

股票分割又称拆股,是指将面额较高的股票分割成面额较低股票的行为。股票分割一般只会增加发行在外的股票总数,但不会影响公司的资本结构。股票分割一般发生在股票市价急剧上升,而企业又希望能降低股价时,其产生的效果类似于股票股利。不同的是,股票股利虽不会引起股东权益总额的改变,但股东权益的内部结构会发生变化,而股票分割之后,股东权益总额及其内部结构都不会发生任何变化,变化的只是股票面值。

股票股利和股票分割

2. 股票分割的作用

实行股票分割,虽然不能增加企业价值,也不能增加股东财富,但是股票分割依然有着很重要的作用。

(1) 降低股票价格。股票分割会使每股市价降低,买卖该股票所需资金量减少,从而可以促进股票的流通和交易。

(2) 有助于增强投资者对公司股票的信心。股票分割会向市场和投资者传递"公司发展前景良好"的信号,从而提高投资者信心。

3. 反分割

与股票分割相反,如果公司认为其股价过低,不利于其在市场上的声誉和未来的再筹资时,为提高股票的价格,会采取反分割。反分割又称为股票合并或逆向分割,是指将多股股票合并为一股股票的行为。与股票分割相反,反分割会降低股票的流通性,提高股票投资的门槛,它向市场传递的信息通常是不利的。

【业务 7-3】ABC 公司 20×2 年年末资产负债表(部分)如表 7-4 所示,假设该公司按照 1∶2 的比例进行股票分割。要求:计算股票分割后,所有者权益有何变化?每股净资产是多少?

表 7-4 ABC 公司 20×2 年年末资产负债表(部分)   单位:万元

股本(面值 10 元,发行在外 100 万股)	1 000
资本公积	1 200
盈余公积	500
未分配利润	500
股东权益合计	3 200

解析:股票分割以后,股票面值变为 5 元(10÷2),股数变为 200 万股,所有者权益总额不变,仍为 3 200 万元,所有者权益结构也不变。

$$每股净资产 = \frac{3\,200}{200} = 16(元/股)$$

二、股票回购

1. 股票回购的概念

股票回购是指上市公司出资并按一定程序购回发行在外的普通股,并予以注销或作为库存股的一种资本运作方式。我国《公司法》规定,公司有下列情形之一的,可以收购本公司股份。

(1) 减少公司注册资本。

(2) 与持有本公司股份的其他公司合并。

(3) 将股份用于员工持股计划或者股权激励。

(4) 股东因对股东大会做出的公司合并、分立决议持异议,要求公司收购其股份。

(5) 将股份用于转换上市公司发行的可转换为股票的公司债券。

(6) 上市公司为维护公司价值及股东权益所必需。

属于上述情况(1)的,应当自收购之日起10日内注销;属于上述情况(2)(3)的,应当在6个月内转让或者注销;属于其余3种情形的,公司合计持有的本公司股份数不得超过本公司已发行股份总额的10%,并应当在3年内转让或者注销。

2. 股票回购的动机

在证券市场上,公司回购本公司股票,可能出于以下几个动机。

(1) 现金股利的替代。股票股利与现金股利有类似之处,它们都为股东带去现金,因此,股票股利可以看作现金股利的一种特殊支付方式。现金股利政策会对公司产生未来的派现压力,而股票回购不会。当公司有剩余资金时,通过回购股东所持股票将现金分给股东,股东可以根据自己的需要选择继续持有股票或出售以获得现金。

(2) 改变公司的资本结构。无论是现金回购还是举债回购股份,都会提高公司的财务杠杆水平,改变公司的资本结构,使资本结构趋于最优。

(3) 传递公司信息。由于信息不对称和预期差异,证券市场上的公司股价可能被低估,股票回购可以向投资者传递公司对股价低估的"不满",提高投资者信心。

(4) 稳定控制权。控股股东为了保证其控制权不被改变,采取直接或间接的方式回购股票,使流通在外的股份数变少,有效防止恶意收购。

3. 股票回购的影响

股票回购对上市公司产生的影响主要表现在以下几个方面。

(1) 改善企业资本结构。股票回购使发行在外的股票数量减少,股权筹资数额降低,从而提高了负债比例,发挥财务杠杆的作用。

(2) 避免企业被收购。

(3) 库存股可以用于满足公司额外资金需求。股票回购后可以变为库存股,企业如果需要额外的现金,可将库藏股票出售,以满足资金需求。

(4) 使上市公司资金紧张。股票回购一般需要大量资金,以支付回购费用。集中的资金支付会造成资金紧张,降低资产流动性,影响公司的后续发展。

财管德育课堂

【德智要点】

利润分配受很多因素的影响,对维护企业与各利益相关者的关系、提升企业价值具有重要意义。本案例从多角度分析华为分红的原因和意义,使大家认识到团结奋进、持续发展对企业的重要性,激发大家的奋斗精神。

【案例描述】

2023年4月4日,北京金融资产交易所官网披露的华为投资控股有限公司分配股利公告显示,经公司内部有权机构决议,拟向股东分配股利约719.55亿元。

数据显示,2021年华为分红总额614.04亿元,相比之下,2022年分红总额增加了105.51亿元。华为表示,上述股利分配系公司正常利润分配,对公司生产经营、财务状况及偿债能力无不利影响。

持股分红是华为员工收入的重要组成部分,目前华为员工薪酬主要包括三部分:工资、奖金和分红。截至2022年12月31日,华为员工为142 315人。按此粗略计算,华为持股员工平均分红约50.5万元/人。

2022年,华为全年营业收入6 423亿元,增长0.9%,基本净利润下滑68.7%至356亿元;经营活动现金流同比下降70.2%至178亿元,净现金同比下降26.9%至1 763亿元。

华为首席财务官孟晚舟表示,2022年,经营依然面临较大压力,总体而言,经营业绩符合预期。2022年年末,华为的资产负债率为58.9%,净现金余额1 763亿元,近万亿的总资产规模中,现金、短期投资、运营资产等高流动性资产构成了资产的主体部分,财务状况持续稳健,具有较强的韧性与弹性。

2022年研发投入达到1 615亿元,占全年收入的25.1%,10年累计投入的研发费用超过9 773亿元。面向未来,华为将持续加大研发投入。华为副董事长、轮值董事长徐直军表示,只有维持和加大在一些领域的研发投入,才能确保高质量的业务连续。同时,只有确保和增强研发投入,才能不断创新。通过架构重构、系统工程、优化设计等提升产品竞争力。只要有高质量的业务连续和有竞争力的产品,就能持续生存与发展。

资料来源:https://baijiahao.baidu.com/s?id=1762297876886027256&wfr=spider&for=pc。

【案例启示】

为什么华为在利润下滑的情况下,还要高额分红呢?可以从以下几个方面分析。

1. 稳定团队军心,留住人才

华为正处于一个艰难时期,华为此时不分红,或者降低一些分红额度,似乎也合理。但是正因为是困难时期,才更需要员工团结一心,共克时艰。党的二十大报告指出:"努力提高居民收入在国民收入分配中的比重,提高劳动报酬在初次分配中的比重。坚持多劳多得,鼓励勤劳致富,促进社会公平。"华为通过高额分红,可以增强员工的归属感和认同感,鼓励员工团结奋进、努力创新。

2. 释放经营稳定的信号

截至2020年12月31日,华为总股本约为347.575亿股,华为此次分红额度约为549亿元,目前参与员工持股计划的共有121 269人,平均每个人大概可以分到44.8万元。郭平在新年致辞中称,公司整体经营情况符合预期,并强调"活下来、有质量地活下来"。在企业的困难时期,员工、客户的信心是非常重要的。

3. 坚定长期发展的战略目标

党的二十大报告指出:"必须坚持科技是第一生产力、人才是第一资源、创新是第一动力,深入实施科教兴国战略、人才强国战略、创新驱动发展战略,开辟发展新领域新赛道。"华为通过困难时期的高额分红,释放自己长期持续发展的信心,投入高额的研发费用,对创新的高度重视,都表明了自己的信心和决心,不会因为短期的利润波动而改变自己的发展方向和目标。

同步测试

一、单项选择题

1. 在确定企业的收益分配政策时,应当考虑相关因素的影响,其中"资本保全约束"属于(　　)。
   A. 股东因素　　　B. 公司因素　　　C. 法律因素　　　D. 债务契约因素

2. 企业投资并取得收益时,必须按一定的比例和基数提取各种公积金,这一要求体现的是(　　)。
   A. 资本保全约束　　　　　　　　　B. 资本积累约束
   C. 超额累积利润约束　　　　　　　D. 偿债能力约束

3. 甲公司以持有的乙公司股票作为股利支付给股东,这种股利属于(　　)。
   A. 现金股利　　　B. 负债股利　　　C. 股票股利　　　D. 财产股利

4. 确定股东是否有权领取本期股利的截止日期是(　　)。
   A. 除息日　　　B. 股权登记日　　　C. 股利宣告日　　　D. 股利发放日

5. 在(　　)进行股票交易,其交易价格会较前一交易日下降。
   A. 股利宣告日　　　B. 股权登记日　　　C. 除息日　　　D. 股利发放日

6. 下列净利润分配事项中,根据相关法律、法规和制度,应当最后进行的是(　　)。
   A. 向股东分配股利　　　　　　　　B. 提取任意公积金
   C. 提取法定公积金　　　　　　　　D. 弥补以前年度亏损

7. 下列关于剩余股利政策的说法不正确的是(　　)。
   A. 剩余股利政策,是指公司生产经营所获得的净收益首先应满足公司的资金需求,如果还有剩余,则派发股利;如果没有剩余,则不派发股利
   B. 剩余股利政策有助于保持最佳的资本结构,实现企业价值的长期最大化
   C. 剩余股利政策不利于投资者安排收入与支出
   D. 剩余股利政策一般适用于公司初创阶段

8. 下列关于固定或稳定增长的股利政策的说法不正确的是(　　)。
   A. 有利于公司在资本市场上树立良好的形象、增强投资者信心
   B. 有利于稳定公司股价
   C. 该政策要求公司对未来的盈利和支付能力能做出较准确的判断
   D. 固定或稳定增长的股利政策一般适用于经营比较稳定或正处于成长期的企业,可以被长期采用

9. 下列关于股利理论的说法不正确的是(　　)。
   A. 信号传递理论认为,在信息不对称的情况下,公司可以通过股利政策向市场传递有关公司未来获利能力的信息
   B. 股利重要论认为投资者更喜欢现金股利,而不愿意将收益留存在公司内部
   C. 所得税差异理论认为企业应当采用高股利政策
   D. 根据代理理论可知,较多地派发现金股利可以通过资本市场的监督减少代理成本

10. 认为股利支付率越高,股票价格越高的股利分配理论是(　　)。
    A. 代理理论　　　　　　　　　　　B. "手中鸟"理论

C. 所得税差异理论　　　　　　　　D. 股利无关论

11. 在企业的净利润与现金流量不够稳定时,对企业和股东都有利的股利政策是(　　)。
   A. 剩余股利政策　　　　　　　　B. 固定或稳定增长的股利政策
   C. 固定股利支付率政策　　　　　D. 低正常股利加额外股利政策

12. 股票分割又称股票拆细,即将一股股票拆分成多股股票的行为。下列说法不正确的是(　　)。
   A. 股票分割对公司的资本结构不会产生任何影响
   B. 股东权益的总额不变
   C. 股东权益内部结构会发生变化
   D. 会使发行在外的股票总数增加

13. 下列关于发放股票股利和股票分割的说法中,不正确的是(　　)。
   A. 都不会对公司股东权益总额产生影响
   B. 都会导致股数增加
   C. 都会导致每股面额降低
   D. 都可以达到降低股价的目的

14. 股票回购对上市公司的影响不包括(　　)。
   A. 容易导致资产流动性降低,影响公司的后续发展
   B. 在一定程度上巩固了对债权人利益的保障
   C. 损害公司的根本利益
   D. 容易加剧公司行为的非规范化,使投资者蒙受损失

15. 在证券市场上,公司回购股票的动机不包括(　　)。
   A. 现金股利的替代　　　　　　　B. 改变公司的资本结构
   C. 传递公司信息　　　　　　　　D. 促使股价上升,从而获得价差收益

二、多项选择题

1. 企业的收益分配应当遵循的原则包括(　　)。
   A. 依法分配原则　　　　　　　　B. 兼顾各方面利益原则
   C. 股东利益最大化原则　　　　　D. 分配与积累并重原则

2. 股东从保护自身利益的角度出发,在确定股利分配政策时应考虑的因素有(　　)。
   A. 避税　　　　B. 控制权　　　　C. 稳定的收入　　　　D. 资本积累约束

3. 下列属于制约股利分配的公司因素有(　　)。
   A. 控制权　　　B. 筹资因素　　　C. 盈余的稳定性　　　D. 资产的流动性

4. 下列关于收益分配的说法正确的有(　　)。
   A. 应该遵循的原则之一是投资与收益对等
   B. 不允许用资本金分配
   C. 应当充分考虑股利政策调整有可能带来的负面影响
   D. 债权人不会影响公司的股利政策

5. 下列关于股利理论的说法中,正确的有(　　)。
   A. 股利无关理论的假设条件之一为市场具有强式效率,没有交易成本
   B. "手中鸟"理论认为,当公司支付较高的股利时,公司价值将得到提高
   C. 所得税差异理论认为,企业应当采用高股利政策

D. 代理理论认为，股利的支付能提高代理成本

6. 公司在不同的成长阶段，适用不同的股利政策，下列各项中适用剩余股利政策的有（   ）。
   A. 公司初创阶段　　　　　　　　B. 公司快速发展阶段
   C. 公司成熟阶段　　　　　　　　D. 公司衰退阶段

7. 股利相关理论认为，企业的股利政策会影响股票价格。其主要观点包括（   ）。
   A. 股利重要论　　B. 信号传递理论　　C. 代理理论　　D. 所得税差异理论

8. 下列关于固定股利支付率政策的说法中，正确的有（   ）。
   A. 体现了多盈多分、少盈少分、无盈不分的股利分配原则
   B. 从企业支付能力的角度看，这是一种不稳定的股利政策
   C. 比较适用于那些处于稳定发展阶段且财务状况也较稳定的公司
   D. 该政策下，容易使公司面临较大的财务压力

9. 剩余股利政策的缺点在于（   ）。
   A. 不利于投资者安排收入与支出　　　B. 不利于公司树立良好的形象
   C. 公司财务压力较大　　　　　　　　D. 不利于目标资本结构的保持

10. 股票分割的主要作用包括（   ）。
    A. 降低每股市价
    B. 促进股票的流通和交易
    C. 向市场和投资者传递"公司发展前景良好"的信号
    D. 巩固现有股东既定控制权

三、判断题

1. 企业的收益分配有广义的收益分配和狭义的收益分配两种。广义的收益分配是指对企业的收入和收益总额进行分配的过程；狭义的收益分配则是指对企业收益总额的分配。（   ）
2. 根据《公司法》的规定，法定盈余公积的提取比例为当年税后利润的10%。（   ）
3. 法定盈余公积金可用于弥补亏损、扩大公司生产经营或转增资本。（   ）
4. 在股利支付程序中，除息日是指领取股利的权利与股票分离的日期，在除息日购买股票的股东有权参与当次股利的分配。（   ）
5. 股权登记日在除息日之前。（   ）
6. 上市公司发放股利有利于长期持股的个人股东获得纳税方面的好处。（   ）
7. "手中鸟"理论的观点认为公司分配的股利越多，公司的股票价格越高。（   ）
8. 按照股利的所得税差异理论，股利政策与股价相关，由于税负影响，企业应采取高股利政策。（   ）
9. 固定股利支付率政策体现了"多盈多分，少盈少分"的股利分配原则，从企业的支付能力的角度看，是一种稳定的股利政策。（   ）
10. 剩余股利政策能保持最佳的资本结构，使企业价值长期最大化，其依据是股利相关论。（   ）

四、简答题

1. 简述利润分配的顺序。
2. 股利支付程序中有哪些重要日期？它们之间存在什么关系？
3. 剩余股利政策的主要优缺点是什么？其适用条件有哪些？

4. 股票股利与股票分割有何异同？

5. 什么是股票回购？它的目的和动机是什么？

五、计算题

1. ABC公司长期以来采用固定股利支付率政策进行股利分配，确定的股利支付率为30％。20×2年税后净利润为1 500万元。公司20×3年的投资预算为2 000万元，目标资本结构为权益资本占60％。如果继续执行固定股利支付率政策，试计算公司20×2年将要支付的股利。

2. ABC公司采用剩余股利政策进行股利分配。20×2年税后净利润为1 800万元。公司20×3年的投资预算为2 000万元，目标资本结构为权益资本占70％，借入资金占30％。如果采用剩余股利政策，按照目标资本结构要求，试计算20×2年可以发放的股利。

3. ABC公司20×1年度实现的净利润为1 000万元，分配现金股利550万元，提取盈余公积450万元（所提盈余公积均已指定用途）。20×2年度实现的净利润为900万元（不考虑计提法定盈余公积的因素）。20×3年计划增加投资，所需资金为700万元。假定公司目标资本结构为自有资金占60％，借入资金占40％。要求：

(1) 在保持目标资本结构的前提下，计算20×3年投资方案所需的自有资金金额和需要从外部借入的资金金额。

(2) 在保持目标资本结构的前提下，如果公司执行剩余股利政策，计算20×2年度应分配的现金股利。

4. ABC公司20×1年度实现净利润1 000万元，分配现金股利550万元，提取盈余公积450万元（所提盈余公积均已指定用途）。20×2年度实现的净利润为900万元（不考虑计提法定盈余公积的因素）。20×3年计划增加投资，所需资金为700万元。要求：

(1) 假定公司执行固定股利政策（不考虑目标资本结构），计算20×2年应分配的现金股利、可用于20×3年投资的留存收益和需要额外筹集的资金额。

(2) 假定公司执行固定股利支付率政策（不考虑目标资本结构），计算该公司的股利支付率和20×2年度应分配的现金股利。

(3) 假定公司20×3年面临外部筹资的困难，只能从内部筹资，不考虑目标资本结构，计算在此情况下，20×2年度应分配的现金股利。

5. ABC公司20×2年年末资产负债表（部分）如下表所示。公司股票的每股现行市价为35元。

资产负债表（部分）

股本-普通股（每股面值2元，200万股）	400万元
资本公积	160万元
未分配利润	840万元
股东权益合计	1 400万元

要求：如按1股换2股的比例进行股票分割，计算分割后普通股股数、股东权益各项目数额。

学习情境七
拓展训练

学习情境八 预算管理

知识目标

1. 熟悉预算管理的含义、作用、分类、预算体系结构与内容、预算工作组织架构。
2. 理解预算的类型及编制方法。
3. 认识预算管理的重要作用。

技能目标

1. 能结合企业实际情况,进行预算管理体系构建和机构岗位设置。
2. 掌握预算编制的方法和程序,能根据企业的实际情况灵活运用。
3. 能根据企业实际情况和业务资料编制全面预算,包括编制业务预算、现金预算和预计财务报表。

案例导入

ABC 公司实施全面预算管理

全面预算管理作为对现代企业成熟与发展起重大推动作用的管理系统,是企业内部管理控制的一种主要方法。这一方法自从 20 世纪 20 年代在美国的通用电气、杜邦、通用汽车公司出现之后,很快就成为大型工商企业的标准作业程序,在企业内部控制中日益发挥核心作用。

ABC 公司作为一家投资控股集团,业务范围复杂多样,包括实业、金融服务业、国有资产经营三大业务类型,涉及煤炭、电力、港口、机械、化肥、基金、保险等诸多业务领域。

基于前期的业务设计基础,ABC 公司在预算管理系统中设计了"集团通用、板块通用、板块专用"三类预算模板,分别用于满足集团总部、各板块间及板块内的预算管理需求。预算管理从业务预算出发,覆盖包括投资、人力资源、固定资产管理、资金预算、IT 专项支出等业务预算,由业务预算形成财务预算,进行全面预算管理。

同时,预算系统内的组织架构体系覆盖了从集团总部到二级企业,以及三级投资企业的组织层级,体现预算管理的全面性、全员性及业务驱动性。此外,在年度预算编制的基础上,ABC 公司根据管理需求的深入,不断优化完善预算管理体系,先后实现季度滚动预测、预算调整、预算与实际数据的集成分析、预算控制、预算编制数据校验等功能,形成全过程的预算管理闭环。

思考分析:

1. 预算的含义和作用是什么?

2. 预算管理涉及哪些内容？
3. 预算编制有哪些方法？
4. 如何编制全面预算？

任务一 预算管理概述

一、预算的含义

预算是企业在预测、决策的基础上，用数量和金额以表格的形式反映企业未来一定时期内经营、投资、筹资等活动的具体计划，是为实现企业目标而对各种资源和企业活动所做的具体安排。预算是一种可据以执行和控制经济活动的、最为具体的计划，是对目标的具体化，是企业战略导向预定目标的有力工具。

财务预算概述

预算具有两个特征：首先，预算与企业的战略目标保持一致，因为预算是为实现企业目标而对各种资源和企业活动所做的详细安排；其次，预算是数量化的并具有可执行性，因为预算作为一种数量化的详细计划，它是对未来活动的细致、周密安排，是未来经营活动的依据，数量化和可执行性是预算最主要的特征。所以预算要以企业战略目标为导向，通过对未来一定期间内的经营活动和相应的财务结果进行全面预测和筹划，科学、合理地配置企业各项财务和非财务资源，并对执行过程进行监督和分析，对执行结果进行评价和反馈，指导经营活动的改善和调整，进而推动企业战略目标实现。

通过预算管理领域与管理会计其他领域应用的管理会计工具方法的整合，预算管理将发挥巨大的作用，有效提升企业的经营管理水平和经营业绩效益。

二、预算的作用

预算的作用主要表现在以下 3 个方面。

(1) 预算通过引导和控制经济活动，使企业经营达到预期目标。通过预算指标可以控制实际活动过程，随时发现问题，采取必要的措施，纠正不良偏差，避免经营活动漫无目的、随心所欲，通过有效的方式实现预期目标。因此，预算具有规划、控制、引导企业经济活动有序进行、以最经济有效的方式实现预期目标的功能。

(2) 预算可以实现企业内部各个部门之间的协调。从系统论的观点来看，局部计划的最优化，对全局来说不一定是最合理的。为了使各个职能部门向着共同的战略目标前进，它们的经济活动必须密切配合，相互协调，统筹兼顾，全面安排，搞好综合平衡。各部门预算的综合平衡，能促使各部门管理人员清楚地了解本部门在全局中的地位和作用，尽可能地做好部门之间的协调工作。各级各部门因其职责不同，往往会出现相互冲突的现象。各部门之间只有协调一致，才能最大限度地实现企业整体目标。例如，企业的销售、生产、财务等各部门可以分别编制出对自己来说是最好的计划，但该计划在其他部门却不一定能行得通。销售部门根据市场预测提出了一个庞大的销售计划，生产部门可能没有那么大的生产能力；生产部门可能编制一个充分利用现有生产能力的计划，但销售部门可能无力将这些产品销售出去；销售部门和生产部门都认为应该扩大生产能力，财务部门却认为无法筹到必要的资金。全面预算经过综合平衡后可以提供解决各级各部门冲突的最佳办法，代表企业的最优方案，可以使各级各部门的工作在此基础上协调地进行。

（3）预算可以作为业绩考核的标准。预算作为企业财务活动的行为标准，使各项活动的实际执行有章可循。预算标准可以作为各部门聘任考核的依据。经过分解落实的预算规划目标能与部门、责任人的业绩考评结合起来，成为奖勤罚懒、评估优劣的准绳。

三、预算的分类

（1）根据内容不同，企业预算可以分为业务预算（即经营预算）、专门决策预算和财务预算。业务预算是指与企业日常经营活动直接相关的经营业务的各种预算，主要包括销售预算、生产预算、直接材料预算、直接人工预算、制造费用预算、产品成本预算、销售费用预算和管理费用预算等。

专门决策预算是指企业不经常发生的、一次性的重要决策预算。专门决策预算直接反映相关决策的结果，是实际中选方案的进一步规划。如资本支出预算，其编制依据可以追到决策之前搜集到的有关资料，只不过预算比决策估算更细致、更精确一些。例如，企业对一切固定资产购置都必须在事先做好可行性分析的基础上来编制预算，具体反映投资额需要多少、何时进行投资、资金从何筹得、投资期限多长、何时可以投产、未来每年的现金流量是多少。

财务预算是指企业在计划期内反映有关预计现金收支、财务状况和经营成果的预算，主要包括现金预算和预计财务报表。财务预算作为全面预算体系的最后环节，它是从价值方面总括地反映企业业务预算与专门决策预算的结果，故又称为总预算，其他预算则相应称为辅助预算或分预算。显然，财务预算在全面预算中占有举足轻重的地位。

（2）按预算指标覆盖的时间长短，企业预算可分为长期预算和短期预算。通常将预算期在1年以内（含1年）的预算称为短期预算，预算期在1年以上的预算称为长期预算。预算的编制时间可以视预算的内容和实际需要而定，可以是1周、1月、1季、1年或若干年等。在预算编制过程中，往往应结合各项预算的特点，将长期预算和短期预算结合使用。一般情况下，企业的业务预算和财务预算多为1年期的短期预算，年内再按季或月细分，而且预算期间往往与会计期间保持一致。

四、预算体系

1. 全面预算体系结构

各种预算是一个有机联系的整体。一般将由业务预算、专门决策预算和财务预算组成的预算体系称为全面预算体系，其结构如图8-1所示。

2. 预算体系的内容

预算体系的内容主要包括经营预算、专门决策预算和财务预算。

（1）经营预算。经营预算也称业务预算，是指与企业日常业务直接相关的一系列预算，包括销售预算、生产预算、采购预算、费用预算、人力资源预算等，一般属于短期预算。

（2）专门决策预算。专门决策预算是指企业重大的或不经常发生的、需要根据特定决策编制的预算，包括投融资决策预算等，一般属于长期预算。

（3）财务预算。财务预算是指与企业收支、财务状况或经营成果等有关的预算，包括资金预算、预计资产负债表、预计利润表等，一般属于短期预算。

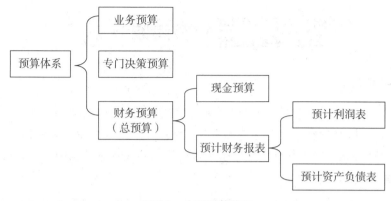

图 8-1 全面预算体系

五、预算工作的组织架构

企业实施预算管理的基础环境包括战略目标、业务计划、组织架构、内部管理制度、信息系统等,企业应按照战略目标,确立预算管理的方向、重点和目标。企业应将战略目标和业务计划具体化、数量化作为预算目标,促进战略目标落地。为了保障预算目标的达成,预算管理各环节应协调衔接、畅通高效。因此,企业可设置专门的组织机构,监督、执行预算管理工作。

企业在构建预算管理体制、设置预算管理机构时,应遵循合法科学、高效有力、经济适度、全面系统、权责明确等基本原则,一般应具备预算管理决策机构、预算管理工作机构和预算执行单位 3 个层次的基本架构。

1. 预算管理决策机构

企业应当设立预算管理委员会,作为专门履行预算管理职责的决策机构。预算管理委员会成员由企业负责人及内部的相关部门负责人组成,总会计师或分管会计工作的负责人应当协助企业负责人负责企业预算管理工作的组织领导,具体而言,预算管理委员会一般由企业负责人(董事长或总经理)任主任,总会计师(或财务总监、分管财会工作的副总经理)任副主任,其成员一般还包括各副总经理、主要职能部门(财务、战略发展、生产、销售、投资、人力资源等部门)负责人和分(子)公司负责人等。

2. 预算管理工作机构

由于预算管理委员会一般为非常设机构,企业应当在该委员会下设立预算管理工作机构,由其履行预算管理委员会的日常管理职责。预算管理工作机构一般设在财会部门,其主任一般由总会计师(或财务总监、分管财会工作的副总经理)兼任,工作人员除财务部门人员外,还应有计划、人力资源、生产、销售、研发等业务部门人员参加。

3. 预算执行单位

预算执行单位是指根据其在企业预算总目标实现过程中的作用和职责划分的,承担一定的经济责任,并享有相应权利的企业内部单位,包括企业内部各职能部门、所属分(子)公司等。企业内部预算责任单位的划分应当遵循分级分层、权责利相结合、责任可控、目标一致的原则,并与企业的组织机构设置相适应。根据权责范围,企业内部预算责任单位可以分为投资中心、利润中心、成本中心、费用中心和收入中心。预算执行单位在预算管理部门的指导下,组织开展本部门或者本公司全面预算的编制工作。

预算管理的概念和原则

任务二 预算编制方法

一、预算的编制方法

企业全面预算的构成内容比较复杂,编制预算需要采用适当的方法。常见的预算方法主要包括增量预算法与零基预算法、固定预算法与弹性预算法、定期预算法与滚动预算法,这些方法广泛应用于营业活动有关预算的编制。

财务预算的编制方法

（一）增量预算法与零基预算法

编制预算的方法按其出发点的特征不同,可分为增量预算法和零基预算法两大类。

1. 增量预算法

增量预算法是指以基期成本费用水平为基础,结合预算期业务量水平及有关降低成本的措施,通过调整有关费用项目而编制预算的方法。增量预算法以过去的费用发生水平为基础,主张不需在预算内容上做较大的调整,它的编制遵循如下假定。

（1）企业现有业务活动是合理的,不需要进行调整。

（2）企业现有各项业务的开支水平是合理的,在预算期予以保持。

（3）以现有业务活动和各项活动的开支水平,确定预算期各项活动的预算数。

增量预算法的缺陷是可能导致无效费用开支项目无法得到有效控制,因为不加分析地保留或接受原有的成本费用项目,可能使原来不合理的费用继续开支而得不到控制,形成不必要开支合理化,造成预算上的浪费。

2. 零基预算法

零基预算法的全称为"以零为基础的编制计划和预算的方法",它不考虑以往会计期间所发生的费用项目或费用数额,而是一切以零为出发点,根据实际需要逐项审议预算期内各项费用的内容及开支标准是否合理,在综合平衡的基础上编制费用预算。

零基预算法的程序如下。

（1）企业内部各级部门的员工,根据企业的生产经营目标,详细讨论计划期内应该发生的费用项目,并对每一费用项目编写一套方案,提出费用开支的目的以及需要开支的费用数额。

（2）划分不可避免费用项目和可避免费用项目。在编制预算时,对不可避免费用项目必须保证资金供应;对可避免费用项目,则需要逐项进行成本与效益分析,尽量控制可避免项目纳入预算中。

（3）划分不可延缓费用项目和可延缓费用项目。在编制预算时,应把预算期内可供支配的资金在各费用项目之间分配。首先应安排不可延缓费用项目的支出,然后再根据需要,按照费用项目的轻重缓急确定可延缓项目的开支。

零基预算法的优点表现在:①不受现有费用项目的限制;②不受现行预算的约束;③有利于调动各方面节约费用的积极性;④有利于促使各基层单位精打细算,合理使用资金。其缺点是编制工作量大。

（二）固定预算法与弹性预算法

编制预算的方法按照其业务量基础的数量特征不同,可分为固定预算法和弹性预算法。

1. 固定预算法

固定预算法又称静态预算法,是指在编制预算时,只根据预算期内正常、可实现的某一固定业务量(如生产量、销售量等)水平作为唯一基础来编制预算的方法。

固定预算法的缺点表现在以下两个方面。

(1) 适应性差。因为编制预算的业务量基础是先假定某一业务量。在这种方法下,不论预算期内业务量水平实际可能发生哪些变动,都只按事先确定的某一个业务量水平作为编制预算的基础。

(2) 可比性差。当实际的业务量与编制预算所依据的业务量发生较大差异时,有关预算指标的实际数与预算数就会因业务量基础不同而失去可比性。例如,ABC 公司预计业务量为销售 10 000 件产品,按此业务量给销售部门的预算费用为 5 000 元。如果该销售部门实际销售量达到 12 000 件,超出了预算业务量,固定预算下的费用预算仍为 5 000 元。

2. 弹性预算法

弹性预算法又称动态预算法,是在成本性态分析的基础上,依据业务量、成本和利润之间的联动关系,按照预算期内可能的一系列业务量(如生产量、销售量、工时等)水平编制系列预算的方法。

理论上,弹性预算法适用于编制全面预算中所有与业务量有关的预算,但实务中主要用于编制成本费用预算和利润预算,尤其是成本费用预算。

编制弹性预算,要选用一个最能代表生产经营活动水平的业务量计量单位。例如,以手工操作为主的车间,就应选用人工工时;制造单一产品或零件的部门,可以选用实物数量;修理部门可以选用直接修理工时等。

弹性预算法所采用的业务量范围,视企业或部门的业务量变化情况而定,务必使实际业务量不至于超出相关的业务量范围。一般来说,可定在正常生产能力的 70%～110%,或以历史上最高业务量和最低业务量为其上下限。弹性预算法编制预算的准确性,在很大程度上取决于成本性态分析的可靠性。

与按特定业务量水平编制的固定预算法相比,弹性预算法有两个显著特点:①弹性预算是按一系列业务量水平编制的,从而扩大了预算的适用范围;②弹性预算是按成本性态分类列示的,在预算执行中可以计算一定实际业务量的预算成本,以便于预算执行的评价和考核。

运用弹性预算法编制预算的基本步骤如下。

第一步:选择业务量的计量单位。

第二步:确定适用的业务量范围。

第三步:逐项研究并确定各项成本和业务量之间的数量关系。

第四步:计算各项预算成本,并用一定的方式来表达。

弹性预算法又分为公式法和列表法两种具体方法。

(1) 公式法。公式法是运用总成本性态模型,测算预算期的成本费用数额,并编制成本费用预算的方法。根据成本性态,成本与业务量之间的数量关系可用公式表示为

$$y = a + bx$$

式中,y 为某项预算成本总额;a 为该成本中的预算固定成本额;b 为该项成本中的预算单位变动成本额;x 为预计业务量。

【业务8-1】ABC公司制造费用中的修理费用与修理工时密切相关。经测算,预算期修理费用中固定修理费用为2 000元,单位工时的变动修理费用为3元;预计预算期的修理工时为3 000小时。要求:测算预算期的修理费用总额。

解析:运用公式法,测算预算期的修理费用总额为2 000+3×3 000=11 000(元)。

成本总额都可以通过公式 $y=a+bx$ 进行计算,式中,a 为固定成本,即不随着业务量变化的那部分成本;b 为单位变动成本,即与业务量有直接关系的单位成本,利用公式计算出成本总量。

【业务8-2】ABC公司A产品的制造费用与人工工时密切相关,可以采用 $y=a+bx$ 来计算制造费用,具体见表8-1。要求:测算业务量分别为600工时和660工时,制造费用预算分别为多少?

表8-1 制造费用预算表($y=a+bx$)

工时范围	400~700(人工工时)	
费用明细	固定费用 a/(元/月)	变动费用 b/(元/人工工时)
电力费用		1.00
运输费用		0.20
材料费用		0.10
修理费用	85	0.85
燃料费用	108	0.20
折旧费用	300	
人工费用	100	
合 计	593	2.35

注:当业务量超过640工时后,修理费用中的固定费用将由85元上升为185元。

解析:修理费用的业务量在400~640工时范围中,$y=a+bx$ 可以转化为 $y=593+2.35x$;修理费用的业务量在640~700工时范围,$y=a+bx$ 可以转化为 $y=693+2.35x$。业务量分别为600工时和660工时,制造费用预算分别为

$$x=600, y=593+2.35\times 600=2\ 003(元)$$
$$x=660, y=693+2.35\times 660=2\ 244(元)$$

公式法的优点是便于在一定范围内计算任何业务量的预算成本,适用性和可比性强,工作量会相对比较简单直观。缺点是分解成本按照公式会比较麻烦,对每个费用进行成本分解,工作量会非常大。

(2)列表法。列表法是在预计的业务量范围内将业务量分为若干个水平,然后按照不同的业务量水平来编制相应的预算。

应用列表法编制预算,首先要在确定的业务量范围内,划分出若干个不同水平,然后分别计算各项预算值,汇总列入一个预算表格。

列表法优点:不管实际业务量多少,不必经过计算就可以找到业务量相近的预算成本;混合成本中的阶梯成本和曲线成本,可以按总成本性态模型进行计算与填列,不需要用数学方法修正为近似的直线成本。但是,运用列表法编制预算,在评价和考核实际成本时,往往需要使用插值法来计算实际业务量的预算成本,实际操作比较麻烦。

【业务8-3】承接业务8-2。要求:采用列表法编制 ABC 公司 20×3 年 6 月制造费用预算表。

解析:根据表8-1,ABC 公司采用列表法编制 20×3 年 6 月制造费用预算表,具体如表8-2所示。

表8-2　制造费用预算表(列表法)　　　　　　　　　　　　　单位:元

业务量(人工工时)	400	460	520	580	640
占正常生产能力百分比	70%	80%	90%	100%	110%
变动成本:					
电力费用(1.00)	400	460	520	580	640
运输费用(0.20)	80	92	104	116	128
材料费用(0.10)	40	46	52	58	64
合　计	520	598	676	754	832
混合成本:					
修理费用	425	476	527	578	629
燃料费用	188	200	212	224	236
合　计	613	676	739	802	865
固定成本:					
折旧费用	300	300	300	300	300
人工费用	100	100	100	100	100
合　计	400	400	400	400	400
总　计	1 533	1 674	1 815	1 956	2 097

表8-2主要是针对5种业务量水平进行成本数据的预算,实际业务量也可以根据不同的业务量水平进行测算。

(三) 定期预算法与滚动预算法

1. 定期预算法

定期预算法是指在编制预算时,以不变的会计期间(如日历年度)作为预算期的一种编制预算的方法。这种方法的优点是能够使预算期间与会计期间相对应,便于将实际数与预算数进行对比,也有利于对预算执行情况进行分析和评价。但这种方法固定以1年为预算期,在执行一段时期之后,往往使管理人员只考虑剩下来的几个月的业务量,缺乏长远打算,导致出现一些短期行为。

2. 滚动预算法

滚动预算法又称连续预算法或永续预算法,是指在编制预算时,将预算期与会计期间脱离开,随着预算的执行不断地补充预算,逐期向后滚动,使预算期始终保持一个固定长度(一般为12个月)的一种预算方法。滚动预算的基本做法是使预算期始终保持12个月,每过1个月或1个季度,立即在期末增列1个月或1个季度的预算,逐期往后滚动,因而在任何一个时期都使预算保持为12个月的时间长度。这种预算能使企业各级管理人员对未来始终保持整整12个月时间的考虑和规划,从而保证企业的经营管理工作能够稳定而有序地进行。

采用滚动预算法编制预算,按照滚动的时间单位不同可分为逐月滚动、逐季滚动和混合滚动。

(1)逐月滚动。逐月滚动是指在预算编制过程中,以月份为预算的编制和滚动单位,每个月调整一次预算的方法。如在20×3年1月至12月的预算执行过程中,需要在1月末根据当月预算的执行情况修订2月至12月的预算,同时补充下年1月的预算;到2月末可根据当月预算的执行情况,修订3月至20×4年1月的预算,同时补充20×4年2月的预算;以此类推。逐月滚动预算方式示意图如图8-2所示。

按照逐月滚动方式编制的预算比较精确,但工作量较大。

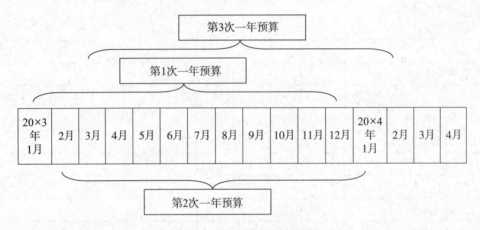

图8-2 逐月滚动预算方式示意图

(2)逐季滚动。逐季滚动是指在预算编制过程中,以季度为预算的编制和滚动单位,每个季度调整一次预算的方法。逐季滚动编制的预算比逐月滚动的工作量小,但是精确度也相应降低。

【业务8-4】ABC公司生产车间采用滚动预算方法编制制造费用预算。已知20×3年分季度制造费用如表8-3(其中,间接材料费用忽略不计,间接人工费用预算工时分配率为4元/小时,水电与维修费用预算工时分配率为2.5元/小时)所示。

表8-3 制造费用预算表(列表法)　　　　　　　　　　　单位:元

项　　目	第1季度	第2季度	第3季度	第4季度	合　计
直接人工预算总工时/小时	48 000	50 000	52 000	54 000	204 000
变动制造费用:					
间接人工费用	192 000	200 000	208 000	216 000	816 000
水电与维修费用	120 000	125 000	130 000	135 000	510 000
小　计	312 000	325 000	338 000	351 000	1 326 000
固定制造费用:					
设备租金	150 000	150 000	150 000	150 000	600 000
管理人员工资	50 000	50 000	50 000	50 000	200 000
小　计	200 000	200 000	200 000	200 000	800 000
制造费用合计	512 000	525 000	538 000	551 000	2 126 000

20×3年3月31日,ABC公司在逐季滚动编制20×3年第2季度到20×4年第1季度的预算时,发现后面的4个季度中出现以下变化。

① 间接人工费用预算工时分配率将上涨15%,变成4.6元/小时。

② 原来设备租赁合同到期,新签租赁合同中设备年租金下降30%,每年的租金变成420 000元。

③ 20×3年第2季度到20×4年第1季度预计直接人工总工时分别为51 000小时、52 000小时、54 000小时、50 000小时。

要求:根据上述资料,编制ABC公司20×3年第2季度到20×4年第1季度制造费用表。

解析:20×3年第2季度到20×4年第1季度制造费用预算表如表8-4所示。

表8-4　20×3年第2季度到20×4年第1季度制造费用预算表　　　　单位:元

项　目	第2季度	第3季度	第4季度	第1季度	合　计
直接人工预算总工时/小时	51 000	52 000	54 000	50 000	207 000
变动制造费用:					
间接人工费用	234 600	239 200	248 400	230 000	952 200
水电与维修费用	127 500	130 000	135 000	125 000	517 500
小　计	362 100	369 200	383 400	355 000	1 469 700
固定制造费用:					
设备租金	105 000	105 000	105 000	105 000	420 000
管理人员工资	50 000	50 000	50 000	50 000	200 000
小　计	155 000	155 000	155 000	155 000	620 000
制造费用合计	517 100	524 200	538 400	510 000	2 089 700

(3) 混合滚动。混合滚动是指在预算编制过程中,同时使用逐月滚动和逐季滚动作为预算的编制和滚动单位的方法。它是滚动预算的一种变通方式。

二、预算的编制程序

编制预算的程序是指编制全面预算必须遵循的科学步骤,整个公司要上下一致,分级明细,最后汇总的程序有序进行编制。

1. 确定目标

企业的董事会或最高管理层通过对当期预算完成情况、内外部环境变化的分析,公司战略和业务战略的制定或调整,提出下一个年度经营目标(包括收入、利润、现金流量、EVA、ROE等财务目标,以及内部流程改善、客户满意度提高等非财务目标)。

2. 编制上报

各预算执行单位根据预算管理委员会下达的预算目标和政策,结合本单位的业务战略、经营特点以及内外部因素的变化编制预算草案,上报预算管理办公室。

3. 审查平衡

预算管理办公室对各预算执行单位上报的预算草案进行初步审查、汇总,并根据预算管理委员会的要求,组织对汇总后的预算草案进行审查和平衡。

4. 审议批准

预算经过多轮、逐层审查、平衡后,最后上报到预算管理委员会。预算管理委员会将审查预算与预算指导方针、长短期目标、战略规划之间的一致性等。

5. 下达执行

企业财务管理部门对董事会或者经理办公会审议批准的年度总预算,一般在次年 3 月底以前,分解成一系列的指标体系,由预算委员会逐级下达各个预算执行单位执行。

任务三 全面预算编制

全面预算以销售预算为起点,是关于企业在一定时期内经营活动、投资活动、财务活动等各方面的预算计划,它将企业全部经济活动用货币形式表示出来。全面预算的最终反映是一整套预计的财务报表和其他附表,主要是用来规划计划期内企业的全部经济活动及其相关财务结果。全面预算示意图如图 8-3 所示。

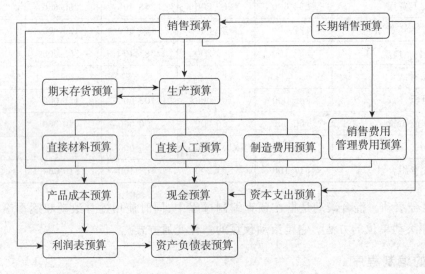

图 8-3 全面预算示意图

一、业务预算的编制

业务预算是指为供、产、销及管理活动所编制的,与企业日常业务直接相关的预算,主要包括销售预算、生产预算、直接材料预算、直接人工预算、制造费用预算、产品成本预算、销售及管理费用预算等。

1. 销售预算

销售预算一般是企业生产经营全面预算的编制起点,生产、材料采购、存货费用等方面的预算,都要以销售预算为基础。销售预算把费用与销售目标的实现联系起来。销售预算是一个财务计划,它包括完成销售计划的每一个目标所需要的费用,以保证公司销售利润的实现。销售预算是在销售预测完成之后才进行的,销售目标被分解为多个层次的子目标,一旦这些子目标确定后,其相应的销售费用也被确定下来。

销售预算的主要内容包括预计销售量、预计销售单价、预计销售收入,为了提供编制现金预算所需的资料,销售预算还应该含有预计销售现金收入,销量是根据市场预测或者销货合同并结合企业生产能力来确定,单价是通过价格政策确定的,收入是根据前面两项求得的。

【业务 8-5】ABC 公司预计 20×4 年销售 A 产品 7 800 件,第 1 季度到第 4 季度销量分别为 1 900 件、1 850 件、2 000 件、2 050 件;销售单价为 550 元/件,当季收款为销售额的 70%,余款在后面两个季度中分别收回 20% 和 10%,不考虑坏账准备,20×3 年第 3 季度销售额为 450 000 元,第 4 季度销售额为 520 000 元。要求:根据上述资料编制 ABC 公司 20×4 年度销售预算表。

解析:编制 ABC 公司 20×4 年度销售预算表如表 8-5 所示。

表 8-5　ABC 公司 20×4 年度销售预算表

项　目	第 1 季度	第 2 季度	第 3 季度	第 4 季度	全　年
预计销售量/件	1 900	1 850	2 000	2 050	7 800
预计销售单价/(元/件)	550	550	550	550	550
预计销售收入/元	1 045 000	1 017 500	1 100 000	1 127 500	4 290 000
期初应收账款/元	149 000	52 000			201 000
第 1 季度(预计销售收入 1 045 000)	731 500	209 000	104 500		1 045 000
第 2 季度(预计销售收入 1 017 500)		712 250	203 500	101 750	1 017 500
第 3 季度(预计销售收入 1 100 000)			770 000	220 000	990 000
第 4 季度(预计销售收入 1 127 500)				789 250	789 250
现金收入合计/元	880 500	973 250	1 078 000	1 111 000	4 042 750

编制说明:

预计销售收入=预计销售量×预计销售单价

季度现金收入=当季预计现金收入+前季度应收账款

2. 生产预算

生产预算是根据销售预算编制的,计划为满足预算期的销售量以及期末存货所需的资源。计划期间除必须有足够的产品以供销售之外,还必须考虑计划期期初和期末存货的预计水平,以避免存货太多形成积压,或存货太少影响下期销售。生产量计算公式:

预计生产量=预计销售量+预计期末存货-预计期初存货

为了解现有生产能力是否能够完成预计的生产量,生产设备管理部门有必要再审核生产预算,若无法完成,预算委员会可以修订销售预算或考虑增加生产能力;若生产能力超过需要量,则可以考虑把生产能力用于其他方面。生产预算涵盖生产过程,企业由销售预算中得出生产总额和总产量,以满足预算期内预计的销售需要和为下一期准备的存货需要。完成生产总量的需要后,企业就可以制定附属生产预算:①原材料预算;②劳动力预算;③生产间接费用预算。

生产预算的编制,除考虑计划销售量外,还要考虑现有存货和年末存货,根据生产预算来确定直接材料、直接人工和制造费用预算。产品成本预算和现金预算是有关预算的汇总。

【业务 8-6】承接业务 8-5,经过预测 ABC 公司每季度末产品库存量为下一季度销售量的 30%,预计 20×5 年度第 1 季度销售量为 2 500 件。要求:根据上述资料编制 ABC 公司 20×4 年度生产预算表。

解析： 编制 ABC 公司 20×4 年度生产预算表如表 8-6 所示。

表 8-6　ABC 公司 20×4 年度生产预算表　　　　　　　单位：件

项　目	第 1 季度	第 2 季度	第 3 季度	第 4 季度	全　年
预计销售量	1 900	1 850	2 000	2 050	7 800
减：预计期初存货	570	555	600	615	570
加：预计期末存货	555	600	615	750	750
预计生产量	1 885	1 895	2 015	2 185	7 980

3. 直接材料预算

直接材料预算又称直接材料采购预算，是指在预算期内，根据生产预算所确定的材料采购数量和材料采购金额制订的计划。直接材料采购预算以生产预算为基础，根据生产预算的每季预计生产量，单位产品的材料消耗定额，计划期间的期初、期末存料量，材料的计划单价以及采购材料的付款条件等编制的预算期直接材料采购计划。

【业务 8-7】 承接业务 8-6，ABC 公司生产 A 产品只使用一种材料——甲材料；预计 20×4 年年末甲材料库存量为 800kg，20×3 年年末甲材料库存量为 700kg，每单位 A 产品消耗甲材料为 4kg/件，甲材料单价为 50 元/kg。每季度末甲材料库存量为下一季度生产耗用量的 10%，甲材料采购货款当季付现 80%，余款下一季度付清，20×3 年年末应付账款为 50 000 元。要求：根据上述资料编制 ABC 公司 20×4 年度直接材料预算表。

解析： 编制 ABC 公司 20×4 年度直接材料预算表如表 8-7 所示。

表 8-7　ABC 公司 20×4 年度直接材料预算表

	项　目	第 1 季度	第 2 季度	第 3 季度	第 4 季度	全　年
	预计生产量/件	1 885	1 895	2 015	2 185	7 980
	单耗定额/(kg/件)	4	4	4	4	4
	预计材料需用量/kg	7 540	7 580	8 060	8 740	31 920
	加：预计期末材料库存量/kg	758	806	874	800	800
	减：预计期初材料库存量/kg	700	758	806	874	700
	预计材料采购量/kg	7 598	7 628	8 128	8 666	32 020
	预计采购单价/(元/kg)	50	50	50	50	50
	预计采购金额/元	379 900	381 400	406 400	433 300	1 601 000
预计现金支出/元	期初应付账款	50 000				50 000
	第 1 季度采购支出	303 920	75 980			379 900
	第 2 季度采购支出		305 120	76 280		381 400
	第 3 季度采购支出			325 120	81 280	406 400
	第 4 季度采购支出				346 640	346 640
	现金支出合计	353 920	381 100	401 400	427 920	1 564 340

4. 直接人工预算

直接人工预算与直接材料预算相似，也是在生产预算的基础上进行的。

直接人工预算额＝预计生产量×单位产品直接人工时×小时工资率

其主要内容有预计生产量、单位产品直接人工时、人工总工时、小时工资率和人工总成本。预计生产量数据来自生产预算。单位产品直接人工时和小时工资率数据来自标准成本资料。人工总工时和人工总成本是在直接人工预算中计算出来的。

【业务8-8】承接业务8-7，ABC公司生产A产品只有一个工种，根据劳动定额、历史资料等测算的标准成本资料：直接人工小时工资为20元，单位产品工时定额为2小时/件。要求：根据上述资料编制ABC公司20×4年度直接人工预算表。

解析：编制ABC公司20×4年度直接人工预算表如表8-8所示。

表8-8 ABC公司20×4年度直接人工预算表

项目	第1季度	第2季度	第3季度	第4季度	全年
预计生产量/件	1 885	1 895	2 015	2 185	7 980
工时定额/(小时/件)	2	2	2	2	2
人工总工时/小时	3 770	3 790	4 030	4 370	15 960
小时工资/元	20	20	20	20	20
人工总成本/元	75 400	75 800	80 600	87 400	319 200

5. 制造费用预算

制造费用预算是一种能反映直接人工预算和直接材料使用与采购预算以外的所有产品成本的预算计划，制造费用按其习性，可分为变动制造费用和固定制造费用。变动制造费用预算以生产预算为基础来编制，可根据预计生产量和预计的变动制造费用分配率来计算。固定制造费用可以在上年的基础上加以预计。制造费用预算中应该包括现金方面的支出预计，需要特别注意的是固定资产折旧费用是非付现项目，应该在计算中加以剔除。

【业务8-9】承接业务8-8，ABC公司通过成本习性和历史资料进行分析，变动制造费用与人工工时密切相关。变动制造费用分配率为8元/小时，其中：间接材料为2元/小时，间接人工为1元/小时，水电费为2元/小时，变动维修费为1元/小时，其他变动制造费用为2元/小时。每季度固定制造费用均摊，全年为400 000元，其中人员工资100 000元，折旧费120 000元，维修费40 000元，保险费60 000元，其他费用80 000元，所有费用都当季支付。要求：根据上述资料编制ABC公司20×4年度制造费用预算表。

解析：编制ABC公司20×4年度制造费用预算表如表8-9所示。

表8-9 ABC公司20×4年度制造费用预算表

	项目	小时费用率/(元/小时)	第1季度	第2季度	第3季度	第4季度	全年
变动制造费用/元	人工总工时/小时		3 770	3 790	4 030	4 370	15 960
	间接材料	2	7 540	7 580	8 060	8 740	31 920
	间接人工	1	3 770	3 790	4 030	4 370	15 960
	水电费	2	7 540	7 580	8 060	8 740	31 920
	维修费	1	3 770	3 790	4 030	4 370	15 960
	其他费用	2	7 540	7 580	8 060	8 740	31 920
	小计	8	30 160	30 320	32 240	34 960	127 680

续表

项目		小时费用率/（元/小时）	第1季度	第2季度	第3季度	第4季度	全年
固定制造费用/元	人员工资		25 000	25 000	25 000	25 000	100 000
	折旧费		30 000	30 000	30 000	30 000	120 000
	维修费		10 000	10 000	10 000	10 000	40 000
	保险费		15 000	15 000	15 000	15 000	60 000
	其他费用		20 000	20 000	20 000	20 000	80 000
	小计		100 000	100 000	100 000	100 000	400 000
制造费用合计/元			130 160	130 320	132 240	134 960	527 680
减：折旧费/元			30 000	30 000	30 000	30 000	120 000
现金支出合计/元			100 160	100 320	102 240	104 960	407 680

6. 产品成本预算

产品成本预算是指为规划一定预算期内每种产品的单位产品成本、生产成本、销售成本等内容而编制的一种日常业务预算。产品成本预算是生产预算、直接材料预算、直接人工预算、制造费用预算的汇总，即产品成本预算主要依据生产预算、直接材料预算、直接人工预算、制造费用预算等汇总编制。产品成本预算的主要内容是产品的总成本与单位成本。其中，总成本又分为生产成本、销货成本和期末产品库存成本。

【业务8-10】ABC公司20×4年生产A产品的相关资料见表8-5～表8-9，根据资料获知，20×3年生产A产品的单位成本为250元/件，20×4年生产A产品的单位成本为256元/件。
要求：根据上述资料编制ABC公司20×4年度生产成本预算表。
解析：编制ABC公司20×4年度单位产品生产成本预算表如表8-10所示，期末库存产品成本预算表如表8-11所示，生产成本预算表如表8-12所示。

表8-10　ABC公司20×4年度单位产品生产成本预算表

项目	定额（标准）	单价	单位变动成本/（元/件）
直接材料	4kg/件	50元/kg	200
直接人工	2小时/件	20元/小时	40
变动制造费用	2小时/件	8元/小时	16
合计			256

表8-11　ABC公司20×4年度期末库存产品成本预算表

季度	期末库存量（标准）	单位成本/（元/件）	库存产品成本/元
第1季度	555	256	142 080
第2季度	600	256	153 600
第3季度	615	256	157 440
第4季度	750	256	192 000

表 8-12　ABC 公司 20×4 年度生产成本预算表　　　　　　　　　　　　单位：元

项　目	第 1 季度	第 2 季度	第 3 季度	第 4 季度	全　年
直接材料	377 000	379 000	403 000	437 000	1 596 000
直接人工	75 400	75 800	80 600	87 400	319 200
变动制造费用	30 160	30 320	32 240	34 960	127 680
生产成本合计	482 560	485 120	515 840	559 360	2 042 880
加：期初库存产品成本	175 000	194 048	206 336	223 744	799 128
减：期末库存产品成本	142 080	153 600	157 440	192 000	645 120
销售成本合计	515 480	525 568	564 736	591 104	2 196 888

7. 销售及管理费用预算

销售费用预算是指为了实现销售预算所需支付的费用预算。它以销售预算为基础，同时综合分析销售收入、销售费用和销售利润的相互关系，力求实现销售费用的最有效使用。在安排销售费用时，要利用本量利分析方法，费用的支出应能获取更多的收益。在预计销售费用时，应以过去的销售费用实际支出（或上期预算）为基础，考察其支出的必要性和效果，结合预算期促销方式的变化以及其他未来情况发生的可能性，并且与销售预算相配合，按品种、地区、用途具体确定预算数额。

管理费用预算是指企业日常生产经营中为搞好一般管理业务所必需的费用预算。随着企业规模的扩大，一般管理职能日益重要，因而其费用也相应增加。在编制管理费用预算时，要分析企业的业务成绩和一般经济状况，务必做到合理化。管理费用项目比较复杂，且多属固定成本，因此，可以先由各费用归口部门上报费用预算。企业在比较、分析过去的实际开支的基础上，充分考虑预算期各费用项目变动情况及影响因素，确定各费用项目预计数额。值得注意的是，必须充分考虑各种费用是否必要，以提高费用支出效率。另外，为了给现金预算提供现金支出资料，在管理费用预算的最后，还可预计预算期管理费用的现金支出数额。管理费用中的固定资产折旧费、低值易耗品摊销、计提坏账准备金、无形资产摊销和递延资产摊销均属不需要现金支出的项目，在预计管理费用现金支出时，应予以扣除。通常情况下，管理费用各期支出比较均衡，因此，各季的管理费用现金支出数为预计全年管理费用现金支出数的 1/4。

【业务 8-11】引用表 8-6 数据，ABC 公司 20×4 年预计单位变动销售费用为 14 元/件，预计固定销售及管理费用为每季度 70 000 元（其中含每季度折旧费 14 000 元）。要求：根据上述资料编制 ABC 公司 20×4 年度销售及管理费用预算表。

解析：编制 ABC 公司 20×4 年度销售及管理费用预算表如表 8-13 所示。

表 8-13　ABC 公司 20×4 年度销售及管理费用预算表

项　目	第 1 季度	第 2 季度	第 3 季度	第 4 季度	全　年
预计销售量/件	1 900	1 850	2 000	2 050	7 800
单位变动销售费用/（元/件）	14	14	14	14	14
预计变动销售费用/元	26 600	25 900	28 000	28 700	109 200
预计固定销售及管理费用/元	70 000	70 000	70 000	70 000	280 000
预计销售及管理费用合计/元	96 600	95 900	98 000	98 700	389 200
减：折旧费/元	14 000	14 000	14 000	14 000	56 000
预计现金支出/元	82 600	81 900	84 000	84 700	333 200

二、财务预算的编制

财务预算是一系列专门反映企业未来一定期限内预计财务状况和经营成果,以及现金收支等价值指标的各种预算的总称。

1. 现金预算

现金预算是反映预期内企业现金流转状况的预算。这里所说的现金,包括企业库存现金、银行存款等货币资金。编制现金预算的目的是合理地处理现金收支业务,调度资金,保证企业财务处于良好状态。它包括以下内容:①现金收入。其包括期初现金结存数和预算期内预计现金收入数,如现金销售收入、回收应收账款、票据贴现等。②现金支出。它是指预算期内预计现金支出数,如支付材料采购款,支付工资,支付制造费用、管理费用和销售费用,偿还应付账款,缴纳税金,购买设备等。③现金的多余或不足。现金收支相抵后的余额,若收入大于支出,表示现金有多余,可用于偿还贷款、购买短期证券;若收入小于支出,表示现金不足,需设法筹资、融资。如果资金不足,就要向银行借款,或发行短期商业票据以筹集资金,以及还本付息等。

现金预算的意义及其在企业财务管理中的地位如下:①提高企业回避财务风险的能力;②促进企业内部各部门之间的合作与交流,减少相互之间的冲突与矛盾;③提供企业绩效评价标准,便于考核、强化内部控制。

【业务 8-12】 引用表 8-5~表 8-13 资料,ABC 公司 20×3 年年末现金余额为 120 000 元,每季度末最低现金余额为 100 000~150 000 元。预计 4 月购买一套价值 1 000 000 元的固定资产,当季支付 50%,第 3 季度和第 4 季度分别支付余下的 20% 和 30%。企业现在有未到期长期借款 400 000 元,年利率 8%,每年年末付息。另外,从银行处获得 3 月短期贷款授信额度为 500 000 元,年利率为 10%,贷款额为 10 000 元的倍数,每个季度初借入,下季度初还本付息。预计第 4 季度以现金 400 000 元对外投资,预计每个季度缴纳所得税 60 000 元(其他税费暂不考虑)。要求:根据上述资料编制 ABC 公司 20×4 年度现金预算表。

解析: 编制 ABC 公司 20×4 年度现金预算表如表 8-14 所示。

表 8-14 ABC 公司 20×4 年度现金预算表　　　　　单位:元

项　目	第 1 季度	第 2 季度	第 3 季度	第 4 季度	全　年
期初现金余额	120 000	328 420	102 550	252 310	
加:销售现金收入	880 500	973 250	1 078 000	1 111 000	4 042 750
可供使用现金	1 000 500	1 301 670	1 180 550	1 363 310	
减:现金支出					
直接材料	353 920	381 100	401 400	427 920	1 564 340
直接人工	75 400	75 800	80 600	87 400	319 200
制造费用	100 160	100 320	102 240	104 960	407 680
销售及管理费用	82 600	81 900	84 000	84 700	333 200
购置设备		500 000	200 000	300 000	1 000 000
对外投资				400 000	400 000
缴纳税费	60 000	60 000	60 000	60 000	240 000
现金支出合计	672 080	1 199 120	928 240	1 464 980	4 264 420

续表

项 目	第1季度	第2季度	第3季度	第4季度	全 年
现金余缺	328 420	102 550	252 310	−101 670	−101 670
向银行贷款				240 000	240 000
归还贷款本金					
支付贷款利息				32 000	32 000
期末现金余额	328 420	102 550	252 310	106 330	106 330

提示：每季度末最低现金余额为100 000～150 000元。

现金预算由可供使用现金、现金支出、现金余缺、现金筹措与运用四个部分构成，表8-14在第2季度出现现金余额不满足每季度季末最低现金余额为100 000～150 000元的条件，出现短期借款，并在下一季度还本付息，第4季度出现现金负数现象，这时候公司应该考虑现金流入与流出之间的平衡。

2. 预计利润表

预计利润表主要用来综合反映企业在计划期的预计经营成果，是企业最主要的财务预算表之一，通过利润表预算的编制，了解企业在计划期内的盈利水平，我国的利润表预算遵循权责发生制原则，当预计利润表与企业原来制定的战略方针不一致时，就需要调整部门预算，设法达到目标，或者经过企业领导者同意讨论后修改目标利润。预计利润表主要是依据各个业务预算、专门决策预算和现金预算进行编制。

【业务8-13】根据表8-5～表8-14资料编制ABC公司20×4年度利润预算表。

解析：编制ABC公司20×4年度利润预算表如表8-15所示。

表8-15　ABC公司20×4年度利润预算表　　　　单位:元

项 目	第1季度	第2季度	第3季度	第4季度	全 年
销售收入	1 045 000	1 017 500	1 100 000	1 127 500	4 290 000
变动成本：					
销售成本	515 480	525 568	564 736	591 104	2 196 888
销售费用	26 600	25 900	28 000	28 700	109 200
小 计	542 080	551 468	592 736	619 804	2 306 088
边际贡献	502 920	466 032	507 264	507 696	1 983 912
固定成本：					
制造费用	100 000	100 000	100 000	100 000	400 000
销售及管理费用	70 000	70 000	70 000	70 000	280 000
小 计	170 000	170 000	170 000	170 000	680 000
营业利润	332 920	296 032	337 264	337 696	1 303 912
减:利息	8 000	8 000	8 000	1 4 000	38 000
税前利润	324 920	288 032	329 264	323 696	1 265 912
减:所得税	60 000	60 000	60 000	60 000	240 000
净利润	264 920	228 032	269 264	263 696	1 025 912

编制说明：

边际贡献＝销售收入－变动成本

营业利润＝边际贡献－固定成本

税前利润＝营业利润－利息

净利润＝税前利润－所得税

3. 预计资产负债表

预计资产负债表是用来反映企业在计划期期末预计的财务状况，它的编制需以计划期开始日的资产负债表为基础，然后结合计划期间业务预算、专门决策预算、现金预算和预计利润表进行编制，它是编制全面预算的终点。预计资产负债表可以为企业管理当局提供会计期末企业预期财务状况的信息，它有助于管理当局预测未来期间的经营状况，并采取适当的改进措施。

【业务8-14】ABC公司20×3年度资产负债表如表8-16所示。

表8-16　ABC公司20×3年度资产负债表

编制单位：ABC公司　　　　　　　　20×3年12月31日　　　　　　　　　　　　单位：元

资产	金额	负债及所有者权益	金额
流动资产：		负债：	
库存现金	120 000	应付账款	50 000
应收账款	201 000	长期借款	400 000
原材料	3 500	负债小计	450 000
产成品	142 500	所有者权益：	
流动资产小计	498 500	股本	700 000
非流动资产：		留存收益	212 260
固定资产	863 760	所有者权益小计	912 260
资产总计	1 362 260	负债及所有者权益总计	1 362 260

要求：根据表8-5～表8-16资料编制ABC公司20×4年度资产负债预算表。

解析：编制ABC公司20×4年度资产负债预算表如表8-17所示。

表8-17　ABC公司20×4年度资产负债预算表

编制单位：ABC公司　　　　　　　　　　　　　　　　　　　　　　　　　　　单位：元

资产	金额	负债及所有者权益	金额
流动资产：		负债：	
库存现金	106 330	应付账款	86 660
应收账款	448 250	短期借款及利息	278 000
原材料	40 000	长期借款	400 000
产成品	192 000	其他流动负债	171 508
其他流动资产		负债小计	936 168
流动资产小计	786 580	所有者权益：	
非流动资产：		股本	700 000
固定资产	1 687 760	留存收益	1 238 172
长期投资	400 000	所有者权益小计	1 938 172
资产总计	2 874 340	负债及所有者权益总计	2 874 340

任务四 大数据与预算管理

全面预算管理是企业达到战略发展目标的重要基础,在企业的生产经营管理过程中,全面预算管理工作占据了重要地位,是引导企业制定决策,提升决策准确性,实现经济利益最大化的关键所在。大数据时代对企业的全面预算管理工作又提出了更高要求,要想充分发挥企业全面预算管理的作用,保证企业的良好发展,就需要企业充分利用大数据技术,建立并完善全面预算管理体系。

一、大数据对企业全面预算管理体系的影响

1. 提升预算编制水平

大数据时代下,完善和健全相应的管理体系,可以让企业更好地运用大数据时代下的相关技术和平台,也可以合理结合信息共享优势,把企业的相关财务预算目标高效、准确地传达给各个部门,从而强化企业预算信息传递效果,不断减少预算编制成本,显著提高企业整体预算管理水平。此外,运用大数据时代下的相关方法,改革创新相应的管理体系,也可以使企业的全面预算管理工作广泛开展下去。具体而言,企业可以运用更加合理的大数据、云计算等技术,促进全面预算管理工作的实施,更好地了解企业发展的具体情况,通过及时发现、改正问题,促进企业有效发展,进而更好地展现出全面预算管理体系对企业发展的带动作用,最大程度提高企业的发展实力。

2. 推动编制动态化

大数据时代下,企业的发展需求也发生较大变化,且企业发展需求呈现出多样化特点。所以,传统的管理模式无法让企业的相关发展需求得到满足,企业急需通过有效的方法和对策,促使传统管理模式转型。大数据时代下,优化企业全面预算管理体系,可以使企业更好地利用数据管理平台,全面地汇总、提炼海量数据,还会将整理好的相关数据发送给企业相关部门,然后再由相关部门反馈给企业。另外,相关部门可以结合各自的需求,筛选、采集数据指标,进而更好地做好部门预算分析和管理工作,进一步完善预算控制和考核等方面的内容,从而达到个性化定制预算管理体系的效果。此外,大数据时代下,全面预算管理对大数据的运用,可以更好地完善全面预算管理系统。企业的预算执行结果和目标会随着市场的变化而变化,企业在运用大数据的过程中,恰巧可以运用预算执行结果和目标实时更新的特点,最大化地调整预算控制和分析,从而弥补预算信息滞后性的相关问题,减少这方面问题的发生,为预算编制的全面、有效提供保障,实现科学的预算目标。

3. 改善预算管理流程

大数据时代下,对现有的预算管理体系进行创新和优化,可以达到改善企业预算管理流程的效果。企业可以通过对大数据的使用,全方位获得内部和外部的相关海量数据,并且采用提取和分析数据的方式,构建更加合理的全面预算管理模型,还会对相应的预算制度和流程展开创新和改革,从而为优化全面预算管理体系及各项工作的合理开展保驾护航。企业在管理过程中,既可以通过该系统强化企业信息互通的效果,也可以帮助企业做好数据动态分析及完善等工作,最大限度地减少相关人为因素带来的问题和影响,从而实现企业对预算风险进行全面和高效控制的目标。与此同时,企业在大数据平台的运用中,还可以设置关于大数据平台运用

的数据权限,进而更好地进行相关数据的管理。另外,在预算管理过程中,也可以避免不相容岗位带来的一些不良影响,进而促使企业各项工作更好地开展,进一步推动预算管理效率的大幅度提升。

二、大数据驱动下企业全面预算管理体系框架

大数据的价值属性和技术属性能够带动全面预算管理理念、模式、技术及应用实践的创新。大数据资源及其技术正在成为推进企业全面预算管理的核心要素。大数据的核心技术涵盖大数据采集、大数据预处理、大数据分析、大数据可视化4个方面,它们的应用水平影响着企业全面预算管理的质量。

(一)全面预算的编制

数据采集是预算编制的基础,缺乏足量数据将会导致预算编制结果与实际情形不符。企业有必要明晰预算管理大数据的来源与构成,并通过构建大数据管理中心实现对预算管理数据的有效采集及预处理。有关全面预算管理的内部数据包括业务经营数据、会计核算数据、财务数据、内部管理数据、生产计划数据、历史预算数据等,外部数据包括同行业数据、相关行业数据、市场供需数据、宏观环境数据、产业链上下游数据、对标企业数据等。在全面预算大数据采集中,数据来源有符号、数字等结构化数据以及二维码、文本、语音、视频、图片、办公文档、各类报表等异构化数据。企业应借助数据库采集、日志采集、感知设备采集、网络数据采集等技术实现多领域预算数据的精准收集。此外,企业还应借助数据存储、数据迁移、数据清洗、数据抽取、数据变换、数据加载、数据规约等技术实现所收集信息数据的加工和预处理。有关全面预算编制的数据信息精准采集后,企业则应科学制订预算编制方案。

1. 确定预算目标

企业预算委员会应以企业长远发展规划和经营业绩目标为导向,调用企业历史数据,爬取外部市场数据,利用大数据预测分析技术以及数据挖掘技术,对预算期内的经济形势进行前瞻性预测,由此制定下一年度各项预算目标,包括财务目标与非财务目标。

2. 分解预算目标

在决策层下达企业年度预算总目标后,预算管理部门需对总体预算目标进行分解。预算目标的分解本质上是将企业总体营运目标进行具体的组织落实。企业预算管理部门运用企业大数据管理中心所属的大数据管理系统对各部门的历史经营情况、预算执行情况等进行大数据序列分析、关联分析,结合对外部市场环境的宏观预测,确定各部门以及项目单元的资源调配目标数额,准确快速地完成预算目标分解,并下达给各级部门。

3. 编制部门预算草案

各部门从大数据管理系统中垂直获取预算目标任务与预算政策,并借助大数据手段引入按需定制模式,充分考虑自身特点和发展需求,针对不同业务采用灵活多样的预算模型,进而制订贴切适宜、精准可靠的预算草案。同时,各部门应综合考量本部门员工的意见进行预算草案的编制,以增强预算方案的可操作性。

4. 审查平衡

预算管理部门需要对各部门提交的预算草案进行平衡汇总,给出初步审核意见。预算编制的审查平衡是一个上下沟通、反复协调的过程。在接收到预算管理部门提出的修改意见后,预算编制单位应重新调整预算草案,再次上报。预算编制部门与预算管理部门之间需反复在大数据管理系统协同审批服务模块中进行上报、审核、反馈、修改等步骤,直至达成一致,平衡

定稿。若出现多次协调无法达成一致的情况,则应向企业预算委员会汇报具体情况。

5. 预算的批准与下达

大数据管理系统汇总归集各部门经修正后的预算草案,并在此基础上,预算管理人员在系统中一键自动进行预算合并,整合编制企业全面预算草案。全面预算草案需经过预算管理委员会以及企业最高决策机构的层层审核,经历数次修订和调整,最终将获得批准的全面预算正式方案下达各部门进行执行。

（二）全面预算的执行与控制

大数据环境为企业全面预算的执行与控制提供了便利条件。首先,大数据采集技术促进了信息数据的多维度采集,有助于构建预算执行模型,有利于预算执行流程的最优化改进。其次,大数据可视化技术能够将各类预算数据通过企业大数据管理系统,更为清晰地向预算执行部门和预算控制部门呈现,进而在推进预算执行部门有效了解自身预算执行动态的同时,还为预算控制部门实时监督控制各部门预算执行情况提供技术支持。

全面预算执行是以预算为标准组织实施企业生产经营活动的行为,包括从预算下达到预算期结束的全过程。预算执行流程可以分前、中、后3个阶段。

1. 预算执行前

在此阶段,预算执行部门应在预算指标的指引下,同时利用数据挖掘技术、标签管理技术、全息数据画像技术,进行供应商画像、客户画像、员工行为画像,挖掘部门业务需求,以详细妥善地安排本部门的业务活动,并基于全员参与原则,将部门预算安排通过大数据管理系统传达给部门员工,而本部门员工则通过大数据管理系统反馈意见,综合考虑员工诉求,形成贴合实际、可操作性强的部门预算执行安排。

2. 预算执行中

在此阶段,预算执行部门应严格遵循预算安排进行具体的生产运营活动,并依托大数据管理系统及时向预算管理部门反馈情况。各项目主体根据业务需求申请资源,通过大数据管理系统,追踪预算收支审批进程,快速归集各类凭证信息。然而,预算指标并不是绝对"顽固"的硬性规则,在实际执行预算的过程中,难免会遇到预算之外的突发情况,预算执行部门可以根据预算外指标进行弹性调整。

3. 预算执行后

在此阶段,预算执行部门应借助大数据管理系统,且根据预算执行台账及反馈表,对自身在预算执行阶段的资源使用情况进行结算,整理汇总形成预算执行报告,并将结果反馈给预算管理部门。

三、大数据驱动下企业全面预算管理控制流程

全面预算控制与全面预算执行互为依存、相辅相成。预算管理部门应围绕预算执行实施各项控制,以保证预算执行与设定的目标相一致。预算控制流程如下。

1. 预算执行前控制

预算管理部门应对各个部门安排的业务活动进行定性和定量控制,确保各部门业务在预算规定范围内运行。若超出预算标准,则根据项目实施的必要性,决定是否需要追加项目。大数据环境下,部门历年采购数据、预算执行情况的相关图像、文本、表格等信息被归集于项目审批参考信息中,从而保障审批决策的有效性和科学性。

2. 预算执行中控制

预算管理部门应结合自身职责充分行使预算监督控制的职能,包括资金控制、核算控制、反馈控制、调整控制、考核控制、审计控制。企业大数据管理中心应对全面预算中所应用的数据开展全方位捕捉和实时分析,通过可视化模块将预算执行动态更为清晰地呈现给预算管理人员。若出现偏离预算的情况,大数据管理系统自动向有关部门或人员发出预警提示,以动态调整业务和资源配置,再次促成实际结果与预算目标的统一,在实践中真正体现出"目标、资源、控制"三位一体的运作理念。

3. 预算执行后控制

预算管理部门汇总各部门预算执行报告,调取大数据管理系统中的预算执行资料和数据,组织开展针对预算执行结果的检查,具体包括事后的审计、分析、考核、反馈等控制活动,以确定预算执行是否与预算目标保持一致。同时,总结预算执行过程中的成功经验与不足,为后期的预算执行提供参考和借鉴。

4. 全过程预警控制

预算控制不仅包含事后的反馈控制与事中的调整控制,在大数据管理系统预测和分析功能的赋能下,还包括在预算执行全过程中有关智慧、前瞻、敏捷的事前风险预警控制。运用大数据风险评估和动态视线扫描功能,预算管理部门应全过程监控预算执行情况以及外部市场环境变化,面对即将来临的风险,及时感知和预警,并迅速做出反应,在进一步市场调研与内部核查的基础上做出预算调整。

四、大数据驱动下企业全面预算管理的分析与考评流程

传统的全面预算定量分析方法有比较分析法、比率分析法、因素分析法等。显然,上述方法已无法满足大数据时代下全面预算分析的现实需求。如今,数据资源成为全面预算分析的一项核心资产,有关大数据分析的技术已逐步渗透至企业的全面预算分析工作之中。此外,预算管理部门还需将大数据分析技术引入全面预算考评之中,以提升全面预算考评的客观性、精准性、科学性。除平衡计分卡、行为锚定等级评价、关键事件法、平行比较法等传统全面预算考评方法外,神经网络算法、灰色评价、模糊综合评价、熵权评价、遗传算法、DS证据理论、贝叶斯理论等基于大数据的分析方法均适用于企业全面预算考评活动。与传统方法相比,大数据分析技术应用于企业全面预算分析和考评的步骤相对复杂,预算管理部门有必要针对特定的考评需求,遴选合适的大数据分析方法,科学构建技术模型,通过模型运算发现不同要素之间深层次的隐性相关关系,运用大容量数据建模的形式实现全面预算分析及考评决策由追求因果关系向追寻关联逻辑转变。

(一) 预算分析流程

全面预算分析能够发现并改善企业预算管理中的不足之处,对提升全面预算管理水平具有积极推动作用。预算分析流程如下。

1. 确定分析对象

预算管理部门借助大数据管理系统能够实现对全面预算的全过程分析。但在分析中,预算管理部门应遵循重要性原则,在对预算管理各环节进行风险测量的基础上,选择风险较高、控制较薄弱、预算目标不易达成的预算管理节点作为分析对象,有针对性地进行重点的监控和分析。

2. 对比分析并确认差异

预算管理部门与业务部门分别将预算数据与业务数据实时上传至大数据管理系统。预算管理部门借助大数据管理系统将预算指标数据与实时业务数据进行对比分析,并在大数据管理系统中的数据驾驶舱对资金的额度、流向、用途进行可视化呈现,一旦发现差异,大数据管理系统则根据设定的差异率,自动判断差异的重要性程度,如有重大差异,立刻进行反馈与预警。

3. 分析原因并落实责任

首先,针对所确认的差异,预算管理部门应通过大数据管理系统追溯产生差异的节点,并逐项进行因素分解。其次,应通过大数据管理系统并运用神经网络算法、熵权评价、遗传算法、DS证据理论等方法衡量各因素对于差异结果的影响程度,抓住关键因素,找出差异产生的深层次原因,对责任单位和责任人进行及时定位。最后,责成导致差异的责任部门进行解释,且结合预算管理部门的调查结论,进行责任定性。

4. 总结归纳并出具分析报告

预算管理部门应汇总差异分析结果、责任落实情况、改进措施,形成分析报告并上报预算管理委员会,预算管理委员会对差异分析报告进行审核和确认。

(二) 预算考评流程

全面预算考评将预算与绩效结合,有助于增强全面预算管理的权威性和激励作用,且在为全面预算管理注入活力的同时,又为后期预算管理打下基础。大数据驱动下全面预算管理体系的特色之一是推进业务与预算相结合,形成"战略、预算、绩效评价"相融合的全覆盖管控模式。预算考评流程如下。

1. 确定预算考评指标体系

预算管理部门应以企业战略目标为导向,遵循"搭建框架、确定对象、分类设置、审核指标、修订完善、指标入库"等步骤,综合运用射频识别技术、API接口、数据库链接、文档导入、网络爬虫等技术采集数据,数据来源覆盖到每一个评价对象的具体信息,并充分运用大数据管理系统对数据进行清洗、处理、分类整理,体现不同项目和部门的特殊性。在对业务经营与预算操作协同分析的基础上,正确筛选预算考评指标,构建科学合理、重点突出、精准有效的考评指标体系。

2. 完善考评方法和制度

预算管理部门应基于全面预算大数据的特点,选取切实的预算考评方法,并建立完善的考评制度,如预算编制考评制度、预算执行考评制度、预算分析考评制度等,力求使预算考评有据可依,通过考评制度建设促进预算考评的规范化管理。

3. 实施预算考评

大数据时代,有关预算考评的各类资料可从大数据管理系统直接调取。由此,预算考评人员可灵活调取、全方位抽取预算、成本、绩效、销售、薪酬等方面的数据,且运用大数据分析技术和方法,快速计算各部门的考评指标数据,分析其预算执行结果对预算目标的完成程度。同时,行业专家、独立的第三方机构以及全体员工都应以大数据管理系统中的考评服务模块为媒介,共同参与到预算考评之中,进而能够提升考评结果的客观性、专业性、独立性、全面性。

4. 考评结果运用

首先,预算管理部门应汇总考评结果,撰写考评报告并上报预算管理委员会,经审批后,发布考评结果。其次,根据预算考评结果,企业管理层应兑现奖惩措施,进行激励与惩戒。最后,企业有必要借助考评结果评价全面预算管理工作中的优势和不足,并以此发挥优势,弥补不足。

财管德育课堂

【德智要点】

预算可以预先分配企业的人、财、物等资源,有助于实现企业既定的战略目标。企业可以通过预算监控战略目标的实施进度,有助于控制开支并预测企业的财务状况、现金流量和经营成果。目前全面预算管理已经成为现代企业不可或缺的重要管理模式。本案例通过对上汽集团全面预算管理实践的分析,使大家明白"凡事预则立,不预则废"的道理,理解全面预算对于企业发展的重要意义。

【案例描述】

上海汽车集团股份有限公司(简称"上汽集团")作为一家大型制造业集团,为适应不断加剧的行业竞争,不断学习外部先进经验,不断创新企业管理手段,不断提高管理精细化程度。把预算管理作为企业管理的基石,将全面预算管理作为日常管理工具。经过十余年的实践和完善,集团逐渐将全面预算管理工作制度化、系统化、常态化。

(1)上汽集团形成了完善的预算管理制度体系。其包括预算政策、预算审核权限、预算编制、预算审批、执行跟踪、监督评价等预算管理的各个环节。这一预算管理体系是在集团多年预算管理经验基础上逐步提炼和完善的,具有较强的可操作性。近年来上汽集团经营规模不断增长,企业数量也不断增加,有可操作、可复制的预算内部控制制度,对于统一集团预算管理要求,提升预算管理效率都起到了积极的作用。

(2)上汽集团建立了系统的预算管理流程。预算编制、预算执行、预算评价等环节紧密相连,形成了完整的闭环管理系统。将系统中每一个预算管控环节都作为重点工作来落实,把每一个预算管控环节都做好,都有自己的特色,确保预算管控系统平衡、有效运行。

(3)上汽集团全面预算管理日常运营和管理。全面预算管理是企业管理系统中的工具,要真正发挥作用,还需要与其他管理手段联合一起使用。如与绩效管理工作相结合,与风险预警工作相联系等。全面预算管理重点是"全面",不仅要把预算管控落实到企业经营的各个方面,而且要让预算管理理念渗透到企业各项管理系统中,渗透到企业文化中,这样才能发挥全面预算管理最大效用。

全面预算管理作为上汽集团的特色管理应用实践,有以下4个特点。

(1)管理层视预算管理为重心,不仅专设预算管理委员会,还由集团总裁亲自牵头部署和下达预算工作。

(2)重点突出"全面",该公司独创并长期实践"人人成为经营者"的管理模式,将每个员工或若干员工组成的基准单位,设定为独立核算的"经营体",将核算单位分解细化为企业相关管理资源和技术资源的最小利用单位。

(3)始终将预算跟踪和分析作为预算管控的重点,不仅关注数据,更深入挖掘造成偏差的经营实质,为管理层决策提供支持。

(4)推行全面预算管理信息化。

资料来源:夏明涛.企业集团全面预算管理案例研究——来自上汽集团实践.新会计,2015(2).

【案例启示】

全面预算的实际工作方法和流程因企业而异,只要能够真正做好全面预算管理,企业的管理能级和水平就会上升到一个全新的层面。在产品和技术领域同先进国际企业的差距可以衡量,而在管理领域的差距无法衡量,更不知道差异究竟有多大。从全面预算做起,充分享受"管理改革红利",不断缩小与先进企业在管理上的差距,实现可持续的内涵式发展。全面预算管理通过系统化、战略化一体的管理模式,能有效聚合企业集团内部资源,使企业集团形成一种强大的、秩序性的聚合力,凸现企业集团的竞争优势。全面预算管理不仅有助于企业管理效率和效益的提高,更是优化社会资源配置的重要手段,必须切实推广实施,为构建企业集团核心竞争力提供管理支持。

党的二十大报告提出"健全现代预算制度",从战略和全局的高度,为政府、企事业单位做好新时代新征程预算工作指明了方向、提供了遵循。我们要全面贯彻习近平新时代中国特色社会主义思想,认真学习贯彻党的二十大精神,坚决落实好健全现代预算制度各项任务,为全面建设社会主义现代化国家提供坚实财力保障和强大物质基础。按照党中央统一部署,健全现代预算制度,要进一步破除体制机制障碍、补齐管理制度短板,推动预算编制完整科学、预算执行规范高效、预算监督严格有力、管理手段先进完备,构建完善综合统筹、规范透明、约束有力、讲求绩效、持续安全的现代预算制度。

同步测试

一、单项选择题

1. 企业在预测、决策的基础上,用数量和金额以表格的形式反映企业未来一定时期内经营、投资、筹资等活动的具体计划,为实现企业目标而对各种资源和企业活动所做的详细安排指的是(　　)。
   A. 投资　　　　　B. 筹资　　　　　C. 预算　　　　　D. 分析与评价
2. 下列各项中,综合性较强的预算是(　　)。
   A. 销售预算　　　B. 直接材料预算　C. 现金预算　　　D. 资本支出预算
3. 下列预算中,属于专门决策预算的是(　　)。
   A. 直接人工预算　B. 资本支出预算　C. 现金预算　　　D. 销售预算
4. 下列预算中,不属于业务预算内容的是(　　)。
   A. 销售预算　　　B. 生产预算　　　C. 制造费用预算　D. 资本支出预算
5. 下列关于专门决策预算的说法中,不正确的是(　　)。
   A. 一般是与项目投资决策相关的预算　　B. 期限较短,一般是1年以内
   C. 是编制现金预算的依据　　　　　　　D. 又称为资本支出预算
6. 企业全面预算体系中,作为总预算的是(　　)。
   A. 财务预算　　　　　　　　　　　　　B. 专门决策预算
   C. 现金预算　　　　　　　　　　　　　D. 业务预算
7. 下列预算工作组织中,具体负责企业预算日常管理职责的是(　　)。
   A. 企业董事会　　　　　　　　　　　　B. 预算管理委员会
   C. 财务部门　　　　　　　　　　　　　D. 市场营销部门
8. 在零基预算法中,需要优先安排的支出是(　　)。
   A. 不可避免费用项目　　　　　　　　　B. 可避免费用项目

C. 可延缓费用项目 D. 不可延缓费用项目

9. 下列各项中,不用调整基期成本费用,并能够克服增量预算法缺点的预算方法是( )。
    A. 弹性预算法   B. 零基预算法   C. 滚动预算法   D. 固定预算法

10. 下列各项中,可能会使预算期与会计期间相分离的预算方法是( )。
    A. 增量预算法   B. 弹性预算法   C. 滚动预算法   D. 零基预算法

11. 在下列预算方法中,能够适应多种业务量水平并能克服固定预算方法缺点的是( )。
    A. 弹性预算法   B. 增量预算法   C. 零基预算法   D. 流动预算法

12. 可以保持预算的连续性和完整性,并能克服传统定期预算缺点的预算方法是( )。
    A. 弹性预算   B. 零基预算   C. 滚动预算   D. 固定预算

13. 全面预算的起点是( )。
    A. 生产预算   B. 现金预算   C. 销售预算   D. 业务预算

14. 下列各项中,不属于销售预算编制内容的是( )。
    A. 销售收入   B. 单价   C. 销售费用   D. 销售量

15. 直接材料预算的主要编制基础是( )。
    A. 生产预算   B. 销售预算   C. 现金预算   D. 产品成本预算

二、多项选择题

1. 预算最主要的两个特征是( )。
    A. 数量化   B. 可执行性   C. 及时性   D. 标准化

2. 下列各项中,不属于全面预算体系最后环节的有( )。
    A. 业务预算
    B. 财务预算
    C. 专门决策预算
    D. 生产预算

3. 下列各项中,属于财务预算内容的有( )。
    A. 现金预算
    B. 预计利润表和预计资产负债表
    C. 产品成本预算
    D. 销售及管理费用预算

4. 下列各项预算中,属于业务预算的有( )。
    A. 销售预算
    B. 生产预算
    C. 销售费用预算和管理费用预算
    D. 现金预算

5. 下列关于业务预算、专门决策预算和财务预算的说法中,正确的有( )。
    A. 专门决策预算是不经常发生的但又非常重要的预算
    B. 财务预算是全面预算体系的最后环节
    C. 资本支出预算是一种业务预算
    D. 业务预算是指与企业日常经营活动直接相关的预算

6. 下列各项中,属于增量预算法基本假定的有( )。
    A. 以现有业务活动和各项活动的开支水平,确定预算期各项活动的预算数
    B. 预算费用标准必须进行调整
    C. 现有的各项业务开支水平都是合理的
    D. 现有的业务活动是合理的

7. 采用滚动预算法编制预算,按照滚动的时间单位不同可分为( )。
    A. 逐月滚动   B. 逐季滚动   C. 逐日滚动   D. 混合滚动

8. 固定预算法又称静态预算法,下列不属于这种预算方法缺点的有( )。
   A. 不必要开支合理化　　　　　　B. 适应性差
   C. 可比性差　　　　　　　　　　D. 预算期与会计期间相脱离
9. 下列各项中,能在销售预算中找到的内容有( )。
   A. 销售单价　　B. 生产数量　　C. 销售数量　　D. 回收应收账款
10. 在编制生产预算时,计算某种产品预计生产量应考虑的因素包括( )。
    A. 预计材料采购量　　　　　　B. 预计产品销售量
    C. 预计期初产成品存货　　　　D. 预计期末产成品存货

三、判断题

1. 预算标准可以作为各部门责任考核的依据。　　　　　　　　　　　　　( )
2. 一般将由业务预算、专门决策预算和财务预算组成的预算体系称为总预算。( )
3. 一般情况下,业务预算和财务预算多为长期预算,资本支出预算为短期预算。( )
4. 财务预算从价值方面总括地反映企业业务预算和专门决策预算的结果,因此被称为总预算。　　　　　　　　　　　　　　　　　　　　　　　　　　　( )
5. 预算的时间只能是按年编制,这样可以与会计期间保持一致。　　　　　( )
6. 相对于弹性预算,固定预算以事先确定的目标业务量作为预算编制基础,适应性比较差。　　　　　　　　　　　　　　　　　　　　　　　　　　　( )
7. 弹性预算法可以克服零基预算法的缺点,保持预算的连续性和完整性。　( )
8. 相对于零基预算法,增量预算法的优点在于不受历史期经济活动中不合理因素的影响,使预算编制更贴近企业经济活动的需要。　　　　　　　　　　　( )
9. 逐月滚动编制的预算比逐季滚动的工作量小,但精确度较差。　　　　　( )
10. 与传统的定期预算方法相比,按滚动预算方法编制的预算具有透明度高、及时性强、连续性好,以及完整性和稳定性突出的优点,其主要缺点是预算工作量较大。( )

四、简答题

1. 简述预算的分类。
2. 预算的编制方法有哪些?
3. 预算的编制程序有哪些步骤?
4. 什么是全面预算?
5. 简述业务预算的概念和内容。

五、计算分析题

1. ABC公司20×2年3月制造费用预算的相关资料如下。
（1）间接人工:基本工资为3 000元,另加每工时的津贴0.10元。
（2）物料费:每工时负担0.15元。
（3）折旧费:5 000元。
（4）维护费:当生产能量在3 000~6 000工时的相关范围内,基数为2 000元,另加每工时应负担0.08元。
（5）水电费:基数为1 000元,另加每工时应负担0.20元。
要求:利用列表法为ABC公司在生产能量为3 000~6 000工时的相关范围内编制一套能适应多种业务量的制造费用弹性预算(间隔为1 000工时)。请根据资料完成下表。

20×2年3月ABC公司制造费用弹性预算表(列表法)　　　　　单位:元

费用明细项目	分配率	业务量(工时)			
变动制造费用:					
间接人工					
物料费					
维护费					
水电费					
变动制造费用小计					
固定制造费用:					
间接人工					
折旧费					
维护费					
水电费					
固定制造费用小计					
制造费用合计					

2. ABC公司编制销售预算的相关资料如下。

资料一:ABC公司预计每季度销售收入中,有70%在本季度收到现金,30%于下一季度收到现金,不存在坏账。20×1年年末应收账款余额为6 000万元。假设不考虑增值税及其影响。

资料二:ABC公司20×2年的销售预算如下表。

ABC公司20×2年销售预算　　　　　单位:万元

项　目	1季度	2季度	3季度	4季度	全年
预计销售量/万件	500	600	650	700	2 450
预计单价/(元/件)	30	30	30	30	30
预计销售收入	15 000	18 000	19 500	21 000	73 500
预计现金收入					
上年应收账款	*				*
第一季度	*	*			*
第二季度		B	*		*
第三季度			*	D	*
第四季度				*	*
预计现金收入合计	A	17 100	C	20 550	*

注:表内的"*"为省略的数值。

要求:

(1) 确定题表中字母所代表的数值。

(2) 计算20×2年年末预计应收账款余额。

3. ABC公司根据销售预测,对某产品20×2年度的销售量作如下预计:第1季度为5 000件,第2季度为6 000件,第3季度为8 000件,第4季度为7 000件。若每个季度的产成品期末结存量为下一季度预计销售量的10%,年初产成品结存量为750件,年末结存量为600件,单位产品工时定额为5小时/件,单位工时的工资额为0.6元。要求:根据资料编制ABC公司20×2年度的生产预算和直接人工预算,完成以下两个表。

ABC公司20×2年度生产预算　　　　　　　　　　　　　单位:件

项　目	1季度	2季度	3季度	4季度	全年
预计销售量					
加:预计期末产成品存货					
合计					
减:预计期初产成品存货					
预计生产量					

ABC公司20×2年度直接人工预算

项　目	1季度	2季度	3季度	4季度	全年
预计生产量/件					
单位产品工时/(小时/件)					
人工总工时/小时					
每小时人工成本/(元/小时)					
预计直接人工成本/元					

4. ABC公司是一家商品经销商,第1季度有关预算资料如下。

(1) 第1季度各月预计销售量依次为1 000件、1 200件、1 500件,预计销售单价为100元/件,每月销售额在当月收回40%,次月收回60%。

(2) 每月末商品库存量预计为次月销售量的30%,预计采购单价为70元/件,每月采购款在当月支付80%,次月支付20%。

要求:

(1) 计算2月末预计应收账款余额。

(2) 计算2月末预计存货余额与预计应付账款余额。

5. ABC公司编制资金预算的相关资料如下。

资料一:ABC公司预计20×2年每季度的销售收入中,有70%在本季度收到现金,30%在下一季度收到现金,不存在坏账。20×1年年末应收账款余额为零。不考虑增值税及其他因素影响。

资料二:ABC公司20×2年各季度的资金预算如下表。

ABC公司20×2年各季度资金预算　　　　　　　　　　　　　单位:万元

项　目	1季度	2季度	3季度	4季度
期初现金余额	500	B	1 088	1 090
预计销售收入	2 000	3 000	4 000	3 500
现金收入	A	2 700	C	3 650

续表

项　　目	1季度	2季度	3季度	4季度
现金支出	1 500	*	3 650	1 540
现金余缺	*	−700	*	D
向银行借款	*	*	*	*
归还银行借款及利息	*	*	*	*
期末现金余额	1 000	*	*	*

注：表内"*"为省略的数值。

要求：

(1) 计算 20×2 年年末预计应收账款余额。

(2) 计算题表中用字母代表的数值。

学习情境八
拓展训练

财务控制

学习情境九

知识目标

1. 理解财务控制、责任中心和内部转移价格含义。
2. 了解财务控制特征、财务控制应具备的条件及内部转移价格的几种类型。

技能目标

1. 通过本章学习,要求掌握成本中心、利润中心和投资中心等基本内容。
2. 根据企业的财务数据,能够对成本中心、利润中心和投资中心考核指标进行计算和评价。

案例导入

华能集团控制层次的变化

中国华能集团是执行国家以煤代油的产业政策,依托国家以煤代油专用资金创立发展起来的一个以电力为中心,综合发展的国有大型企业集团。中国华能各公司于1985年后陆续组建,1988年8月国务院正式批准组建中国华能集团。目前,集团由核心企业(中国华能集团公司)和9个成员公司及其下属分布在全国各地的400多家子公司组成,同时还直接控股国家海外分支机构和海外公司。

在产业开发中,中国华能集团坚持"项目高起点、建设高速度、管理高水平、经营高效益"的开发经营方针,以改革为先导,经营实力不断壮大。目前华能集团内部可以分为三个层次:母公司、子公司和下设的生产经营单位。第一层次的集团公司是华能集团的决策中心和资产运作中心;第二层次的成员和各地子公司起着专业化发展、职能化经营和对生产经营企业进行监督管理的作用,并且有一定的投资功能;第三层次的企业是直接生产经营单位,不具有对外投资功能,只能从事生产经营业务。20世纪80年代经济过热期,华能集团曾经还有过第四层和第五层。但经过几年的重组和改进,华能集团现在只有三个层次。

思考分析:华能集团为什么从三个控制层次增加到四五个层次,然后又减少为三个层次?

任务一　财务控制概述

一、财务控制的概念与特征

财务控制是指利用有关信息和特定手段,对企业财务活动实施影响或调节,以保证其财务预算实现的全过程。财务控制作为企业财务管理工作的重要环节,具有以下特征。

(1) 价值控制。财务控制对象是以实现财务预算为目标的财务活动,它是企业财务管理的重要内容,财务管理以资金运动为主线,以价值管理为特征,决定了财务控制必须实行价值控制。

(2) 综合控制。财务控制以价值为手段,可以将不同部门、不同层次和不同岗位的各种业务活动综合起来,实行目标控制。

二、财务控制应具备的条件

(1) 建立组织机构。在通常情况下,企业为了确定财务预算,应建立决策和预算编制机构;为了组织和实施日常财务控制,应建立日常监督、协调、仲裁机构;为了考评预算的执行情况,应建立相应的考核评价机构。在实际工作中,可根据需要将这些机构的职能进行归并或合并到企业的常设机构中。为将企业财务预算分解落实到各部门、各层次和各岗位,还要建立各种执行预算的责任中心。按照财务控制要求建立相应的组织机构,是实施企业财务控制的组织保证。

(2) 建立责任会计核算体系。企业的财务预算通过责任中心形成责任预算,而责任预算和总预算的执行情况都必须由会计核算来提供。通过责任会计核算,及时提供相关信息,以正确地考核与评价责任中心的工作业绩。通过责任会计汇总核算,进而了解企业财务预算的执行情况,分析存在的问题及原因,为提高企业的财务控制水平和正确的财务决策提供依据。

(3) 制定奖罚制度。一般而言,人的工作努力程度往往受到业绩评价和奖励办法的极大影响。通过制定奖罚制度,明确业绩与奖惩之间的关系,可有效地引导人们约束自己的行为,争取尽可能好的业绩。恰当的奖惩制度是保证企业财务控制长期有效运行的重要因素。因此,奖惩制度的制定,要体现财务预算目标要求,要体现公平、合理和有效的原则,要体现过程考核与结果考核的结合,真正发挥奖惩制度在企业财务控制中应有的作用。

三、财务控制原则

(1) 经济原则。实施财务控制总是有成本发生的,企业应根据财务管理目标要求,有效地组织企业日常财务控制,只有当财务控制所取得的收益大于其代价时,这种财务控制措施才是必要的、可行的。

(2) 目标管理及责任落实原则。企业的目标管理要求已纳入财务预算,将财务预算层层分解,明确规定有关方面或个人应承担的责任控制义务,并赋予其相应的权利,使财务控制目标和相应的管理措施落到实处,成为考核的依据。

(3) 例外管理原则。企业日常财务控制涉及企业经营的各个方面,财务控制人员要将注意力集中在那些重要的、不正常、不符合常规的预算执行差异上。通过例外管理,一方面可以分析实际脱离预算的原因来达到日常控制的目的,另一方面可以检验预算的制定是否科学与先进。

任务二 责任中心划分

责任中心是指具有一定的管理权限,并承担相应经济责任的企业内部责任单位,是一个责权利结合的实体。划分责任中心的标准:凡是可以划清管理范围,明确经济责任,能够单独进行业绩考核的内部单位,无论大小都可成为责任中心。

责任中心按其责任权限范围及业务活动的特点不同,可分为成本中心、利润中心和投资中心三大类。

一、成本中心

成本中心是指对成本或费用承担责任的责任中心。成本中心往往没有收入,其职责是用一定的成本去完成规定的具体任务。一般包括产品生产的生产部门、提供劳务的部门和有一定费用控制指标的企业管理部门。

成本中心是责任中心中应用最为广泛的一种责任中心形式。任何发生成本的责任领域,都可以确定为成本中心,上至企业,下至车间、工段、班组,甚至个人都可以划分为成本中心。成本中心的规模不一,一个成本中心可以由若干个更小的成本中心组成,因而在企业可以形成一个逐级控制并层层负责的成本中心体系。

1. 成本中心的类型

广义的成本中心有两种类型:标准成本中心和费用中心。

标准成本中心是以实际产出量为基础,并按标准成本进行成本控制的成本中心。通常,制造业工厂、车间、工段、班组等是典型的标准成本中心。在产品生产中,这类成本中心的投入与产出有着明确的函数对应关系,它不仅能够计量产品产出的实际数量,而且每个产品因有明确的原材料、人工和制造费用的数量标准和价格标准,从而对生产过程实施有效的弹性成本控制。实际上,任何一项重复性活动,只要能够计量产出的实际数量,并且能够建立起投入与产出之间的函数关系,都可以作为标准成本中心。

费用中心是指产出物不能以财务指标衡量,或者投入与产出之间没有密切关系的有费用发生的单位,通常包括一般行政管理部门、研究开发部门及某些销售部门。一般行政管理部门的产出难以度量,研究开发和销售活动的投入量与产出量没有密切的联系。费用中心的费用控制应重在预算总额的审批上。

狭义的成本中心是将标准成本中心划分为基本成本中心和复合成本中心两种,前者是指没有下属的成本中心,它是属于较低层次的成本中心。后者是指有若干个下属成本中心,它是属于较高层次的成本中心。

2. 成本中心的责任成本与可控成本

由成本中心承担责任的成本就是责任成本,它是该中心的全部可控成本之和。基本成本中心的责任成本就是其可控成本,复合成本中心的责任成本既包括本中心的责任成本,也包括下属成本中心的责任成本,各成本中心的可控成本之和,即是企业的总成本。

责任成本管理

可控成本是指责任单位在特定时期内，能够直接控制其发生的成本。作为可控成本必须同时具备以下条件。

(1) 责任中心能够通过一定的方式预知成本的发生。

(2) 责任中心能够对发生的成本进行计量。

(3) 责任中心能够通过自己的行为对这些成本加以调节和控制。

(4) 责任中心可以将这些成本的责任分解落实。

凡不能同时满足上述条件的成本就是不可控成本。对于特定成本中心来说，它不应当承担不可控成本的相应责任。

正确判断成本的可控性是成本中心承担责任成本的前提。从整个企业的空间范围和较长时间来看，所有的成本都是人的某种决策或行为的结果，都是可控的。但是，对于特定的人或时间来说，则有些是可控的，有些是不可控的。所以，对成本的可控性理解应注意以下几个方面。

(1) 成本的可控性总是与特定责任中心相关，与责任中心所处管理层次的高低、管理权限及控制范围的大小有直接关系。

同一成本项目，受到责任中心层次高低影响其可控性不同。就整个企业而言，所有的成本都是可控成本；而对于企业内部的各部门、车间、工段、班组和个人来讲，既有其各自的可控成本，又有其各自的不可控成本。有些成本对于较高层次的责任中心来说属于可控成本，而对于其下属的较低层次的责任中心来讲，可能就是不可控成本。例如，车间主任的工资，尽管要计入产品成本，但不是车间的可控成本，而它的上级则可以控制。反之，属于较低层次责任中心的可控成本，则一定是其所属较高层次责任中心的可控成本。至于下级责任中心的某项不可控成本，对于上一级的责任中心来说，就有两种可能，要么仍然属于不可控成本，要么是可控成本。

成本的可控性要受到管理权限和控制范围的约束。同一成本项目，对于某一责任中心来讲是可控成本，而对于处在同一层次的另一责任中心来讲却是不可控成本。例如广告费，对于销售部门是可控的，但对于生产部门却是不可控的；又如直接材料的价格差异对于采购部门来说是可控的，但对于生产耗用部门却是不可控的。

(2) 成本的可控性要联系时间范围考虑。一般来说，在消耗或支付的当期，成本是可控的，一旦消耗或支付后，就不再可控了。如折旧费、租赁费等成本是过去决策的结果，这在添置设备和签订租约时是可控的，而在使用设备或执行契约时就无法控制了。成本的可控性是一个动态概念，随着时间的推移，成本的可控性还会随着企业管理条件的变化而变化。如某成本中心管理人员的工资过去是不可控成本，但随着用工制度的改革，该责任中心既能决定工资水平，又能决定用工人数，则管理人员工资成本就转化为可控成本了。

(3) 成本的可控性与成本性态和成本可辨认性的关系。一般来说，一个成本中心的变动成本大都是可控成本，固定成本大都是不可控成本。直接成本大都是可控成本，间接成本大都是不可控成本。但实际上也并不如此，需要结合有关情况具体分析。如广告费、科研开发费、教育培训费等酌量性固定成本是可控的。某个成本中心所使用的固定资产的折旧费是直接成本，但不是可控成本。

3. 成本中心的责任成本与产品成本

作为产品制造的标准成本中心，必然会同时面对责任成本和产品成本两个问题，承担责任成本还必须了解这两个成本的区别与联系。责任成本和产品成本的主要区别有以下几点。

（1）成本归集的对象不同。责任成本是以责任成本中心为归集对象；产品成本则以产品为对象。

（2）遵循的原则不同。责任成本遵循"谁负责,谁承担"的原则,承担责任成本的是"人"；产品成本则遵循"谁收益,谁负担"的原则,负担产品成本的是"物"。

（3）核算的内容不同。责任成本的核算内容是可控成本；产品成本的构成内容是指应归属于产品的全部成本,它既包括可控成本,又包括不可控成本。

（4）核算的目的不同。责任成本的核算目的是实现责权利的协调统一,考核评价经营业绩,调动各个责任中心的积极性；产品成本的核算目的是反映生产经营过程的耗费,规定配比的补偿尺度,确定经营成果。

责任成本和产品成本的联系是两者内容同为企业生产经营过程中的资金耗费。就一个企业而言,一定时期发生的广义产品成本总额应当等于同期发生的责任成本总额。

4. 成本中心的考核指标

由于成本中心只对成本负责,对其评价和考核的主要内容是责任成本,即通过各责任成本中心的实际成本与预算责任成本的比较,以此评价各成本中心责任预算的执行情况。成本中心的考核指标包括成本（费用）变动额和成本（费用）变动率,计算公式如下：

成本（费用）变动额＝实际责任成本（或费用）－预算责任成本（或费用）

$$成本（费用）变动率 = \frac{成本（费用）变动额}{预算责任成本（费用）} \times 100\%$$

在进行成本中心指标考核时,如果预算产量与实际产量不一致时,应按弹性预算的方法先行调整预算指标,然后再按上述指标进行计算。

【业务 9-1】ABC 公司内部一车间为成本中心,生产甲产品,预算产量为 4 000 件,单位成本 100 元；实际产量 5 000 件,单位成本 95 元。要求：计算该成本中心的成本变动额和变动率。

解析：　　　　成本变动额＝95×5 000－100×5 000＝－25 000（元）

$$成本变动率 = -\frac{25\ 000}{100 \times 5\ 000} = -5\%$$

5. 成本中心的责任报告

成本中心的责任报告是以实际产量为基础,反映责任成本预算实际执行情况,揭示实际责任成本与预算责任成本差异的内部报告。成本中心通过编制责任报告,以反映、考核和评价责任中心责任成本预算的执行情况。

【业务 9-2】表 9-1 是 ABC 公司成本中心的责任报告,试判断该成本中心甲、乙班组成本控制是否有效。

解析：由表 9-1 中计算可知,该成本中心实际责任成本较之预算责任成本增加 230 元,上升了 0.8%,主要在于本成本中心的可控成本增加 130 元和下属责任中心转来的责任成本增加 100 元所致,究其主要原因是设备维修费超支 100 元和甲班组责任成本超支 400 元,没有完成责任成本预算。乙班组责任成本减少 300 元,初步表明责任成本控制有成效。

表 9-1　ABC 公司成本中心责任报告　　　　　　　　　　单位：元

项目	实际	预算	差异
下属责任中心转来的责任成本			
甲班组	11 400	11 000	+400
乙班组	13 700	14 000	-300
合计	25 100	25 000	+100
成本中心的可控成本			
间接人工	1 580	1 500	+80
管理人员工资	2 750	2 800	-50
设备维修费	1 300	1 200	+100
合计	5 630	5 500	+130
成本责任中心的责任成本合计	30 730	30 500	+230

二、利润中心

利润中心是既能控制成本，又能控制收入，对利润负责的责任中心，它是处于比成本中心高一层次的责任中心，其权利和责任都相对较大。利润中心通常是那些具有产品或劳务生产经营决策权的部门。

1. 利润中心的类型

利润中心分为自然利润中心和人为利润中心两种。

自然利润中心是指能直接对外销售产品或提供劳务取得收入而给企业带来收益的利润中心。这类责任中心一般具有产品销售权、价格制定权、材料采购权和生产决策权，具有很大的独立性。

人为利润中心是不能直接对外销售产品或提供劳务，只能在企业内部各责任中心之间按照内部转移价格相互提供产品或劳务而形成的利润中心。大多数成本中心都可以转化为人为利润中心。这类责任中心一般也具有相对独立的经营管理权，即能够自主决定本利润中心生产的产品品种、产品产量、作业方法、人员调配和资金使用等。但这些部门提供的产品或劳务主要在企业内部转移，很少对外销售。

2. 利润中心的考核指标

由于利润中心既是对其发生的成本负责，又对其发生的收入和实现的利润负责，所以，利润中心业绩评价和考核的重点是边际贡献和利润，但对于不同范围的利润中心来说，其指标的表现形式也不相同。如某公司采用事业部制，其考核指标可采用以下几种形式。

部门边际贡献＝部门销售收入总额－部门变动成本总额

部门经理可控利润＝部门边际贡献－部门经理可控固定成本

部门可控利润＝部门经理边际贡献－部门经理不可控固定成本

部门税前利润＝部门可控利润－分配的公司管理费用

指标一（部门边际贡献），它是利润中心考核指标中的一个中间指标。指标二（部门经理可控利润），它反映了部门经理在其权限范围内有效使用资源的能力，部门经理可控制收入，以及变动成本和部分固定成本，因而可以对可控利润承担责任，该指标主要用于评价部门经理的经营业绩。这里的主要问题是,要将各部门的固定成本进一步区分为可控成本和不可控成本,这是因为有些费用虽然可以追溯到有关部门,却不为部门经理所控制,如广告费、保险费等。因此在考核部门经理业绩时,应将其不可控成本从中剔除。指标三(部门可控利润),主要用于对部门的业绩评价和考核,用于反映该部门补偿共同性固定成本后对企业利润所作的贡献。如果要决定该部门的取舍,部门可控利润是有重要意义的信息。指标四(部门税前利润),用于计算部门提供的可控利润必须抵补总部的管理费用等,否则企业作为一个整体就不会盈利。这样,部门经理可集中精力增加收入并降低可控成本,为企业实现预期的利润目标做出应有的贡献。

【业务9-3】 ABC公司的某部门(利润中心)的有关资料如下:部门销售收入100万元;部门销售产品的变动生产成本和变动性销售费用74万元;部门可控固定成本6万元;部门不可控固定成本8万元;分配的公司管理费用5万元。要求:计算该部门的各级利润考核指标。

解析: 该部门的各级利润考核指标为

(1) 部门边际贡献＝100－74＝26(万元)

(2) 部门经理可控利润＝26－6＝20(万元)

(3) 部门可控利润＝20－8＝12(万元)

(4) 部门税前利润＝12－5＝7(万元)

3. 利润中心的责任报告

利润中心通过编制责任报告,可以集中反映利润预算的完成情况,并对其产生的差异的原因进行具体分析。

【业务9-4】 表9-2是ABC公司的利润中心责任报告,试判断该利润中心责任完成情况。

解析: 由表9-2中计算可知,该利润中心的实际利润超额完成预算5.1万元,如果剔除上级分配来的固定成本这一因素,利润超额完成4.6万元。

表9-2 ABC公司的利润中心责任报告　　　　　　　单位:万元

项　目	实际	预算	差异
销售收入	250	240	＋10
变动成本			
变动生产成本	154	148	＋6
变动销售成本	34	35	－1
变动成本合计	188	183	＋5
边际贡献	62	57	＋5
固定成本			
直接发生的固定成本	16.4	16	＋0.4
上级分配的固定成本	13	13.5	－0.5
固定成本合计	29.4	29.5	－0.1
营业利润	32.6	27.5	＋5.1

三、投资中心

投资中心是指既要对成本、利润负责,又要对投资效果负责的责任中心。投资中心与利润中心的主要区别:利润中心没有投资决策权,需要在企业确定投资方向后组织具体的经营;而投资中心则不仅在产品生产和销售上享有较大的自主权,而且具有投资决策权,能够相对独立地运用其所掌握的资金,有权购置或处理固定资产,扩大或削减现有的生产能力。投资中心是最高层次的责任中心,它具有最大的决策权,也承担最大的责任。一般而言,大型集团所属的子公司、分公司、事业部往往都是投资中心。

投资中心拥有投资决策权和经营决策权,同时各投资中心在资产和权益方面应划分清楚,以便准确地计算出各投资中心的经济效益,对其进行正确的评价和考核。

（一）投资中心的考核指标

投资中心评价与考核的内容是利润及投资效果,反映投资效果的指标主要是投资报酬率和剩余收益。

1. 投资报酬率

投资报酬率是投资中心所获得的利润占投资额（或经营资产）的比率,可以反映投资中心的综合盈利能力。其计算公式为

$$投资报酬率 = \frac{净利润（或营业利润）}{投资额（或经营资产）} \times 100\%$$

投资报酬率指标可分解为

$$投资报酬率 = 投资（或经营资产）周转率 \times 销售利润率$$

式中,投资额（或经营资产）应按平均投资额（或平均经营资产）计算。

投资报酬率是一个相对数正指标,数值越大越好。

目前,许多企业采用投资报酬率作为评价投资中心业绩的指标。该指标的优点是能反映投资中心的综合盈利能力,且由于剔除了因投资额不同而导致的利润差异的不可比因素,因而具有横向可比性,有利于判断各投资中心经营业绩的优劣。此外,投资利润率可作为选择投资机会的依据,有利于优化资源配置。

这一评价指标的不足之处是缺乏全局观念。当一个投资项目的投资报酬率低于某投资中心的投资报酬率而高于整个企业的投资报酬率时,虽然企业希望接受这个投资项目,但该投资中心可能拒绝它;当一个投资项目的投资报酬率高于该投资中心的投资报酬率而低于整个企业的投资报酬率时,该投资中心可能只考虑自己的利益而接受它,而不顾企业整体利益是否受到损害。

假设某个部门现有资产 200 万元,年净利润 44 万元,投资报酬率为 22%。部门经理目前面临一个投资报酬率为 17% 的投资机会,投资额为 50 万元,每年净利 8.5 万元。企业投资报酬率为 15%。尽管对整个企业来说,由于该项目投资报酬率高于企业投资报酬率应当利用这个投资机会,但是它却使这个部门的投资报酬率由过去的 22% 下降到 21%。

$$投资报酬率 = \frac{44 + 8.5}{200 + 50} = 21\%$$

同样道理,当情况与此相反,假设该部门现有一项资产价值 50 万元,每年获利 8.5 万元,投资报酬率 17%,该部门经理却愿意放弃该项资产,以提高部门的投资报酬率。

$$投资报酬率 = \frac{44 - 8.5}{200 - 50} = 23.67\%$$

当使用投资报酬率作为业绩评价标准时,部门经理可以通过加大公式分子或减少公式的分母的方法来提高这个比率。显然,这样做会失去不是最有利但可以扩大企业总净利的项目。从引导部门经理采取与企业总体利益一致的决策来看,投资报酬率并不是一个很好的指标。

因此，为了使投资中心的局部目标与企业的总体目标保持一致，弥补投资报酬率这一指标的不足，还可以采用剩余收益指标来评价、考核投资中心的业绩。

2. 剩余收益

剩余收益是指投资中心获得的利润扣减投资额按预期最低投资报酬率计算的投资报酬后的余额。其计算公式为

$$剩余收益 = 利润 - 投资额 \times 预期最低投资报酬率$$

$$剩余收益 = 投资额 \times (投资利润率 - 预期最低投资报酬率)$$

以剩余收益作为投资中心经营业绩评价指标，各投资中心只要投资利润率大于预期最低投资报酬率，即剩余收益大于零，该项投资项目就是可行的。剩余收益是一个绝对数正指标，这个指标越大，说明投资效果越好。

【业务9-5】ABC公司有若干个投资中心，平均投资报酬率为15%，其中甲投资中心的投资报酬率为20%，该中心的经营资产平均余额为150万元。预算期甲投资中心有一追加投资的机会，投资额为100万元，预计利润为16万元。投资报酬率为16%。要求：

(1) 假定预算期甲投资中心接受了上述投资项目，分别用投资报酬率和剩余收益指标来评价考核甲投资中心追加投资后的工作业绩。

(2) 分别从整个企业和甲投资中心的角度，说明是否应当接受这一追加投资项目。

解析：(1) 甲投资中心接受投资后的评价指标分别为

$$投资报酬率 = \frac{150 \times 20\% + 16}{150 + 100} = 18.40\%$$

$$剩余收益 = 16 - 100 \times 15\% = 1（万元）$$

从投资报酬率指标看，甲投资中心接受投资后的投资报酬率为18.40%，低于该中心原有的投资报酬率20%，追加投资使甲投资中心的投资报酬率指标降低了。从剩余收益指标看，甲投资中心接受投资后可增加剩余收益1万元，大于零，表明追加投资使甲投资中心有利可图。

(2) 如果从整个企业的角度看，该追加投资项目的投资报酬率为16%，高于企业的投资报酬率15%；剩余收益为1万元，大于零。结论是：无论从哪个指标看，企业都应当接受该项追加投资。

如果从甲投资中心看，该追加投资项目的投资报酬率为16%，低于该中心的投资报酬率20%，若仅用这个指标来考核投资中心的业绩，则甲投资中心不会接受这项追加投资（因为这将导致甲投资中心的投资报酬率指标由20%降低为18.40%）；但若以剩余收益指标来考核投资中心的业绩，则甲投资中心会因为剩余收益增加了1万元，而愿意接受该项追加投资。

通过业务9-5可以看出，利用剩余收益指标考核投资中心的工作业绩，能使个别投资中心的局部利益与企业整体利益达到一致，避免投资中心本位主义倾向。

需要注意的是，以剩余收益作为评价指标，所采用的投资报酬率的高低对剩余收益的影响很大，通常应以整个企业的平均投资报酬率作为最低报酬率。

(二) 投资中心的责任报告

投资中心责任报告的结构与成本中心和利润中心类似。通过编制投资中心责任报告，可以反映该投资中心投资业绩的具体情况。

【业务9-6】表9-3是某投资中心责任报告，试判断该投资中心的投资业绩。

解析：由表9-3中计算可知，该投资中心的投资报酬率和剩余收益指标都超额完成了预算，表明该投资中心投资业绩比较好。

表 9-3　某投资中心责任报告　　　　　　　　　　　单位：万元

项　　目	实际	预算	差异
营业利润(1)	600	450	+150
平均经营资产(2)	3 000	2 500	+500
投资报酬率(3)=(1)/(2)	20%	18%	+2%
按最低投资报酬率15%计算的投资报酬(4)=(2)×15%	450	375	+75
剩余收益(5)=(1)-(4)	150	75	+75

任务三　内部转移价格

企业内部各责任单位,既相互联系,又相互独立开展各自的活动,它们经常相互提供产品和劳务,为了正确评价企业内部各责任中心的经营业绩,明确区分各自的经济责任,使各责任中心的业绩考核建立在客观可比的基础上,企业必须根据各自责任中心业务活动的具体特点,正确制定企业内部的转移价格。

内部转移价格

一、内部转移价格的含义

内部转移价格是指企业内部各责任中心之间转移中间产品或相互提供劳务,而发生内部结算和进行内部责任结转所使用的计价标准。例如,上道工序加工完成的产品转移到下道工序继续加工,辅助生产部门为基本生产车间提供劳务等,都是一个责任中心向另一个责任中心"出售"产品或提供劳务,必须采用内部转移价格进行结算。又如,某工厂生产车间与材料采购部门是两个成本中心,若生产车间所耗用的原材料由于质量不符合原定标准,而发生的超过消耗定额的不利差异,也应由生产车间以内部转移价格结转给采购部门。

在任何企业中,各责任中心之间的相互结算,以及责任成本的转账业务都是经常发生的,它们都需要依赖一个公正、合理的内部转移价格作为计价的标准。由于内部转移价格对于提供产品或劳务的生产部门来说表示收入,对于使用这些产品或劳务的购买部门来说则表示成本,所以,这种内部转移价格有两个明显的特征。

(1) 在内部转移价格一定的情况下,卖方(产品或劳务的提供方)必须不断改善经营管理,降低成本和费用,以其收入抵偿支出,取得更多利润。买方(产品或劳务的接受方)则必须在一定的购置成本下,千方百计降低再生产成本,提高产品或劳务的质量,争取较高的经济效益。

(2) 内部转移价格所影响的买卖双方都存在于同一企业中,在其他条件不变的情况下,内部转移价格的变化会使买卖双方的收入或内部利润向相反方向变化,但就企业整体来看,内部转移价格无论怎样变化,企业总利润是不变的,变动的只是内部利润在各责任中心之间的分配份额。

二、内部转移价格的种类

内部转移价格主要有市场价格、协商价格、双重价格和以"成本"作为内部转移价格四种。

1. 市场价格

市场价格是根据产品或劳务的市场供应价格作为计价基础,以市场价格作为内部转移价格的责任中心,应该是独立核算的利润中心。通常是假定企业内部各责任中心都处于独立自主的状态,即有权决定生产的数量、出售或购买的对象及其相应的价格。在西方国家,通常认为市场价格是制定内部转移价格的最好依据。因为市场价格客观公正,对买卖双方无所偏袒,还能激励卖方努力改善经营管理,不断降低成本,在企业内部创造一种竞争的市场环境,让每个利润中心都成为名副其实的独立生产经营单位,以利于相互竞争,最终通过利润指标来考核和评价其工作成果。

在采用市价作为计价基础时,为了保证各责任中心的竞争建立在与企业的总目标相一致的基础上,企业内部的买卖双方一般应遵守以下基本原则:①如果卖方愿意对内销售,且售价不高于市价时,买方有购买的义务,不得拒绝;②如果卖方售价高于市价,买方有改向外界市场购入的自由;③若卖方宁愿对外界销售,则应有不对内销售的权利。

然而,以市场价格作为内部转移价格的计价基础,也有其自身的局限性。这是因为企业内部相互转让的产品或提供的劳务,往往是本企业专门生产的,具有特定的规格,或需经过进一步加工才能出售的中间产品,因而往往没有相应的市价作为依据。

2. 协商价格

协商价格简称"议价",它是指买卖双方以正常的市场价格为基础,定期共同协商,确定出一个双方都愿意接受的价格作为计价标准。成功的协商价格依赖于两个条件:①要有一个某种形式的外部市场,两个部门的经理可以自由地选择接受或是拒绝某一价格。如果根本没有可能从外部取得或销售中间产品,就会使一方处于垄断状态,这样的价格不是协商价格,而是垄断价格。②当价格协商的双方发生矛盾不能自行解决,或双方谈判可能导致企业非最优决策时,企业的高一级管理阶层要进行必要的干预,当然,这种干预是有限的、得体的,不能使整个谈判变成上级领导裁决一切问题。

协商价格的上限是市价,下限是单位变动成本,具体价格应由买卖双方在其上下限范围内协商议定。这是由于:①外部售价一般包括销售费、广告费及运输费等,这是内部转移价格中所不包含的,因而内部转移价格会低于外部售价;②内部转移的中间产品一般数量较大,故单位成本较低;③售出单位大多拥有剩余生产能力,因而议价只需略高于单位变动成本就行。

采用协商价格的缺陷是:在双方协商过程中,不可避免地要花费很多人力、物力和时间,当买卖双方的负责人协商相持不下时,往往需要企业高层领导进行裁定。这样就丧失了分权管理的初衷,也很难发挥激励责任单位的作用。

3. 双重价格

双重价格是由买卖双方分别采用不同的内部转移价格作为计价的基础。如对产品(半成品)的"出售"部门,可按协商的市场价格计价;而对"购买"部门,则按"出售"部门的单位变动成本计价;其差额由会计部门进行调整。西方国家采用的双重价格通常有两种形式:①双重市场价格,即当某种产品或劳务在市场上出现几种不同价格时,买方采用最低的市价,卖方则采用最高的市价;②双重转移价格,即卖方按市价或协议价作为计价基础,而买方则按卖方的单位变动成本作为计价基础。

采用双重价格的好处是:既可较好地满足买卖双方不同的需要,也便于激励双方在生产经营上充分发挥其主动性和积极性。

4. 以"成本"作为内部转移价格

以产品或劳务的成本作为内部转移价格是制定转移价格的最简单方法。由于成本的概念不同,以"成本"作为内部转移价格也有多种不同形式,它们对转移价格的制定、业绩评价将产生不同的影响。

（1）标准成本法。即以各中间产品的标准成本作为内部转移价格。这种方法适用于成本中心产品(半成品)或劳务的转移，其最大优点是能将管理和核算工作结合起来。由于标准成本在制定时就已排除无效率的耗费，因此，以标准成本作为转移价格能促进企业内买卖双方改善生产经营，降低成本。其缺点是不一定使企业利益最大化，如中间产品标准成本为30元，单位变动成本24元，卖方有闲置生产能力，当买方只能接受26元以下的内部转移价格时，此法不能促成内部交易，从而使企业整体丧失一部分利益。

（2）标准成本加成法，即根据产品(半成品)或劳务的标准成本加上一定的合理利润作为计价基础。当转移产品(半成品)或劳务涉及利润中心或投资中心时，可以将标准成本加利润作为转移价格，以分清双方责任。但利润的确定，难免带有主观随意性。

（3）标准变动成本。标准变动成本是以产品(半成品)或劳务的标准变动成本作为内部转移价格，符合成本习性，能够明确揭示成本与产量的关系，便于考核各责任中心的业绩，也利于经营决策。不足之处是产品(半成品)或劳务中不包含固定成本，不能鼓励企业内卖方进行技术革新，也不利于长期投资项目的决策。

任务四 大数据与财务控制

随着信息技术的不断发展，大数据已经成为财务工作的一个重要工作。大数据不仅改变了财务数据的收集和分析方式，还提供了更精确、实时的财务控制和管理工具。

一、大数据在财务控制中的应用

1. 实时财务监控

利用大数据分析实时监控现金流。大数据技术可以实时监测企业的现金流，帮助企业管理和优化现金流，确保足够的资金来满足业务需求。

利用大数据进行实时成本控制。通过实时监控成本数据，企业可以及时发现成本超支情况，并采取措施降低成本，提高盈利能力。

2. 预测性分析

利用大数据预测财务趋势。大数据分析可以帮助企业预测未来的财务趋势，例如销售增长、成本变化等，以便制定相应战略。

利用大数据预测风险。大数据可以预测可能的财务风险，例如市场波动、汇率波动等，帮助企业制定风险管理策略。

3. 自动化财务处理

利用大数据自动化账务处理。大数据技术可以自动处理大量的账务数据，降低人工错误的风险，并提高财务数据的准确性。

利用大数据自动化报告生成。大数据分析可以自动生成各种财务报告，节省时间和资源，提高报告的准确性和可靠性。

二、大数据背景下企业财务控制面临的挑战

1. 信息载体变更，财务数据真实性受到威胁

随着信息化的发展，网络世界也变得更加开放，信息的载体方式也变得更加多样化。财务

信息化的推广与普及，导致企业的相关管理机制过度依赖网络系统，企业各部门对内控机制的管理监督与维护程度参差不齐，极易造成数据的泄露，更甚至于影响企业的发展。

2. 信息化管理不完善，内控风险系数加大

在信息化高速发展的同时，企业财务控制也带来了新的挑战。部分企业信息化管理还存在着较大的缺陷，阻碍了对数据信息的挖掘、分析、处理和应用，影响了企业内控的创新。由于市场竞争激烈，企业运营风险增大，内控风险系数也在不断提高，对企业内控水平要求不断增强；数据的准确性、合法性是企业数据化管理以及内部控制管理的基础。当前数据泛滥，运用的数据准确性对企业来说是很大的挑战；数据的安全性是大数据时代各行各业最为担忧的问题。数据的泄露、丢失以及被网络黑客的恶意篡改等，成为企业数据运用与管理面临的难题。原始信息的错误，会导致运算数据的结果有误，决策层根据不确定的数据结果进行决策，会给企业带来很大的风险。

3. 监督工作复杂，稽核难度大

信息技术能够为企业提高执行效率，但是也在一定程度上为企业增大了内控的难度。大量实物的流转与财务信息的流转差异化信息，因此导致财务数据不能及时更新，这在一定程度上增加了财务控制的难度。除此之外，很多会威胁到企业财务内控信息数据的安全因素存在，因此企业也要对网络安全进行监督。

4. 内控系统更新不及时，内控措施准确性低

目前大多数企业的财务控制主要是基于核算方面建立的，对内部控制整体的把控并不到位，缺少专门的财务管理信息化平台的控制措施，导致在面对海量的数据时，出现平台设置和数据处理的滞后性。部分企业财务控制仍然是传统的人工为主、机器为辅的状态，导致内控机制的建设发展迟缓，无法适应大数据时代对内控制度的要求，从而导致企业会计信息失真、资料错误、监督乏力或舞弊现象发生。

5. 信息沟通渠道不顺畅，导致企业内控效率降低

传统的内部控制系统所针对的是企业不同部门的员工，这种方式忽略了财务信息与外界信息的交流，从而导致企业对外界信息的获取渠道的不顺畅。企业的内控系统与健全的信息交流是相辅相成的，缺乏与外界信息沟通的有效性，从而导致企业内控效率低下。

三、大数据背景下企业财务控制的应对措施

1. 建设良好信息化内控环境，保证财务数据真实性

建立良好的信息化环境首先需要改革企业内部的管理机制，强化高层的监督作用。同时应利用大数据风控平台建立数据中心。搭建各业务系统统一标准化的管理与语言，建立风险偏好分析体系，对企业内控管理进行赋能；通过标准的数据接口和技术进入各业务系统接收数据，解决计算机系统数据孤岛和重复开发的问题，以此形成相关主题的分析结果库；通过相关各业务场景和主题数据分析库，对数据分类以及数据预处理分析。利用云计算通过可视化完成各类指标的运算，最终形成管理模式。采取数据转换共享和分发的模式来实现风险控制数据的分析应用。实现内部控制数据从上至下的数据穿透。

2. 建立信息化安全管理制度，提升数据意识，降低内控风险

在大数据时代，企业需要加强财务风险的敏感度，将风险防范的意识融入企业财务活动的各个环节，并加以监督，提高数据处理系统的安全等级，保证企业财务系统的安全性，有效避免企业信息泄露。完善企业的信息化制度，预估可能会发生的危险，加强对企业核心机密的保护。

同时从企业的管理层到员工,应加强数据意识,管理层在与企业各部门进行沟通时,要有切实的数据才能进行沟通,一切以数据说话;大数据时代企业要形成数据化管理模式,企业的业务、财务以及资产要用数据呈现出来,实现真正的数据化管理。只有实现数据化的管理,一切业务活动才能以数据为依据。提升数据意识,完成数据化的管理,才能实现企业内控的创新。

3. 设立风险动态监督系统,加强网络安全管理

无论企业规模大小,都会有风险存在,这些风险是不可避免的,因此企业要设立风险动态监督系统。完善网络监督管理机制,建设资源平台共享和多级动态监督系统,对企业实行全方位的管理与监督。企业还需要建立健全网络安全管理制度,对员工的网络行为进行规范和监管,以确保财务系统的网络安全。

财管德育课堂

【德智要点】

财务管理体制是指企业处理财务活动中的组织框架和管理机制。企业集团是不同于企业的企业外部组织形式,财务控制的重要性和难度同时增强,财务控制中心借助集成化、网络化管理软件的支持,与企业其他资源相整合契合,根据企业的财务数据,能够考核指标完成情况,并进行计算和评价。先进的工具对企业来说等同于实际价值,在财务控制中要使用大数据工具,运用数据思维思考,与时俱进,开拓创新。

【案例描述】

在2020年的财报中,安踏集团董事会主席兼CEO丁世忠提道,"数字化转型将是未来竞争的分水岭"。安踏的DTC(direct to consumer,直达消费者)变革更是常常为人称道。

在《哈佛商业评论》中文版携手天猫共同举办的数字化主题研讨会现场,《哈佛商业评论》及旗下HBRC新增长学院与安踏集团数据副总裁贺康城展开对话,共同探讨企业数据思维背后的思路与经验和对于未来的思考。

HBRC新增长学院:安踏集团在2021年上半年取得了让人瞩目的增长,您认为,这种增长背后的核心驱动力是什么?未来还有哪些增长重点?

贺康城:安踏现在成长为全球市值前三的体育用品集团,关键在于董事长丁总很早提出来的战略:单聚焦、多品牌、全渠道,而且战略内涵上不断深化和进化,安踏集团拥有多个品牌,覆盖专业运动、运动时尚,形成滑雪、潜水、户外等专项运动品类的运动品牌矩阵。这里面好几个品牌都是在安踏集团接手以后,连续同比增速接近100%。

根据2021年7月发布的上半年业绩预告,安踏品牌的零售金额增长35%~40%,斐乐品牌增长50%~55%,还有其他品牌增长90%~95%,这个增长速度是行业领先的。这种增长速度和我们的战略转型是分不开的。2020年以来,安踏在年报中也提出来一直在做DTC的战略转型,也就是直接连接消费者。未来的目标是在各个经营层面上以数据驱动价值链和经营决策。安踏集团的目标是未来5年,安踏线上业务占比达到40%,DTC业务占到70%以上,这在世界主要的鞋服品牌集团里面,都应该是非常领先的指标。

HBRC新增长学院:安踏集团为何看重DTC模式?为了实现向DTC模式的转型,展开了哪些行动?

贺康城:我们能看到的一个明显趋势是消费者跟企业之间的物理距离拉大了,但是互动的

距离更近了,现在企业做 DTC 最大的意义在于人群数据在线上和线下的有效打通。安踏集团的多个品牌的会员业务增长非常快,这也是转型的一个初衷。我们认为,在 DTC 的模式下,谁拥有比较强的数字技术、谁拥有更强的数据洞察和分析能力,谁就拥有更大的竞争优势。

2020 年疫情后在相当一些行业里面,国际品牌通过降价降维打击国产品牌,很多内外部声音希望品牌走下沉路线,调研下沉市场。我们将安踏的线上线下各种购物数据、搜索数据、会员信息,以及各城市终端门店销售额做了综合比对。发现安踏品牌在高线城市的关注度和实际搜索以及需求很大。安踏儿童的消费群在一二三线城市占比更超过了 60%。事实上,后面安踏不但稳固原有市场,而且过去一年在高线城市,在获得代言人和商品匹配下就获得了远超市场平均水平的高增速,实现了很大的突破。线下安踏也会持续加强一二三线城市布局,未来流水占比超过 50%;购物中心店数翻倍。

资料来源:http://jwc.hrbu.edu.cn/info/1433/7120.htm?eqid=d06a33cc0000fe2300000004648ac37e。

【案例启示】

党的二十大报告提出"加快发展数字经济,促进数字经济和实体经济深度融合"。精细业务流程,扎实推动财务数字化和信息化水平,促进财务各项工作任务落地见效,更好地适应新时期企业经营对财务管理要求,推动公司高质量发展。

在财务控制中应遵循经济原则和目标管理及责任落实原则。安踏 DTC 模式一个很重要的思路是整合,整合不只是把数据堆在一张表上,或者堆在一个数据库里,而是能够形成看一件事情的多个综合的视角。在 IT 团队数字化工具的基础设施支持下,BI(business intelligence,商业智能)可以赋能给许多业务团队。优秀企业的财务团队对于线下数据常常也有比较好的基础设施,数据协同可以避免重新在企业里进行业务流程重组,实现线上线下数据融合。安踏集团的大数据团队在和平台进行超级旗舰的工作,也是探索打通第一、二、三方的数据协同价值,这样可以事半功倍。

同步测试

一、单项选择题

1. 成本中心的责任成本是该中心的(　　)之和。
   A. 可控成本　　B. 不可控成本　　C. 变动成本　　D. 直接成本

2. ABC 公司成本中心生产甲产品,预算产量为 2 000 件,单位成本为 80 元/件,实际产量为 1 800 件,单位成本为 78 元/件,该成本中心的成本降低率是(　　)。
   A. 2.5%　　B. 10.83%　　C. 13.96%　　D. 8.25%

3. 下列(　　)最适宜作为考核利润中心负责人业绩指标。
   A. 利润中心边际贡献　　　　　B. 公司利润总额
   C. 利润中心部门边际贡献　　　D. 利润中心可控边际贡献

4. 下列计算息税前利润的公式中,不正确的是(　　)。
   A. 销售量×(单价一单位变动成本)一固定成本
   B. 销售收入×单位边际贡献一固定成本
   C. 边际贡献一固定成本
   D. 销售收入×(1一变动成本率)一固定成本

5. ABC 公司某部门的有关数据如下:销售收入 50 000 元,已销产品的变动成本 30 000 元,可控固定成本2 500元,不可控固定成本3 000元。那么,部门的边际贡献为(　　)元。

　　A. 20 000　　　　B. 17 500　　　　C. 14 500　　　　D. 10 750

6. 下列各项中,最适用于评价投资中心业绩的指标是(　　)。

　　A. 边际贡献　　　B. 部门毛利　　　C. 剩余收益　　　D. 部门净利润

7. ABC公司内部乙车间是人为利润中心,本期实现内部销售收入200万元,变动成本为120万元,该中心负责人可控固定成本为20万元,不可控但应由该中心负担的固定成本为10万元,则该中心对整个公司所作的经济贡献为(　　)万元。

　　A. 80　　　　　　B. 60　　　　　　C. 50　　　　　　D. 40

8. 以下有关投资中心和利润中心的说法中,错误的是(　　)。

　　A. 投资中心是最高层次的责任中心

　　B. 投资中心拥有最大的决策权

　　C. 利润中心没有投资决策权

　　D. 利润中心在考核利润时考虑了所占用的资产

9. 在制定内部转移价格时,希望能够较好地满足企业内部交易双方在不同方面的管理需要,则应采用的是(　　)。

　　A. 市场价格　　　　　　　　　　　B. 协商价格

　　C. 双重价格　　　　　　　　　　　D. 以成本为基础的转移定价

10. 下列各项内部转移价格中,有可能导致公司高层干预的是(　　)。

　　A. 市场价格　　B. 协商价格　　C. 双重价格　　D. 成本转移价格

二、多项选择题

1. ABC公司制定的20×3年目标利润为1 000万元,初步估算的利润为900万元,为了实现目标利润,企业可采取的措施有(　　)。

　　A. 提高销售量　　　　　　　　　　B. 提高单价

　　C. 提高固定成本　　　　　　　　　D. 提高单位变动成本

2. 关于成本中心,下列说法中正确的有(　　)。

　　A. 成本中心是责任中心中应用最为广泛的一种形式

　　B. 成本中心不考核收入,只考核成本

　　C. 成本中心需要对所有成本负责

　　D. 责任成本是成本中心考核和控制的主要内容

3. 通常情况下企业要实现目标利润,在其他因素不变时,应当降低的有(　　)。

　　A. 固定成本　　　B. 销售数量　　　C. 销售价格　　　D. 单位变动成本

4. 在下列各项中,属于可控成本必须同时具备的条件有(　　)。

　　A. 该成本的发生是成本中心可以预见的

　　B. 该成本是成本中心可以计量的

　　C. 该成本是成本中心可以调节的

　　D. 该成本是成本中心可以控制的

5. 下列关于利润中心考核指标的说法中,正确的有(　　)。

　　A. 可控边际贡献是考核利润中心盈利能力的指标

　　B. 部门边际贡献是评价利润中心管理者业绩的理想指标

　　C. 可控边际贡献=边际贡献-该中心负责人可控固定成本

D. 部门边际贡献＝可控边际贡献－该中心负责人不可控固定成本

6. 制定内部转移价格，可以参照的类型有（　　）。
   A. 市场价格　　　　　　　　　B. 协商价格
   C. 双重价格　　　　　　　　　D. 以成本为基础的转移定价

7. 以"成本"作为内部转移价格，成本计算的方法包括（　　）。
   A. 标准成本法　　　　　　　　B. 标准成本加成法
   C. 标准变动成本法　　　　　　D. 计划成本法

8. 下列针对有关目标利润的计算公式的说法中，不正确的有（　　）。
   A. 目标利润销售量公式只能用于单种产品的目标利润控制
   B. 目标利润销售额只能用于多种产品的目标利润控制
   C. 公式中的目标利润一般是指息前税后利润
   D. 如果预测的目标利润是税后利润，需要对公式进行相应的调整

三、判断题

1. 成本可控是相对不可控而言，责任层次越高，其可控范围就越小。（　　）
2. 只有利润中心既能控制成本，又能控制收入和利润。（　　）
3. 剩余收益指标难以在不同规模的投资中心之间进行业绩比较。（　　）
4. 净利润是量本利分析的核心要素。（　　）
5. 在投资中心业绩评价中，剩余收益指标仅反映当期业绩，单纯使用这一指标会导致投资中心管理者的短视行为。（　　）
6. 投资中心处于责任中心的最高层次，具有最大的决策权。（　　）
7. 已知某投资中心的最低投资报酬率为10%，20×2年的剩余收益为100万元，平均营业资产为500万元，则投资报酬率为30%。（　　）
8. 为体现公平性原则，所采用的内部转移价格双方必须一致，否则将有失公正。（　　）

四、简答题

1. 简述财务控制的原则。
2. 简述内部转移价格的含义和种类。

五、计算分析题

1. ABC公司成本中心生产甲产品，预算产量为600件，单位成本为150元/件，实际产量为800件，单位成本为130元/件。要求：计算该成本中心的成本降低额和降低率。

2. ABC公司下设甲、乙两个投资中心，甲投资中心的营业利润为320万元，投资额为2 000万元，公司为甲投资中心规定的最低投资报酬率为15%；乙投资中心的营业利润为130万元，投资额为1 000万元，公司为乙投资中心规定的最低投资报酬率为12%。目前有一项目需要投资1 000万元，投资后可获营业利润140万元。要求：
   (1) 从投资报酬率的角度看，甲、乙投资中心是否会愿意接受该投资。
   (2) 从剩余收益的角度看，甲、乙投资中心是否会愿意接受该投资。

3. ABC公司只生产和销售甲产品，20×1年的年产销量为2万件，售价为30元/件，单位变动成本为12元，固定成本总额为18万元。假设20×2年成本性态保持不变。预计20×2年甲产品的售价仍为30元/件，目标息税前利润比20×1年增长10%。适用的所得税税率为25%，假设不考虑其他相关税费。要求：
   (1) 计算20×1年的边际贡献率、安全边际额。
   (2) 计算20×2年甲产品实现目标利润的销售量。

学习情境十 财务分析

知识目标

1. 了解企业财务分析的作用、内容、依据、步骤和方法。
2. 理解财务分析各项指标的含义及内容。
3. 掌握偿债能力、营运能力、盈利能力和发展能力指标的计算与分析方法。
4. 掌握杜邦分析体系和沃尔评分法的应用。

技能目标

1. 能够根据企业的财务报告，分析与评价企业的偿债能力、营运能力、盈利能力和发展能力。
2. 能对企业的综合财务状况进行财务分析与评价。

案例导入

财务分析应包括哪些方面

某公司为一家以水利工程承包建筑为主业的上市公司。该公司曾以7亿元巨额中标三峡工程二期的水布垭大坝和溢洪道工程。

随着三峡工程二期工程的完成，三峡工程施工高峰已经过去，该公司能否再创辉煌？答案似乎在数年前就已经确定，当时该公司决策层未雨绸缪，确定继续发挥在建筑施工方面的优势，积极调整产业结构，在全力打造水利工程承包施工的基础上，加大基础产业投资和经营力度，积极向其他基础设施产业延伸和发展。其中，主要是围绕高速公路和水电站两大基础产业进行投资经营，争取在几年内逐步达到投资经营总长约450km的高速公路产业和几个小型水电站构成的发电产业，形成规模较大的现金流和持续稳定的投资收益。

因此该公司制定了以下规划：2007年以后，以资本扩张为主，通过资本扩张进一步壮大公司规模，主营业务在同行业处于领先地位，并继续寻找机会不断向朝阳产业和新兴产业扩张，保持企业的成长性和利润的增长，总资产规模达到200亿元以上，主营业务收入达到25亿元以上，净资产收益率达到6%以上。

资料来源：张悦玫.财务报表与案例分析.大连：大连理工大学出版社.

思考分析：为了完成规划，该公司应该着重从哪些方面进行财务分析？

任务一 财务分析认知

一、财务分析的作用和内容

财务分析是根据企业财务报表等信息资料,采用专门方法,系统分析和评价企业财务状况、经营成果以及未来发展趋势的过程。

财务分析以企业财务报告及其他相关资料为主要依据,对企业的财务状况、经营成果和现金流量进行评价和剖析,反映企业在运营过程中的利弊得失和发展趋势,从而为改进企业财务管理工作和优化经济决策提供重要财务信息。

财务报表分析概述

1. 财务分析的作用

财务分析对不同的信息使用者具有不同的意义。具体来说,财务分析的意义主要体现在以下方面。

(1) 可以判断企业的财务实力。通过对资产负债表和利润表有关资料进行分析,计算相关指标,可以了解企业的资产结构和负债水平是否合理,从而判断企业的偿债能力、营运能力及获利能力等财务实力,揭示企业在财务状况方面可能存在的问题。

(2) 可以评价和考核企业的经营业绩,揭示财务活动存在的问题。通过指标的计算、分析和比较,能够评价和考核企业的盈利能力和资金周转状况,揭示其经营管理的各个方面和各个环节问题,找出差距,得出分析结论。

(3) 可以挖掘企业潜力,寻求提高企业经营管理水平和经济效益的途径。企业进行财务分析的目的不仅仅是发现问题,更重要的是分析问题和解决问题。通过财务分析,应保持和进一步发挥生产经营管理中成功的经验,对存在的问题应提出解决的策略和措施,以达到扬长避短、提高经营管理水平的经济效益的目的。

(4) 可以评价企业的发展趋势。通过各种财务分析,可以判断企业的发展趋势,预测其生产经营的前景及偿债能力,从而为企业领导层进行生产经营决策、投资者进行投资决策和债权人进行信贷决策提供重要的依据,避免因决策错误给其带来重大的损失。

财务分析的作用如图 10-1 所示。从图 10-1 中可以看出,财务分析是对财务报告所提供的会计信息的进一步加工和处理,其目的是为会计信息使用者提供更相关的会计信息,以提高其决策质量。

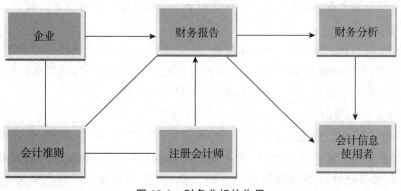

图 10-1 财务分析的作用

2. 财务分析的内容

财务分析信息的需求者主要包括企业所有者、企业债权人、企业经营决策者和政府等。不同主体出于不同的利益考虑，对财务分析信息有着各自不同的要求。

(1) 企业所有者作为投资人，关心其资本的保值和增值状况，因此较为重视企业获利能力指标，主要进行企业盈利能力分析。

(2) 企业债权人因不能参与企业剩余收益分享，首先关注的是其投资的安全性，因此更重视企业偿债能力指标，主要进行企业偿债能力分析，同时也关注企业盈利能力分析。

(3) 企业经营决策者必须对企业经营理财的各个方面，包括运营能力、偿债能力、获利能力及发展能力的全部信息予以详尽地了解和掌握，主要进行各方面综合分析，并关注企业财务风险和经营风险。

(4) 政府兼具多重身份，既是宏观经济管理者，又是国有企业的所有者和重要的市场参与者，因此政府对企业财务分析的关注点因所具身份不同而异。

尽管不同企业的经营状况、经营规模、经营特点不同，作为运用价值形式进行的财务分析，归纳起来其分析的内容不外乎偿债能力分析、营运能力分析、获利能力分析、发展能力分析和综合能力分析5个方面。

二、财务分析的依据

财务分析的依据是企业的财务报告，主要包括资产负债表、利润表、现金流量表、所有者权益(股东权益)变动表、财务报表附注及其他财务报告资料。

资产负债表是指反映企业的某一特定日期财务状况的会计报表。

利润表是指反映企业在一定会计期间经营成果的财务报表。

现金流量表是反映企业在一定会计期间现金和现金等价物流入量和流出量的会计报表。

所有者权益(股东权益)变动表是指反映企业年末所有者权益变动情况的会计报表。

财务报表附注是指在会计报表中列示项目所做的进一步说明，以及对未能在这些报表中列示项目的说明，是财务报表不可或缺的组成部分。了解企业的财务状况、经营成果和现金流量，应当全面阅读附注，附注相对于报表而言，具有同样的重要性。

三、财务分析的步骤

财务分析的程序因不同的报表使用者，不同的目的，不同的数据范围，不同方法而不同，因而没有固定的程序和步骤，而是一个研究探索过程，一般情况下采用以下步骤。

1. 明确财务分析的目的

财务信息的需求者主要包括企业所有者、企业债权人、企业经营决策者和政府等利益主体，不同主体出于不同的利益考虑，对财务分析信息有着不同的需求，所以在进行财务分析时，要有针对性地收集相关资料，确定分析方法，建立相关分析指标。

2. 收集财务分析资料

在明确财务分析的目的之后，应有针对性地收集相关资料，具备系统、完整和准确的财务资料是保证财务分析质量的重要条件，由于分析的主体不同，获得信息的数量和难度也不尽相同，但分析者应尽可能地收集可能获得的各种信息，防止片面性。同时也要遵循成本效益原则，收集资料并非多多益善，而是适当就好。

3. 整理分析资料

分析人员应运用其专业知识和职业敏感性,对所收集的信息进行整理和分析,去伪存真,去粗取精,筛选出有用的财务信息。

4. 确定分析方法

进行财务分析的方法有很多,可计算财务指标也很多,财务分析人员要根据财务分析的目的和所收集的财务资料,选择适当的财务分析方法。

5. 计算相关财务比率

在进行财务分析时,有反映企业财务状况和经营成果等方面的各种财务比率,财务比率的选择和计算要符合可比性的要求,并与评价目的相结合;同时,指标的内涵和外延要与构成统一财务比率的其他指标具有内在关联性。财务比率的正确计算是信息使用者对企业进行客观评价的基础。

6. 进行比较分析和因素分析

单独考察某一企业在某一期间的财务比率,只能了解该企业在此期间的财务状况,这并不能满足不同利益主体对财务分析信息的需求,因此需要对各种财务比率进行比较分析和因素分析。

7. 撰写财务分析报告

财务分析报告是财务分析工作的总结,是财务分析的最后步骤。它将财务分析的对象、目的、分析程序、分析方法、计算数据和改进措施以书面形式表示出来。财务分析报告专业性比较强,为了能够使不同利益主体运用财务分析报告指导自己的相关决策,要求财务分析人员尽量用通俗易懂的语言来表达,用数据来说明问题。

四、财务分析的方法

财务报表分析通常包括定性分析和定量分析两种类型。定性分析是指分析人员根据自己的知识、经验以及对企业内部情况、外部环境的了解程度所做出的非量化的分析和评价。定量分析是指分析人员运用一定的数学方法和分析工具、分析技巧对有关指标所做的量化分析。定量分析方法多种多样,但常用的方法有比较分析法、比率分析法和因素分析法。

(一) 比较分析法

比较分析法是通过对比两期或连续数期财务报告中的相同指标,确定其增减变动的方向、数额和幅度,来说明企业财务状况或经营成果变动趋势的一种方法。采用这种方法,可以分析引起变化的主要原因、变动的性质,并预测企业未来的发展趋势。

比较分析法的具体运用主要有重要财务指标的比较、会计报表的比较和会计报表项目构成的比较3种方式。

1. 重要财务指标的比较

重要财务指标的比较是指将不同时期财务报告中的相同指标或比率进行纵向比较,直接观察其增减变动情况及变动幅度,考察其发展趋势,预测其发展前景。不同时期财务指标的比较主要有以下两种方法。

(1) 定基动态比率。定基动态比率是以某一时期的数额为固定的基期数额而计算出来的动态比率。其计算公式为

$$定基动态比率 = \frac{分析期数额}{固定基期数额} \times 100\%$$

【业务 10-1】 ABC 公司 20×7 年的净利润为 100 万元,20×8 年的净利润为 120 万元,20×9 年的净利润为 150 万元。以 20×7 年为固定基期,试分析 20×8 年、20×9 年利润增长比率。

解析:

$$20×8 \text{ 年的定基动态比率} = \frac{120}{100} \times 100\% = 120\%$$

$$20×9 \text{ 年的定基动态比率} = \frac{150}{100} \times 100\% = 150\%$$

(2) 环比动态比率。环比动态比率是以每一分析期的数据与上期数据相比较计算出来的动态比率。其计算公式为

$$\text{环比动态比率} = \frac{\text{分析期数额}}{\text{前期数额}} \times 100\%$$

【业务 10-2】 承接业务 10-1,试计算 20×8 年、20×9 年环比动态比率。

解析:

$$20×8 \text{ 年的环比动态比率} = \frac{120}{100} \times 100\% = 120\%$$

$$20×9 \text{ 年的环比动态比率} = \frac{150}{120} \times 100\% = 125\%$$

2. 会计报表的比较

会计报表的比较是指将连续数期的会计报表的金额并列起来,比较各指标不同期间的增减变动金额和幅度,据以判断企业财务状况和经营成果发展变化的一种方法,具体包括资产负债表比较、利润表比较和现金流量表比较等。

例如,某企业利润表中反映 20×7 年的净利润为 50 万元,20×8 年的净利润为 100 万元,20×9 年的净利润为 160 万元。通过绝对值分析:20×8 年较 20×7 年相比,净利润增长了 100-50=50(万元);20×9 年较 20×8 年相比,净利润增长了 160-100=60(万元),说明 20×9 年的效益增长好于 20×8 年。而通过相对值分析:20×8 年较 20×7 年相比净利润增长率为 $\frac{100-50}{50} \times 100\% = 100\%$;20×9 年较 20×8 年相比净利润增长率为 $\frac{160-100}{100} \times 100\% = 60\%$,则说明 20×9 年的效率增长明显不及 20×8 年。

3. 会计报表项目构成的比较

这种方法是在会计报表比较的基础上发展而来的,是以会计报表中的某个总体指标作为 100%,再计算出各组成项目占该总体指标的百分比,从而比较各个项目百分比的增减变动,以此来判断有关财务活动的变化趋势。

采用比较分析法时,应当注意以下问题:①用于对比的各个时期的指标,其计算口径必须保持一致;②应剔除偶发性项目的影响,使分析所利用的数据能反映正常的生产经营状况;③应运用例外原则对某项有显著变动的指标做重点分析,研究其产生的原因,以便采取对策,趋利避害。

(二) 比率分析法

比率分析法是通过计算各种比率指标来确定财务活动变动程度的方法。比率指标的类型主要有构成比率、效率比率和相关比率 3 类。

1. 构成比率

构成比率又称结构比率,是某项财务指标的各组成部分数值占总体数值的百分比,反映部分与总体的关系。利用构成比率,可以考察总体中某个部分的形成和安排是否合理,以便协调

各项财务活动。其计算公式为

$$构成比率 = \frac{某个组成部分数值}{总体数值}$$

例如,企业资产中流动资产、固定资产和无形资产占资产总额的百分比(资产构成比率)、企业负债中流动负债和长期负债占负债总额的百分比(负债构成比率)等。利用构成比率,可以考察总体中某个部分的形成和安排是否合理,以便协调各项财务活动。

2. 效率比率

效率比率是某项财务活动中所费与所得的比率,反映投入与产出的关系。利用效率比率指标,可以进行得失比较,考察经营成果,评价经济效益。

例如,将利润项目与销售成本、销售收入、资本金等项目加以对比,可以计算出成本利润率、销售利润率和资本金利润率指标,从不同角度观察比较企业获利能力的高低及其增减变化情况。

3. 相关比率

相关比率是以某个项目和与其有关但又不同的项目加以对比所得的比率,反映有关经济活动的相互关系。利用相关比率指标可以考察企业相互关联的业务安排得是否合理,以保障经营活动顺利进行。

例如,将流动资产与流动负债进行对比,计算出流动比率,可以判断企业的短期偿债能力,将负债总额与资产总额进行对比,可以判断企业长期偿债能力。

采用比率分析法时,应当注意以下几点:①对比项目的相关性;②对比口径的一致性;③衡量标准的科学性。

(三)因素分析法

因素分析法是依据分析指标与其影响因素的关系,从数量上确定各因素对分析指标影响方向和影响程度的一种方法。

因素分析法具体有连环替代法和差额分析法两种。

1. 连环替代法

连环替代法是将分析指标分解为各个可以计量的因素,并根据各个因素之间的依存关系,顺次用各因素的比较值(通常为实际值)替代基准值(通常为标准值或计划值),据以测定各因素对分析指标的影响。

假设 $R = ABC$,在测定各因素变动对指标 R 的影响程度时可按以下顺序进行。

基期	基期指标值 $R_0 = A_0 B_0 C_0$	①
第一次替代	$A_1 B_0 C_0$	②
第二次替代	$A_1 B_1 C_0$	③
第三次替代	本期指标值 $R_1 = A_1 B_1 C_1$	④

②－①→A 变动对 R 的影响;
③－②→B 变动对 R 的影响;
④－③→C 变动对 R 的影响;

把各因素变动综合起来,总影响为 $\Delta R = R_1 - R_0$。

如果改变各因素替代的顺序,则各个因素的影响程度也就不同。

2. 差额分析法

差额分析法是连环替代法的一种简化形式,是利用各个因素的比较值与基准值之间的差额,来计算各因素对分析指标的影响。

$$R = ABC$$
$$A\text{ 因素变动的影响} = (A_1 - A_0)B_0C_0$$
$$B\text{ 因素变动的影响} = A_1(B_1 - B_0)C_0$$
$$C\text{ 因素变动的影响} = A_1B_1(C_1 - C_0)$$

差额分析法公式的记忆:计算某一个因素的影响时,必须把公式中的该因素替换为本期与基期之差。在括号前的因素为本期值(新),在括号后的因素为基期值(旧)。注意以下内容。

(1) 因素分解的关联性。指标与因素存在因果关系。

(2) 因素替代的顺序性。替代因素时,必须按照各因素的依存关系,排列成一定的顺序并依次替代,不可随意加以颠倒,否则就会得出不同的计算结果。

(3) 顺序替代的连环性。每次替代是在上一次的基础上进行的。

(4) 计算结果的假定性。分析时应力求使这种假定合乎逻辑、具有实际经济意义,这样,计算结果的假定性,才不至于妨碍分析的有效性。

【业务10-3】ABC 公司 10 月某种原材料费用的实际数是 4 620 元,而其计划数是 4 000 元。实际比计划增加 620 元。由于原材料费用是由产品产量、单位产品材料消耗量和材料单价 3 个因素的乘积组成,因此就可以把材料费用这一总指标分解为 3 个因素,然后逐个来分析它们对材料费用总额的影响程度。现假设这 3 个因素的数值如表 10-1 所示,试计算各因素变动对材料费用总额的影响。

表 10-1 产品构成明细表

项 目	单位	计划数	实际数
产品产量	件	100	110
单位产品材料消耗量	kg	8	7
材料单价	元	5	6
材料费用总额	元	4 000	4 620

解析:根据表 10-1 中资料,材料费用总额实际数较计划数增加 620 元。运用连环替代法,可以计算各因素变动对材料费用总额的影响。

计划指标:	100×8×5=4 000(元)	①
第一次替代:	110×8×5=4 400(元)	②
第二次替代:	110×7×5=3 850(元)	③
第三次替代:	110×7×6=4 620(元)	④

实际指标:

②-①=4 400-4 000=400(元)　　　　　产量增加的影响

③-②=3 850-4 400=-550(元)　　　　材料节约的影响

④-③=4 620-3 850=770(元)　　　　　价格提高的影响

400-550+770=620(元)　　　　　　　　全部因素的影响

【业务10-4】仍用表 10-1 中的资料。试采用差额分析法计算确定各因素变动对材料费用的影响。

解析:(1) 由于产量增加对材料费用的影响:(110-100)×8×5=400(元)

(2) 由于材料消耗节约对材料费用的影响:(7-8)×110×5=-550(元)

(3) 由于价格提高对材料费用的影响:(6-5)×110×7=770(元)

采用因素分析法时,必须注意以下问题:①因素分解的关联性。构成经济指标的因素,必须是客观上存在着的因果关系,要能够反映形成该项指标差异的内在构成原因,否则就失去了应用价值。②因素替代的顺序性。确定替代因素时,必须根据各因素的依存关系,遵循一定的顺序并依次替代,不可随意加以颠倒,否则就会得出不同的计算结果。③顺序替代的连环性。因素分析法在计算每一因素变动的影响时,都是在前一次计算的基础上进行,并采用连环比较的方法确定因素变化影响结果。④计算结果的假定性。由于因素分析法计算的各因素变动的影响数,会因替代顺序不同而有差别,因而计算结果不免带有假定性,即它不可能使每个因素计算的结果,都达到绝对的准确。因此,分析时应力求使这种假定合乎逻辑,具有实际经济意义。这样,计算结果的假定性,才不至于妨碍分析的有效性。

任务二 偿债能力分析

财务比率也称为财务指标,是通过财务报表数据的相关关系来揭示企业经营管理的各方面问题,是最主要的财务分析方法。基本的财务报表分析内容包括偿债能力分析、营运能力分析、盈利能力分析和发展能力分析4个方面,以下分别加以介绍。

为了便于说明财务比率的计算和分析方法,本任务将使用ABC公司的财务报表数据作为举例。该公司的资产负债表、利润表如表10-2和表10-3所示。

表10-2 资产负债表

编制单位:ABC公司　　　　　　20×9年12月31日　　　　　　单位:万元

资　产	年末余额	年初余额	负债及股东权益	年末余额	年初余额
流动资产:			流动负债:		
货币资金	50	25	短期借款	60	45
交易性金融资产	6	12	应付票据	5	4
应收票据	8	11	应付账款	100	109
应收账款	398	199	预收账款	10	4
预付账款	22	4	应付职工薪酬	2	1
应收股利	0	0	应交税费	5	4
应收利息	0	0	应付利息	12	16
其他应收款	12	22	应付股利	28	10
存货	119	326	其他应付款	14	13
一年内到期的非流动资产	77	11	预计负债	2	4
其他流动资产	8	0	一年内到期的非流动负债	50	0
流动资产合计	700	610	其他流动负债	12	10

续表

资　产	年末余额	年初余额	负债及股东权益	年末余额	年初余额
非流动资产：			流动负债合计	300	220
可供出售金融资产	0	45	非流动负债：		
持有至到期投资			长期借款	450	245
长期股权投资	30	0	应付债券	240	260
长期应收款			长期应付款	50	60
固定资产	1 238	955	其他非流动负债	0	15
在建工程	18	35	非流动负债合计	740	580
固定资产清理		12	负债合计	1 040	800
无形资产	6	8	股东权益：		
长期待摊费用	5	15	股本	100	100
其他非流动资产	3	0	资本公积	10	10
非流动资产合计	1 300	1 070	盈余公积	100	40
			未分配利润	750	730
			股东权益合计	960	880
资产总计	2 000	1 680	负债及股东权益总计	2 000	1 680

表 10-3　利润表

编制单位：ABC 公司　　　　　　　20×9 年度　　　　　　　单位：万元

项　目	本年金额	上年金额
一、营业收入	3 000	2 850
减：营业成本	2 644	2 503
税金及附加	28	28
销售费用	22	20
管理费用	76	40
财务费用	80	96
资产减值损失	0	0
加：公允价值变动收益	0	0
投资收益	6	0
二、营业利润	156	163
加：营业外收入	45	72
减：营业外支出	1	0
三、利润总额	200	235
减：所得税费用	64	75
四、净利润	136	160

偿债能力是指企业偿还到期债务(包括本息)的能力。偿债能力如何,是衡量一个企业财务状况好坏的重要标志,企业管理者、投资人、债权人都非常重视企业的偿债能力,按照债务偿还期限(通常以一年为限)的长短不同,企业的偿债能力可分为短期偿债能力和长期偿债能力,因此,偿债能力分析包括短期偿债能力分析和长期偿债能力分析。

一、短期偿债能力分析

企业短期债务一般要用流动资产来偿还,短期偿债能力是指企业流动资产对流动负债及时足额偿还的保证程度,是衡量流动资产变现能力的重要标志。企业短期偿债能力的衡量指标主要有营运资金、流动比率、速动比率和现金比率等。

短期偿债能力分析

1. 营运资金

营运资金是指流动资产超过流动负债的部分,其计算公式如下:

$$营运资金 = 流动资产 - 流动负债$$

根据 ABC 公司财务报表数据(见表 10-2):

$$本年营运资金 = 700 - 300 = 400(万元)$$
$$上年营运资金 = 610 - 220 = 390(万元)$$

计算营运资金使用的"流动资产"和"流动负债",通常可以直接取自资产负债表。如果流动资产与流动负债相等,并不足以保证偿债,因为债务的到期与流动资产的现金生成,不可能同步同量。企业必须保持流动资产大于流动负债,即保有一定数额的营运资金作为缓冲,以防止流动负债"穿透"流动资产。ABC公司现存300万元流动负债的具体到期时间不易判断,现存700万元的流动资产生成现金的数额和时间也不易预测。营运资金400万元是流动负债"穿透"流动资产的"缓冲垫"。因此,营运资金越多,流动负债的偿还越有保障,短期偿债能力越强。

当流动资产大于流动负债时,营运资金为正,说明企业财务状况稳定,不能偿债的风险较小。反之,当流动资产小于流动负债时,营运资金为负,此时企业部分非流动资产作为流动负债的资金来源,企业不能偿债的风险较大,因此,企业必须保持正的营运资金,以避免流动负债的偿付风险。

营运资金是绝对数,不便于不同企业之间比较。例如,A 公司的营运资金为 200 万元(流动资产 300 万元,流动负债 100 万元),B 公司的营运资金与 A 相同,也是 200 万元(流动资产 1 200 万元,流动负债 1 000 万元)。但是,它们的偿债能力显然不同。因此,在实务中很少直接使用营运资金作为偿债能力的指标。营运资金的合理性主要通过流动性存量比率来评价。

2. 流动比率

流动比率是流动资产与流动负债的比率,它表明企业每 1 元流动负债有多少流动资产作为偿还保证,反映企业用可在短期内转变为现金的流动资产偿还到期流动负债的能力。其计算公式为

$$流动比率 = \frac{流动资产}{流动负债}$$

根据 ABC 公司的财务报表数据(见表 10-2):

$$年末流动比率 = \frac{700}{300} = 2.33$$

$$年初流动比率 = \frac{610}{220} = 2.77$$

流动比率假设全部流动资产都可以用于偿还短期债务,表明每1元流动负债有多少流动资产作为偿债的保障。流动比率是相对数,排除了企业规模不同的影响,更适合同业比较以及本企业不同历史时期的比较。流动比率的计算简单,得到广泛应用。

流动比率不存在统一的、标准的流动比率数值。不同行业的流动比率,通常有明显差别。营业周期越短的行业,合理的流动比率越低。过去很长时期,人们认为生产型企业合理的最低流动比率是2。这是因为流动资产中变现能力最差的存货金额约占流动资产总额的一半,剩下的流动性较好的流动资产至少要等于流动负债,才能保证企业最低的短期偿债能力。这种认识一直未能从理论上证明。最近几十年,企业的经营方式和金融环境发生很大变化,流动比率有降低的趋势,许多成功企业的流动比率都低于2。

如果流动比率比上年发生较大变动,或与行业平均值出现重大偏离,就应对构成流动比率的流动资产和流动负债各项目逐一进行分析,寻找形成差异的原因。为了考察流动资产的变现能力,有时还需要分析其周转率。

流动比率有某些局限性,在使用时应注意:流动比率假设全部流动资产都可以变为现金并用于偿债,全部流动负债都需要还清。实际上,有些流动资产的账面金额与变现金额有较大差异,如产成品等;经营性流动资产是企业持续经营所必需的,不能全部用于偿债;经营性应付项目可以滚动存续,无须动用现金全部结清。因此,流动比率是对短期偿债能力的粗略估计。

3. 速动比率

构成流动资产的各个项目的流动性有很大差别。其中的货币资金、以公允价值计量且其变动计入当期损益的金融资产和各种应收款项,可以在较短时间内变现,称为速动资产。另外的流动资产,包括存货、预付款项、待摊费用、一年内到期的非流动资产及其他流动资产等,称为非速动资产。

非速动资产的变现时间和数量具有较大的不确定性:①存货的变现速度比应收款项要慢得多;部分存货可能已损失报废还没做处理,或者已抵押给某债权人,不能用于偿债;存货估价有多种方法,可能与变现金额相差悬殊。②待摊费用不能出售变现。③一年内到期的非流动资产和其他流动资产的数额有偶然性,不代表正常的变现能力。因此,将可偿债资产定义为速动资产,计算出来的短期债务存量比率更令人可信。

速动资产与流动负债的比值,称为速动比率,其计算公式为

$$速动比率 = \frac{速动资产}{流动负债}$$

根据 ABC 公司的财务报表数据(见表 10-2):

$$年末速动比率 = \frac{50+6+8+398+12}{300} = 1.58$$

$$年初速动比率 = \frac{25+12+11+199+22}{220} = 1.22$$

速动比率假设速动资产是可以用于偿债的资产,表明每1元流动负债有多少速动资产作为偿还保障。ABC 公司的速动比率比上年提高了0.41,说明为每1元流动负债提供的速动资产保障增加了0.41元。

如同流动比率一样,不同行业的速动比率有很大差别。例如,采用大量现金销售的商店,几乎没有应收账款,速动比率大大低于1是很正常的。相反,一些应收账款较多的企业,速动比率可能要大于1。

影响速动比率可信性的重要因素是应收账款的变现能力。账面上的应收账款不一定都能变成现金,实际坏账可能比计提的准备要多;季节性的变化,可能使报表上的应收账款数额不能反映平均水平。这些情况,外部分析人员不易了解,而内部人员却有可能做出估计。

4. 现金比率

速动资产中,流动性最强、可直接用于偿债的资产称为现金资产。现金资产包括货币资金、交易性金融资产等。它们与其他速动资产有区别,其本身就是可以直接偿债的资产,而非速动资产需要等待不确定的时间,才能转换为不确定数额的现金。

现金资产与流动负债的比值称为现金比率,其计算公式如下:

$$现金比率 = \frac{货币资金 + 交易性金融资产}{流动负债}$$

根据 ABC 公司的财务报表数据(见表 10-2):

$$年末现金比率 = \frac{50+6}{300} = 0.19$$

$$年初现金比率 = \frac{25+12}{220} = 0.17$$

现金比率假设现金资产是可偿债资产,表明1元流动负债有多少现金资产作为偿还保障。ABC公司的现金比率比年初增加0.02,说明企业为每1元流动负债提供的现金资产保障增加了0.02元。

二、长期偿债能力分析

长期偿债能力是指企业在较长的期间内偿还债务的能力,企业在长期内,不仅需要偿还流动负债,还需偿还非流动负债,因此,长期偿债能力衡量的是对企业所有负债的清偿能力。企业对所有负债的清偿能力,取决于其总资产水平,因此长期偿债能力比率,考察的是企业资产、负债和所有者权益之间的关系,其财务指标主要有资产负债率、产权比率、权益乘数和利息保障倍数四项。

长期偿债
能力分析

1. 资产负债率

资产负债率是负债总额占资产总额的百分比,其计算公式如下:

$$资产负债率 = \frac{负债总额}{资产总额} \times 100\%$$

根据 ABC 公司的财务报表数据(见表 10-2):

$$年末资产负债率 = \frac{1\,040}{2\,000} \times 100\% = 52\%$$

$$年初资产负债率 = \frac{800}{1\,680} \times 100\% = 48\%$$

ABC公司年初资产负债率为48%,年末资产负债率为52%,有所上升,表明企业负债水平提高,但偿债能力强弱还需结合行业水平进一步分析。

对于资产负债率,企业的债权人、股东和管理者往往从不同的角度来评价。

从债权人角度看,他们最关心的是其贷给企业资金的安全性。如果这个比率过高,说明在企业的全部资产中,股东提供的资本所占比重太低,这样,企业的财务风险就主要由债权人负担,其贷款的安全性也缺乏可靠的保障,所以债权人总是希望企业的负债比率低一些。

从企业股东的角度来看,他们关心的主要是投资报酬的高低。企业借入的资金与股东投入的资金在生产经营中可以发挥同样的作用,如果企业负债所支付的利率低于资产报酬率,股东就可以利用举债经营取得更多的投资报酬。因此,股东所关心的往往是全部资产报酬率是否超过了借款的利率。企业股东可以通过举债经营的方式,以有限的资本付出有限的代价而取得对企业的控制权,而且可以得到举债经营的杠杆利益。因此在财务分析中,资产负债率也被人们称作财务杠杆比率。

站在企业管理者的立场,他们既要考虑企业的盈利,也要顾及企业所承担的财务风险。资产负债率作为财务杠杆比例,不仅反映了企业的长期财务状况,也反映了企业管理层的进取精神。如果企业不利用举债经营或者负债比率很小,则说明企业管理者比较保守,对前途信心不足,利用债权人资本进行经营活动的能力较差。但是,负债率也必须有一定的限度,负债比率过高,企业的财务风险将增大,一旦资产负债率超过100%,则说明企业资不抵债,有濒临倒闭的危险。

至于资产负债率为多少才是合理的,并没有一个明确的标准。不同行业不同类型的企业的资产负债率会存在较大的差异。通常认为,当资产负债率高于50%时,表明企业资产来源主要依靠的是负债,财务风险较大。当资产负债率低于50%时,表明企业资产的主要来源是所有者权益,财务比较稳健,这一比例越低,表明企业资产对负债保障能力越强,企业的长期偿债能力越强。

2. 产权比率

产权比率又称资本负债率,是负债总额与所有者权益之比,它是企业财务结构稳健与否的重要标志,其计算公式如下:

$$产权比率 = \frac{负债总额}{所有者权益} \times 100\%$$

根据 ABC 公司的财务报表数据(见表 10-2):

$$年末产权比率 = \frac{1\ 040}{960} \times 100\% = 108.33\%$$

$$年初产权比率 = \frac{800}{880} \times 100\% = 90.91\%$$

产权比率反映了由债务人提供的资本与所有者权益,提供的资本的相对程度,即企业财务结构是否稳定;而且反映了债权人资本受股东权益保障的程度,或者是企业清算时对债权人利益的保障程度。一般来说,这一比率越低,表明企业长期偿债能力越强,债权人权益保障程度越高,在分析时同样需要结合企业的具体情况加以分析,当企业的资产收益率大于负债成本时,经营有利于提高资金收益率,获得额外的利润,这时的产权比率可适当高些。

3. 权益乘数

权益乘数是总资产和股东权益的比值,其计算公式如下:

$$权益乘数 = \frac{总资产}{股东权益}$$

根据 ABC 公司的财务报表数据(见表 10-2):

$$年末权益乘数 = \frac{2\ 000}{960} = 2.08$$

$$年初权益乘数 = \frac{1\ 680}{880} = 1.91$$

权益乘数表明股东每投入1元钱可实际拥有和控制的金额,在企业存在负债的情况下,权益乘数大于1。企业负债比例越高,权益乘数越大。产权比率和权益乘数是资产负债率的另两种表现形式,是常用的反映财务杠杆水平的指标。

4. 利息保障倍数

利息保障倍数是指息税前利润为应付利息的倍数。其计算公式如下:

$$利息保障倍数 = \frac{息税前利润}{应付利息}$$

$$= \frac{净利润+利润表中的利息费用+所得税费用}{应付利息}$$

式中,被除数"息税前利润"是指利润表中扣除利息费用和所得税的利润;除数"应付利息"是指本期发生的全部应付利息,不仅包括财务费用中的利息费用,还包括计入固定资产成本的资本化利息。资本化利息虽然不在利润表中扣除,但仍然是要偿还的。

根据 ABC 公司的财务报表数据(见表10-3):

$$本年利息保障倍数 = \frac{136+80+64}{80} = 3.5$$

$$上年利息保障倍数 = \frac{160+96+75}{96} = 3.45$$

通常,可以用财务费用的数额作为利息费用,也可以根据报表附注资料确定更准确的利息费用数额。

长期债务不需要每年还本,却需要每年付息。利息保障倍数表明1元债务利息有多少倍的息税前收益作保障,它可以反映债务政策的风险大小。如果企业一直保持按时付息的信誉,则长期负债可以延续,举借新债也比较容易。利息保障倍数越大,利息支付越有保障。如果利息支付尚且缺乏保障,归还本金就很难指望。因此,利息保障倍数可以反映长期偿债能力。

如果利息保障倍数小于1,表明自身产生的经营收益不能支持现有的债务规模。利息保障倍数等于1也是很危险的,因为息税前利润受经营风险的影响,是不稳定的,而利息的支付却是固定数额。利息保障倍数越大,公司拥有的偿还利息的缓冲资金越多。

三、影响长期偿债能力的其他因素

上述衡量偿债能力的财务比率是根据财务报表数据计算的,还有一些表外因素影响企业的偿债能力,必须引起足够的重视。

1. 经营租赁

当企业急需某种设备或厂房而又缺乏足够的资金时,可以通过经营租赁的方式解决。由于经营租赁没有反映于资产负债表。当企业的经营租赁量比较大、期限比较长或具有经常性时,就形成了一种长期性筹资,这种长期性筹资,到期时必须支付租金,会对企业的偿债能力产生影响。因此,如果企业经常发生经营租赁业务,应考虑租赁费用对偿债能力的影响。

2. 可动用的银行贷款指标或授信额度

当企业存在可动用的银行贷款指标或授信额度时,这些数据不在财务报表内反映,但由于可以随时增加企业的支付能力,因此可以提高企业偿债能力。

3. 资产质量

在财务报表内反映的资产金额为资产的账面价值,但由于财务会计的局限性,资产的账面价值与实际价值可能存在差异,如资产可能被高估或低估,一些资产无法进入财务报表等,此外资产的变现能力也会影响偿债能力,如果企业存在很快变现的长期资产,会增加企业的短期偿债能力。

4. 债务担保

担保项目的时间长短不一,有的涉及企业的长期负债,有的涉及企业的流动负债。在分析企业长期偿债能力时,应根据有关资料判断担保责任带来的潜在长期负债问题。

5. 未决诉讼

未决诉讼一旦判决败诉,便会影响企业的偿债能力,因此在评价企业长期偿债能力时要考虑其潜在影响。

任务三 营运能力分析

营运能力反映了企业资金周转状况,对此进行分析,可以了解企业的经营情况及经营管理水平。资金周转状况好,说明企业的经营管理水平高,资金利用效率高,企业可以以较少的投入获得较多的收益。因此营运能力指标是通过投入与产出之间的关系来反映,企业营运能力分析主要包括流动资产营运能力分析、固定资产营运能力分析和总资产营运能力分析3个方面。

营运能力分析

一、流动资产营运能力分析

反映流动资产营运能力的指标主要有应收账款周转率、存货周转率和流动资产周转率。

1. 应收账款周转率

应收账款在流动资产中有着重要的地位,及时收回应收账款不仅增强了企业的短期偿债能力,也反映出企业管理应收账款的效率。反映应收账款周转的比率有应收账款周转率(次数)和应收账款周转天数。

应收账款周转率(次数)是一定时期内产品或商品销售收入净额与应收账款平均余额的比值,表明一定时期内应收账款平均收回的次数,其计算公式如下:

$$应收账款周转率(次数) = \frac{销售收入净额}{应收账款平均余额}$$

$$应收账款平均余额 = \frac{期初应收账款 + 期末应收账款}{2}$$

销售收入净额是指销售收入减去当期销售收入中扣除的项目,如销售折扣、销货折让等。

应收账款周转天数也称为应收账款的收现期,是指企业自产品或商品销售开始至应收账款收回为止所需经历的天数,其计算公式如下:

$$应收账款周转天数 = \frac{计算期天数}{应收账款周转率}$$

式中,计算期天数通常以1年360天计算。

根据ABC公司的财务报表数据(见表10-3):

$$本年应收账款周转率(次数) = \frac{3\,000}{(398 + 199 + 8 + 11) \div 2} = 9.74(次)$$

$$本年应收账款周转天数 = \frac{360}{9.74} = 36.96(天)$$

在市场经济条件下,由于商业信用的普遍应用,应收账款成为企业一项重要的流动资产,应收账款的变现能力直接影响到企业的流动性,应收账款周转率越高,说明企业收回应收账款的速度越快,可以减少坏账损失,提高资产的流动性,企业的短期偿债能力也会得到增强,这在一定程度上可以弥补流动比率低的不利影响。如果企业的应收账款周转率过低,则说明企业回收应收账款的效率低或者信用政策过于宽松,这样的情况会导致应收账款占用资金数量过多,影响企业资金利用率和资金的正常周转。但是,如果应收账款周转率过高,则可能是因为企业奉行了比较严格的信用政策,制定的信用标准过于苛刻的结果,这样会限制企业销售量的扩大,从而影响企业的盈利水平,这种情况往往表现为存货周转率同期偏低。

在计算和使用应收账款周转率时应注意以下问题。

(1) 销售收入的赊销比例问题。从理论上说应收账款是赊销引起的,其对应的流量是赊销额,而非全部销售收入。因此,计算时应使用赊销额取代销售收入。但是,外部分析人无法取得赊销的数据,只好直接使用销售收入计算。实际上相当于假设现金销售是收现时间等于零的应收账款。只要现金销售与赊销的比例是稳定的,不妨碍与上期数据的可比性,只是一贯高估了周转次数。问题是与其他企业比较时,不知道可比企业的赊销比例,也就无从知道应收账款是否可比。

(2) 应收账款年末余额的可靠性问题。应收账款是特定时点的存量,容易受季节性、偶然性和人为因素影响。在应收账款周转率用于业绩评价时,最好使用多个时点的平均数,以减少这些因素的影响。

(3) 应收账款的减值准备问题。统一财务报表上列示的应收账款是已经提取减值准备后的净额,而销售收入并没有相应减少。其结果是,提取的减值准备越多,应收账款周转天数越少。这种周转天数的减少不是好的业绩,反而说明应收账款管理欠佳。如果减值准备的数额较大,就应进行调整,使用未提取坏账准备的应收账款计算周转天数。报表附注中应披露应收账款减值的信息,可作为调整的依据。

(4) 应收票据是否计入应收账款周转率。大部分应收票据是销售形成的。只不过是应收账款的另一种形式,应将其纳入应收账款周转天数的计算,称为"应收账款及应收票据周转天数"。

(5) 应收账款周转天数是否越少越好。应收账款是赊销引起的,如果赊销有可能比现金销售更有利,周转天数就不会越少越好。收现时间的长短与企业的信用政策有关。例如,甲企业的应收账款周转天数是18天,信用期是20天;乙企业的应收账款周转天数是15天,信用期是10天。前者的收款业绩优于后者,尽管其周转天数较多。改变信用政策,通常会引起企业应收账款周转天数的变化。信用政策的评价涉及多种因素,不能仅仅考虑周转天数的缩短。

(6) 应收账款分析应与销售额分析、现金分析联系起来。应收账款的起点是销售,终点是现金。正常的情况是销售增加引起应收账款增加,现金的存量和经营现金流量也会随之增加。如果一个企业应收账款日益增加,而销售和现金日益减少,则可能是销售出了比较严重的问题,促使放宽信用政策,甚至随意发货,而现金收不回来。

总之,应当深入应收账款的内部,并且要注意应收账款与其他问题的联系,才能正确评价应收账款周转率。

2. 存货周转率

存货周转率(次数)是指一定时期内,企业销售成本与存货平均余额的比率,是衡量和评价企业购入存货、投入生产、销售收回等各环节管理效率综合性指标,其计算公式如下:

$$存货周转率(次数) = \frac{销售成本}{存货平均余额}$$

$$存货平均余额 = \frac{期初存货 + 期末存货}{2}$$

存货周转天数是指存货周转1次(即存、取得到存货销售)所需要的时间,其计算公式如下:

$$存货周转天数 = \frac{计算期天数}{存货周转率}$$

式中,计算期天数通常以1年360天计算。

根据ABC公司的财务报表数据(见表10-2):

$$本年存货周转率(次数) = \frac{2\,644}{(119+326) \div 2} = 11.88(次)$$

$$本年存货周转天数 = \frac{360}{11.88} = 30.3(天)$$

一般来说,存货周转速度越快,存货占有水平越低,流动性越强,存货转化为现金或应收账款的速度就越快,这样会增强企业的短期偿债能力、盈利能力,通过存货周转速度分析,有利于找出综合管理中存在的问题,尽可能降低资金占用水平。在具体分析时,应注意以下两点。

(1) 存货周转天数不是越低越好。存货过多会浪费资金,存货过少不能满足流转需要,在特定的生产经营条件下存在一个最佳的存货水平,所以存货不是越少越好。

(2) 应注意应付款项、存货和应收账款(或销售)之间的关系。一般来说,销售增加会拉动应收账款、存货、应付账款增加,不会引起周转率的明显变化。但是,当企业接受一个大的订单时,先要增加采购,然后依次推动存货和应收账款增加,最后才引起收入上升。因此,在该订单没有实现销售以前,先表现为存货等周转天数增加。这种周转天数增加,没有什么不好。与此相反,预见到销售会萎缩时,先行减少采购,依次引起存货周转天数等下降。这种周转天数下降不是什么好事,并非资产管理的改善。因此,任何财务分析都以认识经营活动的本来面目为目的,不可根据数据的高低做简单结论。

3. 流动资产周转率

流动资产周转率是指销售收入净额与全部流动资产的平均余额的比值,它反映在一定时期内流动资产可以周转的次数,其计算公式为

$$流动资产周转率(次数) = \frac{销售收入净额}{流动资产平均余额}$$

$$流动资产平均余额 = \frac{期初流动资产 + 期末流动资产}{2}$$

$$流动资产周转天数 = \frac{计算期天数}{流动资产周转率}$$

式中,计算期天数通常以1年360天计算。

根据ABC公司的财务报表数据(见表10-2和表10-3):

$$本年流动资产周转率(次数) = \frac{3\,000}{(700+610) \div 2} = 4.58(次)$$

$$本年流动资产周转天数 = \frac{360}{4.58} = 78.6(天)$$

在一定时期内,流动资产周转次数越多,表明以同样的流动资产完成的周转额越多,流动

资产利用效率越好。流动资产周转天数越少,表明流动资产在历经生产销售各阶段所占用的时间越短,可相对节约流动资产,增强企业盈利能力。

二、固定资产营运能力分析

固定资产周转率(也称固定资产利用率)是企业销售收入净额与固定资产平均净值的比率,其计算公式为

$$固定资产周转率(次数) = \frac{销售收入净额}{固定资产平均净值}$$

$$固定资产平均净值 = \frac{期初固定资产净值 + 期末固定资产净值}{2}$$

根据 ABC 公司的财务报表数据(见表 10-2、表 10-3):

$$本年固定资产周转率(次数) = \frac{3\,000}{(1\,238 + 955) \div 2} = 2.74(次)$$

$$本年固定资产周转天数 = \frac{360}{2.74} = 131.39(天)$$

固定资产周转率主要用于分析企业对厂房、设备等固定资产利用效率,该比率越高,说明固定资产的利用率越高,管理水平越好。反之,如果固定资产周转率不高,则表明固定资产的利用效率不高,提供的生产成果不多,企业的营运能力不强。

三、总资产营运能力分析

总资产周转率是反映总资产营运能力的指标,总资产周转率是企业销售收入净额与企业平均资产总额的比率,其计算公式为

$$总资产周转率 = \frac{销售收入净额}{平均资产总额}$$

$$平均资产总额 = \frac{期初资产总额 + 期末资产总额}{2}$$

$$总资产周转天数 = \frac{计算期天数}{总资产周转率}$$

式中,计算期天数通常以 1 年 360 天计算。

根据 ABC 公司的财务报表数据(见表 10-2、表 10-3):

$$本年总资产周转率 = \frac{3\,000}{(2\,000 + 1\,680) \div 2} = 1.63(次)$$

$$本年总资产周转天数 = \frac{360}{1.63} = 220.86(天)$$

总资产周转率越高,总资产周转天数越短,说明企业全部资产的使用效率就越高,企业的营运能力也就越强。如果总资产周转率长期处于较低的状态,则企业就应该采取各项措施来提高企业的资产利用程度,如提高销售收入或处置多余资产。

总资产由各项资产组成,在销售收入既定的情况下,总资产周转率的驱动因素是各项资产。因此,对总资产周转情况的分析应结合各项资产的周转情况,以发现影响企业资产周转的主要因素。

任务四　盈利能力分析

在对一些新创的企业开展分析时经常会发现,公司的营业利润率比较低,但是总资产净利率比较高,股东权益净利率也比较高。为什么会出现这种情况呢?

盈利能力分析

对于一家新办企业来说,通常是没有历史包袱,资产经营效率也比较高,所以,尽管公司销售盈利比较低,但是资产盈利能力比较高。在这种情况下,股东回报率也比较高。因此才会出现公司的营业利润率比较低,但是总资产净利率和股东权益净利率比较高的现象。其实这一现象实质上也就是企业怎样考虑自身的获利能力的一种分析。

盈利能力是指企业获取利润的能力。盈利是企业的重要经营目标,是企业生存和发展的物质基础,它不仅关系到企业所有者的投资报酬,也是企业偿还债务的一个重要保障。因此企业的债权人、所有者以及管理者都十分关心企业的盈利能力。盈利能力分析是企业财务分析的重要组成部分,也是评价企业经营管理水平的重要依据。企业的各项经济活动都会影响到盈利,如营业活动、对外投资活动、营业外收支活动等都会引起企业利润的变化。但是,在对企业盈利能力进行分析时,一般只分析企业正常经营活动的盈利能力,不涉及非正常的经营活动,这是因为一些非正常的特殊的经营活动虽然也能给企业带来收益,但它不是经常的和持续的,因此不能将其作为企业的一种持续性的盈利能力加以评价。

评价企业盈利能力的财务比率主要有销售毛利率、销售净利率、成本费用利润率、总资产净利率和净资产收益率。

1. 销售毛利率

销售毛利率是销售毛利与销售收入之比,其计算公式为

$$销售毛利率 = \frac{销售毛利}{销售收入} \times 100\%$$

其中:

$$销售毛利 = 销售收入 - 销售成本$$

根据 ABC 公司的财务报表数据(见表 10-3):

$$本年销售毛利率 = \frac{3\,000 - 2\,644}{3\,000} \times 100\% = 11.87\%$$

$$上年销售毛利率 = \frac{2\,850 - 2\,503}{2\,850} \times 100\% = 12.18\%$$

销售毛利率主要受产品销售价格和产品单位成本的影响,而产品销售价格又受市场竞争的情况与本企业市场竞争能力的影响,产品单位成本的高低,受企业成本管理水平的影响。所以,销售毛利率越大,说明企业成本管理水平越高,经营业务获利能力越强;反之,则说明企业成本管理水平较低,获利能力较弱。另外,销售毛利率的高低,还受到行业特点的影响。一般来说,营业周期短,固定成本低的行业,销售毛利率一般较低,如零售业;而营业周期长,固定成本大的行业,销售毛利率通常要高一些。因此,销售毛利率的高低一般应与行业平均水平相比较。

2. 销售净利率

销售净利率是指净利润与销售收入的比率,通常用百分数表示,其计算公式为

$$销售净利率 = \frac{净利润}{销售收入} \times 100\%$$

根据 ABC 公司的财务报表数据(见表 10-3):

$$本年销售利润率 = \frac{136}{3\,000} \times 100\% = 4.53\%$$

$$上年销售利润率 = \frac{160}{2\,850} \times 100\% = 5.61\%$$

销售净利率反映了企业净利润占销售收入的比例,它可以评价企业通过销售赚取利润的能力,该比率越大,则企业的盈利能力越强。在利润表上从销售收入到净利润,需要扣除销售成本期间费用、税金等项目,因此,将销售净利率按利润的扣除项目进行分解,可以识别影响销售净利率的主要因素。

3. 成本费用利润率

成本费用利润率是指企业利润总额与成本费用总额的比率,反映了企业经营过程中发生的耗费与获得的收益之间的关系,其计算公式为

$$成本费用利润率 = \frac{利润总额}{成本费用总额} \times 100\%$$

其中:

成本费用总额 = 营业成本 + 税金及附加 + 销售费用 + 管理费用 + 财务费用

根据 ABC 公司的财务报表数据(见表 10-3):

本年成本费用总额 = 2 644 + 28 + 22 + 76 + 80 = 2 850(元)

上年成本费用总额 = 2 503 + 28 + 20 + 40 + 96 = 2 687(元)

$$本年成本费用利润率 = \frac{200}{2\,850} \times 100\% = 7.02\%$$

$$上年成本费用利润率 = \frac{235}{2\,687} \times 100\% = 8.75\%$$

成本费用利润率越高,说明企业为获取报酬而付出的代价越小,企业的盈利能力越强。因此通常这个比率不仅可以评价企业盈利能力的高低,也可以评价企业对成本费用的控制能力和经营管理能力。

4. 总资产净利率

总资产净利率是指净利润与平均总资产的比率,它反映企业从 1 元资产中创造的净利润。其计算公式为

$$总资产净利率 = \frac{净利润}{平均总资产} \times 100\%$$

其中:

$$平均总资产 = \frac{期初资产总额 + 期末资产总额}{2}$$

根据 ABC 公司的财务报表数据(见表 10-2 和表 10-3):

$$平均总资产 = \frac{2\,000 + 1\,680}{2} = 1\,840(元)$$

$$本年总资产净利率 = \frac{136}{1\,840} \times 100\% = 7.39\%$$

总资产净利率衡量的是企业资产的盈利能力,总资产净利率越高,表明企业资产的利用效果越好。

总资产净利率可以进行如下分解:

$$总资产净利率 = \frac{净利润}{平均总资产} = \frac{净利润}{销售收入} \times \frac{销售收入}{平均总资产}$$
$$= 销售利润率 \times 总资产周转率$$

由上述公式可知,总资产净利率主要取决于销售利润率和总资产周转率两个因素。企业销售利润率越大,资产周转速度越快,总资产净利率越高。因此,提高总资产净利率可以从两个方面入手:一方面加强营销管理,增加销售收入,节约成本费用,提高利润水平;另一方面加强资产管理,提高资产利用率。

5. 净资产收益率

净资产收益率又称权益净利率或者权益报酬率,是净利润与平均所有者权益的比值,表示每1元股东资本赚取的净利润,反映资本经营的盈利能力。其计算公式为

$$净资产收益率 = \frac{净利润}{平均所有者权益} \times 100\%$$

其中:

$$平均所有者权益 = \frac{期初所有者权益 + 期末所有者权益}{2}$$

根据 ABC 公司的财务报表数据(见表 10-2 和表 10-3):

$$平均所有者权益 = \frac{960 + 880}{2} = 920(元)$$

$$本年净资产收益率 = \frac{136}{920} \times 100\% = 14.78\%$$

该指标是企业盈利能力指标的核心,也是杜邦财务指标体系的核心,更是投资者关注的重点。一般来说,净资产收益率越高,说明企业的盈利能力越强,股东和债权人的利益保障程度越高。如果企业的净资产收益率在一定时期内持续增长,说明资本盈利能力稳定上升。但净资产收益率不是一个越高越好的概念,分析时要注意企业的财务风险。

净资产收益率可以进行以下分解:

$$净资产收益率 = \frac{净利润}{平均所有者权益} = \frac{净利润}{平均总资产} \times \frac{平均总资产}{平均所有者权益}$$
$$= 资产净利率 \times 权益乘数$$

由上述公式可知,净资产收益率取决于企业的资产净利率和权益乘数两个因素。因此,提高净资产收益率可以有两种途径:一是在财务杠杆不变的情况下,通过增收节支,提高资产利用效率来提高资产净利率,从而提高净资产收益率;二是在资产利润率大于负债利息率的情况下,可以通过增大权益乘数,即提高财务杠杆来提高净资产收益率。但是,第一种途径不会增加企业的财务风险,第二种途径则会导致企业的财务风险增大。这主要是因为企业负债经营的前提是有足够的盈利能力保障偿还债务的本息,单纯增加负债对净资产收益率的改善只具有短期效应,最终将因盈利能力无法涵盖增加的财务风险而使企业面临财务困境。

任务五 发展能力分析

发展能力也称成长能力,是指企业在从事经营活动过程中所表现出来的增长能力,如规模的扩大、盈利的持续增长、市场竞争力的增强等。反映企业发展能力的主要财务指标有销售收入增长率、总资产增长率、营业利润增长率、资本保值增值率和资本积累率等。

发展能力分析

1. 销售收入增长率

销售收入增长率是本年销售收入增长额与上年销售收入的比率,计算公式为

$$销售收入增长率 = \frac{本年销售收入增长额}{上年销售收入} \times 100\%$$

其中:

$$本年销售收入增长额 = 本年销售收入 - 上年销售收入$$

根据 ABC 公司的财务报表数据(见表 10-3):

$$本年销售收入增长率 = \frac{3\,000 - 2\,850}{2\,850} \times 100\% = 5.26\%$$

销售收入增长率反映了企业销售收入的变化情况,是评价企业成长性和市场竞争力的重要指标。该比率大于零,表示企业本年销售收入增加;反之,表示销售收入减少。该比率越高,说明企业销售收入的成长性越好,企业的发展能力越强。在实际分析时应考虑企业历年的销售水平、市场占有情况、行业未来发展及其他影响企业发展的潜在因素,或结合企业前3年的销售收入增长率进行趋势性判断分析。

2. 总资产增长率

总资产增长率是企业本年资产增长额与年初资产总额的比率,该比率反映了企业本年度资产规模的增长情况,计算公式为

$$总资产增长率 = \frac{本年资产增长额}{年初资产总额} \times 100\%$$

其中:

$$本年资产增长额 = 年末资产总额 - 年初资产总额$$

根据 ABC 公司的财务报表数据(见表 10-2):

$$本年总资产增长率 = \frac{2\,000 - 1\,680}{1\,680} \times 100\% = 19.05\%$$

总资产增长率是从企业资产规模扩张方面来衡量企业的发展能力,企业资产总量对企业的发展具有重要的影响。一般来说,总资产增长率越高,说明企业资产规模增长的速度越快,企业的竞争力会增强。但是,在分析企业资产数量增长的同时,也要注意分析企业资产的质量变化,以及企业的后续发展能力,以免企业盲目扩张。

3. 营业利润增长率

营业利润增长率是企业本年营业利润增长额与上年营业利润总额的比率,反映企业营业利润的增长变动情况,其计算公式为

$$营业利润增长率 = \frac{本年营业利润增长额}{上年营业利润总额} \times 100\%$$

其中：
$$本年营业利润增长额＝本年营业利润－上年营业利润$$
根据 ABC 公司的财务报表数据（见表 10-3）：
$$营业利润增长率=\frac{156-163}{163}\times100\%=-4.29\%$$

营业利润增长率反映了企业盈利能力的变化，该比率越高，说明企业的成长性越好，发展能力越强。

4. 资本保值增值率

资本保值增值率是指所有者权益的期末总额与期初总额之比，其计算公式为
$$资本保值增值率=\frac{扣除客观因素后的期末所有者权益}{期初所有者权益}\times100\%$$

扣除客观因素后的期末所有者权益是指扣除客观因素后对所有者权益影响的数额，需要扣除或加回的项目包括客观因素影响的增加额和减少额。客观因素影响的增加额，如投资者追加的投资、接受外来捐赠、资产评估导致的资本公积的增加等，客观因素影响的减少额如分配现金股利等。

根据 ABC 公司的财务报表数据（见表 10-2）：
$$资本保值增值率=\frac{960}{880}\times100\%=109.09\%$$

如果企业盈利能力提高，利润增加，必然会使期末所有者权益大于期初所有者权益，所以该指标也是衡量企业盈利能力的重要指标。当然，这一指标的高低，除受企业经营成果的影响外，还受企业利润分配政策和投入资本的影响。

5. 资本积累率

资本积累率是企业本年所有者权益增长额与年初所有者权益的比率，反映企业当年资本的积累能力。其计算公式为
$$资本积累率=\frac{本年所有者权益增长额}{年初所有者权益}\times100\%$$

其中：
$$本年所有者权益增长额＝年末所有者权益－年初所有者权益$$
根据 ABC 公司的财务报表数据（见表 10-2）：
$$资本积累率=\frac{960-880}{880}\times100\%=9.09\%$$

资本积累率越高，表明企业的资本积累越多，应对风险、持续发展的能力越强。

任务六　上市公司比率分析

反映上市公司市场价值的指标主要有基本每股收益、每股股利、市盈率和每股净资产。

1. 基本每股收益

基本每股收益只考虑当期实际发行在外的普通股股数，按照归属于普通股股东的当期净利润除以当期实际发行在外普通股的加权平均数计算确定。它反映了普通股的获利水平。其计算公式为

$$基本每股收益 = \frac{归属于普通股股东的当期净利润}{平均所有者权益当期实际发行在外普通股的加权平均数}$$

$$\begin{aligned}当期实际发行在外普通股的\\加权平均数\end{aligned} = \begin{aligned}期初发行在外\\普通股股数\end{aligned} + \begin{aligned}当期新发\\普通股股数\end{aligned} \times \frac{已发行时间}{报告期时间}$$

$$- \begin{aligned}当期回购普通股的\\加权平均数\end{aligned} \times \frac{已回购时间}{报告期时间}$$

基本每股收益是评价上市公司盈利能力的最基本和核心的指标,也是确定股票价格的主要参考指标。该指标具有引导投资,增加市场评价功能,简化财务指标体系的作用。一般来说,该指标越高,表明公司的盈利能力越强,股东的投资效益越好,每一股份所得的利润也就越多。在其他条件不变的情况下,其市价上升的空间越大。

【业务 10-5】ABC 公司 20×9 年期初发行在外的普通股为 3 000 万股,4 月 20 日新发行普通股 1 620 万股,12 月 1 日回购普通股 720 万股,以备将来奖励职工之用。该公司当年度实现净利润 450 万元。要求:计算该公司 20×9 年度的基本每股收益。

解析: 发行在外普通股的加权平均数:

$$3\,000 \times \frac{12}{12} + 1\,620 \times \frac{8}{12} - 720 \times \frac{1}{12} = 4\,020(万股)$$

或者

$$3\,000 \times \frac{4}{12} + 4\,620 \times \frac{7}{12} + 3\,900 \times \frac{1}{12} = 4\,020(万股)$$

$$基本每股收益 = \frac{450}{4\,020} = 0.11(元/股)$$

在这里,还有一个相关指标叫作稀释每股收益。稀释每股收益是指以基本每股收益为基础,假设企业所有发行在外的稀释性潜在普通股均已转换为普通股,从而分别调整归属于普通股股东的当期净利润以及发行在外普通股的加权平均数计算而得的每股收益。

潜在普通股是指赋予其持有者在报告期或以后期间享有取得普通股权利的一种金融工具或其他合同。目前,我国企业发行的潜在普通股主要有可转换公司债券、认股权证、股份期权等。

稀释性潜在普通股是指假设当期转换为普通股会减少每股收益的潜在普通股。

2. 每股股利

每股股利是指企业现金股利总额与期末发行在外的普通股股数的比值。其计算公式为

$$每股股利 = \frac{现金股利总额}{期末发行在外的普通股股数}$$

【业务 10-6】ABC 公司 20×9 年期末发行在外的普通股为 3 900 万股,该公司当年度发放现金股利 195 万元。要求:计算该公司 20×9 年度的每股股利。

解析:
$$每股股利 = \frac{195}{3\,900} = 0.05(元/股)$$

每股股利能够反映普通股股东获取股利的水平,该指标的数值在很大程度上取决于每股收益的大小。上市公司股利支付情况除受盈利能力的影响外,还取决于公司的股利政策和未来的投资机会。

3. 市盈率

市盈率是指普通股的每股市价与每股收益的比值,它反映了投资者对每 1 元净利润所愿支付的价格,可以用来估计股票的投资报酬和风险。其计算公式为

$$市盈率 = \frac{每股市价}{每股收益}$$

一般来说,市盈率越低,表明该股票的投资风险越小,相对来说,投资价值也越大。但在股票市场不健全的情况下,股票价格有可能与它的每股收益严重脱节,在这种情况下,如果盲目依据市盈率判断公司前景美好而购进股票,将会面临很大的风险。

公司通常是在市盈率较低时,以收购股票的形式实现对其他公司的兼并,然后进行改造,等到市盈率升高时,再以出售股票的形式卖出公司,从中获利。

【业务10-7】承接业务10-5,ABC公司20×8年、20×9年普通股的每股市价分别为2元和1.56元,试依据表10-4计算该公司的市盈率。

表10-4 ABC公司20×8年、20×9年度每股收益

项 目	年 度	
	20×8年	20×9年
净利润/万元	402	450
年末普通股股数/万股	3 000	4 020
每股收益/元	0.13	0.11

【解析】
$$20×8年市盈率 = \frac{2}{0.13} = 15.38$$

$$20×9年市盈率 = \frac{1.56}{0.11} = 14.18$$

由此可见,ABC公司20×9年市盈率较20×8年有所降低,说明该公司股票的投资风险有所降低,而投资价值有所提高。

4. 每股净资产

每股净资产是指年度末净资产与年度末发行在外的普通股股数的比值,也称为每股账面价值。其计算公式为

$$每股净资产 = \frac{期末净资产}{期末发行在外的普通股股数}$$

这里的"期末净资产"是指扣除优先股权益后的余额。

每股净资产反映发行在外的每股普通股所代表的净资产成本,即账面价值。在投资分析时,只能有限地使用这个指标,因为是用历史成本计量的,既不反映净资产的变现价值,也不反映净资产的产出能力。

【业务10-8】ABC公司20×8年、20×9年收益情况如表10-5所示,试计算ABC公司20×8年和20×9年的每股净资产。

表10-5 ABC公司收益情况

项 目	年 度	
	20×8年	20×9年
期末净资产/万元	3 030	3 410
期末普通股股数/万股	3 000	4 020

解析:
$$20×8年的每股净资产 = \frac{3\ 030}{3\ 000} = 1.01(元/股)$$

$$20\times9\text{年的每股净资产} = \frac{3\ 410}{4\ 020} = 0.85(\text{元/股})$$

需要指出的是,以上所举实例仅以同一指标的本年数与上年数进行了对比,在实务中,还应结合公司的计划数、同行业平均水平或先进水平做进一步比较分析,从而说明公司的经营绩效。

任务七 财务综合分析

财务分析的最终目的在于全面、准确、客观地揭示与披露企业财务状况和经营情况,并借以对企业经济效益优劣做出合理的评价。显然,要达到这样一个目的,仅仅测算几个简单、孤立的财务比率,或者将一些孤立的财务分析指标堆砌在一起,彼此毫无联系地考察,不可能得出合理、正确的综合性结论的,有时甚至会得出错误的结论。因此,只有将企业偿债能力、营运能力、投资收益实现能力以及发展趋势等各项分析指标有机地联系起来,作为一套完整的体系,相互配合使用,做出系统的综合评价,才能从总体意义上把握企业财务状况和经营情况的优劣。

综合分析的意义在于能够全面、正确地评价企业的财务状况和经营成果,因为局部不能替代整体,某项指标的好坏不能说明整个企业经济效益的高低。除此之外,综合分析的结果在进行企业不同时期比较分析和不同企业之间比较分析时消除了时间上和空间上的差异,使之更具有可比性,有利于总结经验、吸取教训、发现差距、赶超先进。进而从整体上、本质上反映和把握企业生产经营的财务状况和经营成果。

企业综合绩效分析方法有很多,传统方法主要有杜邦分析法和沃尔评分法等。

一、杜邦分析法

杜邦分析法又称杜邦财务分析体系,是指在考虑各财务比率内在联系的条件下,通过制定多种比率的综合财务分析体系,来考察企业财务状况的一种分析方法。它是由美国杜邦公司率先采用的一种方法,故称为杜邦体系分析法,杜邦财务分析体系的基本结构如图10-2所示。

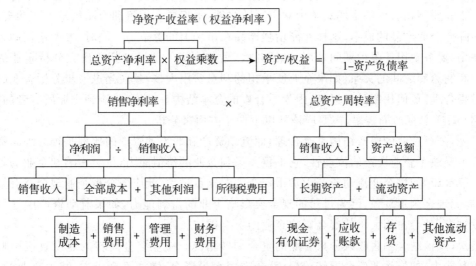

图10-2 杜邦财务分析体系的基本结构

注:①销售净利率即营业净利率,销售收入即营业收入,销售费用即营业费用。②图中有关资产、负债与权益指标通常用平均值计算。

从图 10-2 可以看出,杜邦财务分析是对企业财务状况进行综合分析,它通过研究几种主要财务指标之间的依存制约关系,直接明了地反映了企业的财务状况,揭示企业的获利能力以及前后因果关系。净资产收益率是最具综合性和代表性的指标,在整个财务分析指标体系中,居于核心地位。

净资产收益率＝销售净利率×总资产周转率×权益乘数

运用杜邦分析法需要抓住以下几点。

(1) 从杜邦财务体系的基本结构(见图 10-2)可以看出,净资产收益率是一个综合性极强、最具代表性的财务比率,它是杜邦系统的核心。企业财务管理的重要目标就是实现所有者财富的最大化,净资产收益率恰恰反映了所有者投入资金的盈利能力,反映了企业筹资、投资和生产运营等各方面经营活动的效率,净资产收益率取决于企业总资产净利率和权益乘数。总资产净利率主要反映企业运用资产进行生产经营活动的效率如何,权益乘数则主要反映企业的财务杠杆情况,即企业的资本结构。

(2) 总资产净利率是反映企业盈利能力的一个重要财务比率,它揭示了企业生产经营活动的效率,综合性也极强。企业的销售收入、成本费用、资产结构、资产周转速度以及资金占用量等各种因素都直接影响到总资产净利率的高低。总资产净利率是销售净利率和总资产周转率的乘积,因此,可以从企业的销售活动和资产管理两个方面来进行分析。

(3) 从企业的销售方面看,销售净利率反映了企业净利润与销售收入之间的关系,一般来说,销售收入增加,企业的净利润也会随之增加。但是,要想提高销售净利率,必须一方面提高销售收入,另一方面降低各种成本费用,这样才能使净利润的增长高于销售收入的增长,从而使销售净利率得以提高。由此可见,提高销售净利率必须在两个方面下功夫。

首先,企业应该开拓市场,增加销售收入。在市场经济中,企业必须深入调研市场情况,了解市场的供求关系。在战略上,从长远的利益出发,努力开发新产品;在策略上,保证产品的质量,加强营销手段,努力提高市场占有率,这些都是企业面向市场的外在能力。

其次,企业应该加强成本费用的控制,降低耗费增加利润。从图 10-2 中可以分析企业的成本费用结构是否合理,以便发现企业在成本费用管理方面存在的问题,为加强成本管理提供依据。企业要想在激烈的市场竞争中立于不败之地,不仅要在销售和产品质量上下功夫,还要尽可能降低企业产品的成本,这样才能增强产品在市场上的竞争力。同时,要严格控制企业的管理费用、财务费用等各种期间费用,降低耗费,增加利润。这里尤其要研究分析企业的利息费用与利润总额之间的关系,如果企业所承担的利息费用太多,就应当进一步分析企业的资本结构是否合理,负债比率是否过高,因为不合理的资本结构,一定会影响到企业所有者的报酬。

(4) 对于总资产周转率,主要应该从以下两个方面来分析。

首先,分析企业的资产结构是否合理,即流动资产和非流动资产的比例是否合理。资产结构实际上反映了企业资产的流动性,它不仅关系到企业的偿债能力,也会影响到企业的盈利能力。一般来说,如果企业流动资产中货币资金占的比重过大,就应当分析企业现金持有量是否合理,有无现金闲置现象,因为过量的现金会影响企业的盈利能力,如果流动资产中存货与应收账款过多,就会占用大量的资金影响企业的资金周转。

其次,应该结合销售收入分析企业的资金周转情况。企业资金周转的速度直接影响到企业的盈利能力,如果企业资金周转较慢,就会占用大量资金,增加资金成本,减少企业的利润,在对周转状况进行分析时,不仅要分析企业总资产周转率,更要分析企业的存货周转率和应收账款周转率,并将其周转情况与资金占用情况结合分析。

从以上两个方面分析,可以发现企业资产管理方面存在的问题,以便加强管理,提高资产的利用效率。

【业务 10-9】 某企业有关财务数据如表 10-6 所示。要求:分析该企业净资产收益率变化的原因。

表 10-6　基本财务数据　　　　　　　　　　　　　　单位:万元

年度	净利润	销售收入	平均资产总额	平均负债总额	全部成本	制造成本	销售费用	管理费用	财务费用
20×8	160	2 850	1 725	890	2 687	2 531	20	40	96
20×9	136	3 000	1 840	920	2 850	2 672	22	76	80

解析: 该企业财务比率见表 10-7。

表 10-7　财务比率

项　目	20×8	20×9
净资产收益率	19.17%	14.76%
权益乘数	2.07	2
资产负债率	51.59%	50%
总资产净利率	9.26%	7.38%
销售净利率	5.61%	4.53%
总资产周转率/次	1.65	1.63

(1) 对净资产收益率的分析

该企业的净资产收益率在 20×8 年至 20×9 年出现了一定程度的下滑,从 20×8 年的 19.17% 减至 20×9 年的 14.76%。企业的投资者在很大程度上依据这个指标来判断是否投资或是否转让股份,考察经营者业绩和决定股利分配政策。这些指标对企业的管理者也至关重要。

　　　　　　　　净资产收益率=权益乘数×总资产净利率
20×8 年　　　　19.17%=2.07×9.26%
20×9 年　　　　14.76%=2×7.38%

通过分解可以明显地看出,该企业净资产收益率的变动在于资本结构(权益乘数)变动和资产利用效果(总资产净利率)变动两方面共同作用的结果,而该企业的总资产净利率在降低,显示出很差的资产利用效果。

(2) 对总资产净利率的分析

　　　　　　　　总资产净利率=销售净利率×总资产周转率
20×8 年　　　　9.26%=5.61%×1.65
20×9 年　　　　7.38%=4.53%×1.63

通过分解可以看出 20×9 年该企业的总资产周转率有所下降,显示出企业对资产的控制水平正在下滑,表明该企业利用其总资产产生销售收入的效率在降低。总资产周转率降低的同时销售净利率的减少加剧了总资产净利率的下滑趋势。

(3) 对销售净利率的分析

$$销售净利率 = \frac{净利润}{销售收入}$$

20×8 年 $\qquad 5.61\% = \frac{160}{2\,850}$

20×9 年 $\qquad 4.53\% = \frac{136}{3\,000}$

该企业 20×9 年销售收入得到了一定幅度的提升,但是净利润反而下降,分析其原因是成本费用增多,从表 10-6 可知:全部成本从 20×8 年的 2 687 万元增加到 20×9 年的 2 850 万元,较销售收入的增加幅度有所上升。

(4) 对全部成本的分析

$$全部成本 = 制造成本 + 销售费用 + 管理费用 + 财务费用$$

20×8 年 $\qquad 2\,687 = 2\,531 + 20 + 40 + 96$

20×9 年 $\qquad 2\,850 = 2\,672 + 22 + 76 + 80$

本例中,导致该企业净资产收益率变小的主要原因是全部成本过大。也正是因为全部成本的大幅度提高导致了净利润下降,而销售收入的增加,就引起了销售净利率的降低,显示出该企业销售盈利能力的降低。资产净利率的下降主要是由于总资产周转率和销售净利率不同程度的下降。

(5) 对权益乘数的分析

$$权益乘数 = \frac{资产总额}{权益总额}$$

20×8 年 $\qquad 2.07 = \frac{1\,725}{1\,725 - 890}$

20×9 年 $\qquad 2 = \frac{1\,840}{1\,840 - 920}$

该企业下降的权益乘数,说明企业的资本结构在 20×8 年至 20×9 年发生了变动,20×9 年的权益乘数较 20×8 年有所减小。权益乘数越小,企业负债程度越低,偿还债务能力越强,财务风险有所降低。这个指标同时也反映了财务杠杆对利润水平的影响。该企业的权益乘数一直处于 2~5 范围,即负债率为 50%~80%,属于激进战略型企业。管理者应该准确把握企业所处的环境,准确预测利润,合理控制负债带来的风险。

(6) 结论

对于该企业,最为重要的就是要努力降低各项成本,在控制成本上下功夫,同时要保持较高的总资产周转率。这样可以使销售净利率得到提高,进而使总资产净利率有大的提高。

二、沃尔评分法

企业财务综合分析的先驱者之一是亚历山大·沃尔。他在 20 世纪初出版的《信用晴雨表研究》和《财务报表比率分析》中提出了信用能力指数的概念,他把若干个财务比率用线性关系结合起来,以此来评价企业的信用水平,被称为沃尔评分法。他选择了七种财务比率,分别给定了其在总评价中所占的比重,总和为 100 分;然后确定标准比率,并与实际比率相比较,评出每项指标的得分,最后求出总评分。

【业务10-10】一家中型电力企业20×9年财务状况评分结果如表10-8所示。

表10-8 沃尔综合评分表

财务比率	比重 1	标准比率 2	实际比率 3	相对比率 4＝3÷2	综合指数 5＝1×4
流动比率	25	2.00	1.66	0.83	20.75
净资产/负债	25	1.50	2.39	1.59	39.75
资产/固定资产	15	2.50	1.84	0.736	11.04
销售成本/存货	10	8	9.94	1.243	12.43
销售收入/应收账款	10	6	8.61	1.435	14.35
销售收入/固定资产	10	4	0.55	0.137 5	1.38
销售收入/净资产	5	3	0.40	0.133	0.67
合　计	100				100.37

要求：运用沃尔评分法分析该企业的财务状况。

解析：从表10-8可知，该企业的综合指数为100.37，总体财务状况是不错的，综合评分达到标准的要求。但由于该方法技术上的缺陷，夸大了达到标准的程度。尽管沃尔评分法在理论上还有待证明，在技术上也不完善，但它还是在实践中被广泛地加以应用。

沃尔评分法从理论上讲有一个弱点，就是未能证明为什么要选择这七个指标，而不是更多些或更少些，或者选择别的财务比率，以及未能证明每个指标所占比重的合理性。沃尔的分析法从技术上讲有一个问题，就是当某一个指标严重异常时，会对综合指数产生不合逻辑的重大影响。这个缺陷是由相对比率与比重相"乘"而引起的。财务比率提高一倍，其综合指数增加100％；而财务比率缩小50％，其综合指数只减少50％。

现代社会与沃尔的时代相比，已有很大的变化。一般认为企业财务评价的内容首先是盈利能力，其次是偿债能力，再次是成长能力，它们之间大致可按5∶3∶2的比重来分配。盈利能力的主要指标是总资产报酬率、销售净利率和净资产收益率，这三个指标可按2∶2∶1的比重来安排。偿债能力有四个常用指标。成长能力有三个常用指标(都是本年增量与上年实际量的比值)。假定仍以100分为总评分。

【业务10-11】仍以业务10-10中企业20×9年的财务状况为例，以中型电力生产企业的标准值为评价基础，则其综合评分标准如表10-9所示。

表10-9 综合评分表

指　标	评分值	标准比率/％	行业最高比率/％	最高评分	最低评分	每分比率的差
盈利能力：						
总资产报酬率	20	5.5	15.8	30	10	1.03
销售净利率	20	26.0	56.2	30	10	3.02
净资产收益率	10	4.4	22.7	15	5	3.66
偿债能力：						
自有资本比率	8	25.9	55.8	12	4	7.475
流动比率	8	95.7	253.6	12	4	39.475

续表

指　标	评分值	标准比率/%	行业最高比率/%	最高评分	最低评分	每分比率的差
应收账款周转率	8	290	960	12	4	167.5
存货周转率	8	800	3 030	12	4	557.5
成长能力：						
销售增长率	6	2.5	38.9	9	3	12.13
净利增长率	6	10.1	51.2	9	3	13.7
总资产增长率	6	7.3	42.8	9	3	11.83
合　计	100			150	50	

要求：运用综合评分表分析该企业的财务状况。

解析：标准比率以本行业平均数为基础，在给每个指标评分时，应规定其上限和下限，以减少个别指标异常对总分造成不合理的影响。上限可定为正常评分值的1.5倍，下限可定为正常评分值的0.5倍。此外，给分不是采用"乘"的关系，而是采用"加"或"减"的关系来处理，以克服沃尔评分法的缺点。例如，总资产报酬率每分比率的差为 $1.03\% = \dfrac{15.8\% - 5.5\%}{30 - 20}$。总资产报酬率每提高1.03%，多给1分，但该项得分不得超过30分。

根据这种方法，对该企业的财务状况重新进行综合评价，得124.94分（见表10-10），是一个中等略偏上水平的企业。

表10-10　财务情况评分

指　标	实际比率1	标准比率2	差异3=1-2	每分比率4	调整分5=3÷4	标准评分值6	得分7=5+6
盈利能力：							
总资产报酬率	10	5.5	4.5	1.03	4.37	20	24.37
销售净利率	33.54	26.0	7.54	3.02	2.50	20	22.50
净资产收益率	13.83	4.4	9.43	3.66	2.58	10	12.58
偿债能力：							
自有资本比率	72.71	25.9	46.81	7.475	6.26	8	14.26
流动比率	166	95.7	70.3	39.475	1.78	8	9.78
应收账款周转率	861	290	571	167.5	3.41	8	11.41
存货周转率	994	800	194	557.5	0.35	8	8.35
成长能力：							
销售增长率	17.7	2.5	15.2	12.13	1.25	6	7.25
净利增长率	−1.74	10.1	−11.84	13.7	−0.86	6	5.14
总资产增长率	46.36	7.3	39.06	11.83	3.30	6	9.30
合　计						100	124.94

任务八　大数据与财务分析

财务分析是以财务报表及其他相关资料为依据,采用一系列专门的分析技术和方法,对企业的财务状况、经营成果、现金流量和未来发展趋势等进行综合评价的过程。为了满足不同的信息需求,财务分析方法也在不断改进和完善,从立足于资产负债表、利润表和现金流量表的基本财务报表分析,到资本市场财务分析,再到更为全面系统的业财综合分析与大数据财务分析,逐渐形成了现代财务报表分析理论体系,为企业财务管理和投资决策提供了重要的数据支持。

一、大数据背景下企业财务分析的特征

1. 数据来源范围广、种类多

财务分析需要大量的数据作为财务分析的基础和支撑,数据的丰富程度可以在很大程度上影响财务分析结果的质量。在大数据时代,云计算、数字化等科学技术都得到了迅速发展,信息共享中心等信息系统建设也得到较大程度的发展和完善,信息数据的传播速度更快、获取成本更低。因此,企业在进行财务数据的分析时,除了能够获取基本的会计核算数据信息和编制报表外,还可以通过企业信息数据中心等获得其他方面的业务数据信息,财务分析的数据范围更加广泛、种类更加丰富。同时,与大数据同时发展的还有移动支付、电子发票等新型支付方式,在这种发展背景下,企业能够通过相关方式获取更多的相关数据,使其在进行财务分析时,可依靠的数据信息更加丰富多样,所分析数据的全面性及所得数据的准确性都得到很大程度的提高。

2. 财务分析更具高效性、实时性

传统财务分析的主要数据来源是企业过去经营生产过程中产生的数据信息和财务报表,具有一定的滞后性。大数据时代下信息的获取和传播速度与过去相比,均有了很大程度的提高。在财务分析数据上,获取数据的速度更快、处理数据的效率更高。大数据财务分析突破了财务数据滞后的局限性,可以在较短时间内将所收集的初始数据进行筛选、加工,进而获取对企业发展具有实际价值的信息数据,发现企业目前存在的问题并及时提出改善方案,根据市场发展趋势及自身实际情况调整企业发展战略,寻找最适合企业自身的发展方向,在较大程度上规避和防范经营风险,使财务分析更具高效性。

3. 财务分析方法更加多元化

在传统的财务分析模式中,由于信息的流通性较低,企业难以及时、准确地获取企业外部的信息数据,通过企业内部发展数据进行纵向对比较多,而与外部企业进行横向对比较少,这在一定程度上限制了企业的发展步伐。但在大数据背景下,数据的快速流通使信息的开放性和共享性有了显著提高,企业可以及时、有效地获取外部信息,这为企业财务分析过程中的横向对比提供了数据支撑,基于海量数据,企业能够不拘泥于传统的财务分析指标,根据业务需要创造性地采用个性化的财务分析指标,在大量数据中探索新的相关性因素,形成多维度的分析。同时,大量的财务数据、非财务数据能够帮助分析者获得更加精准的结论,也便于分析过程中聚焦关键环节和关键产品,得出更有针对性的分析结论,大幅提高财务分析的效率。

4. 财务分析结果具有可视性

在传统的财务分析中，财务数据结果十分繁杂、可读性较差，非财务专业人员难以完全理解、难以捕捉重点。而大数据背景下，利用数据可视化技术则可以通过图形化手段清晰有效地传达财务分析的信息。大数据技术在对企业财务信息进行全方面、多方位、深层次的分析后，改变原有的数据呈现形式，利用柱状图、折线图、气泡图、雷达图等较为直观的图形、表格、线条式的表达方式将数据分析结果进行呈现，让数据更加直观性、更易理解，在很大程度上帮助财务分析数据的使用者更好地理解相关财务内容并加以利用。通过采用数据可视化技术，企业财务数据的变化趋势可以实时且直观地反映在财务分析报告中，财务分析人员可以及时、准确地观测企业的财务波动状况、预测财务变化趋势，并根据观测结果及时发现可能出现的问题并采取控制措施，减少问题出现的可能性，降低企业财务、经营等方面出现问题的风险性。

二、大数据背景下企业财务分析的工具

随着大数据时代的到来，海量且复杂的数据成为当前社会的重要特征，随之而来的是不断丰富并发展的大数据处理技术。合理地运用大数据处理技术能够使原本庞大的数据变得井然有序，从而能够为人类社会的发展作出更为突出的贡献。

大数据财务管理工具：Python 简介

与小样本数据相比，大数据呈现出多样性与动态异质性，对大数据进行分析更具有价值意义。但大数据分析需要借助于大数据的挖掘和分析技术，以此来提升数据质量与可信度，以及提升对数据语义的理解。数据挖掘与分析在整个大数据处理流程中是最重要的部分，目前，实务中常用的数据挖掘工具如下。

1. Python

Python 是一种面向对象的解释型计算机程序设计语言，它拥有高效的数据结构，并且能够用简单而又高效的方式进行编程。但是 Python 并不提供专门的数据挖掘环境，它提供众多的扩展库，例如，NumPy、SciPy 和 Matplotlib 等科学计算扩展库分别为 Python 提供了快速数组处理、数值运算以及绘图功能，Scikit-lean 库中包含很多分类器的实现以及聚类相关算法。正因为有了这些扩展库，Python 才成为数据挖掘常用的语言。

2. SQL Server

Microsoft 的 SQL Server 集成了数据挖掘组件——Analysis Servers。SQL Server 提供了决策树算法、聚类分析算法、Naive Bayes 算法、关联规则算法、时序算法、神经网络算法、线性回归算法等九种常用的数据挖掘算法。

3. IBM SPSS Modeler

IBM SPSS Modeler 封装了先进的统计学和数据挖掘技术来获得预测知识，并将相应的决策方案部署到现有的业务系统和业务过程中，从而提高企业效益。IBM SPSS Modeler 拥有直观的操作界面、自动化的数据准备和成熟的预测分析模型，结合商业技术可以快速建立预测性模型。

4. SAS Enterprise Miner

Enterprise Miner(EM)是 SAS 推出的一个集成数据挖掘系统，允许使用和比较不同的技术，同时还集成了复杂的数据库管理软件。它在一个工作空间中按照一定的顺序添加各种可以实现不同功能的节点，然后对不同节点进行相应的设置，最后运行整个工作流程，便可以得到相应的结果。

5. WEKA

WEKA(waikato environment for knowledge analysis)是一款知名度较高的开源机器学习和数据挖掘软件。高级用户可以通过Java编程和命令行来调用其分析组件。同时,WEKA也为普通用户提供了图形化界面,称为WEKA Knowledge Flow Environment 和 WEKA Explorer,可以实现预处理、分类、聚类、关联规则、文本挖掘、可视化等功能。

6. RapidMiner

RapidMiner也称为YALE(yet another learning environment),使用图形化界面,采用类似Windows资源管理器中的树状结构来组织分析组件,树上每个节点表示不同的运算符。YALE提供了大量的运算符,包括数据处理、变换、探索、建模、评估等各个环节。YALE是用Java开发的,基于WEKA构建,可以调用WEKA中的各种分析组件。RapidMiner有拓展的套件Hadoop,可以和Hadoop集成起来,在Hadoop群上运行任务。

7. TipDM数据挖掘建模平台

TipDM数据挖掘建模平台是基于Python语言、用于数据挖掘建模的开源平台。它采用B/S结构,用户不需要下载客户端,可通过浏览器进行访问。平台支持数据挖掘流程所需的主要过程:数据探索(相关性分析、主成分分析、周期性分析等)、数据预处理(特征构造、记录选择、缺失值处理等)、构建模型(聚类模型、分类模型、回归模型等)和模型评价(R-Squared、混淆矩阵、ROC曲线等)。用户可在没有Python编程基础的情况下通过拖拽的方式进行操作,将数据输入输出、数据预处理、挖掘建模、模型评估等环节通过流程化的方式进行连接,以达到数据挖掘的目的。

三、大数据背景下企业财务分析的流程和方法

1. 数据采集

在财务分析中,数据采集是重中之重,采集的数据质量直接决定了后续的分析是否正确。在采集数据时切忌大而全,数据分析需求也是随着产品不断迭代的,明确长远和当前阶段的分析需求,让需求更有目的性,技术执行更高效。

Python 数据采集

数据采集的方式可以分为系统内部采集和系统外部采集。系统内部采集是最常用的数据采集方式。需要采集的数据一般会保存在公司内部数据库中,常用的数据库有Oracle与Teradata。公司产生的内部数据是通过公司的业务、渠道、成本、收益等生产过程,产生相关业务数据并固定存放在数据库中。数据采集者可以通过SQL语言提取想要的数据表,并进行数据的收集。

系统外部采集则是指在系统外部采集的数据是宏观和公开的数据。这些数据大部分不是针对某一家公司的运营与生产情况,而是更加偏重于社会环境以及行业的经济形势。系统外部采集的常用渠道有:①统计部门或政府的公开资料、统计年鉴;②调查机构、行业协会、经济信息中心发布的报告;③专业期刊;④图书;⑤博览会;⑥互联网。系统外部采集数据的源头众多,采集方法也有很多种,手工处理或者网络爬虫都是可选方法。

2. 数据清洗

数据清洗是对数据进行重新审查和校验的过程,目的在于删除重复信息、纠正存在的错误,并检查数据一致性。因为数据库中的数据是面向某一主题的数据的集合,这些数据从多个业务系统中抽取而来且包含历史数据,这样就避免不了有错误数据,有的数据相互之间有冲突,这些错误或有冲突的数据显然

Python 数据清洗

是人们不想要的,称为"脏数据"。要按照一定的规则把"脏数据""洗掉",这就是数据清洗。数据清洗的主要环节有缺失值清洗、格式内容清洗、逻辑错误清洗、非需求性数据清洗、关联性验证。

3. 数据转换

数据转换是将数据从一种格式或结构转化为另一种格式或结构的过程。数据转换对于数据集成和数据管理等活动至关重要。数据转换包含以下几种处理方法。

(1)平滑处理。平滑处理能帮助除去数据中的噪声,主要技术方法有分箱方法、聚类方法和回归方法。

(2)合计处理。合计处理是对数据进行总结或合计操作。例如,每天的数据经过合计操作可以获得每月或每年的总额。这一操作常用于构造数据立方或对数据进行多粒度的分析。

(3)数据泛化处理。数据泛化处理是用更抽象(更高层次)的概念来取代低层次或数据层的数据对象。

(4)规格化处理。规格化处理是指将有关属性数据按比例映射到特定的范围之中。例如,将工资收入属性值映射到 0 到 1 的范围内。

(5)属性构造处理。属性构造处理是指根据已有属性集构造新的属性,以帮助数据处理过程。

4. 数据集成

数据集成是指将多份数据合并成数据集的过程和方法。数据集成的常见方法有数据关联和数据合并。数据关联是指将多个数据集合中的数据进行连接,从而形成一个更加完整的数据集合。在实际应用中,常常需要将不同来源、不同格式、不同结构的数据进行关联,以便进行更深入的分析和挖掘。数据合并,也称数据追加,是对多份数据字段基本相同的数据进行上下连接,比如将母子公司的利润表合并为一个集团公司的利润表。

5. 数据挖掘

数据挖掘是指从大量的数据中通过算法搜索隐藏于其中信息的过程。数据挖掘是一种决策支持过程,它基于人工智能、机器学习、模式识别、统计学、数据库、可视化技术等,高度自动化地分析企业的数据,作出归纳性的推理,帮助决策者调整市场策略,减少风险,作出正确的决策。数据挖掘的对象可以是任何类型的数据源,可以是关系数据库这类包含结构化数据的数据源;也可以是数据仓库、文本、多媒体数据、空间数据、时序数据、Web 数据这类包含半结构化数据甚至是异构型数据的数据源。数据挖掘过程主要包括定义问题、建立数据挖掘库、分析数据、准备数据、建立模型、评价模型和实施。

6. 数据可视化

数据可视化是指将大型数据集中的数据以图形图像形式表示,并利用数据分析和开发工具发现其中未知信息的处理过程,旨在借助于图形化手段,清晰有效地传达与沟通信息。数据可视化技术的基本思想是将数据库中每一个数据项作为单个图元元素表示,大量的数据集构成数据图像,同时将数据的各个属性值以多维数据的形式表示,可以从不同的维度观察数据,从而对数据进行更深入的观察和分析。

Python 数据可视化

可视化工具可以提供多样的数据展现形式,多样的图形渲染形式,丰富的人机交互方式,支持商业逻辑的动态脚本引擎等。目前市面上的数据可视化工具多种多样,其中 Excel 是典型的入门级数据可视化工具。另外,在可视化工具中 Power BI 和用友分析云也是常用的工具。

Power BI 是微软开发的商业分析工具,可以很好地集成微软的 Office 办公软件,用户可以自由导入任何数据,如文件、文件夹和数据库,并且可以使用 Power BI 软件、网页、手机查看数据。Power BI 目前主推的是个人分析,适合短平快的分析需求,但在企业级部署和应用上缺少完善的解决方案,在安全性、性能、服务上没有很好的竞争力。用友分析云是一款基于大数据、云计算技术的分析云服务,致力于为企业提供专业的数据分析解决方案。目前支持 36 种可视化图形,能够根据用户数据自动感知推荐合适的分析图形。支持用户根据业务问题把可视化进行串联自定义成故事板,便于在公司内部分享分析结果。

大数据财务管理工具：Power BI 简介

财管德育课堂

【德智要点】

　　会计诚信是社会信用体系建设的重要组成部分。信用是一切经济活动的基础。诚信是会计的灵魂和底色,是上市公司高质量发展的源泉,国务院在《关于进一步提高上市公司质量的意见》中明确指出要提升上市公司运作的规范性,改善信息披露质量。但是上市公司财务舞弊事件频发严重影响了我国资本市场的稳定发展,本案例将财务报表分析与康美药业财务造假联系在一起,从伦理道德作为财务会计价值观底线的角度出发,教育大家在未来职业生涯中应坚守诚信为本、求真务实的职业道德。

【案例描述】

　　康美药业于 1997 年由民营企业家马兴田创立,该公司是一家主营药品销售、中药饮片与医疗器械供销一体化的大型医药民营企业。康美药业 2014 年和 2015 年的营业收入分别达到约 160 亿元、180 亿元,归属上市公司股东的净利润同比增长超 20%,并在 2018 年一度市值超千亿元,一度得到了无数资金的青睐和认可。

　　2018 年 7 月,财联社发文指出,康美药业 2017 年利息支出占当年净利润的 30%,同时该项支出呈明显增长趋势,并且康美药业的股权质押比例高达 94%,但与此同时,康美药业账上还有超过 300 亿元的货币资金。在存款高的同时又持有大量有息负债,这不得不让人对公司财务数据的真实性产生怀疑。文章发出后,大量媒体转载和跟进,引发公众关注。2018 年 10 月,公众号市值风云一篇文章质疑康美药业货币资金的真实性,并且披露了康美药业的股权质押情况,认为高达 94% 的股权质押比例相对于同行业来说实在过高。此后,越来越多的媒体加入到这场财务造假的揭露行动中。2018 年 10 月 18 日,迫于媒体报道以及市场质疑的压力,康美药业对自身的情况做了澄清说明。对于康美药业的澄清说明,市场并不相信,媒体也仍然奋战在揭露康美药业财务造假的前线。

　　2018 年 12 月,证监会对康美药业财务造假立案调查。经调查认定,2016—2018 年,康美药业连续三年累计虚增营业收入 291.28 亿元,虚增营业利润 41.01 亿元,多计利息收入 5.1 亿元。累计虚增货币资金 886.81 亿元,未披露控股股东及其关联方关联交易,刷新 A 股上市公司财务造假纪录。2020 年 5 月—2021 年 11 月,*ST 康美(股票代码 600518)财务造假案相继受到行政处罚、民事处罚和刑事处罚。

　　资料来源:刘忠庆.会计诚信缺失问题的治理对策研究——基于康美药业、康得新财务造假案引发的思考.财政监督,2022(11).

【案例启示】

党的二十大报告提出要"弘扬诚信文化,健全诚信建设长效机制",公司作为一个受股东、债权人、政府相关机构、金融机构等利益相关者委托的组织,有义务也必须真实披露相关财务信息。披露时,各项指标应做到细致全面,提高信息披露质量,全面向外界披露有效信息。

财务信息造假,从宏观角度看,误导国家宏观调控;从微观角度看,影响企业经营管理和决策;从投资角度看,影响投资者的投资判断;从政府监管角度看,增加行政执法难度;从社会监管角度看,增加中介审计风险。康美药业通过大量虚增资产、虚构收入和利润的方式吸引投资人、误导消费者,足以证明康美药业管理层没有履行好"受托责任",缺乏应有的监督机制和企业应有的诚信为本、求真务实的职业道德。

应依法加大对上市公司的监管,综合运用行政监管、市场约束、行业自律、社会监督等多种方式,提高综合监管效能。同时加强会计诚信教育,增强会计人员诚信意识,提高专业胜任能力。完善会计职业道德规范和职业道德守则,将法律规范和道德规范结合起来,以道德滋养法治精神,使会计诚信内化于心,外化于行,筑牢职业道德底线,稳固诚信执业"生命线"。

同步测试

一、单项选择题

1. 必须对企业经营理财的各个方面,包括运营能力、偿债能力、获利能力及发展能力的全部信息予以详尽地了解和掌握的是(　　)。
   A. 企业所有者　　　B. 企业经营决策者　　C. 企业债权人　　D. 政府

2. 企业所有者作为投资人,关心其资本的保值和增值状况,因此较为重视企业的(　　)。
   A. 偿债能力　　　　B. 营运能力　　　　C. 盈利能力　　　　D. 发展能力

3. 下列各项财务分析指标中,能反映企业发展能力的是(　　)。
   A. 权益乘数　　　　B. 资本保值增值率　　C. 总资产周转率　　D. 净资产收益率

4. 下列不属于短期偿债能力指标的是(　　)。
   A. 流动比率　　　　B. 速动比率　　　　C. 产权比率　　　　D. 现金比率

5. 下列关于短期偿债能力指标的说法不正确的是(　　)。
   A. 流动比率并非越高越好
   B. 国际上通常认为,速动比率等于100%时较为适当
   C. 现金比率等于现金与流动负债的比值
   D. 现金比率过大表明企业过多资源占用在盈利能力较低的现金资产上,企业流动资产未能得到合理运用,盈利能力不强

6. 影响速动比率可信性的重要因素是(　　)。
   A. 存货的变现能力　　　　　　　　B. 固定资产的变现能力
   C. 长期股权投资的变现能力　　　　D. 应收账款的变现能力

7. 产权比率越高,通常反映的信息是(　　)。
   A. 财务结构越稳健　　　　　　　　B. 长期偿债能力越强

C. 财务杠杆效应越强　　　　　　　D. 债权人权益的保障程度越高

8. 已知某企业资产负债率为50%，则该企业的产权比率为（　　）
   A. 50%　　　B. 100%　　　C. 200%　　　D. 不能确定

9. ABC公司20×0年年末资产总额为6 000万元，权益乘数为5，则资产负债率为（　　）。
   A. 80%　　　B. 69.72%　　　C. 82.33%　　　D. 85.25%

10. ABC公司20×1年年末总资产500万元，股东权益350万元，净利润50万元，全部利息费用5万元，其中资本化利息费用2万元，假设该企业适用的所得税税率为25%，下列各项指标中计算正确的是（　　）。
    A. 权益乘数=0.7　　　　　　　B. 利息保障倍数=13.93
    C. 资产负债率=40%　　　　　　D. 产权比率=2.33

11. 下列关于资产负债率、权益乘数和产权比率（负债/所有者权益）之间关系的表达式中，正确的是（　　）。
    A. 资产负债率+权益乘数=产权比率　　B. 资产负债率-权益乘数=产权比率
    C. 资产负债率×权益乘数=产权比率　　D. 资产负债率÷权益乘数=产权比率

12. 下列关于营运能力分析的指标中，说法错误的是（　　）。
    A. 一定时期内，流动资产周转天数越少，可相对节约流动资产，增强企业盈利能力
    B. 一般来讲，存货周转速度越快，存货占用水平越低，流动性越强
    C. 在一定时期内，应收账款周转次数多，表明企业收账缓慢
    D. 在一定时期内，应收账款周转次数多，表明应收账款流动性强

13. ABC公司20×1年的销售收入为5 000万元，年初应收账款余额为200万元，年末应收账款为800万元，坏账准备按应收账款余额的8%计提。每年按360天计算，则该公司的应收账款周转天数为（　　）天。
    A. 15　　　B. 36　　　C. 22　　　D. 24

14. ABC公司20×1年流动资产平均余额为100万元，流动资产周转率为7次。若企业20×1年净利润为210万元，则20×1年销售净利率为（　　）。
    A. 30%　　　B. 50%　　　C. 40%　　　D. 15%

15. ABC公司本年营业收入为36 000万元，流动资产平均余额为4 000万元，固定资产平均余额为8 000万元。假定没有其他资产，则该企业本年的总资产周转率为（　　）。
    A. 3.0　　　B. 3.4　　　C. 2.9　　　D. 3.2

二、多项选择题

1. 财务分析信息的需求者主要包括（　　）。
   A. 企业所有者　　B. 企业债权人　　C. 企业经营决策者　　D. 政府

2. 下列关于财务分析的说法正确的有（　　）。
   A. 以企业财务报告为主要依据
   B. 对企业的财务状况和经营成果进行评价和剖析
   C. 反映企业在运营过程中的利弊得失和发展趋势
   D. 为改进企业财务管理工作和优化经济决策提供重要的财务信息

3. 财务分析的局限性主要表现为（　　）。
   A. 资料来源的局限性　　　　　　B. 分析方法的局限性

C. 分析指标的局限性　　　　　　D. 分析人员水平的局限性

4. 采用趋势分析法时,应当注意(　　)。
   A. 所对比指标的计算口径必须一致
   B. 应剔除偶发性项目的影响
   C. 应运用例外原则对某项有显著变动的指标做重点分析
   D. 对比项目的相关性

5. 一般而言,存货周转次数增加,其所反映的信息有(　　)。
   A. 盈利能力下降　　　　　　　　B. 存货周转期延长
   C. 存货流动性增强　　　　　　　D. 资产管理效率提高

6. 下列各项中,可以反映企业短期偿债能力的指标有(　　)。
   A. 营运资金　　B. 流动比率　　C. 利息保障倍数　　D. 产权比率

7. 下列各项中,属于速动资产的有(　　)。
   A. 货币资金　　B. 存货　　　　C. 预收账款　　　　D. 应收账款

8. 已知某企业20×8年平均资产总额为1 000万元,平均资产负债率为50%,负债的平均利率为10%,已获利息倍数为1,则下列说法正确的有(　　)。
   A. 利润总额为0　　　　　　　　B. 净利润为0
   C. 财务杠杆系数为1　　　　　　D. 息税前利润为0

9. 下列财务指标中,可以反映长期偿债能力的有(　　)。
   A. 总资产周转率　　B. 权益乘数　　C. 产权比率　　D. 资产负债率

10. 对于上市公司而言,可以用来评价其盈利能力的指标包括(　　)。
    A. 净资产收益率　　　　　　　B. 利息保障倍数
    C. 每股净资产　　　　　　　　D. 成本费用利润率

三、判断题

1. 财务分析是评价财务状况、衡量经营业绩的重要手段;是挖掘潜力、改进工作、实现理财目标的重要依据;是合理实施投资决策的重要步骤。(　　)

2. 企业所有者作为投资人必须对企业经营理财的各个方面,包括营运能力、偿债能力、盈利能力及发展能力的全部信息予以详尽地了解和掌握,进行各方面综合分析,并关注企业财务风险和经营风险。(　　)

3. 在财务分析中,通过对比两期或连续数期财务报告中的相同指标,确定其增减变动的方向、数额和幅度,来说明企业财务状况或经营成果变动趋势的方法称为比较分析法。(　　)

4. 比率指标的计算一般都是建立在以预算数据为基础的财务报表之上的,这使比率指标提供的信息与决策之间的相关性大打折扣。(　　)

5. 基本的财务报表分析内容包括偿债能力分析、营运能力分析、盈利能力分析和发展能力分析4个方面。(　　)

6. 现金比率不同于速动比率之处主要在于剔除了应收账款对短期偿债能力的影响。(　　)

7. 资本保值增值率是企业年末所有者权益总额与年初所有者权益总额的比值,可以反映企业当年由于经营积累形成的资本增值情况。(　　)

8. 在其他条件不变的情况下,权益乘数越大,企业的负债程度越高,能给企业带来更多财务杠杆利益,同时也增加了企业的财务风险。   (   )
    9. 应收账款周转率也可以反映短期偿债能力。   (   )
    10. 应收账款周转率过低对企业不利,企业应保持较高的应收账款周转率。   (   )

四、简答题
    1. 为什么要进行财务报表分析?
    2. 基本的财务分析的内容和常用方法有哪些?
    3. 什么是趋势分析法?
    4. 简述短期偿债能力与长期偿债能力的关系。
    5. 简述营运能力分析的目的。

五、计算分析题
    1. ABC 公司 20×0 年销售收入净额为 4 200 万元,流动资产平均余额 1 000 万元,固定资产平均余额 680 万元,全部资产由流动资产和固定资产两部分组成;20×1 年销售收入净额为 4 800 万元,流动资产平均余额 1 250 万元,固定资产平均余额 750 万元。要求:
    (1) 计算 20×0 年与 20×1 年的全部资产周转率(次)、流动资产周转率(次)和资产结构(流动资产占全部资产的百比)。
    (2) 运用差额分析法计算流动资产周转率与资产结构变动对全部资产周转率的影响。
    2. 已知 ABC 公司 20×1 年资产负债表有关资料见下表。

ABC 公司 20×1 年资产负债表 单位:万元

资 产	年初	年末	负债及所有者权益	年初	年末
流动资产:			流动负债合计	1 750	1 500
货币资金	500	450	长期负债合计	2 450	2 000
应收账款	400	800	负债合计	4 200	3 500
应收票据	200	100			
存货	920	1 440			
预付账款	230	360	所有者权益合计	2 800	3 500
流动资产合计	2 250	3 150			
固定资产净值	4 750	3 850			
总 计	7 000	7 000	总计	7 000	7 000

    ABC 公司 20×0 年度、20×1 年度销售收入分别为 4 000 万元、5 200 万元。20×1 年营业毛利率 20%,实现净利润 780 万元。20×1 年现金流量净额为 2 600 万元。
    20×1 年年初和年末的累计折旧分别为 300 万元和 400 万元,坏账准备余额分别为 100 和 150 万元。该公司所得税税率 25%。要求:
    (1) 计算 20×1 年的销售收入增长率和资本保值增值率。
    (2) 计算 20×1 年末的营运资金、流动比率、速动比率。
    (3) 计算 20×1 年末的资产负债率、产权比率、权益乘数。
    (4) 计算 20×1 年的存货周转率、流动资产周转率、固定资产周转率和总资产周转率。
    (5) 计算 20×1 年的销售净利率、总资产净利率和净资产收益率。

3. ABC 公司 20×9 年的资料如下。

资料一:ABC 公司 20×9 年度资产负债表和利润表见以下两表。

ABC 公司 20×9 年度资产负债表
12 月 31 日　　　　　　　　　　　　　　　　　　　单位:万元

资 产	年初	年末	负债及所有者权益	年初	年末
货币资金	100	90	短期借款	100	100
应收账款	120	180	应付账款	250	150
存货	230	360	应付利息	50	20
流动资产合计	450	630	一年内到期的非流动负债	50	30
			流动负债合计	450	300
			长期借款	100	200
			应付债券	150	200
			非流动负债合计	250	400
			负债合计	700	700
非流动资产合计	950	770	所有者权益合计	700	700
总 计	1 400	1 400	总 计	1 400	1 400

假设不存在优先股,发行在外普通股的加权平均数为 500 万股。

A 公司 20×9 年度利润表　　　　　　　　　　　单位:万元

项 目	全年
一、销售收入	840
减:营业成本	504
税金及附加	60
销售费用	20
管理费用	20
财务费用	40
加:投资收益	0
二、营业利润	196
营业外收支	0
三、利润总额	196
减:所得税费用	78.4
四、净利润	117.6

资料二:公司 20×8 年销售净利率为 16%,总资产周转率为 0.5 次,权益乘数为 2.2,净资产收益率为 17.6%。

要求:

(1) 计算 20×9 年的总资产周转率、销售净利率、权益乘数和净资产收益率。(时点指标用平均数)

(2)利用连环替代法分析销售净利率、总资产周转率和权益乘数变动对净资产收益率的影响。

(3)假设目前公司股票的每股市价为9.6元,计算公司的市盈率。

4. ABC公司20×7年有关资料见下表。

ABC公司20×7年财务数据　　　　　　　　　　　　单位:万元

项　目	年初数	年末数	本年数或平均数
存货	3 120	3 600	
流动负债	1 000	800	
总资产	12 000	14 000	
流动比率		550%	
速动比率	80%		
权益乘数			1.3
流动资产周转次数			2.5
净利润			3 120
普通股股数(均发行在外)	800万	800万	

要求:

(1)计算流动资产的平均余额(假定流动资产由速动资产与存货组成)。

(2)计算本年销售收入和总资产周转率。

(3)计算销售净利率、净资产收益率。

(4)计算每股利润和平均每股净资产。

5. 已知ABC公司20×7年年初所有者权益总额为1 200万元,20×7年的资本积累率为40%,本年增发新股20万股,筹集权益资金344万元。20×7年年初、年末的权益乘数分别是2.5和2.2,负债的平均利率是10%,本年利润总额400万元,优先股股利为60万元,普通股现金股利总额为84万元,财产股利为20万元,普通股的加权平均数为200万股,年末普通股股数为210万股,所有的普通股均发行在外,年末股东权益中有95%属于普通股股东,20×7年的所得税为100万元。要求:

(1)计算20×7年年末所有者权益总额。

(2)计算20×7年的资本保值增值率。

(3)计算20×7年年初、年末的资产总额和负债总额。

(4)计算20×7年年末的产权比率。

(5)计算20×7年末的普通股每股净资产。(提示:应该扣除属于优先股股东的净资产)

(6)计算20×7年的已获利息倍数。

(7)20×7年的基本每股收益和每股股利如果按照年末每股市价计算的市盈率为10,计算年末普通股每股市价。

学习情境十
拓展训练

附 录

附表 1 复利

期数	1%	2%	3%	4%	5%	6%	7%	8%	9%	10%
1	1.0100	1.0200	1.0300	1.0400	1.0500	1.0600	1.0700	1.0800	1.0900	1.1000
2	1.0201	1.0404	1.0609	1.0816	1.1025	1.1236	1.1449	1.1664	1.1881	1.2100
3	1.0303	1.0612	1.0927	1.1249	1.1576	1.1910	1.2250	1.2597	1.2950	1.3310
4	1.0406	1.0824	1.1255	1.1699	1.2155	1.2625	1.3108	1.3605	1.4116	1.4641
5	1.0510	1.1041	1.1593	1.2167	1.2763	1.3382	1.4026	1.4693	1.5386	1.6105
6	1.0615	1.1262	1.1941	1.2653	1.3401	1.4185	1.5007	1.5869	1.6771	1.7716
7	1.0721	1.1487	1.2299	1.3159	1.4071	1.5036	1.6058	1.7138	1.8280	1.9487
8	1.0829	1.1717	1.2668	1.3686	1.4775	1.5938	1.7182	1.8509	1.9926	2.1436
9	1.0937	1.1951	1.3048	1.4233	1.5513	1.6895	1.8385	1.9990	2.1719	2.3579
10	1.1046	1.2190	1.3439	1.4802	1.6289	1.7908	1.9672	2.1589	2.3674	2.5937
11	1.1157	1.2434	1.3842	1.5395	1.7103	1.8983	2.1049	2.3316	2.5804	2.8531
12	1.1268	1.2682	1.4258	1.6010	1.7959	2.0122	2.2522	2.5182	2.8127	3.1384
13	1.1381	1.2936	1.4685	1.6651	1.8856	2.1329	2.4098	2.7196	3.0658	3.4523
14	1.1495	1.3195	1.5126	1.7317	1.9799	2.2609	2.5785	2.9372	3.3417	3.7975
15	1.1610	1.3459	1.5580	1.8009	2.0789	2.3966	2.7590	3.1722	3.6425	4.1772
16	1.1726	1.3728	1.6047	1.8730	2.1829	2.5404	2.9522	3.4259	3.9703	4.5950
17	1.1843	1.4002	1.6528	1.9479	2.2920	2.6928	3.1588	3.7000	4.3276	5.0545
18	1.1961	1.4282	1.7024	2.0258	2.4066	2.8543	3.3799	3.9960	4.7171	5.5599
19	1.2081	1.4568	1.7535	2.1068	2.5270	3.0256	3.6165	4.3157	5.1417	6.1159
20	1.2202	1.4859	1.8061	2.1911	2.6533	3.2071	3.8697	4.6610	5.6044	6.7275
21	1.2324	1.5157	1.8603	2.2788	2.7860	3.3996	4.1406	5.0338	6.1088	7.4002
22	1.2447	1.5460	1.9161	2.3699	2.9253	3.6035	4.4304	5.4365	6.6586	8.1403
23	1.2572	1.5769	1.9736	2.4647	3.0715	3.8197	4.7405	5.8715	7.2579	8.9543
24	1.2697	1.6084	2.0328	2.5633	3.2251	4.0489	5.0724	6.3412	7.9111	9.8497
25	1.2824	1.6406	2.0938	2.6658	3.3864	4.2919	5.4274	6.8485	8.6231	10.835
26	1.2953	1.6734	2.1566	2.7725	3.5557	4.5494	5.8074	7.3964	9.3992	11.918
27	1.3082	1.7069	2.2213	2.8834	3.7335	4.8223	6.2139	7.9881	10.245	13.110
28	1.3213	1.7410	2.2879	2.9987	3.9201	5.1117	6.6488	8.6271	11.167	14.421
29	1.3345	1.7758	2.3566	3.1187	4.1161	5.4184	7.1143	9.3173	12.172	15.863
30	1.3478	1.8114	2.4273	3.2434	4.3219	5.7435	7.6123	10.063	13.268	17.449
40	1.4889	2.2080	3.2620	4.8010	7.0400	10.286	14.975	21.725	31.409	45.259
50	1.6446	2.6916	4.3839	7.1067	11.467	18.420	29.457	46.902	74.358	117.39
60	1.8167	3.2810	5.8916	10.520	18.679	32.988	57.946	101.26	176.03	304.48

注：* > 99 999。

终值系数表

12%	14%	15%	16%	18%	20%	24%	28%	32%	36%
1.120 0	1.140 0	1.150 0	1.160 0	1.180 0	1.200 0	1.240 0	1.280 0	1.320 0	1.360 0
1.254 4	1.299 6	1.322 5	1.345 6	1.392 4	1.440 0	1.537 6	1.638 4	1.742 4	1.849 6
1.404 9	1.481 5	1.520 9	1.560 9	1.643 0	1.728 0	1.906 6	2.097 2	2.300 0	2.515 5
1.573 5	1.689 0	1.749 0	1.810 6	1.938 8	2.073 6	2.364 2	2.684 4	3.036 0	3.421 0
1.762 3	1.925 4	2.011 4	2.100 3	2.287 8	2.488 3	2.931 6	3.436 0	4.007 5	4.652 6
1.973 8	2.195 0	2.313 1	2.436 4	2.699 6	2.986 0	3.635 2	4.398 0	5.289 9	6.327 5
2.210 7	2.502 3	2.660 0	2.826 2	3.185 5	3.583 2	4.507 7	5.629 5	6.982 6	8.605 4
2.476 0	2.852 6	3.059 0	3.278 4	3.758 9	4.299 8	5.589 5	7.205 8	9.217 0	11.703
2.773 1	3.251 9	3.517 9	3.803 0	4.435 5	5.159 8	6.931 0	9.223 4	12.167	15.917
3.105 8	3.707 2	4.045 6	4.411 4	5.233 8	6.191 7	8.594 4	11.806	16.060	21.647
3.478 5	4.226 2	4.652 4	5.117 3	6.175 9	7.430 1	10.657	15.112	21.199	29.439
3.896 0	4.817 9	5.350 3	5.936 0	7.287 6	8.916 1	13.215	19.343	27.983	40.038
4.363 5	5.492 4	6.152 8	6.885 8	8.599 4	10.699	16.386	24.759	36.937	54.451
4.887 1	6.261 3	7.075 7	7.987 5	10.147	12.839	20.319	31.691	48.757	74.053
5.473 6	7.137 9	8.137 1	9.265 5	11.974	15.407	25.196	40.565	64.359	100.71
6.130 4	8.137 2	9.357 6	10.748	14.129	18.488	31.243	51.923	84.954	136.97
6.866 0	9.276 5	10.761	12.468	16.672	22.186	38.741	66.461	112.14	186.28
7.690 0	10.575	12.376	14.463	19.673	26.623	48.039	85.071	148.02	253.34
8.612 8	12.056	14.232	16.777	23.214	31.948	59.568	108.89	195.39	344.54
9.646 3	13.744	16.367	19.461	27.393	38.338	73.864	139.38	257.92	468.57
10.804	15.668	18.822	22.575	32.324	46.005	91.592	178.41	340.45	637.26
12.100	17.861	21.645	26.186	38.142	55.206	113.57	228.36	449.39	866.67
13.552	20.362	24.892	30.376	45.008	66.247	140.83	292.30	593.20	1 178.7
15.179	23.212	28.625	35.236	53.109	79.497	174.63	374.14	783.02	1 603.0
17.000	26.462	32.919	40.874	62.669	95.396	216.54	478.90	1 033.6	2 180.1
19.040	30.167	37.857	47.414	73.949	114.48	268.51	613.00	1 364.3	2 964.9
21.325	34.390	43.535	55.000	87.260	137.37	332.96	784.64	1 800.9	4 032.3
23.884	39.205	50.066	63.800	102.97	164.84	412.86	1 004.3	2 377.2	5 483.9
26.750	44.693	57.576	74.009	121.50	197.81	511.95	1 285.6	3 137.9	7 458.1
29.960	50.950	66.212	85.850	143.37	237.38	634.82	1 645.5	4 142.1	10 143
93.051	188.88	267.86	378.72	750.38	1 469.8	5 455.9	19 427	66 521	*
289.00	700.23	1 083.7	1 670.7	3 927.4	9 100.4	46 890	*	*	*
897.60	2 595.9	4 384.0	7 370.2	20 555	56 348	*	*	*	*

附表 2 复利

期数	1%	2%	3%	4%	5%	6%	7%	8%	9%	10%
1	0.990 1	0.980 4	0.970 9	0.961 5	0.952 4	0.943 4	0.934 6	0.925 9	0.917 4	0.909 1
2	0.980 3	0.961 2	0.942 6	0.924 6	0.907 0	0.890 0	0.873 4	0.857 3	0.841 7	0.826 4
3	0.970 6	0.942 3	0.915 1	0.889 0	0.863 8	0.839 6	0.816 3	0.793 8	0.772 2	0.751 3
4	0.961 0	0.923 8	0.888 5	0.854 8	0.822 7	0.792 1	0.762 9	0.735 0	0.708 4	0.683 0
5	0.951 5	0.905 7	0.862 6	0.821 9	0.783 5	0.747 3	0.713 0	0.680 6	0.649 9	0.620 9
6	0.942 0	0.888 0	0.837 5	0.790 3	0.746 2	0.705 0	0.666 3	0.630 2	0.596 3	0.564 5
7	0.932 7	0.870 6	0.813 1	0.759 9	0.710 7	0.665 1	0.622 7	0.583 5	0.547 0	0.513 2
8	0.923 5	0.853 5	0.789 4	0.730 7	0.676 8	0.627 4	0.582 0	0.540 3	0.501 9	0.466 5
9	0.914 3	0.836 8	0.766 4	0.702 6	0.644 6	0.591 9	0.543 9	0.500 2	0.460 4	0.424 1
10	0.905 3	0.820 3	0.744 1	0.675 6	0.613 9	0.558 4	0.508 3	0.463 2	0.422 4	0.385 5
11	0.896 3	0.804 3	0.722 4	0.649 6	0.584 7	0.526 8	0.475 1	0.428 9	0.387 5	0.350 5
12	0.887 4	0.788 5	0.701 4	0.624 6	0.556 8	0.497 0	0.444 0	0.397 1	0.355 5	0.318 6
13	0.878 7	0.773 0	0.681 0	0.600 6	0.530 3	0.468 8	0.415 0	0.367 7	0.326 2	0.289 7
14	0.870 0	0.757 9	0.661 1	0.577 5	0.505 1	0.442 3	0.387 8	0.340 5	0.299 2	0.263 3
15	0.861 3	0.743 0	0.641 9	0.555 3	0.481 0	0.417 3	0.362 4	0.315 2	0.274 5	0.239 4
16	0.852 8	0.728 4	0.623 2	0.533 9	0.458 1	0.393 6	0.338 7	0.291 9	0.251 9	0.217 6
17	0.844 4	0.714 2	0.605 0	0.513 4	0.436 3	0.371 4	0.316 6	0.270 3	0.231 1	0.197 8
18	0.836 0	0.700 2	0.587 4	0.493 6	0.415 5	0.350 3	0.295 9	0.250 2	0.212 0	0.179 9
19	0.827 7	0.686 4	0.570 3	0.474 6	0.395 7	0.330 5	0.276 5	0.231 7	0.194 5	0.163 5
20	0.819 5	0.673 0	0.553 7	0.456 4	0.376 9	0.311 8	0.258 4	0.214 5	0.178 4	0.148 6
21	0.811 4	0.659 8	0.537 5	0.438 8	0.358 9	0.294 2	0.241 5	0.198 7	0.163 7	0.135 1
22	0.803 4	0.646 8	0.521 9	0.422 0	0.341 8	0.277 5	0.225 7	0.183 9	0.150 2	0.122 8
23	0.795 4	0.634 2	0.506 7	0.405 7	0.325 6	0.261 8	0.210 9	0.170 3	0.137 8	0.111 7
24	0.787 6	0.621 7	0.491 9	0.390 1	0.310 1	0.247 0	0.197 1	0.157 7	0.126 4	0.101 5
25	0.779 8	0.609 5	0.477 6	0.375 1	0.295 3	0.233 0	0.184 2	0.146 0	0.116 0	0.092 3
26	0.772 0	0.597 6	0.463 7	0.360 7	0.281 2	0.219 8	0.172 2	0.135 2	0.106 4	0.083 9
27	0.764 4	0.585 9	0.450 2	0.346 8	0.267 8	0.207 4	0.160 9	0.125 2	0.097 6	0.076 3
28	0.756 8	0.574 4	0.437 1	0.333 5	0.255 1	0.195 6	0.150 4	0.115 9	0.089 5	0.069 3
29	0.749 3	0.563 1	0.424 3	0.320 7	0.242 9	0.184 6	0.140 6	0.107 3	0.082 2	0.063 0
30	0.741 9	0.552 1	0.412 0	0.308 3	0.231 4	0.174 1	0.131 4	0.099 4	0.075 4	0.057 3
35	0.705 9	0.500 0	0.355 4	0.253 4	0.181 3	0.130 1	0.093 7	0.067 6	0.049 0	0.035 6
40	0.671 7	0.452 9	0.306 6	0.208 3	0.142 0	0.097 2	0.066 8	0.046 0	0.031 8	0.022 1
45	0.639 1	0.410 2	0.264 4	0.171 2	0.111 3	0.072 7	0.047 6	0.031 3	0.020 7	0.013 7
50	0.608 0	0.371 5	0.228 1	0.140 7	0.087 2	0.054 3	0.033 9	0.021 3	0.013 4	0.008 5
55	0.578 5	0.336 5	0.196 8	0.115 7	0.068 3	0.040 6	0.024 2	0.014 5	0.008 7	0.005 3

注:＊＜0.000 1。

现值系数表

12%	14%	15%	16%	18%	20%	24%	28%	32%	36%
0.892 9	0.877 2	0.869 6	0.862 1	0.847 5	0.833 3	0.806 5	0.781 3	0.757 6	0.735 3
0.797 2	0.769 5	0.756 1	0.743 2	0.718 2	0.694 4	0.650 4	0.610 4	0.573 9	0.540 7
0.711 8	0.675 0	0.657 5	0.640 7	0.608 6	0.578 7	0.524 5	0.476 8	0.434 8	0.397 5
0.635 5	0.592 1	0.571 8	0.552 3	0.515 8	0.482 3	0.423 0	0.372 5	0.329 4	0.292 3
0.567 4	0.519 4	0.497 2	0.476 1	0.437 1	0.401 9	0.341 1	0.291 0	0.249 5	0.214 9
0.506 6	0.455 6	0.432 3	0.410 4	0.370 4	0.334 9	0.275 1	0.227 4	0.189 0	0.158 0
0.452 3	0.399 6	0.375 9	0.353 8	0.313 9	0.279 1	0.221 8	0.177 6	0.143 2	0.116 2
0.403 9	0.350 6	0.326 9	0.305 0	0.266 0	0.232 6	0.178 9	0.138 8	0.108 5	0.085 4
0.360 6	0.307 5	0.284 3	0.263 0	0.225 5	0.193 8	0.144 3	0.108 4	0.082 2	0.062 8
0.322 0	0.269 7	0.247 2	0.226 7	0.191 1	0.161 5	0.116 4	0.084 7	0.062 3	0.046 2
0.287 5	0.236 6	0.214 9	0.195 4	0.161 9	0.134 6	0.093 8	0.066 2	0.047 2	0.034 0
0.256 7	0.207 6	0.186 9	0.168 5	0.137 2	0.112 2	0.075 7	0.051 7	0.035 7	0.025 0
0.229 2	0.182 1	0.162 5	0.145 2	0.116 3	0.093 5	0.061 0	0.040 4	0.027 1	0.018 4
0.204 6	0.159 7	0.141 3	0.125 2	0.098 5	0.077 9	0.049 2	0.031 6	0.020 5	0.013 5
0.182 7	0.140 1	0.122 9	0.107 9	0.083 5	0.064 9	0.039 7	0.024 7	0.015 5	0.009 9
0.163 1	0.122 9	0.106 9	0.093 0	0.070 8	0.054 1	0.032 0	0.019 3	0.011 8	0.007 3
0.145 6	0.107 8	0.092 9	0.080 2	0.060 0	0.045 1	0.025 8	0.015 0	0.008 9	0.005 4
0.130 0	0.094 6	0.080 8	0.069 1	0.050 8	0.037 6	0.020 8	0.011 8	0.006 8	0.003 9
0.116 1	0.082 9	0.070 3	0.059 6	0.043 1	0.031 3	0.016 8	0.009 2	0.005 1	0.002 9
0.103 7	0.072 8	0.061 1	0.051 4	0.036 5	0.026 1	0.013 5	0.007 2	0.003 9	0.002 1
0.092 6	0.063 8	0.053 1	0.044 3	0.030 9	0.021 7	0.010 9	0.005 6	0.002 9	0.001 6
0.082 6	0.056 0	0.046 2	0.038 2	0.026 2	0.018 1	0.008 8	0.004 4	0.002 2	0.001 2
0.073 8	0.049 1	0.040 2	0.032 9	0.022 2	0.015 1	0.007 1	0.003 4	0.001 7	0.000 8
0.065 9	0.043 1	0.034 9	0.028 4	0.018 8	0.012 6	0.005 7	0.002 7	0.001 3	0.000 6
0.058 8	0.037 8	0.030 4	0.024 5	0.016 0	0.010 5	0.004 6	0.002 1	0.001 0	0.000 5
0.052 5	0.033 1	0.026 4	0.021 1	0.013 5	0.008 7	0.003 7	0.001 6	0.000 7	0.000 3
0.046 9	0.029 1	0.023 0	0.018 2	0.011 5	0.007 3	0.003 0	0.001 3	0.000 6	0.000 2
0.041 9	0.025 5	0.020 0	0.015 7	0.009 7	0.006 1	0.002 4	0.001 0	0.000 4	0.000 2
0.037 4	0.022 4	0.017 4	0.013 5	0.008 2	0.005 1	0.002 0	0.000 8	0.000 3	0.000 1
0.033 4	0.019 6	0.015 1	0.011 6	0.007 0	0.004 2	0.001 6	0.000 6	0.000 2	0.000 1
0.018 9	0.010 2	0.007 5	0.005 5	0.003 0	0.001 7	0.000 5	0.000 2	0.000 1	*
0.010 7	0.005 3	0.003 7	0.002 6	0.001 3	0.000 7	0.000 2	0.000 1	*	*
0.006 1	0.002 7	0.001 9	0.001 3	0.000 6	0.000 3	0.000 1	*	*	*
0.003 5	0.001 4	0.000 9	0.000 6	0.000 3	0.000 1	*	*	*	*
0.002 0	0.000 7	0.000 5	0.000 3	0.000 1	*	*	*	*	*

附表3 年金

期数	1%	2%	3%	4%	5%	6%	7%	8%	9%	10%
1	1.000 0	1.000 0	1.000 0	1.000 0	1.000 0	1.000 0	1.000 0	1.000 0	1.000 0	1.000 0
2	2.010 0	2.020 0	2.030 0	2.040 0	2.050 0	2.060 0	2.070 0	2.080 0	2.090 0	2.100 0
3	3.030 1	3.060 4	3.090 9	3.121 6	3.152 5	3.183 6	3.214 9	3.246 4	3.278 1	3.310 0
4	4.060 4	4.121 6	4.183 6	4.246 5	4.310 1	4.374 6	4.439 9	4.506 1	4.573 1	4.641 0
5	5.101 0	5.204 0	5.309 1	5.416 3	5.525 6	5.637 1	5.750 7	5.866 6	5.984 7	6.105 1
6	6.152 0	6.308 1	6.468 4	6.633 0	6.801 9	6.975 3	7.153 3	7.335 9	7.523 3	7.715 6
7	7.213 5	7.434 3	7.662 5	7.898 3	8.142 0	8.393 8	8.654 0	8.922 8	9.200 4	9.487 2
8	8.285 7	8.583 0	8.892 3	9.214 2	9.549 1	9.897 5	10.260	10.637	11.029	11.436
9	9.368 5	9.754 6	10.159	10.583	11.027	11.491	11.978	12.488	13.021	13.580
10	10.462	10.950	11.464	12.006	12.578	13.181	13.816	14.487	15.193	15.937
11	11.567	12.169	12.808	13.486	14.207	14.972	15.784	16.646	17.560	18.531
12	12.683	13.412	14.192	15.026	15.917	16.870	17.889	18.977	20.141	21.384
13	13.809	14.680	15.618	16.627	17.713	18.882	20.141	21.495	22.953	24.523
14	14.947	15.974	17.086	18.292	19.599	21.015	22.551	24.215	26.019	27.975
15	16.097	17.293	18.599	20.024	21.579	23.276	25.129	27.152	29.361	31.773
16	17.258	18.639	20.157	21.825	23.658	25.673	27.888	30.324	33.003	35.950
17	18.430	20.012	21.762	23.698	25.840	28.213	30.840	33.750	36.974	40.545
18	19.615	21.412	23.414	25.645	28.132	30.906	33.999	37.450	41.301	45.599
19	20.811	22.841	25.117	27.671	30.539	33.760	37.379	41.446	46.019	51.159
20	22.019	24.297	26.870	29.778	33.066	36.786	40.996	45.762	51.160	57.275
21	23.239	25.783	28.677	31.969	35.719	39.993	44.865	50.423	56.765	64.003
22	24.472	27.299	30.537	34.248	38.505	43.392	49.006	55.457	62.873	71.403
23	25.716	28.845	32.453	36.618	41.431	46.996	53.436	60.893	69.532	79.543
24	26.974	30.422	34.427	39.083	44.502	50.816	58.177	66.765	76.790	88.497
25	28.243	32.030	36.459	41.646	47.727	54.865	63.249	73.106	84.701	98.347
26	29.526	33.671	38.553	44.312	51.114	59.156	68.677	79.954	93.324	109.18
27	30.821	35.344	40.710	47.084	54.669	63.706	74.484	87.351	102.72	121.10
28	32.129	37.051	42.931	49.968	58.403	68.528	80.698	95.339	112.97	134.21
29	33.450	38.792	45.219	52.966	62.323	73.640	87.347	103.97	124.14	148.63
30	34.785	40.568	47.575	56.085	66.439	79.058	94.461	113.28	136.31	164.49
40	48.886	60.402	75.401	95.026	120.80	154.76	199.64	259.06	337.88	442.59
50	64.463	84.579	112.80	152.67	209.35	290.34	406.53	573.77	815.08	1 163.9
60	81.670	114.05	163.05	237.99	353.58	533.13	813.52	1 253.2	1 944.8	3 034.8

注：*＞999 999.99。

终值系数表

12%	14%	15%	16%	18%	20%	24%	28%	32%	36%
1.000 0	1.000 0	1.000 0	1.000 0	1.000 0	1.000 0	1.000 0	1.000 0	1.000 0	1.000 0
2.120 0	2.140 0	2.150 0	2.160 0	2.180 0	2.200 0	2.240 0	2.280 0	2.320 0	2.360 0
3.374 4	3.439 6	3.472 5	3.505 6	3.572 4	3.640 0	3.777 6	3.918 4	4.062 4	4.209 6
4.779 3	4.921 1	4.993 4	5.066 5	5.215 4	5.368 0	5.684 2	6.015 6	6.362 4	6.725 1
6.352 8	6.610 1	6.742 4	6.877 1	7.154 2	7.441 6	8.048 4	8.699 9	9.398 3	10.146
8.115 2	8.535 5	8.753 7	8.977 5	9.442 0	9.929 9	10.980	12.136	13.406	14.799
10.089	10.731	11.067	11.414	12.142	12.916	14.615	16.534	18.696	21.126
12.300	13.233	13.727	14.240	15.327	16.499	19.123	22.163	25.678	29.732
14.776	16.085	16.786	17.519	19.086	20.799	24.713	29.369	34.895	41.435
17.549	19.337	20.304	21.322	23.521	25.959	31.643	38.593	47.062	57.352
20.655	23.045	24.349	25.733	28.755	32.150	40.238	50.399	63.122	78.998
24.133	27.271	29.002	30.850	34.931	39.581	50.895	65.510	84.320	108.44
28.029	32.089	34.352	36.786	42.219	48.497	64.110	84.853	112.30	148.48
32.393	37.581	40.505	43.672	50.818	59.196	80.496	109.61	149.24	202.93
37.280	43.842	47.580	51.660	60.965	72.035	100.82	141.30	198.00	276.98
42.753	50.980	55.718	60.925	72.939	87.442	126.01	181.87	262.36	377.69
48.884	59.118	65.075	71.673	87.068	105.93	157.25	233.79	347.31	514.66
55.750	68.394	75.836	84.141	103.74	128.12	195.99	300.25	459.45	700.94
63.440	78.969	88.212	98.603	123.41	154.74	244.03	385.32	607.47	954.28
72.052	91.025	102.44	115.38	146.63	186.69	303.60	494.21	802.86	1 298.8
81.699	104.77	118.81	134.84	174.02	225.03	377.46	633.59	1 060.8	1 767.4
92.503	120.44	137.63	157.42	206.34	271.03	469.06	812.00	1 401.2	2 404.7
104.60	138.30	159.28	183.60	244.49	326.24	582.63	1 040.4	1 850.6	3 271.3
118.16	158.66	184.17	213.98	289.49	392.48	723.46	1 332.7	2 443.8	4 450.0
133.33	181.87	212.79	249.21	342.60	471.98	898.09	1 706.8	3 226.8	6 053.0
150.33	208.33	245.71	290.09	405.27	567.38	1 114.6	2 185.7	4 260.4	8 233.1
169.37	238.50	283.57	337.50	479.22	681.85	1 383.1	2 798.7	5 624.8	11 198
190.70	272.89	327.10	392.50	566.48	819.22	1 716.1	3 583.3	7 425.7	15 230
214.58	312.09	377.17	456.30	669.45	984.07	2 129.0	4 587.7	9 802.9	20 714
241.33	356.79	434.75	530.31	790.95	1 181.9	2 640.9	5 873.2	12 941	28 172
767.09	1 342.0	1 779.1	2 360.8	4 163.2	7 343.9	22 729	69 377	207 874	609 890
2 400.0	4 994.5	7 217.7	10 436	21 813	45 497	195 373	819 103	*	*
7 471.6	18 535	29 220	46 058	114 190	281 733	*	*	*	*

附表 4 年金

期数	1%	2%	3%	4%	5%	6%	7%	8%	9%	10%
1	0.990 1	0.980 4	0.970 9	0.961 5	0.952 4	0.943 4	0.934 6	0.925 9	0.917 4	0.909 1
2	1.970 4	1.941 6	1.913 5	1.886 1	1.859 4	1.833 4	1.808 0	1.783 3	1.759 1	1.735 5
3	2.941 0	2.883 9	2.828 6	2.775 1	2.723 2	2.673 0	2.624 3	2.577 1	2.531 3	2.486 9
4	3.902 0	3.807 7	3.717 1	3.629 9	3.546 0	3.465 1	3.387 2	3.312 1	3.239 7	3.169 9
5	4.853 4	4.713 5	4.579 7	4.451 8	4.329 5	4.212 4	4.100 2	3.992 7	3.889 7	3.790 8
6	5.795 5	5.601 4	5.417 2	5.242 1	5.075 7	4.917 3	4.766 5	4.622 9	4.485 9	4.355 3
7	6.728 2	6.472 0	6.230 3	6.002 1	5.786 4	5.582 4	5.389 3	5.206 4	5.033 0	4.868 4
8	7.651 7	7.325 5	7.019 7	6.732 7	6.463 2	6.209 8	5.971 3	5.746 6	5.534 8	5.334 9
9	8.566 0	8.162 2	7.786 1	7.435 3	7.107 8	6.801 7	6.515 2	6.246 9	5.995 2	5.759 0
10	9.471 3	8.982 6	8.530 2	8.110 9	7.721 7	7.360 1	7.023 6	6.710 1	6.417 7	6.144 6
11	10.367 6	9.786 8	9.252 6	8.760 5	8.306 4	7.886 9	7.498 7	7.139 0	6.805 2	6.495 1
12	11.255 1	10.575 3	9.954 0	9.385 1	8.863 3	8.383 8	7.942 7	7.536 1	7.160 7	6.813 7
13	12.133 7	11.348 4	10.635 0	9.985 6	9.393 6	8.852 7	8.357 7	7.903 8	7.486 9	7.103 4
14	13.003 7	12.106 2	11.296 1	10.563 1	9.898 6	9.295 0	8.745 5	8.244 2	7.786 2	7.366 7
15	13.865 1	12.849 3	11.937 9	11.118 4	10.379 7	9.712 2	9.107 9	8.559 5	8.060 7	7.606 1
16	14.717 9	13.577 7	12.561 1	11.652 3	10.837 8	10.105 9	9.446 6	8.851 4	8.312 6	7.823 7
17	15.562 3	14.291 9	13.166 1	12.165 7	11.274 1	10.477 3	9.763 2	9.121 6	8.543 6	8.021 6
18	16.398 3	14.992 0	13.753 5	12.659 3	11.689 6	10.827 6	10.059 1	9.371 9	8.755 6	8.201 4
19	17.226 0	15.678 5	14.323 8	13.133 9	12.085 3	11.158 1	10.335 6	9.603 6	8.950 1	8.364 9
20	18.045 6	16.351 4	14.877 5	13.590 3	12.462 2	11.469 9	10.594 0	9.818 1	9.128 5	8.513 6
21	18.857 0	17.011 2	15.415 0	14.029 2	12.821 2	11.764 1	10.835 5	10.016 8	9.292 2	8.648 7
22	19.660 4	17.658 0	15.936 9	14.451 1	13.163 0	12.041 6	11.061 2	10.200 7	9.442 4	8.771 5
23	20.455 8	18.292 2	16.443 6	14.856 8	13.488 6	12.303 4	11.272 2	10.371 1	9.580 2	8.883 2
24	21.243 4	18.913 9	16.935 5	15.247 0	13.798 6	12.550 4	11.469 3	10.528 8	9.706 6	8.984 7
25	22.023 2	19.523 5	17.413 1	15.622 1	14.093 9	12.783 4	11.653 6	10.674 8	9.822 6	9.077 0
26	22.795 2	20.121 0	17.876 8	15.982 8	14.375 2	13.003 2	11.825 8	10.810 0	9.929 0	9.160 9
27	23.559 6	20.706 9	18.327 0	16.329 6	14.643 0	13.210 5	11.986 7	10.935 2	10.026 6	9.237 2
28	24.316 4	21.281 3	18.764 1	16.663 1	14.898 1	13.406 2	12.137 1	11.051 1	10.116 1	9.306 6
29	25.065 8	21.844 4	19.188 5	16.983 7	15.141 1	13.590 7	12.277 7	11.158 4	10.198 3	9.369 6
30	25.807 7	22.396 5	19.600 4	17.292 0	15.372 5	13.764 8	12.409 0	11.257 8	10.273 7	9.426 9
35	29.408 6	24.998 6	21.487 2	18.664 6	16.374 2	14.498 2	12.947 7	11.654 6	10.566 8	9.644 2
40	32.834 7	27.355 5	23.114 8	19.792 8	17.159 1	15.046 3	13.331 7	11.924 6	10.757 4	9.779 1
45	36.094 5	29.490 2	24.518 7	20.720 0	17.774 1	15.455 8	13.605 5	12.108 4	10.881 2	9.862 8
50	39.196 1	31.423 6	25.729 8	21.482 2	18.255 9	15.761 9	13.800 7	12.233 5	10.961 7	9.914 8
55	42.147 2	33.174 8	26.774 4	22.108 6	18.633 5	15.990 5	13.939 9	12.318 6	11.014 0	9.947 1

现值系数表

12%	14%	15%	16%	18%	20%	24%	28%	32%	36%
0.892 9	0.877 2	0.869 6	0.862 1	0.847 5	0.833 3	0.806 5	0.781 3	0.757 6	0.735 3
1.690 1	1.646 7	1.625 7	1.605 2	1.565 6	1.527 8	1.456 8	1.391 6	1.331 5	1.276 0
2.401 8	2.321 6	2.283 2	2.245 9	2.174 3	2.106 5	1.981 3	1.868 4	1.766 3	1.673 5
3.037 3	2.913 7	2.855 0	2.798 2	2.690 1	2.588 7	2.404 3	2.241 0	2.095 7	1.965 8
3.604 8	3.433 1	3.352 2	3.274 3	3.127 2	2.990 6	2.745 4	2.532 0	2.345 2	2.180 7
4.111 4	3.888 7	3.784 5	3.684 7	3.497 6	3.325 5	3.020 5	2.759 4	2.534 2	2.338 8
4.563 8	4.288 3	4.160 4	4.038 6	3.811 5	3.604 6	3.242 3	2.937 0	2.677 5	2.455 0
4.967 6	4.638 9	4.487 3	4.343 6	4.077 6	3.837 2	3.421 2	3.075 8	2.786 0	2.540 4
5.328 2	4.946 4	4.771 6	4.606 5	4.303 0	4.031 0	3.565 5	3.184 2	2.868 1	2.603 3
5.650 2	5.216 1	5.018 8	4.833 2	4.494 1	4.192 5	3.681 9	3.268 9	2.930 4	2.649 5
5.937 7	5.452 7	5.233 7	5.028 6	4.656 0	4.327 1	3.775 7	3.335 1	2.977 6	2.683 4
6.194 4	5.660 3	5.420 6	5.197 1	4.793 2	4.439 2	3.851 4	3.386 8	3.013 3	2.708 4
6.423 5	5.842 4	5.583 1	5.342 3	4.909 5	4.532 7	3.912 4	3.427 2	3.040 4	2.726 8
6.628 2	6.002 1	5.724 5	5.467 5	5.008 1	4.610 6	3.961 5	3.458 7	3.060 9	2.740 3
6.810 9	6.142 2	5.847 4	5.575 5	5.091 6	4.675 5	4.001 3	3.483 4	3.076 4	2.750 2
6.974 0	6.265 1	5.954 2	5.668 5	5.162 4	4.729 6	4.033 3	3.502 6	3.088 2	2.757 5
7.119 6	6.372 9	6.047 2	5.748 7	5.222 3	4.774 6	4.059 1	3.517 7	3.097 1	2.762 9
7.249 7	6.467 4	6.128 0	5.817 8	5.273 2	4.812 2	4.079 9	3.529 4	3.103 9	2.766 8
7.365 8	6.550 4	6.198 2	5.877 5	5.316 2	4.843 5	4.096 7	3.538 6	3.109 0	2.769 7
7.469 4	6.623 1	6.259 3	5.928 8	5.352 7	4.869 6	4.110 3	3.545 8	3.112 9	2.771 8
7.562 0	6.687 0	6.312 5	5.973 1	5.383 7	4.891 3	4.121 2	3.551 4	3.115 8	2.773 4
7.644 6	6.742 9	6.358 7	6.011 3	5.409 9	4.909 4	4.130 0	3.555 8	3.118 0	2.774 6
7.718 4	6.792 1	6.398 8	6.044 2	5.432 1	4.924 5	4.137 1	3.559 2	3.119 7	2.775 4
7.784 3	6.835 1	6.433 8	6.072 6	5.450 9	4.937 1	4.142 8	3.561 9	3.121 0	2.776 0
7.843 1	6.872 9	6.464 1	6.097 1	5.466 9	4.947 5	4.147 4	3.564 0	3.122 2	2.776 5
7.895 7	6.906 1	6.490 6	6.118 2	5.480 4	4.956 3	4.151 1	3.565 6	3.122 7	2.776 8
7.942 6	6.935 2	6.513 5	6.136 4	5.491 9	4.963 6	4.154 2	3.566 9	3.123 3	2.777 1
7.984 4	6.960 7	6.533 5	6.152 0	5.501 6	4.969 7	4.156 6	3.567 9	3.123 7	2.777 3
8.021 8	6.983 0	6.550 9	6.165 6	5.509 8	4.974 7	4.158 5	3.568 7	3.124 0	2.777 4
8.055 2	7.002 7	6.566 0	6.177 2	5.516 8	4.978 9	4.160 1	3.569 3	3.124 2	2.777 5
8.175 5	7.070 0	6.616 6	6.215 3	5.538 6	4.991 5	4.164 4	3.570 8	3.124 8	2.777 7
8.243 8	7.105 0	6.641 8	6.233 5	5.548 2	4.996 6	4.165 9	3.571 2	3.125 0	2.777 8
8.282 5	7.123 2	6.654 3	6.242 1	5.552 3	4.998 6	4.166 4	3.571 4	3.125 0	2.777 8
8.304 5	7.132 7	6.660 5	6.246 3	5.554 1	4.999 5	4.166 6	3.571 4	3.125 0	2.777 8
8.317 0	7.137 6	6.663 6	6.248 2	5.554 9	4.999 8	4.166 6	3.571 4	3.125 0	2.777 8

参 考 文 献

[1] 财政部会计资格评价中心.财务管理[M].北京:经济科学出版社,2024.
[2] 中国注册会计师协会.财务成本管理[M].北京:中国财政经济出版社,2024.
[3] 王化成,刘俊彦,荆新.财务管理学[M].9版.北京:中国人民大学出版社,2021.
[4] 刘淑莲.财务管理[M].6版.大连:东北财经大学出版社,2022.
[5] 张玉英.财务管理[M].7版.北京:高等教育出版社,2023.
[6] 赵晓丽,赵咏梅,裴更生.财务管理[M].7版.大连:大连理工大学出版社,2022.